Library of
Davidson College

Grundlagen der Kommunikation
Bibliotheksausgabe

Herausgegeben von
Roland Posner und Georg Meggle

Spracherwerb — Sprachkontakt — Sprachkonflikt

Herausgegeben von
Els Oksaar

Walter de Gruyter · Berlin · New York
1984

CIP-Kurztitelaufnahme der Deutschen Bibliothek

Spracherwerb — Sprachkontakt — Sprachkonflikt /
hrsg. von Els Oksaar. — Berlin ; New York :
de Gruyter, 1984.
   (Grundlagen der Kommunikation : Bibliotheksausg.)
   ISBN 3-11-009786-9
NE: Oksaar, Els [Hrsg.]

© Copyright 1984 by Walter de Gruyter & Co., Berlin 30. Printed in Germany.
Alle Rechte des Nachdrucks, der photomechanischen Wiedergabe, der Herstellung von Photokopien — auch auszugsweise — vorbehalten.
Druck: Arthur Collignon GmbH, Berlin
Buchbinder: Lüderitz & Bauer, Berlin

VORWORT

Spracherwerb, *Sprachkontakt* und *Sprachkonflikt* sind drei eigenständige, eng miteinander verbundene Forschungsbereiche, die in den Wissenschaften, die sich mit der menschlichen Kommunikation und dem sprachlichen Handeln befassen, in den letzten Jahren zwar zunehmend thematisiert, aber noch keineswegs allseitig und erschöpfend behandelt worden sind. Es gibt heute wenig Versuche, die bisherigen Fragestellungen zu erweitern oder eine Integration der Schwerpunkte zu erstreben. Will man in diesen Wissenschaften den Realitätsbezug nicht verlieren, ist jedoch sowohl auf der Theorie- als auch auf der Methodenebene ein Umdenken in mehrfacher Hinsicht erforderlich:

1) Trotz der Tatsache, daß weit mehr als die Hälfte der Weltbevölkerung mehrsprachig ist, d.h. mindestens zwei Sprachen beherrscht, wird in der linguistischen Theorie- und Modellbildung - auch im psycho- und soziolinguistischen Rahmen - immer noch so vorgegangen, als ob Einsprachigkeit der Normalzustand sei. Es wird vergessen, daß man völlig monolinguale Sprachträger kaum findet, da auch Angehörige einer Sprachgemeinschaft nicht nur die Gemeinsprache, sondern auch Soziolekte und/oder Dialekte verwenden. Nicht nur die Forschung, sondern auch pädagogische Analysen und Planungen richten sich in vielen Ländern nach diesem Einsprachigkeitspostulat, wodurch Fragen der frühkindlichen Mehrsprachigkeit und des frühen Lesen- und Schreibenlernens in mehreren Sprachen ebenso wie andere mehrsprachige Erziehungsmodelle nicht gebührend berücksichtigt werden.

Die verschiedenen Erscheinungsformen mehrsprachiger Kompetenz dürfen aber auch bei Erwachsenen nicht nach den Normen der Einsprachigkeit allein beurteilt werden: Mehrsprachigkeit und das Leben in mehreren Kulturen ist für das Individuum nie als ein passives Nebeneinander von sprachlichen und kulturellen Ausdrucks- und Kommunikationsmitteln zu sehen, sondern als ein fruchtbares Miteinander. Mehrsprachigkeit ist außerdem keineswegs als Gleichsprachigkeit zu verstehen.

2) Trotz der Tatsache, daß Sprache in einem biologischen und soziokulturellen Kontext erworben und verwendet wird, der heterogenen Bedingungen unterworfen ist, wird bei Sprachuntersuchungen immer noch überwiegend von homogenen Voraussetzungen ausgegangen.

3) Das Hauptgewicht bei der Thematisierung psycho- und soziolinguistischer Schwerpunkte hat sich immer auf das Kognitive verlagert. Das Emotionale und die Konvergenz zwischen den beiden Bereichen muß ebenso berücksichtigt werden.

Zur Erörterung dieser und einer Reihe von weiteren auch gesellschaftspolitisch wichtigen sprachlichen Fragen fand in Hamburg vom 1. bis 3. Dezember 1982 die Erste Internationale Tagung "Spracherwerb - Sprachkontakt - Sprachkonflikt" statt. An dem Vortrags- und Diskussionsforum nahmen 20 Forscher aus den Disziplinen Sprachwissenschaft, Psychologie, Pädagogik, Soziologie und Jura teil.

Es zeigte sich mit aller Deutlichkeit, wie notwendig bei einer derartigen Thematik eine interdisziplinäre Zusammenarbeit ist. Sie soll nicht nur als eine Koexistenz verschiedener Wissenschaften verstanden werden, sondern als eine Synthese: als die Einbeziehung von verschiedenen Techniken, theoretisch-methodischen Ansätzen und grundlegenden Paradigmen in einer Weise, die man als eine sich am Forschungsgegenstand orientierende kreative Integration verstehen kann.

Die meisten der Beiträge in diesem Band haben bei aller Heterogenität ihrer Ansätze eines gemeinsam: Sie sehen den Kausalzusammenhang zwischen den drei Schwerpunkten, entweder intra- und interindividuell oder auch intra- und intersozial. Spracherwerb kann auf beiden Ebenen zum Sprachkontakt führen, dieser wiederum kann Sprachkonflikte verursachen. Ein Sprachkonflikt kann allerdings nicht nur durch, sondern auch wegen der Sprachen entstehen. Immer aber wird berücksichtigt, daß dahinter individuell und sozial handelnde Individuen stehen. Die Themen der Beiträge reichen von der Analyse des Spracherwerbs in mehrsprachiger Umgebung und der Untersuchung von sprachunauffälligen und sprachbehinderten Kindern über verschiedene, auch kreative Aspekte der Sprachmischung bis zu einer Reihe weiterer kontaktbedingter Fragen. Hierher gehören Bemühungen, die von der Erklärung der Zweisprachigkeitsprozesse über Studien der Minderheiten bis zu Sprachkonflikten und ihren Gründen reichen. Diese und auch die Beiträge, die sich mit allen drei thematischen Schwerpunkten beschäftigen, stellen die Sprachdidaktik, die Sozio- und Psycholinguistik und ihre angewandten Bereiche vor neue Aufgaben und ermuntern hoffentlich zu weiteren notwendigen Diskussionen. Um nur eine Perspektive herauszugreifen: Gesellschafts- und Bildungsplaner berücksichtigen nicht immer, daß es eine unzertrennliche Verbindung zwischen dem Menschen, seinen Sprachen, Gruppen und

der Gesellschaft gibt, zu der er gehört. Für Minoritäten können aber
Konflikte im Bereich der Sprachloyalität, Identität, Eltern-Kinder-
Verbindung entstehen, wenn ihre Muttersprache nicht aufrechterhalten
werden kann. Zu berücksichtigen ist ferner, daß zwischenmenschliche
Kommunikation nicht nur auf der verbalen Ebene, sondern auch auf der
parasprachlichen, nonverbalen und extraverbalen zu untersuchen ist,
was kulturspezifische Verhaltensweisen einbezieht. Diese können oft
in größerem Maße als das Verbale - und das muß betont werden - zu Vorurteilen, Stereotypenbildungen und zu Sprach- und Kulturkonflikten
führen, wenn die Majoritätsbevölkerung kommunikative Situationen nur
nach ihren eigenen Verhaltensweisen interpretieren kann. Da sie aber
nicht homogen ist, können dieselben Phänomene auch bei ihr auftauchen.
Die Tagungsbeiträge haben Brücken über weite Bereiche geschlagen, es
gilt, sie durch weitere Forschungen auszubauen.

Zum Schluß möchte ich der Deutschen Forschungsgemeinschaft und
der Freien und Hansestadt Hamburg, Behörde für Wissenschaft und Forschung, für die großzügige finanzielle Förderung danken. Den Autoren
danke ich für ihre Mitarbeit, wobei besonders hervorgehoben werden muß,
daß, obwohl Deutsch und Englisch die Tagungssprachen waren, auch die
nichtdeutschen Autoren Originalbeiträge auf deutsch geschrieben haben.
Meinen Mitarbeitern, vor allem Janina Schuldt, gebührt Dank für ihre
Arbeit mit unserem technischen Teil des Buches.

Hamburg, im Dezember 1983   Els Oksaar

INHALTSVERZEICHNIS

Vorwort...	V
NORMAN DENISON Spracherwerb in mehrsprachiger Umgebung	1
HANNELORE GRIMM Zur Frage der sprachlichen Wissenskonstruktion. Erwerben dysphasische Kinder die Sprache anders?	30
FRANZ JOSEF ZAPP Die Überwindung der muttersprachlichen Sozialisation durch Fremdsprachenunterricht	54
MARIO WANDRUSZKA "Sprachkontakte" bedeutet Sprachmischung	65
HARALD WEINRICH Sprachmischung: bilingual, literarisch und fremdsprachendidaktisch	76
HEINRICH P. KELZ Typologische Verschiedenheit der Sprachen und daraus resultierende Lernschwierigkeiten: Dargestellt am Beispiel der sprachlichen Integration von Flüchtlingen aus Südostasien	92
WOLFGANG WÖLCK Komplementierung und Fusion: Prozesse natürlicher Zweisprachigkeit	107
CHARLES A. FERGUSON Spracherhaltung bei Minderheiten. Fallstudie der Sorben	129
RUDOLF VILETTA Die Rätoromanen, ethnopolitisches Gewissen der Schweiz	142
PETER HANS NELDE Sprachökologische Überlegungen am Beispiel Altbelgiens	167
ARTHUR J. CROPLEY Sprachkonflikt aus sozialpsychologischer Sicht	180
KLAUS A. MATTHEIER Sprachkonflikte in einsprachigen Ortsgemeinschaften. Versuch einer Typologie	197
MATTHIAS HARTIG Sprache und Biographie. Die Bedeutung der sprachlichen Rekonstruktion der Biographie	205
WERNER ENNINGER Funktion, Struktur und Erwerb der Varietäten Pennsylvania-	

deutsch, Amisch Hochdeutsch und amerikanisches Englisch bei
den Altamischen 220

ELS OKSAAR
"Spracherwerb - Sprachkontakt - Sprachkonflikt" im Lichte individuumzentrierter Forschung 243

Personenregister 267

Sachregister 270

Anschriften der Autoren 275

Norman Denison

SPRACHERWERB IN MEHRSPRACHIGER UMGEBUNG

Den Hintergrund zu den hier vorgetragenen Überlegungen bilden Beobachtungen, die Verf. in mehrsprachigen Gebieten von Wales bis Pakistan und von Finnland bis Italien gemacht hat; die spezifischen Beispiele stammen größtenteils aus seinen Erfahrungen mit funktionsbedingter Mehrsprachigkeit in Friaul im Nordosten Italiens. Ziel und Zweck dieses Beitrags ist es, einige zentrale Termini und Begriffe der Spracherwerbs- und Sprachkontaktforschung im Rahmen der Probleme unter die Lupe zu nehmen, die sich ergeben, wo sich diese beiden Forschungsrichtungen, wie im Falle unseres übergeordneten Konferenzthemas, unmittelbar begegnen. Als Ausgangspunkt für unsere Diskussion sollen die in der Überschrift dieses Beitrags verwendeten Termini dienen.

Wenn wir unter "Spracherwerb" grosso modo das verstehen, was in der einschlägigen englischsprachigen Literatur unter "language acquisition" gemeint ist, so heißt das wohl in erster Linie "Erwerb der Muttersprache", was wiederum entweder "Erwerb einer *ersten* Sprache" oder "Erwerb der ersten Sprache *der Mutter*"ist, oder, falls letztere eine andere ist als die Sprache der Mehrheit in der Gemeinschaft bzw. Teilgemeinschaft, in die das Kind hineingeboren wurde, "Erwerb der *Mehrheitssprache* der Gemeinschaft" bzw. jenes Teils der Gemeinschaft, dem man das Kind am ehesten zuzuordnen geneigt ist. Das mag dann die erste Sprache des Kindesvaters sein, oder die erste Sprache keines der beiden Elternteile. Ja, es kommt vor, daß die erste vom Kind erworbene Sprache von beiden Eltern schlecht bis überhaupt nicht beherrscht wird (man denke etwa an das Hebräische in gewissen Kibbutzim in der jüngsten Geschichte Israels).

Der Versuch, "Muttersprache" als "(zeitlich) erste Sprache" zu redefinieren, ist mit erheblichen Schwierigkeiten verbunden: In mehrsprachiger Umgebung erwirbt manches Kind praktisch gleichzeitig zwei oder mehr Sprachen, oder die erste vom Kind erworbene Sprache ist eine andere als die von der Mutter, vom Vater, von beiden Eltern bzw. von der Gemeinschaft zuerst erworbene Sprache. Letzteres trifft heutzutage oft auch dann zu, wenn es sich nicht wie im Falle Israels um die Umsiedlung einzelner Familien bzw. ganzer Volksgruppen handelt, und zwar überall dort, wo Sprachwechsel im Gange ist.

Versuchen wir aber den Begriff der "ersten Sprache" durch den der sprachlichen "Dominanz" zu ersetzen, so stoßen wir auf ähnliche Schwierigkeiten bei der Definition: In gewissen mehrsprachigen Umgebungen können zwei oder mehr Sprachen den gleichen Anspruch auf "Dominanz" erheben, und zwar nach ähnlichen oder nach verschiedenen Kriterien der "Dominanz". Die dominierende(n) Sprache(n) der Eltern(generation) kann/können auch (eine) andere sein, als die, die (wann?) beim Kind dominant wird/werden.

Wir müssen auch unterscheiden zwischen Dominanz in der Kompetenz und Dominanz im Gebrauch. Diese Unterscheidung setzt noch andere voraus, die sich auf die Definition und die Kriterien des Kompetenzbegriffes beziehen. Hier geht es nicht nur um den bekannten, wenn auch oft vernachlässigten Unterschied zwischen aktiver und passiver Kompetenz, sondern auch um den Unterschied etwa zwischen Kompetenz in den Gebrauchsnormen der engeren Gemeinschaft einerseits und Kompetenz nach deskriptiven oder präskriptiven Normen andererseits, wie sie von Außenstehenden (darunter auch Linguisten) aufgestellt werden. Ferner gibt es Kompetenzkriterien, die auf dem Urteil nahe verwandter - und zumindest nach ihrer eigenen Auffassung inklusiver - Sprechergruppen, -klassen oder -gemeinschaften beruhen und solche, die an die Gebrauchsnormen früherer Generationen appellieren. Darüber hinaus (und in diesem Zusammenhang äußerst relevant) muß die Unterscheidung getroffen werden zwischen *native-speaker*-Kompetenz im herkömmlichen Sinne und dem, was in mehrsprachiger Umgebung dann erworben wird (?*non-native*-Kompetenz), wenn entweder das dem Kind zur Verfügung stehende Modell noch (bzw. schon) *non-native* ist oder eine an sich als *native-speaker*-Modell anzuerkennende Variante zwar in der Gemeinschaft noch (schon) vorhanden ist, vom Kind aber (nach eigenem bzw. nach elterlichem Urteil) nicht im Ausmaß einer *native-speaker*-Kompetenz erworben wird. Auch eine solche Variante kann nämlich im Prinzip im weiteren Leben des Kindes (bzw. der Gemeinschaft!) gebrauchsmäßig dominant werden.

Damit sind wir beim Problem der genauen Bestimmung des Terminus *native* im Terminus *native speaker* angelangt. Wie so manch anderer zentraler Begriff der heutigen Linguistik steht auch dieser in unmittelbarem Zusammenhang mit Idealvorstellungen von einheitlichen Sprecher-Hörer-Gemeinschaften, die (in relativ kurzer Zeit mit erkennbarem Abschluß, wie man wohl annehmen muß)[1] die (monolinguale) Kompetenz in der als homogen gedachten Struktur "ihrer" Muttersprache/*native language* erwerben. Es soll im folgenden der Standpunkt vertreten werden, daß eine solche Annahme für die Erforschung des Spracherwerbs in mehrsprachiger Umgebung keine geeignete Ausgangsbasis bilden kann (vgl. Francescato 1981:34; Sornicola 1977 "multiple competence"; Gumperz 1967).

Eine weitere terminologische Erschwernis bei der theoretischen Erörterung des Spracherwerbs in mehrsprachiger Umgebung stellt die Vagheit des Begriffs "Sprache" in diesem Zusammenhang dar. Aus der Sicht des Psychologen ist es wohl Nebensache, *welche* Sprache bzw. welche Variante erworben wird. Ihn interessiert in erster Linie der Unterschied zwischen dem Besitz von "Sprache" im allgemeinen und dem Nichtvorhandensein dieser Fähigkeit, bzw. es interessieren ihn die Prozesse, durch die "das" Kind vom sprachlosen Zustand in den Zustand des Sprachfähigen gelangt. Die Frage, ob der Erwerb einer konkreten Sprache A als Erstsprache oder von Teilen davon absolut schwieriger sein (und daher länger dauern?) könnte als der Erwerb einer konkreten Sprache B als Erstsprache oder entsprechender Teile davon, wurde kaum gestellt. Auf diese Frage, die - einer langen Tradition allen Sprachen zugutekommenden axiomatischen Gleichheits- bzw. Gleichwertigkeitsdenkens gemäß - von den Linguisten ebenfalls kaum beachtet wurde, kann auch hier nicht näher eingegangen werden, obwohl sie eine durchaus legitime und sprachtheoretisch interessante ist. Fest steht, daß Vergleiche und Werturteile verschiedenster Art, ob aus der Sicht Außenstehender (z.B. von Linguisten) oder aus der Sicht der betreffenden Gemeinschaft betrachtet, bei einer adäquaten Beschreibung des Spracherwerbs in mehrsprachiger Umgebung (ob als Prozeß oder als Aufgabe gedacht, die sich dem Kind stellt) auf keinen Fall fehlen dürfen. Dazu gehören die soziolinguistischen Wertungen, die bei der Weitergabe und Übernahme einer sprachlichen Tradition, sowie bei einer eventuellen Unterdrückung gewisser Teile derselben seitens der Sprecher in mehrsprachigen Gemeinschaften eine so wich-

---

[1] Hier wird der Erwerb des Wortschatzes meist ausgeklammert, da allgemein anerkannt wird, daß er im Prinzip nie abgeschlossen ist. Andererseits bilden die strukturellen Grundlagen des Wortschatzes (inkl. derjenigen seiner Semantik) vielleicht doch ein finites System (etwa ein Merkmalnetz?), dessen Erwerb gleichzeitig mit dem der Grammatik abgeschlossen ist? Heute, wo die Vertreter der Sprachtheorie, die vor allen anderen den Anspruch auf methodologische Strenge und universale Gültigkeit erhebt, damit beschäftigt sind, ungelöste Probleme der Grammatiktheorie in die Lexik zu verlegen, sollte man sich mit solchen prinzipiellen Fragen des Spracherwerbs etwas eingehender beschäftigen.

tige Rolle spielen (vgl. Denison 1977).

Zuerst einmal sind Urteile - auch Werturteile - individueller oder institutionalisierter Art überall dort unerläßlich, wo es gilt, die Grenzen einer "Sprache" synchron oder diachron zu bestimmen. Das trifft selbstverständlich nicht nur bei Sprachkontakt zu (hier drängen sich Fragen dieser Art allerdings unwillkürlich in den Vordergrund), sondern es gehört zu den altbekannten sprachtheoretischen Problemen überhaupt: Eine synchrone Abgrenzung zwischen "Sprachen" und "Sprachvarietäten" ("Mundarten", "Soziolekten", "Registern") ist nach streng linguistischen Kriterien kaum von Nutzen, soll sie nicht willkürlich erfolgen, indem z.B. gewisse Isoglossen berücksichtigt und andere außer Acht gelassen werden. Linguistische Urteile werden vielmehr durch psychologische und soziale Komponenten ergänzt, ja zum Teil ersetzt. Ähnliches gilt mutatis mutandis für die diachrone Abgrenzung eines "*état de langue*".

Für unsere Zwecke ist es von Vorteil, den Begriff "Sprache" möglichst großzügig zu definieren, um jede Art von "Sprachvarietät" einzuschließen. Die Gründe hierfür sind kurz:

(a) daß die Mechanismen, die bei Sprachkontakt von Bedeutung sind, bei Kontakt zwischen Varietäten ähnlich, wenn nicht identisch sind und

(b) daß das Konfliktpotential bei miteinander konkurrierenden Varietäten, die sich sprachlich nahestehen (z.B. Serbisch und Kroatisch, Hindi und Urdu, Bokmål und Landsmål, Demotiki und Katharevousa) keinesfalls geringer ist, als das bei sprachlich relativ unähnlichen (Französisch und Flämisch, Französisch und Elsässisch, Italienisch und Deutsch) bzw. stark kontrastierenden (Spanisch und Guarani, Chinesisch und Malaiisch) Ausgangsstrukturen der Fall ist.

Die zweite Art von Wertung, die in plurilingualen bzw. plurilektalen Gemeinschaften von Belang ist, ist die relative soziale Einstufung von Sprachen bzw. Sprachvarietäten durch deren Sprecher und durch andere, u.zw. hinsichtlich ihrer Nützlichkeit, ihrer Effizienz und ihres Einsatzpotentials im kommunikativen und im wirtschaftlichen Bereich, darüber hinaus bezüglich des Ausmaßes der jeweiligen affektiven Konnotationen gemäß Kriterien, wie Sozialprestige, Solidarität, Modernität, Ästhetik.

Diese beiden Arten von Wertung, wovon sich erstere auf die Sprachsubstanz bezieht, letztere eher psycho-sozio-linguistische Aspekte involviert, können nicht völlig getrennt voneinander betrachtet werden, ja sie können sich gegenseitig beeinflussen. Sprachen bzw. Sprachvarietäten, die von einer Gemeinschaft sozial niedrig eingestuft werden, werden als Folge ihrer niedrigen Einstufung in der Regel von höherstehenden Sprachen/Varietäten stark beeinflußt. Dies führt dazu, daß die beeinflußten Sprachen/Varietäten von der Gemeinschaft leichter als bloße "dialektale" Varianten einer prestigemäßig höherstehenden Standardsprache zugeordnet werden. Der auffallende Mangel an struktualer Integrität einer Sprache bzw. einer Varietät *kann* wiederum mit ein Grund sein für deren niedrige soziale Einstufung vis-à-vis einer Sprache/Varietät von größerer struktureller Integrität - und so weiter ad infinitum.

Wir wollen uns jetzt mit dem Ausdruck "mehrsprachige Umgebung" auseinandersetzen. Der Begriff "Mehrsprachigkeit" soll auch deren häufigste Form, die Zweisprachigkeit, decken. Statt mit Weinreich und Haugen und der mit ihnen einsetzenden Konvention, den umgekehrten Weg zu gehen, wobei der Begriff "bilingual" erweitert wird, um auch "Plurilinguismus" bzw. "Multilinguismus" zu umfassen, soll hier "mehrsprachig/plurilingual" als Oberbegriff auch "zweisprachig/bilingual" inkludieren. "Zweisprachig" beschränkt sich dann auf Fälle, in welchen tatsächlich von zwei und nur von zwei Sprachen/Sprachvarietäten die Rede ist. Für "-sprachig" in "mehrsprachig" gilt sinngemäß das, was für "Sprach-" in "Spracherwerb" gilt, nämlich daß es sich hierbei um Sprachvarietäten jeglicher Art handeln kann: "Plurilingual" subsumiert dementsprechend "plurilektal". Letzterer Terminus wird dann verwendet, wenn hervorgehoben werden soll, daß es sich um Varietäten (Dialekte, Mundarten, Soziolekte, Register) handelt, die von den Sprechern, von Außenstehenden bzw. vom Sprachwissenschaftler (in einem von ihm jeweils zu bestimmenden Sinne) nicht für vollwertige "Sprachen" gehalten werden.

Es spricht also vieles dafür, Sprachkontaktforschung methodologisch als Teil der Varietätenforschung überhaupt, d.h. als zur Psycho-Sozio-Linguistik gehörig zu betrachten. Es ist allerdings zu erwarten, daß die konkreten sprachlichen Auswirkungen einer spezifischen Kontaktsituation z.T. auch von der jeweiligen Distanz zwischen den anfangs miteinander in Kontakt geratenen Strukturen abhängig sein werden.

Auf den Terminus "Umgebung" im Ausdruck "mehrsprachige Umgebung" müssen wir ebenfalls näher eingehen. Wir wissen nämlich nicht, wie inklusiv bzw. exklusiv die sprachliche Umgebung sein kann, soll bzw. muß, damit in mehrsprachiger Umgebung der Spracherwerb "normal" (wie immer dies auch hier zu verstehen sei) erfolgt. In den Anfangsstadien werden die Grenzen dieser Umgebung offensichtlich von dem physischen und geistigen Horizont des Kindes bestimmt, sie beschränken sich also auf das sogenannte "häusliche Milieu". Dazu ist zu bemerken, daß es heutzutage in gewissen Ländern nicht unüblich ist, daß Kinder schon ab dem vollendeten zweiten Lebensjahr einen Kindergarten besuchen (wo die sprachliche Umgebung eine teilweise oder gänzlich andere sein kann als die des Elternhauses). Ähnliches gilt für die Sprache(n) von Fernsehprogrammen, die heute vielfach schon ab der frühen Phase der sozialen Integration des Kindes eine Art Pseudo-Umgebung bzw. eine einseitige Kommunikationsmöglichkeit darstellen.

Beschränken wir uns auf die allerersten Etappen des Spracherwerbs, wo man vielleicht doch behaupten könnte, daß die entscheidenden Einflüsse auf das Kind in der Regel die des unmittelbaren häuslichen Milieus sind, so hat man wenig Grund, im Prinzip zwischen einem "isolierten" (Francescato 1981) mehrsprachigen häuslichen Milieu in einer sonst einsprachigen Gemeinschaft und einem entsprechenden häuslichen Milieu in einer mehrsprachigen Gemeinschaft zu unterscheiden. Wenn wir aber im Rahmen der gegenwärtigen Diskussion über Mehrsprachigkeit den "Spracherwerb" als einen längeren, sich bis in die Pubertät und sogar darüber hinaus erstreckenden Prozeß betrachten, so sind Unterschiede zwischen dem isolierten mehrsprachigen Milieu in sonst einsprachiger Umgebung und dem mehrsprachigen Milieu einer mehrsprachigen Gemeinschaft weitaus relevanter für den "Spracherwerb" (mit Ausnahme der Phase des Vorschulalters bzw. des Vorkindergartenalters).

Eine weitere Unterscheidung, die für den mehrsprachigen Erwerb von Bedeutung sein kann, ist die zwischen Umgebungen, die von mehrsprachigen Individuen bzw. Gruppen, und solchen, die von bloß verschiedensprachigen Individuen bzw. Gruppen geprägt sind. Den Übergang zwischen diesen beiden Typen von mehrsprachiger Umgebung bilden solche, in welchen ein Elternteil einsprachig ist und der andere mehrsprachig (wobei die Sprache des Ehepartners auch beherrscht wird) bzw. beide Eltern mehrsprachig sind, aber zumindest eine der in Frage kommenden Sprachen nur von einem der beiden beherrscht wird.

Und schließlich ist es sinnvoll, diejenigen sprachlichen Umgebungen, die von Sprachgebrauchskonventionen gekennzeichnet sind, die wir in Anlehnung an Ferguson 1959 und Fishman 1967 ("diglossia") Pluriglossie nennen, von solchen auseinanderzuhalten, deren Mehrsprachigkeit nicht im Sinne der Pluriglossie strukturiert ist.

Pluriglossie ist normalerweise ein Phänomen, das ganze Gemeinschaften charakterisiert, wobei der Gebrauch einer spezifischen Sprache funktionsbedingt ist, d.h. sie hängt von Einsatzbedingungen ab, die kontextabhängig und insofern für die betreffende Gemeinschaft in verschiedenen Situationskategorien vorhersagbar sind. Wir haben schon angedeutet, daß die sogenannte "isolierte" Mehrsprachigkeit einzelner Familien ebenfalls durch ähnliche Selektionsbedingungen charakterisiert sein kann, vor allem dann, wenn wir die Sprecher und Hörer als wesentlichen Bestandteil des Gesamtkontextes einer sprachlichen Äußerung betrachten. "Isolierte" Familien dieses Typs dürfen als Kleinstgemeinschaften im Sinne der Pluriglossie angesehen werden (vgl. Francescato 1981).

Francescato (1981) hebt die mangelnde Stabilität in der Kompetenz bzw. im Gebrauch der jeweiligen Sprachen im Leben des mehrsprachigen Individuums hervor. Er zeigt, daß dort, wo eine solche Instabilität schon im Kindesalter auftritt, sie oft eine entsprechende Instabilität in der Mehrsprachigkeit des häuslichen Gesamtmilieus widerspiegelt. Francescato betont - und es gehört zu den wichtigsten Ergebnissen seiner systematischen Fallstudien, dies in so überzeugender Weise demonstriert zu haben -, daß Mehrsprachigkeit (Zweisprachigkeit) keine leicht definierbare Fähigkeit ist, die von einem Menschen endgültig erworben wird und in der Folge zu seinen festen Eigenschaften gehört. Sie ist vielmehr ein dynamischer Prozeß, der zeit seines Lebens aufbaufähig ist bzw. sich (sogar total) zurückbilden kann. Die Vorstellung "Once a bilingual, always a bilingual!" stimmt einfach nicht. Und bei besagtem dynamischen Prozeß zählen nicht nur die äußere Umgebung, sondern auch und vor allem die Persönlichkeit, das Temperament, die bewußten und die unbewußten Motivationen sowie die individuellen Prioritäten des mehrsprachigen Individuums.

Spracherwerb in mehrsprachiger Umgebung (und vielleicht überhaupt) scheint also ein längerer Prozeß zu sein, als man bisher geneigt war anzunehmen, wobei die ersten Schuljahre auf jeden Fall mitzuberücksichtigen sind. Aber auch dann, wenn wir uns auf das Vorschulalter beschränken[2], gibt es Anhaltspunkte dafür, daß auch in dieser Phase die individuellen Prioritäten des Kindes für den Verlauf und für das Ergeb-

nis des Spracherwerbsprozesses ausschlaggebend sein können, was die
nicht wenigen Eltern, deren Versuch, ihre Kinder zweisprachig zu erziehen, mißglückt, sicher bestätigen können. Die relative kommunikative Effizienz der betreffenden Sprachen, so wie sie vom Kind erlebt
wird, scheint in der allerersten Phase der wichtigste Faktor zu sein:
er wird allerdings sehr bald ergänzt und kann als wichtigstes den Verlauf des Spracherwerbs bestimmendes Moment sogar ersetzt werden vom
sogenannten Prestigefaktor. Dies gilt umso mehr für die Phase, die mit
dem Besuch eines Kindergartens bzw. mit Schulbeginn einsetzt. Spätestens
ab diesem Zeitpunkt muß eine soziolinguistische Perspektive bei der
Analyse der mehrsprachigen Umgebung und ihrer Auswirkung auf den Spracherwerb miteinbezogen werden.

Es folgen nun einige Beobachtungen zur Mehrsprachigkeit in Friaul, NO-Italien, im Lichte der obenstehenden prinzipiellen Überlegungen.
Wir stellen uns die Frage, welche Folgen die Mehrsprachigkeit für den
Spracherwerb in Friaul gehabt hat und welche sprachlichen Konsequenzen
(d.h. welche Auswirkungen auf die dort vorhandenen Sprachen und Sprachvarietäten) der Spracherwerb in der dort herrschenden mehrsprachigen
und zum Teil pluriglossischen Umgebung gehabt hat.

Dazu ist es notwendig, einen kurzen, größtenteils leider subjektiven Überblick über die (sozio-)linguistische Entwicklung in Friaul
seit dem Zweiten Weltkrieg zu geben. Auf diese Weise wird es möglich,
der oben skizzierten Auffassung des Spracherwerbs entsprechend, wonach
dieser bei mehrsprachigen Individuen und Gemeinschaften ein evolutions-
und entwicklungsfähiger Prozeß ist, auch die sprachliche Umgebung aus
einer dynamischen (eingeschränkt diachronen) Perspektive zu sehen.

Innerhalb der herkömmlichen historischen Grenzen Friauls kann
man die sprachliche Situation der Region in der Zeit seit dem Zweiten
Weltkrieg als mehrsprachig mit weitverbreiteter Pluriglossie bezeichnen.
Diese allgemeine Charakterisierung würde sogar für die ganze dokumen-
tierbare Geschichte des Gebiets gelten (und, nach allen uns zur Ver-

---

[2] Francescato (1981:280f.) schließt sich dem Vorschlag Balkans an (1970:
41-48), wonach die wichtigsten Grundlagen bis zum 4. bzw. 7. Lebensjahr erworben werden. Diese Ansicht wird durch Beobachtungen unterstützt, die von einem Pädagogen, einem Neurologen, zwei Psychologen
und einem Soziolinguisten stammen. Francescato fügt jedoch hinzu
(281,Fn.13): "Del resto, la nostra esperienza mostra che un apprendimento assai rapido e con resultati molto vicini (anche per l'aspetto
fonico) all'apprendimento nativo, si può ottenere anche in età più
tarda... perfino nel caso di una terza lingua."

fügung stehenden Anhaltspunkten zu schließen, auch für die vorgeschichtliche Zeit - allerdings mit Bezug auf eine beachtliche Folge von sich zeitlich ablösenden Konstellationen verschiedener Sprachen; vgl. z.B. Francescato/Salimbeni 1976, Krasnovskaja 1980. Am Ende des Zweiten Weltkriegs war das Wirtschafts- und Gesellschaftsbild Friauls noch sehr stark von der Landwirtschaft geprägt. Die überwiegende Mehrzahl der Bevölkerung bediente sich für die Belange des täglichen Lebens wohl hauptsächlich der Regionalsprache, des Friaulischen. Es existierte und existiert leider keine amtliche Statistik dazu, inoffizielle Schätzungen variieren stark. Es ist jedoch anzunehmen, daß Pluriglossie schon damals zur geltenden Gebrauchsnorm der meisten Friaulischsprachigen gehörte, was vor allem die Rollen des Veneto[3] und des Italienischen betrifft: Die Provinz hatte eine jahrhundertelange Geschichte von Integrationsbestrebungen hinter sich, die von der Republik Venedig und später vom italienischen Staat (besonders infolge der intensivierten Italianisierungspolitik der Faschistenzeit) ausgingen. Dazu bildete nur Ostfriaul, das bis zum Zweiten Weltkrieg zu Österreich gehörte, in politischer Hinsicht eine Ausnahme. Unterrichtssprache in den Schulen war von Anfang an das Italienische und die schulischen Italienischkenntnisse der Männer wurden durch den militärischen Präsenzdienst registermäßig vervollständigt.

In Udine herrschte schon seit einigen Generationen[4] ein sprachlich noch komplexeres Bild. Eine spezifisch udinesische Variante des Veneto war dort das bevorzugte Ausdrucksmittel der Bürgerschicht, wobei das Friaulische zum Verkehr mit der ländlichen Bevölkerung, mit sozial Untergeordneten (darunter nicht selten die eigene Frau) und auch für folkloristische bzw. humoristische Kontexte diente. Für die Arbeiter in Udine war das Friaulische noch die häufigste Haussprache, Veneto hatte für sie weniger vertraute, weniger solidarische Konnotationen. Für beide Schichten diente das Italienische als Amts- und Schriftsprache und zum Verkehr mit Unbekannten und Nichteinheimischen.

---

[3] Verschiedene Varianten des Venediger Dialekts trugen an der Dialektgrenze zum Venezianischen, in Triest und Umgebung und vor allem in der Hauptstadt Udine (s.u.) zum Bilde der Mehrsprachigkeit bzw. der Pluriglossie bei.

[4] Eine interessante und gekonnte Darstellung der triglossischen Situation der friaulischen Hauptstadt schon um die Mitte des vorigen Jahrhunderts bietet das satirische Werk "Il trovatore Antonio Tamburo" von Pietro Zorutti (Zorutti 1848). Für einen Kommentar vgl. Francescato/Salimbeni 1976:184-185,206.

Udine war demzufolge um diese Zeit trilektal und gleichzeitig größtenteils triglossisch (Friaulisch (L), Veneto (M), Italienisch (H)[5] allerdings bei schichtenspezifisch stark differenziertem Zugang zur aktiven Kompetenz, unterschiedlicher Reihenfolge des Erwerbs und verschiedener Häufigkeit im Gebrauch der drei Varietäten. Für uneingeweihte Beobachter (und vielfach für die unmittelbar Beteiligten) blieben die zugrundeliegenden Regelmäßigkeiten der Varietätenwahl durch scheinbar (und bis zu einem gewissen Grade tatsächlich) unmotiviertes Switching verschleiert (näheres bei Francescato/Salimbeni 1976:182-185, 206; Denison 1968:590; 1971:170). In diesem Zusammenhang ist festzuhalten, daß die drei betreffenden Sprachvarietäten trotz der genetischen Verwandtschaft über genügend nichtambige Merkmale verfügen (wobei das Friaulische sich von den anderen am stärksten abhebt), um eindeutig identifizierbar zu sein, wenn man von extrem kurzen Texten absieht.

Im übrigen Teil seines Geltungsbereichs fungierte das Friaulische meist als L-Variante in diglossischer Verbindung mit Italienisch als H-Variante. Es war die bevorzugte informelle mündliche Varietät und wurde von den meisten Kindern als zeitlich erste Variante im häuslichen Milieu erworben. Trotz einer nicht unbeträchtlichen literarischen Tradition in friaulischer Sprache hat das Friaulische für das Gros seiner Sprecher nie die Funktion einer allgemeinen Schriftsprache erfüllt. Für die meisten Friauler sind Lesen und Schreiben untrennbare und automatische Funktionen des Italienischen, die sich auch auf die trivialsten Textsorten erstreckten (wie z.B. zurückgelassene Zettel des Inhalts "Komme bald. Essen in der Küche".). Es gibt kaum einen Anlaß anzunehmen, daß das Friaulische jemals als allgemeine Schreibsprache fungiert hat. Schon die frühesten nichtlateinischen Urkunden sind in einer Sprache abgefaßt, die dem (Venezianisch-)Italienischen der Zeit nach bestem Vermögen des Verfassers angepaßt sind. Hier darf daran erinnert werden, daß Friaul als solches mit Ausnahme einer kurzen Periode zwischen der Vorherrschaft des deutschsprachigen Gebietes im Norden und der darauffolgenden Eingliederung in die Venezianische Republik nie politische Unabhängigkeit erlangt hat. Der heutige seit 1963 gültige autonome Status bezieht sich - zum Leidwesen vieler Friauler - auf eine ausgedehntere Region mit Triest als Hauptstadt.

Francescato/Salimbeni (1981) scheinen der Meinung zu sein, daß

---

[5] (L) = Low (niedrigste Varietät), (M) = Mid (mittlere Varietät), (H) = High (oberste Varietät); s. Ferguson (1959), Denison (1968).

das Friaulische, auch dann, wenn Friaul die politische Unabhängigkeit
beschieden gewesen wäre, das Erbe einer Amts-, Kultur-, Bildungs- und
Schriftsprache innerhalb seines dialektalen Geltungsbereichs nicht ohne
weiteres hätte antreten können, da es durch seine ganze Geschichte hindurch als Ausdrucksmittel der unteren, ungebildeten, vor allem ländlichen Gesellschaftsschicht stigmatisiert worden sei.[6] Nach Francescatos
Darstellung war das Friaulische früher eher ein Soziolekt - ja fast
eine Kastenvarietät. Dies spiegelt sich, wie wir sehen werden, in gewissen heutigen Einstellungen und noch stärker (obwohl keinesfalls ausnahmslos) in heutigen sprachlichen Verhaltensmustern wider. Nichtsdesto-
weniger war das Friaulische 1945 auf dem Gebiet, wo es zum Italienischen
in einem diglossischen Verhältnis stand, allem Anschein nach für ein
breites Spektrum von Funktionen noch einigermaßen fest etabliert. Es
war keiner seine wesentlichen Strukturmerkmale unmittelbar gefährdenden
Interferenz seitens des Italienischen ausgesetzt und unterlag im alltäglichen Dialog keinem übertriebenen Switching-Zwang. Es hatte dementsprechend eine relativ intakte Struktur. Insofern hob sich das diglossische Gebiet vom triglossischen Udine schon deutlich ab. Das Friaulische war z.B. auf dem Lande, im Dorf und noch in der Kleinstadt die
Sprache schlechthin, welche die Kinder im häuslichen Milieu von ihren
Eltern erwarben.

Die sprachliche Kompetenz erwachsener Friauler (vor allem männlichen Geschlechts) in den Varietäten benachbarter, wohlhabender Zentren war in der ersten Hälfte dieses Jahrhunderts (und sicher schon
viel früher) jedenfalls beachtlich. Das geht z.B. aus drei kurzen Texten hervor, die unter dem Titel *I Furlàns a Triest* von Dolfo Zorzut
gesammelt und 1927 mit anderen zusammen veröffentlicht wurden (Zorzut
1927:97-100). Im ersten Text unternehmen zwei Bewohner der friaulischen
Ortschaft Cormòns, unweit von Triest, einen Ausflug in die Stadt. Dort
setzen sie ihre Schlauheit in Verbindung mit vorgetäuschter ländlicher
Unschuld ein, um den Inhaber eines Schuhgeschäfts zu betrügen. Der Dialog mit dem Geschäftsmann findet auf triestinisch statt:

>Verkäufer - T(riestinisch) - Scarpe? Va ben, va ben, la se còmodi.
>(Schuhe? Natürlich, natürlich, setzen Sie sich!)

---

[6] Dazu wäre allerdings zu sagen, daß ein ehemals ähnlicher Status den
endgültigen Sieg so mancher jüngerer Nationalsprache nicht zu verhindern vermochte.

F(riaulisch)	- E i presente une biele poltrone dute di vilût. (Und er bietet ihm einen schönen Lehnstuhl an, ganz in Samt.)
Verkäufer	- T - La se senti. (Nehmen Sie bitte Platz!)
Kunde	- T - Orpo, siôr, ma go paûra de sporcarghe! (Mein Gott, Signore, ich habe Angst, daß ich ihn schmutzig mache.)
Verkäufer	- T - La se senti, la se senti - (Nehmen Sie bitte Platz, nehmen Sie bitte Platz!) - F - e 'l rît sot coz. E 'l tire jù li scarpis. (Und er lächelt verstohlen. Und er holt die Schuhe herunter.)
Verkäufer	- T - Queste? (Diese?)
Kunde	- T - No, più bele. (Nein, schönere!)
Verkäufer	- T - Queste? (Diese?)
Kunde	- T - No, de melgio! (Nein, was Besseres!)
Verkäufer	- T - Queste, xe roba bona. (Das hier ist eine gute Ware.)
Kunde	- T - O, si, queste, queste. (Ja, ja, die, die!) - F - Lui al si tire fûr li sos scarpatis ... (Der Kunde zieht seine schäbigen alten Schuhe aus.) - und so weiter.

Im zweiten Text spricht ein Friauler mit einem Optiker in Triest Friaulisch, um ihn zum Narren zu halten:

- T - La desidera qualcossa, sior? (Sie wünschen etwas, Signore?)
- F - 'O ciali, sior. (Ich schaue [nur], Signore.)
- T - Ociai! ... Prego, la vegni drento. (Eine Brille? ... Bitte treten Sie ein.)
- F - E chel furlàn al va drenti. (Und der Friauler geht hinein.)
- T - De questi? No? de questi? (Diese Art? Nein? Diese Art?)
- F - Ze biei, ze biei, 'o ciali, sae, 'o ciali!
  (Wie schön, Wie schön! Ich schaue [sie nur an] wissen Sie? Ich schaue [sie nur an]
- und so weiter.

Die Pointe dieses mehrsprachigen Wortspiels setzt Kenntnisse des Friaulischen, Triestinischen und Italienischen voraus: "Brille" heißt auf triestinisch *ociai* und auf italienisch *occiali*; *'o ciali* heißt aber auf Friaulisch "ich schaue".

Spracherwerb in mehrsprachiger Umgebung

War in der bisherigen Darstellung friaulischer Pluriglossie von engen (Italienisch, Veneto) oder weniger eng (Friaulisch) miteinander verwandten Sprachvarietäten die Rede, so haben wir es an der Peripherie der Region im Norden und im Osten eher mit Mehrsprachigkeit im herkömmlichen Sinne, nämlich mit romanischen und nichtromanischen (deutschen und slowenischen) Varietäten zu tun.[7] Archaische, vom Hochdeutschen stark abweichende südbayrische Dialekte werden seit Jahrhunderten in Sauris (dt. die Zahre) in NW-Karnien, in Sappada (dt. Pladen) nördlich von Sauris (an der Südseite der Wasserscheide, die dort die Grenze zu Österreich bildet) und in Timau (dt. Tischlwang) südlich des Plöckenpasses (passo di Monte Croce Carnico), der die Verbindung zu Kötschach-Mauthen im österreichischen Gailtal herstellt, gesprochen. Entlang der Ostgrenze zu Jugoslawien von Tarvis bis Triest werden in mehreren Seitentälern slowenische Dialekte gesprochen. Die slawischen Dialekte Friauls sind z.T. noch länger etabliert als die deutschen, ja, sogar länger als das Friaulische in ihrer unmittelbaren Umgebung. Noch zu erwähnen wäre das mehrsprachige Fellatal (Kanaltal, Val Canale) zwischen Tarvis (Tarvisio) und Pontafel (Pontebba). Dieses ehemals österreichische Gebiet, das erst 1918 an Italien abgetreten wurde, ist gemischtsprachig. Slowenisch, Deutsch und Italienisch werden dort gesprochen, es ist aber von allen hier erwähnten mehrsprachigen Teilen Friauls derjenige, der sprachlich und soziolinguistisch am wenigsten adäquat beschrieben wurde, was angesichts der dort erfolgten grundlegenden demographischen, ökonomischen (touristischen) und politischen Umstrukturierung der letzten Jahrzehnte nicht wundernehmen darf.

Ausmaß und Beschaffenheit der Pluriglossie, die in der Vergangenheit die verschiedenen Sprachenkonstellationen der mehrsprachigen Gebiete kennzeichnete, können nicht mehr direkt festgestellt werden. Wir verfügen jedoch über zwei indirekte Informationsquellen, die die mündliche Tradition und die spärlichen veröffentlichten Berichte zu ergänzen vermögen.[8] Erstens haben wir die Aussage des Lehnguts, jenes Teils der fremdsprachlichen "Interferenz" in der Sprechweise früherer Generatio-

---

[7] Einen Überblick über das Slowenische und das Deutsche in Friaul bringt Pellegrini (1972:53-91), mit Bibliographie. Zu den sogen. deutschen Sprachinseln in Friaul vgl. Denison (1968) und (1971) (Zahre); Hornung (1967), (1972); Bruniera (1937/38) (Pladen); Bellati (1948/49); Geyer-Schönhuber (1976) (Tischlwang); eine allgemeine Darstellung aller drei deutschen Sprachinseln bringt Baum (1980).

[8] Über die Zahre vgl. Lorenzoni (1938).

nen, der stabil genug war, um als zur Kompetenz gehörig empfunden zu werden (und somit die gleiche Wahrscheinlichkeit eines diachronen Fortbestehens hatte, als das "einheimische" Sprachgut). Darüber hinaus können wir unter Anwendung der alterprobten Methoden der historisch-vergleichenden Sprachwissenschaft die Quellen der Entlehnungen einigermaßen spezifisch bestimmen sowie eine relative (unter günstigen Umständen sogar eine approximativ-absolute) Chronologie der jeweiligen Lehngutschichten aufstellen. Zweitens können wir unter Anwendung soziolinguistischer Prinzipien eine soziale und funktionale Einstufung der jeweiligen Sprachvarietäten für die in Frage kommende Periode vorschlagen.

Der Mechanismus, der eine derartige Assimilierung "fremden" Sprachguts ermöglicht - das muß man immer wieder betonen -, hängt mit Spracherwerb in mehrsprachiger, meist pluriglossischer Umgebung aufs engste zusammen. In einer solchen Umgebung muß jedes einzelne Kind, das vor der Aufgabe steht, sich das sprachliche "Repertoire" der Gesellschaft (vgl. Gumperz 1964) bzw. den für die jeweilige Erwerbsphase relevanten Teil davon anzueignen, notwendigerweise von einer Auffassung der Grenzen von Strukturen und Funktionen der jeweiligen Sprachen und Varietäten ausgehen, die einerseits individuell ist, andererseits wegen der kommunikativen Bedürfnisse der Gemeinschaft mit dem kollektiven Spracherwerb grosso modo konvergiert. Diese Auffassung kann unter Umständen von derjenigen abweichen, die seinerzeit den Spracherwerb und die primäre Sozialisierung der Eltern und Großeltern bestimmte.

Stellen wir uns nun die Frage, welches der vorhandenen Kommunikationsnetze in Zukunft für das Kind am relevantesten sein wird, wenn es darum geht, innerhalb des Gesamtrepertoires der Gemeinschaft aus der schillernden Palette der sich bietenden aktiven und passiven Kompetenzkonstellationen den eigenen Standort zu wählen, so bietet dieses Kommunikationsnetz am ehesten wohl die Altersgruppe. Ein derartiges, sprachliches, sich langsam festigendes Selbstverständnis der Altersgruppe stellt die Weichen für das sich als erwachsenensprachliche Kompetenz herauskristallisierende Ergebnis des längerfristigen Spracherwerbsprozesses der jeweiligen heranwachsenden Generation (was nicht heißen soll, daß sich die Situation im Erwachsenenalter nicht - auch radikal - ändern kann).

Im Prinzip gelten diese Bemerkungen für "einsprachige" Gemeinschaften mit den dazugehörigen Dialekten und Registern ebenso wie für

Spracherwerb in mehrsprachiger Umgebung

pluriglossische Gemeinschaften und "isolierte" Mehrsprachige. Das hier Festgestellte stimmt mit den Labov'schen Beobachtungen über die Rolle der "peer-group" in plurilektalen Gemeinschaften und mit Francescatos (1981) Ergebnissen betreffend die Rolle der Schule, des Kindergartens, der Spielgruppe, im sprachlichen Schicksal des "isolierten" mehrsprachigen Kindes überein. Das für Außenstehende Spektakuläre am Spracherwerb im Rahmen der Pluriglossie ist einerseits die Heterogenität des Repertoires, aus dem das Kind beim Erwerb selektieren und kombinieren muß, andererseits die manchmal bizarr anmutenden Verletzungen der Kode-Grenzen, die gewisse Bereiche des sprachlichen Ergebnisses aufweisen.

Es hat manchmal den Anschein, als ob Eltern und Großeltern im Verkehr mit Kindern zu einem derartigen Ergebnis bewußt beitragen, ja, man möchte fast behaupten, daß sie sich mit ihnen verschwören, um zu einem Endergebnis zu gelangen, das sie offen oder insgeheim als für ihre Kinder vorteilhaft betrachten.

In der Zahre sprechen Eltern und Großeltern heute mit den Kindern in der Regel nur Italienisch. Auch dann, wenn Kinder im Vorschulalter ausnahmsweise versuchen, etwa mit den Großeltern Deutsch zu sprechen, und sich dabei gemischtsprachig ausdrücken, korrigiert man auch grobe Verstöße gegen die deutschsprachige Norm der Erwachsenen kaum, sondern man akzeptiert sie samt den italienischen Brocken; man spricht Kinder gelegentlich in einer ähnlichen Mischsprache an (hier ist nicht die Rede von schon integrierten Elementen), gewissermaßen als Übergang zum Italienischen oder vielleicht als Verständigungskompromiß gedacht im Umgang mit einer Bevölkerungsgruppe, die entweder eigentlich schon einsprachig italienisch ist oder es - nach Meinung der Erwachsenen selbstverständlich - wird. Z.B. (a) Großmutter: [gɛəʃtə a-ka:za?] - "Gehst du (dt.) nach Hause (it.)?" - pro (erwachsenensprachliches) [gɛəʃtə ha:m?] ; (b) Kind: [pɪn-I gabe:n na:tɔ?] - "War ich (dt.) geboren (it.)?" - Großvater: [na, də pɪʃt net nou gəbe:n na:tə] pro [... börtn] - "Nein, du warst noch nicht geboren".

Eine weitere indirekte Quelle für Rückschlüsse über pluriglossische Verhaltensmuster der jüngsten Vergangenheit sind Rekonstruktionen, die an Hand von heutigen Sprachverwendungs- und insbesondere von Sprachkompetenzprofilen der verschiedenen (vor allem der ältesten) Altersgruppen der betreffenden Gemeinschaft erstellt werden. Eine erste Erschließung dieser zweiten Informationsquelle wird seit der Veröffentlichung von ersten Berichten über die Ergebnisse einer vom Görzer Institute of International Sociology durchgeführten Meinungs- und Verhaltensumfrage zur sprachlichen Situation in Friaul (De Marchi 1982) möglich. Dieses Forschungsvorhaben, das 1977 im Auftrag der Region Friuli-Venezia Giulia gestiftet und finanziert wurde, hat sich die Aufgabe gestellt, "the present diffusion of local codes in the region and the extent of the actual interest in their protection and defence" (De Marchi 1982:186) zu ermessen. Die Umfrage brachte und analysierte Angaben von 1501 Personen, die auf die jeweils als slowenisch-, deutsch-, veneto- oder friaulischsprachig angesehenen Gebiete ungefähr gleichmäßig verteilt waren, hinsichtlich ihrer Sprachgruppenzugehörigkeit, ihres sprachlichen Verhaltens und ihrer subjektiven Einstellung zu den in ihrer Umgebung gesprochenen Sprachen bzw. Varietäten. Für unsere Zwecke sind die Ergebnisse interessant, aber leider weniger aufschlußreich, als man sich gewünscht hätte, was vor allem auf einige Mängel und Schwächen in den Methoden und begrifflichen Kategorien zurückzuführen ist, die zum Einsatz gelangten. Fairerweise muß man hinzufügen, daß die betreffenden Schwächen, auf die wir zurückkommen wollen, der Autorin (De Marchi 1982, 1983) im wesentlichen bekannt sind und von ihr ausdrücklich erwähnt werden. Die Ergebnisse der Untersuchung lassen eindeutig erkennen, wenn man die relevanten Tabellen korreliert, daß die Verwendungshäufigkeit der erwähnten Sprachen seit ca. 1945 mit Ausnahme des Veneto und des Italienischen ständig abnimmt, wobei der Gebrauch des Slowenischen nach Aussage seiner heutigen Sprecher am stärksten betroffen ist (75% zwischen den Eltern, 19% zwischen den Kindern der Befragten). Befragt wurden "Wahlberechtigte"; ihr Alter und demzufolge das Alter ihrer Eltern und ihrer Kinder variierte also stark, so daß die chronologischen Implikationen der Begriffe "Elterngeneration" bzw. "Kindergeneration" nur einen relativen Durchschnittswert haben. Trotzdem ist anzunehmen, daß die Sprachverwendungsfrequenzen, die für die Eltern untereinander angeführt werden, zumindest für die Zeit um 1945, Rückschlüsse über Sprachverwendungskonventionen erlauben, insofern diese Gespräche zwischen den Altersgenossen einer spezifischen Generation im wesentlichen konstant geblieben sind. Die entsprechenden Werte für Friaulisch sind 75% und 53%, für Deutsch 27% und 5%, für Veneto 63% und 63%.

Die extrem niedrigen Werte, die für das Deutsche der Elterngeneration angeführt werden (27%), sind sicher größtenteils eine Folge der Vorstellung, daß es getrennte Sprachgebiete gibt, die von *der* jeweiligen Sprache der Einheimischen geprägt sind. Diese traditionelle, dialektologische Auffassung der Sprachen- bzw. Varietätenverteilung läßt sich z.B. auf die Kerngebiete des Veneto bzw. des Friaulischen ohne allzu schwerwiegende Konsequenzen noch anwenden, im Falle des Deutschen in Friaul führt es jedoch zu einer wesentlichen Entstellung der Tatsachen. Vier getrennte Gebiete wurden für das Deutsche herangezogen. Von bloß zwei davon, nämlich Sappada/Pladen und Sauris/Zahre, kann behauptet werden, daß die Eltern der heute dort ansässigen Wahlberechtigten mehrheitlich die dort übliche Varietät des Deutschen beherrsch(t)en. Timau hat heute vielleicht mehr Wahlberechtigte, deren Eltern in erster Linie kompetente Sprecher des Friaulischen waren bzw. sind, als solche, die Tischlwanger Deutsch beherrrschten; und die traditionell als "deutschsprachig" bezeichneten Gemeinden des Kanaltals führen diesen Namen heute ohne Rücksicht auf die demographische Umstrukturierung des Gebiets, die nach dem ersten Weltkrieg einsetzte. Ein weiterer gravierender Fehler in der Formulierung der Umfrage war, daß aus einer Frage nach der "bevorzugten" Sprache und einer über eine mögliche Einführung dieser Sprache in den Schulunterricht nicht zu entnehmen war, ob von der örtlichen Varietät oder von der Schriftsprache die Rede war.

Nur solche Faktoren können dazu geführt haben, daß nur 8% der Befragten in den "deutschen" Gebieten angaben, im Umgang mit ihren Kindern gegenwärtig Deutsch zu verwenden, während 91% dafür waren, "the local language" in Zukunft im Umgang mit Kindern zu verwenden, bzw. daß 89% den Wunsch äußerten, daß diese Sprache in der Schule unterrichtet werde. Das sind bei weitem die günstigsten Ziffern, die hinsichtlich der Einstellung zur zukünftigen Rolle der jeweiligen "local language" überhaupt verzeichnet wurden. Sie sind sicher nur dahingehend zu interpretieren, daß die Friauler der Meinung sind, daß Schriftdeutsch(!) eine sehr nützliche Fremdsprache sei (dies wird von De Marchi selbst angedeutet).

Der von den Umfrageergebnissen vermittelte Eindruck ist bezüglich der deutschen Varietäten gleichzeitig (a) zu pessimistisch und (b) zu optimistisch:

(a) Wegen der falschen Ausgangsvorstellung hinsichtlich der "deutschsprachigen Gebiete" stellen sie eine gravierende Unterschätzung derjenigen der "Elterngeneration" dar, die den deutschen Dialekt als Haussprache verwende(te)n, wenn man sie als Prozentsatz derjenigen Sprecher betrachtet, für deren Familien eine derartige deutschsprachige

Tradition überhaupt vorhanden ist/war. Würde man diese Überlegung zum Ausgangspunkt der Kalkulation machen, so lassen persönliche Beobachtungen des Verfassers (seit 1963) die Annahme zu, daß z.B. der deutsche Dialekt in der Zahre 1945 bei nahezu 1oo% der damaligen Wahlberechtigten als Haussprache in Verwendung stand, obwohl die Pluriglossie (Deutsch, Friaulisch,Italienisch) damals schon längst den Zahrer Alltag kennzeichnete.[9] Ähnliches galt damals wohl auch für Pladen, allerdings mit einem wesentlich größeren Anteil zugereister Andenssprachiger. Was Tischlwang betrifft, so machten die Familien ohne jüngere haussprachliche Tradition im deutschen Dialekt (dafür mit Friaulisch als Haussprache) schon 1945 einen nicht unwesentlichen Prozentsatz der wahlberechtigten Bevölkerung der Gemeinde aus, d.h. nach dem heutigen Stand der Dinge zu schließen; und in jenen Teilen des Kanaltals wo Deutsch (und nicht Slowenisch) *vor 1918* als Haussprache in Verwendung stand, bilden diejenigen unter den heutigen Wahlberechtigten, die auf eine deutschsprachige Familientradition zurückblicken, sicher einen viel kleineren Prozentsatz der heutigen Bevölkerung der betreffenden Gemeinden als in allen anderen "deutschsprachigen Gebieten" Friauls. Die demographische Entwicklung in Timau und besonders im Kanaltal ist ohne weiteres mitverantwortlich für den extrem niedrigen Wert (De Marchi 1982:195, Tabelle 2) für diejenigen Bewohner der "deutschen" Gebiete, die als Antwort auf folgende Frage Deutsch als "ihre Sprache" angaben (De Marchi 1982:2o8,Fn.16): "Which one amongst the above mentioned languages (spoken in their neighbourhood according to the respondent) is most important to you, the one you feel attached to, your own language?"

    Für viele der Befragten muß diese Frage im Prinzip unbeantwortbar gewesen sein, da sie implizit voraussetzt, daß sich "most important language", "the one you feel attached to" und "your own language" auf ein-und-dieselbe Sprache beziehen. Die Verteilung der bevorzugten Sprachen, die die Befragten in den "deutschen" Gebieten angaben (22% Deutsch, 39% Italienisch, 33% andere Sprache) hängt wahrscheinlich nicht nur mit der problematischen Bestimmung von "deutschsprachigen Gebieten" zusammen, wodurch ein Teil des Samples nicht hierher gehört hätte, sondern auch

---

[9] Schon Lorenzoni (1938) und Magri (1940/41,XVIII)(der eine Bemerkung des Zahrer Bauerndichters Fulgenzio Schneider aus dem Jahre 1919 zitiert) kommentieren die Verwendung des Friaulischen und des Italienischen neben dem Deutschen. Vgl. Denison (1971:163ff.).

damit, daß ein 5o-jähriger Zahrer, etwa, auf die Attribute der "bevorzugten" Sprache ohne weiteres wahrheitsgemäß (aber nicht zulässig) hätte getrennt (s.o.) reagieren können mit der dreiteiligen Antwort: "Italienisch, Friaulisch, Deutsch!"

Auch dies setzt allerdings voraus, daß unser 5o-jähriger Zahrer die Bezeichnung *"language"* (wohl *lingua*) als auf den deutschen Dialekt anwendbar verstanden hat. Alles in allem liegt es nahe anzunehmen, daß die 22%, die auf diese Frage mit "Deutsch" antworteten und die bloß 16%, die angaben, daß sie mit ihrem Ehepartner zu Hause Deutsch sprechen, den Schluß zulassen, daß viele Fragebögen eine andere als die angepeilte Zielgruppe erreichten. Es darf wohl angenommen werden, daß die eigentliche Zielgruppe "Deutsch" jene Sprecher umfassen sollte, deren Familien auf eine deutschsprachige Tradition zurückblicken und nicht alle heutigen Bewohner von Gebieten, wo unter anderem Deutsch vorkommt bzw. früher vorkam.

(b) Unbestritten bleibt jedoch, daß das Deutsche in Friaul auch in den Familien, wo die deutsche Haussprache früher die Regel war, seit 1945 von anderen in der mehrsprachigen Umgebung vertretenen Varietäten und vor allem vom Italienischen in zunehmendem Maße verdrängt wird (s.u.). Hervorzuheben ist auch der Unterschied zwischen dem eigentlichen Verhalten der Befragten und der Darstellung dieses Verhaltens, den sie im Rahmen einer Umfrage geben. Das eher optimistische Zukunftsbild, das hinsichtlich der Einstellung der Befragten zu eventuellen sprachlichen Konservierungsmaßnahmen zugunsten der örtlichen Varietäten (mit Ausnahme des Slowenischen) von den Untersuchungsergebnissen vermittelt wird (91% waren angeblich dafür, daß man in Zukunft mit den Kindern deutsch sprechen soll, bloß 8% verhalten sich schon heute dementsprechend!), ist im Falle des Deutschen sogar weit günstiger als im Falle des Friaulischen (53% behaupten, daß sie es jetzt mit den Kindern sprechen, 71% sind dafür, dies in Zukunft zu tun). Die extrem überoptimistischen Werte hinsichtlich des zukünftigen Verhaltens der Eltern gegenüber Deutsch beruhen nicht nur auf den schon erwähnten technischen Mängeln der Umfrage, sondern sicher auch darauf (was von De Marchi ebenfalls betont wird), daß sich angebliche Einstellungen und Absichten weder mit dem eigentlichen noch wahrscheinlich (leider) mit dem zukünftigen Verhalten decken müssen. Der "ökologische" Gedanke ist (auch hinsichtlich bedrohter Sprachen) heute in Europa modern, was auch den Sprachminderheiten nicht entgangen ist. Zu behaupten, man wäre für das Gute und gegen das Böse, kostet (anders als das Unternehmen praktischer Schutzmaßnahmen) nichts (vgl. Denison 1981a).

De Marchi selbst liefert einen ausgewogenen Kommentar zu den problematischen Aspekten der ersten Phase des Projekts, wobei auf einige Diskrepanzen in den vorläufigen Ergebnissen hingewiesen wird und Vorschläge gemacht werden in bezug auf mögliche Zielsetzungen zukünftiger Phasen. Man kann ihr nicht den Vorwurf machen, aus den statistischen Ergebnissen mehr Schlüsse ziehen zu wollen, als sie zulassen. Sie scheint sehr wohl erkannt zu haben, welche Faktoren in zukünftigen Phasen einer derartigen Untersuchung zu berücksichtigen wären. Der wichtigste davon wäre der Einbau einer *pluriglossischen Perspektive*. Im Lichte der Diskussion, die im Rahmen unseres Symposions stattfindet, darf man vielleicht den zusätzlichen Wunsch äußern, daß im pluriglossischen Kontext auch Spracherwerbsprofile erhoben werden. In diesem Zusammenhang weist Francescato (1981) auf den Weg, der einzuschlagen wäre. An Francescato (Francescato/Salimbeni 1976, z.B. 225-229; vgl. auch Francescato 1982) muß man sich vorläufig ebenfalls halten, um ein wirklichkeitsgetreueres und aufschlußreicheres (wenn auch subjektiveres und von keinerlei Statistik untermauertes) Bild von friaulischer Mehrsprachigkeit und Pluriglossie zu bekommen.

Würde man nach den Ergebnissen von De Marchis Umfrage das mehrsprachige Friaul der Zeit um 1945 (insofern man die damalige Situation rekonstruieren kann) mit dem heutigen Friaul vergleichen, so würde die bloße Auflistung von vorhandenen Sprachen und Varietäten kaum eine Änderung aufweisen. Dasselbe ließe sich grosso modo hinsichtlich der weitmaschigen geographischen Verteilung behaupten. Die Rückläufigkeit in der Zahl der "Sprecher" (ohne weitere Qualifikation) würde für diese Zeitspanne nur für das Slowenische katastrophale Ausmaße annehmen (im Falle des Deutschen müßte man den Schluß ziehen, daß die Katastrophe schon vor 1945 eingetreten sei). Das Friaulische wäre empfindlich, aber nicht katastrophal zurückgewichen, das Veneto hätte sich tapfer behauptet. Wir dürfen hinzufügen, daß praktisch alle Sprecher damals wie heute ebenfalls (wenn auch sekundär) als Italienischsprecher zu bezeichnen gewesen wären.

Sobald man jedoch nicht die *Mehrsprachigkeit* und die *Kompetenz* sondern die *Pluriglossie* und die *Verwendungshäufigkeit* in den Vordergrund rückt, fällt der Vergleich zwischen 1945 und heute für die Minderheitensprachen (mit Ausnahme des Veneto) weit ungünstiger aus. Darüber hinaus sind die besagten Sprachen im Munde ihrer jüngsten Sprecher hinsichtlich ihrer strukturellen Legitimität (die mit einem gewissen Mindestausmaß an Kontinuität verbunden ist) kommentarwürdig, wenn sie nicht direkt zu Besorgnis Anlaß geben.

Erstens fällt die explosive Erweiterung der Funktionsbereiche und der Verwendungsfrequenz des Italienischen auf. Wenn wir vom "Territorium" des Veneto absehen, so ist das Italienische das bevorzugte Kommunikationsmittel zwischen Eltern und Kindern im häuslichen Milieu. Das gilt nach der eigenen Darstellung für beinahe die Hälfte aller Befragten und in Wirklichkeit wohl für weit mehr als die Hälfte aller Familien in Friaul. Das heißt, das Italienische wird (oder, wahrscheinlicher, ist schon) die bevorzugte Sprache der ersten Sozialisation der Kinder in Friaul (wie im übrigen Italien). Diese Entwicklung verläuft parallel zur Verdrängung von örtlichen Varietäten durch die Standardsprache in anderen Teilen Europas (und sonst überall in der Welt).

Mit zunehmender Geschwindigkeit setzt sich zwar eine derartige Tendenz in diesem Jahrhundert (und in Friaul insbesondere in den letzten Jahrzehnten) überall durch, die Etappen sind jedoch in den Einzelheiten nicht überall gleich. Die Pluriglossie der "slowenischsprachigen" wie auch die der "deutschsprachigen Teile" Friauls involvierte eine früher wohl diglossische Beziehung zum Friaulischen, aus der später eine slowenisch- bzw. deutsch-friaulisch-italienische Triglossie wurde (eine frühere Rolle des Deutschen in Ostfriaul wird hier außer Acht gelassen). Diese Annahme wird durch die spezifisch friaulische Gestalt gewisser Lehnwortschichten im Slowenischen und im Deutschen Friauls und die Rolle des Friaulischen in der heutigen Pluriglossie der ältesten Sprecher unterstützt. Sowohl im Resiatal (Slowenisch) als auch in der Zahre (Deutsch), ist das Italienische heute unter jüngeren Sprechern die dominante Sprache (in der Zahre wird von der überwiegenden Mehrzahl der Kinder fast *nur* Italienisch aktiv verwendet, für das Resiatal habe ich über die heutige Situation keine diesbezügliche Information). Innerhalb einer relativ kleinen, hauptsächlich männlichen Gruppe in der Zahre wurde für kurze Zeit eine friaulisch-italienische Diglossie im aktiven Sprachgebrauch üblich. D.h. "fallengelassen" wurde unter ihnen die ursprünglich einheimische Varietät, der deutsche Dialekt (s. Denison 1971: 168). Heute sind die meisten Zahrer Kinder einsprachig italienisch, was den aktiven Sprachgebrauch betrifft. M-Friaulisch hat also hier innerhalb von relativ kurzer Zeit dasselbe Schicksal erlitten, wie L-Deutsch.

Eine Entwicklung, wonach die deutsch-friaulisch-italienische Pluriglossie des Erwerbs von einem deutsch-italienisch diglossischen Erwerb ersetzt worden wäre, hat es also nach meinen Beobachtungen in der Zahre kaum gegeben (durch familiäre Umstände bzw. Wohnungswechsel zu erklärende Einzelfälle ausgenommen). Ein neuer und anders gearteter Umstand ist es, der theoretisch in Zukunft zu einer deutsch-italienischen Diglossie führen könnte, wenn heute einsprachige 12-15-jährige Kinder in der Zahre laut einer Meinungsumfrage eher geneigt sind, Deutsch zu lernen als Friaulisch (J.Walthew, persönliche Mitteilung).

Die Entwicklung verläuft zumindest in einem Teil des Resiatals in den einzelnen Etappen anscheinend anders. Ende der sechziger Jahre konnte ich im entlegensten Teil des Resiatals feststellen, daß spielende Kinder im Schulalter untereinander Resianisch verwendeten; Friaulisch verstanden sie überhaupt nicht. Unterrichtssprache in der Schule war selbstverständlich Italienisch. Hier wurde also in einer ersten Phase aus der slowenisch-friaulisch-italienischen Triglossie eine slowenisch-italienische Diglossie. Ob die Tatsache, daß hier das Friaulische als erste Varietät aus der Erwerbskonstellation ausschied, eine andere Reihung des Friaulischen bezüglich seines Prestiges oder Kommunikationspotentials impliziert als (damals) in der Zahre, vermag ich nicht zu beurteilen. Daß es Anfang der fünfziger Jahre unter Erwachsenen in Val Resia noch zur triglossischen Kompetenz gehörte, kann ich anhand meiner eigenen damaligen Beobachtungen bestätigen.

Sprachersatz erfolgt normalerweise dadurch, daß die siegreiche Varietät über eine pluriglossische Phase die andere(n) Varietät(en) in ihren Funktionen ersetzt. Es lohnt sich, diesen Mechanismus etwas näher anzuschauen, weil es zur Zeit in Friaul zugunsten des Italienischen und entsprechend in anderen Ländern zugunsten der jeweiligen prestigereichsten Variante im Gange ist. Schematisch (s.u.) wurde er von Iliescu (1970; vgl. auch Francescato 1981:255) sehr deutlich dargestellt (wobei es sich zufällig ebenfalls um das Friaulische handelte, diesmal in der rumänischen Diaspora!). *Der Vorgang setzt eine Umstrukturierung der Erwerbskonstellation voraus* und erstreckt sich auf *mindestens drei Generationen,* kann aber Jahrhunderte dauern, wo die pluriglossische Verteilung von Sprachfunktionen (einerlei aus welchen Gründen) sehr lange verhältnismäßig stabil bleibt (wie z.B. bis vor kurzem in Graubünden bzw. in der Zahre).

Sprachwechsel ist(und war wohl immer und überall) eine häufige

Begleiterscheinung von militärischer, politischer bzw. wirtschaftlicher
Expansion und Assimilation. Seine Etappen können, auf ein Minimum reduziert, folgendermaßen dargestellt werden (wobei L1 die "ursprünglichere"
Sprache und L2 eine andere, in einer späteren Phase der Geschichte einer Gemeinschaft erworbene Sprache ist; die Klammer soll einen verminderten Grad der Kompetenz bzw. eine niedrigere Verwendungshäufigkeit
andeuten):

 Erster Schritt $L1 \rightarrow L1 + (L2)$
 Zweiter Schritt $L1 + L2 \rightarrow (L1) + L2$
 Dritter Schritt $(L1) + L2 \rightarrow L2$

Der letzte Schritt, der in der aktiven Kompetenz und im funktionellen Einsatz zu italienischer Einsprachigkeit führt, ist in Friaul
(inkl. Zahre) jetzt im Gange. Er wird dadurch beschleunigt, daß sich
immer mehr Eltern bewußt oder unbewußt einer Konvention anschließen,
wonach die Eltern mit den Kindern möglichst nur Italienisch sprechen,
obwohl sie untereinander häufig ein Leben lang fortfahren (auch in Anwesenheit der Kinder), die "einheimische Varietät" als "Hauptsprache
der Erwachsenen" zu verwenden. In der Zahre, wo Italienisch auch die
Sprache des öffentlichen Kindergartens (*asilo*) für Zwei- bis Sechsjäh-
rige ist, hat dieses Verhalten in der Regel dazu geführt, daß die Kinder seit 2o - 3o Jahren im *Kindesalter* nur Italienisch aktiv erworben
haben und die beiden anderen Varietäten, wenn überhaupt nur passiv (was
nicht ausschließt, daß die wenigen jungen Zahrer, die im Heimatort bleiben, diese passive Kompetenz nach Abschluß der Schule unter Umständen
für den Umgang mit älteren Dorfbewohnern aktivieren: hier könnte man
von einer *potentiellen Kompetenz* sprechen).

 Es stellt sich die Frage, ob sich der oben skizzierte Sprach-
wechselmechanismus im Interesse einer Sprachökologie reversieren ließe.
Die Antwort darauf scheint eine negative zu sein, insofern keine grundlegenden Änderungen in der Struktur außersprachlicher Prestigerelatio-
nen bzw. im Kommunikationsnetz der Umgebung, so wie diese Faktoren von
den Sprechern aufgefaßt werden, eintreten.

 Es leuchtet ein, daß das Kind ein Verhaltensmuster, welches, wie
es sich bald überzeugen kann, von den Erwachsenen im Umgang miteinander
nicht befolgt wird, nur dann akzeptieren wird, wenn dieses Muster mit
demjenigen übereinstimmt, welches das Kind als für die Bedürfnisse und
Interessen der eigenen *peer-group* geeignet und in der Folge als der ei-

genen Auffassung kommunikativer und prestigemäßiger Prioritäten angepaßt anerkennt. Ein Versuch seitens junger Zahrer Eltern, die miteinander schon Italienisch sprechen, mit ihren Kindern Zahrerisch zu sprechen, um das Zahrerische als die dominante (oder gar als die einzige) Sprache ihrer Kinder zu etablieren, würde heute aus diesem Grunde sicher scheitern. Man denke bloß an die vielen enttäuschten Eltern, die in der Fremde (etwa als "isolierte" Emigranten) vergeblich versucht haben, die Sprache der alten Heimat im aktiven Repertoire der Kinder nach deren Eintritt in die anderssprachige Welt der neuen Umgebung zu erhalten. In vereinzelten Fällen (z.B. bei den Kindern des Verfassers, vgl. auch Oksaar 1978) gelingt es. Ein Rezept für die Reversierung des Sprachwechsels im allgemeinen ist es sicher nicht. Der auffallendste mir bekannte Mißerfolg war der Versuch eines ungarischen Ehepaares, ihrem Sohn in London Ungarisch beizubringen, indem sie mit ihm ausschließlich Ungarisch sprachen. Während sie aber ihrem Beruf nachgingen, verbrachte das Kind viele Stunden täglich vor dem Fernsehschirm. Mit 4 Jahren schon weigerte sich das Kind, das von ihm nie vollständig erworbene und rasch zerbröckelnde Ungarische zu verwenden. Es sprach stattdessen mit jedem prinzipiell nur (am Anfang kaum verständliches) Englisch, auch mit den schwer enttäuschten Eltern und einer ungarischen Linguistin, die über den bilingualen Spracherwerb dissertieren wollte.

Prestigereiche Minderheiten (auch kleinere) leisten nicht selten durch viele Generationen hindurch erfolgreichen Widerstand gegen eine eigene Pluriglossie, wenn diese die Aufnahme von prestigeärmeren Sprachen bzw. Varietäten in das aktive Sprachrepertoire bedeuten würde. Sie erzwingen dadurch Pluriglossie bei den Sprechern der unterlegenen Varietät(en). Deshalb ist Sprachwechsel als Folge von Pluriglossie bei prestigereichen Minderheiten im Prinzip kaum zu erwarten, insofern keine Verschiebung in der sozialen Struktur erfolgt. Beispiele sowohl aus der Gegenwart als auch aus der Vergangenheit lassen sich leicht anführen:

Die deutschsprachige Bevölkerungsgruppe in Graubünden hat sich dadurch von einer Minderheit in eine Mehrheit verwandelt, daß sie zwar über eine lange Phase der Pluriglossie bei vielen ursprünglichen Romanschsprachigen einen Sprachwechsel herbeigeführt hat, sich selbst aus der Pluriglossie jedoch in der Regel herausgehalten hat. Einzelne Deutschsprachige (z.B. Wirte, Priester) lern(t)en zwar fließend Romansch, werden aber in der Regel nicht in dem Sinne Teil der pluriglossischen Gemeinschaft, daß sie, so wie die romanschsprachige Bevölkerung, z.B.

die L2 manchmal untereinander verwenden oder automatisch auch dort die L2 wählen, wo nur wenige oder vereinzelte Vertreter der anderssprachigen Volksgruppe am Gespräch teilnehmen, oder systematisch dafür sorgen, daß ihre Kinder L2 erwerben.

In ähnlicher Weise ist es den Englischsprachigen in Wales gelungen, sich von einer Minderheit in eine Mehrheit zu verwandeln und zwar dadurch, daß sie bei ihren ursprünglich walisischsprachigen Nachbarn über die Diglossie einen Sprachwechsel zum Englischen in Gang gesetzt haben, der, von den Industriestädten im Süden ausgehend, sich heute über einen Großteil der Provinz erstreckt. Dieser Prozeß ist trotz der kulturellen und gesetzgeberischen Maßnahmen der letzten Jahre zugunsten des Walisischen überall dort noch im Gange, wo sich eine einsprachig englische Minderheit befindet. Man kann in dieser Entwicklung die letzte Phase eines ethnischen und sprachlichen Assimilationsprozesses sehen, der im 5. Jahrhundert mit der angelsächsischen Landnahme in Süd-Ost-England einsetzte und sich abgesehen von Unterbrechungen, die von politischen und geographischen Hindernissen verursacht wurden, bis auf den heutigen Tag fortsetzt.

Bevor wir uns dem, beim Sprachwechsel anscheinend zentralen, individuellen Aspekt des Spracherwerbs in mehrsprachiger Umgebung zuwenden, wollen wir ein paar scheinbare Gegenbeispiele zu der hier vertretenen These einer gewissen Vorhersagbarkeit der Direktionalität bei Sprachwechsel anführen.

In den unmittelbar auf die Normannen-Eroberung folgenden Jahrhunderten schien das Englische Gefahr zu laufen, vom Französischen zur Gänze verdrängt zu werden. Alles, was wir aus dieser und der späteren Zeit in sprachlicher und geschichtlicher Hinsicht überliefert bekommen haben, läßt den Schluß zu, daß auf die Eroberung in einer plurilingualen Gesellschaftsschicht eine Periode intensivsten Sprachkontakts folgte, wobei der königliche Hof und die Judikatur französischsprachig und das Englische prestigearm war, was zu massiver französischer "Interferenz" führte. Und trotzdem siegte auf die Dauer nicht das Französische, sondern das Englische im erneut einsprachigen England. Ist dies als Gegenbeispiel zu werten? Es scheint eher so zu sein, daß sich die Prestigeverhältnisse infolge politischer Entwicklungen langsam verschoben, wobei das Englische wieder die bevorzugte und kurz darauf die einzige Sprache des Hofes und der höheren Gesellschaftsschichten wurde.

Der Rückgang nach vielen Jahrhunderten des Fungierens als H-Spra-

che im Prozentsatz der Schwedischsprachigen Finnlands läßt sich einer
ähnlichen Verschiebung der sprachlichen Assimilationsrichtung in bezug
auf das Finnische zuschreiben, was die veränderte politische und wirtschaftliche Situation in Finnland widerspiegelt. In der Zeit, als Finnland zu Schweden gehörte (und auch danach) wurden Schwedischsprachige
vom Sprachwechsel selten betroffen, ja, viele unter ihnen waren nicht
als kompetente Zweisprachige, noch weniger als diglossische Sprecher
zu bezeichnen. Es bedurfte der Trennung Finnlands von Schweden, die als
Folge der napoleonischen Kriege stattfand, und über den Umweg des zaristischen Interregnums zur Unabhängigkeit Finnlands führte, um der gegenwärtigen Entwicklung die Bahn zu ebnen. Die Frage des relativen Prestiges von Finnisch und Schwedisch ist heute aus der Sicht der Schwedischsprachigen eine komplizierte und vielseitige, es dürfte jedoch
unbestritten sein, daß sich das nationalökonomische Bild zugunsten des
Finnischen geändert hat. Demzufolge erfolgt Sprachwechsel über den Mechanismus des Bilinguismus häufiger vom Schwedischen hin zum Finnischen
als umgekehrt (vgl. Paunonen et al. 1980). Das hier Gesagte gilt natürlich nur für Finnland, nicht jedoch für Schweden, das seit dem zweiten
Weltkrieg eine beträchtliche finnischsprachige Minderheit hat.

Solche Fälle sind also nur scheinbare Gegenbeispiele: Sprachersatz über Diglossie geschieht nur in der Richtung L→H; zu beachten
ist allerdings, daß sich der L- bzw. H-Status einer Sprache/Varietät
im Laufe der Zeit verschieben kann. Wir dürfen auch nicht vergessen,
daß sich relative Wertungen von Sprachen/Varietäten, die auf Aussagen
von Befragten beruhen, nicht unbedingt mit dem tatsächlichen Prestigegefälle decken müssen, das im sprachlichen Verhalten zu beobachten ist.
Für zukünftige Entwicklungen im sprachlichen Bereich in erster Linie
ausschlaggebend ist das H→L-Gefälle, wie es sich in Verwendungs-
und Erwerbskonstellationen offenbart, nicht die Einstellungen, die
sich die Befragten in Zusammenhang mit Umfrageaktionen zu eigen machen.

Auch dort, wo die Prestigekonstellation der in einer pluriglossischen Situation vertretenen Sprachen durch historische Ereignisse geändert wird, wobei die einstige L-Sprache zur H-Sprache und letzten
Endes zur einzigen Sprache der Gemeinschaft wird (wie z.B. in England
nach der Eroberung), ist damit zu rechnen, daß die Spuren des einstigen
L-Status in der Struktur und in der Substanz der siegreichen Sprache
für immer und für den Linguisten unverkennbar zurückbleiben werden
(und zwar ohne Rücksicht auf eventuelle oberflächliche Erfolge etwaiger

Sprachreiniger). Vom Standpunkt der Sprachtheorie haben solche Spuren
ein besonderes Gewicht und zwar vor allem in Fällen, wo ein derartiges
soziolinguistisches Schicksal die ursprünglich "einheimische" Sprachvarietät in früheren Zeiten auf das Niveau eines Kodes reduziert hatte,
der (wie gegenwärtig im Falle des Zahrerischen) von den Kindern eine
Zeitlang, wenn überhaupt, sekundär und erst spät und deshalb vom Standpunkt der älteren Sprecher, die ihn seinerzeit als erste Haussprache
erwarben, sehr mangelhaft erlernt wurde.

Am Beispiel der Zahre habe ich an anderer Stelle (Denison 1981b:
44ff.) zu unterscheiden versucht zwischen dem Erwerb eines Kodes durch
Kinder einer Generation, die den aktiven Gebrauch erst nach der Pubertät erlernten (mit dem Bruch in der Beziehung des "native-speakers" zu
"seiner" Sprache, der unter solchen Umständen erfolgt), und den sich
weniger abrupt einstellenden Konsequenzen der allmählichen Konvergenz,
die in der Pluriglossie als normal anzusehen ist. Die sprachlichen
Konsequenzen für einen Kode, der schon durch ein paar Generationen hindurch nur sekundär erworben und von einer ständig abnehmenden Anzahl
von Sprechern immer seltener verwendet wird, lassen sich anhand des
Zimbrischen noch stärker dokumentieren (vgl. Meid/Heller 1979). Es
stellt sich die prinzipielle Frage, ob eine dermaßen "entfremdete" und
strukturell destabilisierte Sprachvarietät je wieder zum primären Ausdrucksmittel einer Sprachgemeinschaft werden könnte. Alles, was wir
z.B. über die Entwicklung von Kreolensprachen zu wissen glauben, läßt
vermuten, daß es rein sprachlich gesehen für eine solche Wende in der
Geschichte einer Varietät nie zu spät ist. Ausschlaggebend dürften hier
sozio- und psycholinguistische Faktoren sein, die ihrerseits mit außersprachlichen Entwicklungen zusammenhängen.

Literatur

Balkan,L.,1970: Les effets du bilinguisme français-anglais sur les
    aptitudes intellectuelles, Brüssel.

Baum,W.,1980: Deutsche Sprachinseln in Friaul.(Kleine Kärnten-Biblio-
    thek 22), Klagenfurt.

Bellati,C.,1948/49: Il dialetto tedesco dell'isola alloglotta di Timau
    (prov. di Udine), Diss. Universität Padua.

Bruniera,M.,1937/38: Il dialetto tedesco dell'isola alloglotta di
    Sappada, Diss. Universität Padua.

De Marchi,B.,1982: A Sociology of Language Research in Friuli-Venetia Julia, a Multilingual Border Area. In: De Marchi,B./Boileau,A.M. (eds.), 183-210.

De Marchi,B.,1983: Una ricerca di sociologia del linguaggio; problemi teorici, metodologici, tecnici. In: Grazer Linguistische Studien 19, 17-35.

De Marchi,B./Boileau,A.M. (eds.),1982: Boundaries and Minorities in Western Europe, Mailand.

Denison,N.,1968: Sauris: A Trilingual Community in Diatypic Perspective. In: Man 3/4, 578-592.

Denison,N.,1971: Some Observations on Language Variety and Plurilingualism. In: Social Anthropology and Language (ASA Monographs 10), London, New York, 157-183.

Denison,N.,1977: Language Death or Language Suicide? In: Linguistics 191, 157-183.

Denison,N.,1981a: A Linguistic Ecology for Europe? In: Grazer Linguistische Studien 15, 81-95; und in: Folia Linguistica XVI 1982, 5-16.

Denison,N.,1981b: Conservation and Adaptation in a Plurilingual Context. In: Meid,W./Heller,K. (Hrsg.), 33-52.

Denison,N.: The Ladin Question: Evidence from Friulian-German Contacts With Particular Reference to Sauris; erscheint in: Proceedings, Ascoli Symposium, Görz 1979.

Ferguson,C.A.,1959: Diglossia. In: Word 15, 325-340.

Fishman,J.,1967: Bilingualism with and without Diglossia; Diglossia with and without Bilingualism. In: McNamara,J. (ed.), 29-38.

Francescato,G./Salimbeni,F.,1976: Storia lingua e società in Friuli, Udine.

Francescato,G.,1981: Il Bilingue Isolato, Bergamo, Mailand.

Francescato,G.,1982: Bilinguismo e diglossia in Friuli: una situazione complessa. In: Hefte für die Förderung von Zweisprachigkeit 31/32, 1-27.

Geyer-Schönhuber,I.,1976: Die deutsche Mundart von Tischlwang (Timau) in Karnien (Oberitalien). Diss. Universität Wien.

Gumperz,J.J.,1964: Linguistic and Social Interaction in two Communities. In: American Anthropologist 66, 137-153.

Gumperz,J.J.,1967: On the Linguistic Markers of Bilingual Communication. In: McNamara,J. (ed.), 48-57.

Hornung,M. (Hrsg.),1967a: Mundart und Geschichte, Wien.

Hornung,M.,1967b: Romanische Entlehnungen in der deutschen Sprachinselmundart von Pladen. In: Hornung,M. (Hrsg.), 41-69.

Hornung,M.,1972: Wörterbuch der deutschen Sprachinselmundart von Pladen/Sappada in Karnien, Italien, Wien, Graz.

Iliescu,M.,1970: Observations sur le bi- et multilinguisme des frioulans de Roumanie. In: Actes X. Congrès Int. Linguistes, Bukarest, 777-781.

Krasnovskaja,N.A.,1980: I Friulani, Moskau.

Lorenzoni,G.,1938: La Toponomastica di Sauris, Udine.

McNamara,J.(ed.),1967: Problems of Bilingualism (The Journal of Social Issues 23.2).

Magri,G.,1940/41: Il Dialetto di Sauris, Diss. Universität Padua.

Meid,W./Heller,K.(Hrsg.),1981: Sprachkontakt als Ursache von Veränderungen der Sprach- und Bewußtseinsstruktur. Eine Sammlung von Studien zur sprachlichen Interferenz, Innsbruck.

Meid,W./Heller,K.,1979: Italienische Interferenzen in der lautlichen Struktur des Zimbrischen, Wien.

Oksaar,E.,1978: Pre-school Trilingualism: A Case Study. In: Peng,F.C.C./ von Raffler-Engel,W. (eds.), Language Acquisition and Developmental Kinesics, Hiroshima, 129-138.

Paunonen,H. et al.,1980: Helsingfors två språk; Rapport I, Meddelanden från Institutionen för Nordiska språk och Nordisk Literatur vid Helsingfors Universitet, Serie B Nr.4, Helsinki.

Pellegrini,G.B.,1972: Introduzione all'Atlante Storico Linguistico Etnografico Friulano (ASLEF), Padua, Udine, 53-91.

Sornicola,R.,1977: La competenza multipla. Un'Analisi microsociolinguistica, Neapel.

Zorutti,P.,1848: Il trovatore Antonio Tamburo, Udine.

Zorzut,D.,1927: Sot la Nape ... I Racconti del Popolo Friulano, Udine.

Hannelore Grimm

ZUR FRAGE DER SPRACHLICHEN WISSENSKONSTRUKTION
Erwerben dysphasische Kinder die Sprache anders?

1. Die Schwierigkeit, den Spracherwerb zu erklären

In erstaunlich kurzer Zeit und ohne große sichtbare Anstrengungen erwerben Kinder normalerweise die Sprache ihrer Umwelt. Mit ungefähr 18 Monaten beginnen sie, konventionelle Wörter bedeutungsvoll zu verwenden; schon wenige Monate danach werden Wörter zu Zweiwortäußerungen kombiniert, die dann sehr schnell zu Dreiwortkombinationen erweitert werden. Nach einem Jahr, also mit 2 1/2 Jahren, ist es soweit, daß Sachverhalte in einfachen Sätzen ausgedrückt werden können. Danach braucht es keine drei Jahre mehr, bis das komplizierte grammatische System der Sprache in seinen grundlegenden Merkmalen beherrscht ist und die Kinder über einen Wortschatz verfügen, der um die 12.000 verschiedene Wörter umfaßt.

Diese Leistung ist äußerst bemerkenswert, wenn man sich vergegenwärtigt, daß - durchaus realistisch geschätzt - allein für den Erwerb des Wortschatzes in dieser Größenordnung ein Kind täglich pro Wachstunde ein neues Wort hinzulernen muß (vgl. Carey 1978). Ans Phantastische grenzt die Leistung dann, zieht man zudem den hoch abstrakten Charakter der Sprache in die Überlegung mit ein: Kinder, die sich noch kaum die Schuhe zubinden und gerade auf drei zählen können, leiten aus der gehörten Sprache nicht formal gelehrte grammatische Regeln ab und wenden sie generalisierend an. Im Vergleich dazu nimmt sich das Schachspiel direkt einfach aus.

Wie ist diese Leistung möglich? Auf diese Frage hat die Wissenschaft (noch) keine gültige Theorie als erklärende Antwort bereit. So stehen zu der Schnelligkeit und der Leichtigkeit des kindlichen Spracherwerbs viele Jahre angestrengter und zäher Forschungsbemühungen in einem eigentümlich anmutenden Kontrast. Entsprechend schreibt Deutsch (1981:VII) im Vorwort zu dem Symposiumsband "The Child's Construction of Language":

> "What seems to be a simple task to master for children, poses an extremely difficult problem to solve for the researcher.

> There is still controversy as to what the proper preconditions and learning mechanisms of language acquisition are."

Der Versuch, über die Registrierung wahrnehmbarer sprachlicher Merkmale hinaus zu den den Spracherwerb und den Sprachgebrauch steuernden Prozessen vorzudringen, ist erst durch die Zurückweisung des behavioristischen Paradigmas möglich geworden, das zuvor die Kindersprachforschung in eine Sackgasse der Bedeutungslosigkeit geführt hatte, in der sich schließlich auch die Soziolinguistik Bernsteinscher Prägung wiederfinden mußte.

Es war Karl Lashley, der 1951 in seiner aufsehenerregenden Arbeit über das Problem der seriellen Ordnung im Verhalten gegen die simplifizierende Sichtweise, daß sprachliche Strukturen lediglich S-R-Verbindungen darstellen, argumentierte und herausstellte, daß dem expressiven wie dem rezeptiven Sprachgebrauch Schemata oder Stukturen zugrunde liegen müssen, da erst durch diese die in der Zeit geordnete Integration der Sprachelemente erklärbar werde.

Für die Sprachentwicklungspsychologie sind dann die Versuche Chomskys, diese zugrunde liegenden Stukturen zu beschreiben und ihren Erwerb zu erklären, außerordentlich bedeutsam geworden. Ja, man kann wohl sagen, daß Chomsky die moderne Sprachentwicklungspsychologie mit seinem Buch "Syntactic Structures" von 1957 eingeläutet und mit der späteren Arbeit "Aspects of the Theory of Syntax" (1965) theoretisch und methodisch nachhaltig beeinflußt hat.

Wenn wir heute auf die über zwanzigjährige Forschungstradition zurückblicken, so imponiert nicht nur die Anzahl, sondern auch die Vielfalt der Forschungsarbeiten. Es gab noch keine Zeit, zu der mehr, intensiver und interessanter geforscht worden wäre. Flavell (1979) hat dies in die Feststellung gefaßt, daß die Sprachentwicklungspsychologie zu einem der lebendigsten und anregendsten Gebiete der heutigen Psychologie geworden ist. Ohne Übertreibung läßt sich so auch sagen, daß wir heute mehr über die Kindersprache wissen als je zuvor. Indes, wie schon betont, ausreichend ist dieses Wissen nicht: Das Problem ist noch weitgehend ungelöst, wie es Kindern in der Ontogenese gelingt, auf der Grundlage einer endlichen Anzahl von Beobachtungen induktiv sprachliche Wissensstrukturen aufzubauen (vgl. auch Pinker 1979). Cromer (1981:53) teilt diese Auffassung, wenn er in seinem umfassenden Forschungsüberblick schreibt: "Our knowledge of the structure of language has barely increased, and those acquisition processes are still shrouded in mystery."

Dafür können verschiedene theoretische und methodologische Gründe ins Feld geführt werden, die ich hier jedoch nicht diskutieren kann (vgl. aber dazu: Cromer 1981; Grimm 1982a,b, 1983a). Begründen will ich allein das bislang zur Gänze vernachlässigte Argument, daß die Untersuchung von Kindern, die (scheinbar) leicht zur Sprache kommen, nicht ausreichend sein kann, um den Prozeß der Sprachentwicklung hinreichend zu verstehen. Um herauszufinden, welche inneren und äußeren Voraussetzungen und welche Erwerbsstrategien für einen normal verlaufenden Entwicklungsprozeß gegeben sein müssen, kann man nicht nur Gleiches mit Gleichem vergleichen, sondern muß als Bewertungsgrundlage nach Schwierigkeiten und Störungen suchen und nach deren Ursachen fragen.

Es ist mir dabei sehr wichtig zu betonen, daß die postulierte Hinwendung zu abweichenden Entwicklungsverläufen keinesfalls bedeutet, daß damit die Suche nach Regularität, Gerichtetheit und Universalität zwangsläufig aufgegeben und allein noch die Variabilität und Individualität in den Blick genommen würden.[1] Dies wäre unsinnig, da alles dafür spricht, daß gerade in der Kindheit der Kompetenzerwerb einem gemeinsamen Strang folgt. Im Gegenteil möchte ich so weit gehen und behaupten, daß gerade die Betrachtung von Abweichungen helfen kann, das Allgemeine genauer zu erkennen, so wie diese auch davor bewahren kann, zu voreilig universelle Gesetzmäßigkeiten da zu postulieren, wo gar keine sind. - Und solchen voreiligen Postulaten kommt in der Tat in der Kindersprachforschung nicht gerade Seltenheitswert zu.

Dieses methodologische Argument hat Kainz (1969:268) in seiner kaum mehr beachteten "Psychologie der Sprache" in anderem Zusammenhang und schöner als ich es kann so ausgedrückt:

> "Die Pathologie ist heute eine wichtige Hilfsdisziplin vieler Geisteswissenschaften geworden. Ist es doch beim Individuum... nicht selten möglich, an den Bruchstellen tiefer in die innere Struktur hineinzusehen als an der intakten und glattpolierten Oberfläche. Denn hier hat die Natur und das Leben die uns versagten Experimente gemacht und in deren Gefolge Tiefenschichten herauspräpariert, die uns normalerweise verborgen sind".

---

[1] Die praktische Bedeutsamkeit der Untersuchung des Bereichs gestörter Sprachentwicklung habe ich an anderer Stelle ausgeführt (Grimm 1983a; Grimm/Kaltenbacher 1982). Es entspricht dem artikulierten Bedürfnis von Vertretern der Phoniatrie, Logopädie und Sonderpädagogik, daß sich die Kindersprachforschung sehr viel intensiver als bisher um die Diagnose und Therapie von Sprachentwicklungsstörungen bemüht.

Zur Frage der sprachlichen Wissenskonstruktion

2. Vergleichende Forschungsstrategie

Für die forschungspraktische Umsetzung dieser Überlegungen ist in hervorragender Weise die vergleichende Untersuchung von normalen Kindern und Kindern mit einer dysphasischen Entwicklungsstörung geeignet.[2] Denn die Entwicklungsdysphasie ist keine bloße Sprech- oder Redestörung und geht auch auf keine Ursachen zurück, die in ihrer interpretativen Wendung lediglich den Charakter trivialer Voraussetzungen annehmen.

Die Entwicklungsdysphasie imponiert vielmehr als quantitativ und qualitativ beschreibbare ausgeprägte Sprachstörung, die in einer primär expressiven und in einer rezeptiv-expressiven Form in Erscheinung treten kann. Im folgenden geht es allein um die expressive Form.

Die dysphasischen Kinder nehmen die Entwicklungsaufgabe (Havighurst) des Spracherwerbs erst mit einer erheblichen zeitlichen Verzögerung wahr. So berichten die acht Mütter unserer Untersuchung übereinstimmend, daß ihre Kinder wenige bedeutungsvolle Wörter zwischen 2 und 2 3/4 Jahren und erste Zweiwortverbindungen nicht früher als zwischen 2 1/2 und 3 Jahren produziert haben.[3] Daß sie sich mit dem Spracherwerb besonders schwer tun, wird daran ersichtlich, daß sie ihre ersten spärlichen Ansätze nur langsam weiterentwickelt haben und im Alter zwischen 4 und 5 Jahren in auffallender Weise vom konventionellen Sprachgebrauch abweichend sprechen. Dies trifft selbst auf die Versprachlichung einfacher Zusammenhänge zu.

---

[2] Der Begriff der Entwicklungsdysphasie stellt die direkte Übersetzung des englischen Begriffs "developmental dysphasia" dar. Im deutschsprachigen Raum wird von Dysgrammatismus gesprochen. Diesen Begriff verwende ich nicht etwa deshalb nicht, weil mir das andere Fremdwort besser gefällt, sondern weil er irreführend ist und uneinheitlich gebraucht wird. Nimmt man den Begriff ernst - und das heißt wörtlich -, so bedeutet er, daß das gesamte Grammatiksystem gestört ist. Damit wäre nun zuviel unterstellt. Deshalb wird er auch nicht wörtlich genommen, sondern Grammatik wird mit der Syntax und/oder der Morphologie gleichgesetzt. Besonders prekär wird es dann, wenn Dysgrammatismus als Störung der Morphologie aufgefaßt und der sog. Dyssyntaxie gegenübergestellt wird.

[3] Ich beziehe mich hier wie im folgenden auf das von mir geleitete Forschungsprojekt: Sprachverwendung und Sprachlernen. Untersuchung des Einflusses sprachlicher Handlungsmuster auf die Ausbildung sprachlicher Strukturformen bei normalen und dysphasischen Vorschulkindern. Das Projekt wird zur Zeit im dritten Jahr von der DFG gefördert, der an dieser Stelle dafür gedankt sei (Gr 588/5, 588/6-2, 588/6-4). Als wissenschaftliche Mitarbeiter arbeiten E. Kaltenbacher und W. Kany mit; wissenschaftliche Hilfskräfte sind E. Bley, G. Hufnagen und K.-D. Klein.

Beispiele sind: "Was du machst da"; "Ich Oma Elle gehen"; "Ich jetzt schlafen"; "Runtergeschmissen hab"; "Du mir mal holen?"; "Oma Anna jetzt ich bin".

Die Mütter charakterisieren die Sprache ihrer Kinder entsprechend bildhaft als "verquer", "verdreht" oder "kreuz und quer".

Dabei können zusätzlich phonologisch-phonetische Probleme auftreten, wofür die folgenden Beispiele stehen: "Immer umwei (= umfällt); "Ho, mein Hesper hon e hab" (= So, mein Vesper hab ich schon gegessen). Diese Ausdrucksmöglichkeiten der Kinder reduzieren sich nun noch weiter auf eine Art Verbalsprache, sollen komplexere Zusammenhänge mitgeteilt werden. Auf die Frage der Mutter, wie ein Junge, der auf einem Schrank sitzt, von diesem wieder runterkommt, wird beispielsweise so geantwortet: "Heben, runterrutschen".

Wichtig ist nun, daß trotz ihrer Reduziertheit den Äußerungen zu entnehmen ist, daß die Kinder komplexere Bedeutungszusammenhänge erkennen und auch versuchen, diese zu versprachlichen. Sie verstehen diese auch, wenn sie von anderen verbalisiert werden. Hieran wird schon ersichtlich, daß als Ursache für diese Störung eine geistige Retardiertheit nicht in Frage kommt. Dies wird auch durch die nonverbalen Intelligenzleistungen bestätigt, die durchschnittlich sind und weit überdurchschnittliche Werte annehmen können.[4] Neben dieser Diskrepanz zwischen den Intelligenz- und den Sprachleistungen gilt weiter, daß die dysphasischen Kinder auch keine Hörschäden, keine nachgewiesenen neurologischen Schädigungen und keine schwerwiegenden Verhaltensauffälligkeiten zeigen.

Daß diese Merkmale also auch als mögliche Ursachen ausfallen, ist grundlegend wichtig für den Anspruch, aus dem suboptimalen Entwicklungsverlauf über Bedingungen des normalen zu lernen.

3. Unterschiede der Sprachstrukturen dysphasischer und normaler Kinder

Der erste grundlegende Schritt, um zu Aussagen über die den Spracherwerb steuernden Prinzipien zu kommen, besteht in einer genauen Beschreibung der Sprachstrukturen. Daß diese Vorordnung jedoch keine im Grunde

---

[4] Daraus darf indessen nicht geschlossen werden, daß keine Störungen im nicht-sprachlichen kognitiven Bereich vorliegen (vgl. dazu: Grimm 1982b, 1983a).

unzulässige Struktur-Prozeß-Isomorphie impliziert, sei hier schon angezeigt und wird nachfolgend deutlich werden.

Um herauszufinden, worin sich die dysphasische Sprache von der normal entwickelten unterscheidet und welchen Veränderungen diese Unterschiede unterliegen, haben wir einen längsschnittlichen Ansatz mit sog. Forschungszwillingen gewählt. Die Untersuchungsgruppe besteht aus acht dysphasischen Kindern, die zu Beginn der Datenerhebung zwischen 3;9 und 4;8, im Durchschnitt 4;2 Jahre alt waren. Ihnen nach Geschlecht, Intelligenz und sozialem Status zugeordnet sind acht normale Kinder, die zudem bei Untersuchungsbeginn einen vergleichbaren Sprachentwicklungsstand aufwiesen. Sie waren daher erheblich jünger und zwischen 2;1 und 2;7, im Durchschnitt 2;5 Jahre alt. Der Sprachentwicklungsstand wurde über die folgenden Indikatoren operationalisiert: Durchschnittliche Anzahl der Wörter pro Satz; Anteil subjektloser Sätze; Komplexität der Nominalphrase; Komplexität des Verbalteils.

Über ein Jahr zu vier verschiedenen Zeitpunkten im Abstand von vier Monaten wurden zu Hause bei den Kindern jeweils einstündige Videoaufnahmen von Mutter-Kind-Interaktionen in halb-standardisierten Situationen gemacht. Mit den dysphasischen Kindern wurden weiter der Heidelberger Sprachentwicklungstest (H-S-E-T, Grimm & Schöler 1978) sowie zusätzliche Verstehens- und Imitationsaufgaben durchgeführt.[5]

3.1 Testergebnisse. Die in den Tabellen 1a und 1b dargestellten Testergebnisse lassen im Vergleich zur altersentsprechenden Normgruppe starke Leistungsschwankungen erkennen.[6]

---

[5] Die Datenerhebung ist abgeschlossen. Mit allen Kindern wurden zusätzlich verschiedene Verfahren zur Untersuchung nicht-sprachlicher kognitiver Fähigkeiten durchgeführt (vgl. Anm.4). Beispiele für die Interaktions-Situationen sind: In der "Bilderbuch-Situation" erzählten Mutter und Kind gemeinsam zu einem vorgegebenen Bilderbuch. In der "Bildergeschichte-Situation" waren vom Kind vorgegebene Bilderserien zu ordnen und die entsprechenden Geschichten zu erzählen. Die Mütter wurden zur Hilfestellung ermuntert. In der "Freien Spielsituation" wurden die Mütter mit ihren Kindern aufgefordert, mit Handpuppen, einem Ärztekoffer usf. zu spielen.

[6] Der Heidelberger Sprachentwicklungstest ist ausführlich dargestellt in Grimm (1978) und Grimm & Schöler (1978). Ich beschränke mich hier auf die für das Verständnis notwendigsten Angaben: Ro = Rohwert; PR = Prozentrang: Dieser gibt an, wieviel Prozent der Kinder der jeweiligen Altersgruppe einen niedrigeren Punktwert als das betreffende Kind erreichen. Der Wert 6.7 bedeutet so, daß nur 6.7% der Vergleichskinder einen niedrigeren Punktwert erreichen. IS = Imitation grammatischer Strukturformen; SB = Satzbildung; PS = Plural-Singular-Bil-

Tab. 1a. Ergebnisse beim Heidelberger Sprachentwicklungstest
(erster Untersuchungszeitpunkt)

Dysphasische Kinder

Sub-test		Nanno	Till	Ted	Britta	Markus	Effi	Sam	Toni
VS	Ro	3	5	2	3	4	3	7	4
	PR	30.9	21.2	8.1	18.4	42.1	11.5	75.8	42.1
IS	Ro	0	1	0	0	0	0	0	0
	PR	15.9	9.7	11.5	11.5	15.9	4.5	15.9	15.9
PS	Ro	4	6	13	4	8	5	12	16
	PR	46.0	30.9	75.8	30.9	69.2	21.2	84.1	90.3
AM	Ro	12	6	6	0	6	4	15	8
	PR	94.5	54.0	75.8	15.9	81.6	42.1	97.1	84.1
AD	Ro	0	0	0	1	0	0	6	0
	PR	34.5	24.2	24.2	54.0	34.5	24.4	88.5	34.5
KS	Ro	./.	./.	./.	./.	./.	./.	./.	./.
	PR								
SB	Ro	0	0	0	./.	0	0	0	0
	PR	46.0	30.9	42.1		46.0	30.9	46.0	46.0
WF	Ro	0	0	0	0	0	0	6	0
	PR	13.6	6.7	9.7	9.7	13.6	6.7	81.6	13.6
BK	Ro	0	19	23	4	3	1	26	12
	PR	13.6	50.0	75.8	24.2	34.5	15.9	94.5	61.8
BF	Ro	./.	./.	./.	./.	./.	./.	./.	./.
	PR								
VN	Ro	4	3	6	10	0	7	10	6
	PR	21.2	9.7	42.6	88.5	6.7	42.1	75.8	34.5
ER	Ro	./.	./.	./.	./.	./.	./.	./.	./.
	PR								
TG	Ro	1	1	0	0	0	./.	0	0
	PR	69.2	46.0	24.2	24.2	34.5		34.5	34.5
Gesamt-PR-Wert		38.2	24.2	34.5	27.4	34.5	18.5	75.8	46.0

Zur Frage der sprachlichen Wissenskonstruktion

Tab. 1b. Ergebnisse beim Heidelberger Sprachentwicklungstest
(letzter Untersuchungszeitpunkt)

Dysphasische Kinder

Sub-test		Nanno	Till	Ted	Britta	Markus	Effi	Sam	Toni
VS	Ro	8	6	9	4	6	2	6	5
	PR	34.5	21.2	46.0	13.6	30.9	1.1	21.2	21.2
IS	Ro	3	7	5	3	0	0	4	9
	PR	6.7	11.5	9.7	6.7	4.5	1.1	8.1	34.5
PS	Ro	26	15	14	12	12	8	23	21
	PR	96.4	69.2	72.6	65.5	61.8	24.2	93.3	94.5
AM	Ro	12	16	15	6	8	4	16	13
	PR	61.8	75.8	78.8	30.9	61.8	13.6	84.1	86.4
AD	Ro	6	18	16	1	0	0	9	12
	PR	61.8	86.4	88.5	34.5	24.2	11.5	65.5	84.1
KS	Ro	1	3	4	0	0	0	./.	./.
	PR	34.5	50.0	69.2	18.4	69.2	11.5		
SB	Ro	0	2	0	0	2	0	10	./.
	PR	24.2	42.1	24.2	24.2	69.2	18.4	81.6	
WF	Ro	5	15	4	2	8	0	19	0
	PR	42.1	78.8	34.5	24.2	78.8	4.5	94.5	6.7
BK	Ro	18	27	27	19	16	21	25	9
	PR	15.9	34.5	50.0	18.4	46.0	8.1	42.1	24.2
BF	Ro	4	4	5	0	2	0	./.	./.
	PR	75.8	69.2	88.5	15.9	46.0	8.1		
VN	Ro	10	11	6	5	11	12	10	7
	PR	65.5	65.5	21.2	9.7	78.8	75.8	65.5	42.1
ER	Ro	2	6	4	./.	1	4	./.	./.
	PR	46.0	75.8	69.2		30.9	61.8		
TG	Ro	2	15	19	4	10	0	18	12
	PR	34.5	50.0	69.2	42.1	69.2	11.5	65.5	69.2
Gesamt-PR-Wert		46.0	57.9	57.9	24.2	50.0	13.4	65.5	54.0

Trotz der dabei gegebenen interindividuellen Unterschiede bestehen drei sehr deutlich ausgeprägte Gemeinsamkeiten: Die prägnanteste ist, daß es den Kindern übermäßig schwer fällt, vorgesprochene Sätze unterschiedlicher Komplexität genau nachzusprechen (Subtest IS). Der Vergleich von Tabelle 1a mit 1b zeigt, daß auch nach einem Jahr die Leistungen weit unterdurchschnittlich geblieben sind (vgl. auch Tab.2 unten). Mit Ausnahme von zwei Kindern bestehen vergleichbar große Probleme, sollen aus vorgegebenen Wörtern Sätze gebildet werden (Subtest SB; Beispiel: Mutter-arbeiten-Garten). Ich beziehe mich hierbei auf den letzten Untersuchungszeitpunkt, da beim ersten Zeitpunkt dieser Subtest mit den Kindern gar nicht durchgeführt werden konnte.[7]

Schließlich fallen die vergleichsweise guten Leistungen im morphologischen Bereich auf (bes. PS, AM); die damit gezeigte Fähigkeit, auf der Wortebene regelhaft zu operieren, wird durch die grammatische Analyse der Spontansprache gut bestätigt.[8]

Um dieses differentialdiagnostische Ergebnis knapp zusammenzufassen: Die dysphasischen Kinder zeigen keine morphologischen, indessen syntaktische Probleme, die insbesondere bei Imitations- und Satzbildungsaufgaben zutage treten.[9] Diese sollen im folgenden präzisiert werden.

3.2 Ergebnisse der Spontansprachanalyse. Das syntaktische Kernproblem liegt ganz zweifellos bei der Wortordnung.[10] Die dysphasischen Kinder wenden die für den deutschen Nebensatz typische Stellung undifferenziert an, unabhängig davon, ob sie eine Aussage machen, eine Frage stellen oder zu etwas auffordern. In den (bis zu über 80%) überwiegenden Fällen werden die Verben ans Satzende gestellt, wobei bei Strukturen

---

dung; AM = Bildung von Ableitungsmorphemen. Die Namen der Kinder sind hier wie sonst auch verändert.

[7] Die dennoch recht hohen Prozentwerte stehen dafür, daß diese Aufgabe auch für vier- bis fünfjährige Kinder ohne Sprachentwicklungsstörung nicht einfach zu bewältigen ist.

[8] Die Ergebnisse Brittas weichen etwas, diejenigen Effis stark davon ab. Britta zeigte sehr starke Stammelfehler, die erst beim letzten Zeitpunkt verbessert waren. Effi ist das älteste Kind der Stichprobe mit dem niedrigsten non-verbalen IQ und der ausgeprägtesten Sprachverzögerung.

[9] Über den semantischen Bereich kann ich noch keine genaueren Angaben machen.

[10] Ich beziehe mich hauptsächlich auf die Ergebnisse des ersten Untersuchungszeitpunktes.

mit Modalverb und Hilfsverb diese stets dem Hauptverb nachgestellt sind. Selbst bei Kopulasätzen herrscht, wenn auch nicht ganz so stark wie bei den Hauptverbsätzen ausgeprägt, die Verbendstellung vor.

Das Nachstellen verbaler Teile ist typisch für eine frühe Sprachentwicklungsstufe, so daß es nicht verwundert, wenn auch unsere jüngeren Kinder abweichende Sätze dieser Art bilden. Allerdings sind hierbei drei ganz wesentliche Unterschiede zu beachten: Zum einen bilden sie diese sehr viel seltener und haben daneben andere variable Ausdrucksmöglichkeiten. Dies macht der Vergleich der Wortstellungsindikatoren in Tabelle 2 deutlich. Zwei Varianten wurden berechnet: Bei der ersten wurden Satzmuster mit (abweichender) Verbendstellung zu anderen Satzmustern in Beziehung gesetzt. Bei der zweiten wurde das Verhältnis der diesen Mustern zugeordneten Sätzen festgestellt.

Tab. 2. Wortstellungsindikatoren

	Dysphasische Kinder			normale Kinder		
	Till	Britta	Markus	Tom	Kleo	Jo
Satzmuster	1.29	5.60	3.08	0.40	0.58	0.35
Sätze	1.50	18.29	10.00	0.77	1.19	0.35

Zweitens wenden die kleinen Kinder die Verbendordnung kaum auf Kopulasätze an und geben sie insgesamt sehr bald auf. Und drittens schließlich machen ihre Sätze mit Verbendstellung schon deshalb keinen "verqueren" Eindruck, weil keine Diskrepanz zur morphologischen Regelanwendung besteht. Zudem verwenden sie manche abweichenden Wortordnungen, die bei den dysphasischen Kindern zu beobachten sind, überhaupt nicht. Bei den dysphasischen Kindern paßt weiter gut ins Bild, daß ihre Probleme mit der sequentiellen Ordnung sprachlicher Elemente auch vor zusammengesetzten Verben nicht haltmachen; dafür, daß sie diese nicht trennen und an verschiedenen Positionen im Satz produzieren können, sind "Ich euch auffressen" und "runterfällt der" ganz typische Beispiele.

Bis hierher zusammengefaßt, kann die dysphasische Sprache, so wie sie bei 3;11 bis 4;8 Jahre alten Kindern in Erscheinung tritt, als verquer, einfallslos, dürftig und stereotyp charakterisiert werden. Die Kinder operieren mit immer denselben Satzrahmen und experimentieren wenig mit den variablen Ausdrucksmöglichkeiten, die die Sprache bietet. Auch noch ein Jahr später imponiert ihre Sprache durch Dürftigkeit und mangelnde Kreativität: Zwar haben die Kinder zwischenzeitlich dazugelernt, sehr viel lebendiger ist ihre Sprache indessen nicht geworden. So machen sie nicht mehr viele Wortstellungsfehler, bleiben aber in einfachen Satzkonstruktionen verhaftet. Der Eindruck scheint nicht ganz verfehlt zu sein, daß sie aus Furcht, wieder Fehler zu machen, bei dem bleiben möchten, was sie mühsam genug erworben haben.

Um das Gesagte zu veranschaulichen, sind im folgenden zufällig ausgewählte Beispiele aus den Sprachstichproben von sechs Kindern gegenübergestellt (es sind dieselben Kinder wie in Tab. 2).

Sätze mit Verbendstellung

"Ich jetzt weiß."
"Dann Dieter ich anruf."
"Ganz eng unser Auto dann is."
"Opa schon daheim is?"
"Ich nicht sehn hab."
"Ich des guck an will."   Dysphasische Kinder
"Teddy auch gucken."   (3;11, 4;2, 4;6 Jahre)
"Oma Anna jetzt ich bin."
"Des ein Haus is."
"Mir auch so was passiert."
"Mama mein Hesper (= Vesper) gess hab."
"Bis morgen oben bleiben."
"Papa sein Bulldog alle Räder abmachen kann."

"Bißchen spielen."
"Mama 'leine bauen."
"Ich mal Datterater (= Kaspertheater) gucken."
"Ein Haus machen."
"Weg isser."
"Ich auch mitfahrn."   Normale Kinder
"Eine Frau die Auto sucht."   (2;1, 2;7, 2;7 Jahre)
"Papa Auto genomme hat."
"Auto hier drinbleibe soll."
"Des sich rausruhn." (= ausruhen)

Andere Sätze

"Des kommt dahin."
"Reicht au net."
"Des is tief."
"Jetzt is richtig."   Dysphasische Kinder
"Mama anruf mir."
"Ich weiß nimmer."
"Des is ein Mann."
"Lorn ham den Legtuhl." (= verloren haben den Liegestuhl)

"Ich bin schon wach."
"Bin der Kasper."
"Der hat was gelorn." (= verloren)
"Zieh das Fenster auf."   Normale Kinder
"Muß wieder das tanks."

Zur Frage der sprachlichen Wissenskonstruktion   41

"Rausdefloge is da."
"Weiß der Tommy nis."
"Des macht Tommy auch Spaß."

Sehr interessant und auf den ersten Blick überraschend ist, daß die
dysphasischen Kinder auch solche Bedeutungen, für die es in der Alltagssprache absolut geläufige Routineformen gibt, mit ihren eigenen
Satzmustern ausdrücken. So sagen sie:

"Des nimm!"   statt: Nimm das!
"Des jetzt nicht geht?" statt: Geht das jetzt nicht?
"Des nicht ich weiß"   statt: Das weiß ich nicht
"Was das ist?"   statt: Was ist das?

Für unsere kleinen Kinder gilt hingegen, daß sie Sprachformeln bei
passenden und auch unpassenden Gelegenheiten häufig verwenden:

"Des dibt's dar nich!"   "Dann is Schluß!"
"Das magt nis."   "Weiß ich nicht."
"So deht's besser."   "Kann ich net sage."

Dieses unterschiedliche Verhalten ist zunächst deshalb überraschend,
weil es doch naheliegend ist, anzunehmen, daß gerade Kinder, die große
Sprachprobleme haben, diesen dadurch aus dem Weg zu gehen versuchen,
indem sie fertige Muster einfach imitativ übernehmen. Vergleichbar
wird ja auch beim Erwerb einer Fremdsprache vorgegangen.

Auf den zweiten Blick indes weist gerade dieses unterschiedliche
Verhalten in die richtige Richtung, um die vorhandenen bzw. nicht vorhandenen Strukturprobleme zu erklären.

4. Dysphasische Kinder erwerben die Sprache anders

Das Fehlen selbst kurzer formelhafter Äußerungen in der dysphasischen
Sprachproduktion läßt nämlich vermuten, daß die Kinder sprachliche Informationen nicht ganzheitlich verarbeiten können.

Die Annahme, daß sie nicht vermögen, ganze Gestalten aufzunehmen,
zu speichern und den eigenen Äußerungen zugrundezulegen, sondern statt
dessen die gehörte Sprache in einzelne Wörter segmentieren, die sie
dann bei der Produktion jeweils neu zusammensetzen, hat sich durch die
Analyse der Art und Weise, wie sie mit der gehörten Sprache wahrnehmbar
umgehen, eindrucksvoll bestätigen lassen. Denn, wenn die dysphasischen
Kinder der mütterlichen Sprache gegenüber überhaupt aufmerksam sind,
was sehr viel seltener als bei den jüngeren Kindern der Fall ist, so
greifen sie vorwiegend nur einzelne Wörter auf und vermögen die Satzmuster der Mütter auch dann nicht für die eigenen Äußerungen zu nutzen,

Tab. 3. Unmittelbare Reproduktionen (Imitationen) vorgesprochener Sätze. Die letzten beiden Sätze sind dem H-S-E-T entnommen.

Vorgesprochene Sätze	Reproduktionen	Vorgesprochene Sätze	Reproduktionen
Die Autos haben gehupt	Die Autos hat gehupt Auto hub hab Die Auge hub hab	Der Junge geht zu den Autos hin	Der Junge zu Autos hin Der Junge zu de Autos hin Hung Auto hingeh
Der Hund sitzt auf dem Klotz	Der Hund auf der Klotz sitzt Der Hund auf den Klotz sitzt Hund Kog sig	Der Lappen liegt unter dem Klotz	Der Lappen unter'n Klotz Der Lappen unter Log lieg Unter Kog Hag lieg
Die Äpfel werden gegessen	Die Äpfel werren gegessen Äp gess wer Äpfel werden dessen	Der Teppich wird von dem Vater ausgeklopft	Der Teppich ausgeklopft Der Teppich der Vater auskloppen Tep Vater auskop
Die Ente sitzt neben dem Auto	Die Ente neben die Auto Die Ente neben Auto sitzt Auto Eng hig vor Auto	Die kleine Maus wird von dem Löwen gejagt	Die kleine Maus den Löwen gejagt Die kleine Maus Löbe jag wird Maus Heg hag

Zur Frage der sprachlichen Wissenskonstruktion

wenn diese ihnen unmittelbar vorgegeben sind. Sie verändern die unmittelbare Sprachvorgabe vielmehr entsprechend ihrer eigenen Grammatik, wie das folgende Beispiel zeigt:

    M(utter): "Wenn des so steht, geht's nicht."
    K(ind) : "Den heg net geh."

Wie dieses Filtern durch das eigene Wissenssystem die Konstituentenfolge vorgegebener Sätze verändert, zeigen auch anschaulich die Reproduktionen vorgesprochener Sätze beim Imitationstest, die beispielhaft in Tabelle 3 zusammengestellt sind.

    Im Vergleich dazu knüpfen die jüngeren Kinder (etwa vier bis fünf mal so) häufig an die mütterlichen Äußerungen an und nehmen neben einzelnen Wörtern auch mehrere Satzglieder reproduzierend auf (vgl. auch: Grimm 1983a). In welch variabler Weise sie die Sprache ihrer Mütter imitieren und variieren, zeigen die folgenden Beispiele.

(1) *Imitationen mit Additionen* machen deutlich, daß die Struktur des imitierten Satzes noch nicht erweitert werden kann.

    M: "Das hier ist die Feuerwehr."
    K: "Diese ist der Feuerwehr."
    K: "Diese ist der Feuerwehr auch." (später)
    (K kommt immer wieder darauf zurück)

(2) *Variierte Imitationen*, die das Aufbrechen der übernommenen Struktur veranschaulichen.

    M: "Das ist weg."
    K: "Das ist weg."   Im folgenden: "Der ist weg."
                              "Der ist einfach weg" usf.

(3) *Imitationen mit Reduktionen*, jedoch ohne Umstellungen, obgleich sie aufgrund der vorhandenen Muster ohne weiteres möglich wären, sind ein besonders starkes Argument für die ganzheitliche Vorgehensweise bei der Sprachverarbeitung.

    M: "Da können wir ja noch eins bauen."
    K: "Da können a/ eins bauen."

    M: "Dann bauen wir noch'n Fenster, hm?"
    K: "Bauen - noch - Fenster."

(4) *Veränderung des Satztyps*. Die Kinder übernehmen Fragemuster, um zu antworten, oder umgekehrt, Aussagemuster, um zu fragen.

    M: "Ham wir auch einen Polizisten?"
    K: "Hat der Ir aug a Polizisten" ("Ir" heißt der Bruder)

M: "Und das da, das ist die größte."
K: "Und das da? Größte?"

M: "Und das ist die größte."
K: "Ist da eine größte?"
M: "Die ist ganz groß, ja."
K: "Ganz groß?"

(5) Imitationen von Dialogmustern, die deutlich dafür stehen, daß den Imitationen zwei Funktionen, eine kognitiv-sprachverarbeitende und eine sozial-kommunikative, zukommen.

M: "Da ist ein Haus. Wo ist das Haus?"
K: "Wo ist der Teufel? Da ist der Teufel."

(6) Pragmatisch inadäquate Imitationen. Die Bereitschaft der Kinder, Neues aufzunehmen, führt zu inhaltlichen "Fehlleistungen".

M: "Hat er dich eingesperrt?"
K: "Hat er ihn eigesperrt."

M: "Ich blättre's dir mal durch."
K: "Ich blättre durch."

4.1 Sprachliche Kreativität durch Imitation. Absichtsvoll provozierend habe ich diese Überschrift gewählt. Um die Hauptströmung der Forschung zu charakterisieren, hätte sie richtiger, aber eben auch einseitig, so lauten müssen: Sprachliche Kreativität durch Konstruktion. Und als Beleg wäre u.a. die imponierende Fülle und Systematik von Übergeneralisationen anzuführen gewesen.

Dieser Beleg ist unstrittig; und ich möchte ganz sicherlich nicht die Tatsache der aktiven sprachlichen Wissenskonstruktion durch das Kind in Zweifel ziehen. Das wäre unsinnig. Mein Argument ist vielmehr, daß die konstruktive Tätigkeit in einer wechselseitigen Beziehung zur reproduzierenden Tätigkeit steht. Oder sehr pointiert ausgedrückt: Für einen gelungenen Spracherwerb sind die analytische und die ganzheitliche Strategie der Sprachverarbeitung notwendig.[11]

Das Konzept des "Lernens am Modell" (Bandura), dem sonst in der Entwicklungspsychologie ein wichtiger Stellenwert zukommt, ist bei Erklärungsversuchen des Spracherwerbs bisher stark vernachlässigt worden. Unter dem Eindruck des Konstruktivismus Chomskyscher und Piagetscher

---

[11] Beide Begriffe sind noch vorläufig; unterschwellige Bezüge zur Gestaltpsychologie, Ganzheitspsychologie oder zum Analyse-durch-Synthese-Modell sollen nicht suggeriert werden.

Zur Frage der sprachlichen Wissenskonstruktion

Prägung wurde und wird das Kind primär als aktiv Regel-generierender Spracherzeuger gesehen und seiner nachahmenden Tätigkeit allenfalls eine Funktion für den Wortschatzerwerb und die richtige Artikulation eingeräumt. Spätestens seit der Untersuchung Ervins (1964) gehört es trotz immer wieder aufflackernder Diskussionen zum festen und forschungsstrategisch nicht konsequent in Zweifel gezogenen Wissensbestand, daß Imitationen die syntaktische Fähigkeit des Kindes nicht fördern, sondern daß umgekehrt Imitationen auf diese reduziert werden. Deshalb gelten sie auch als geeignete Indikatoren für den syntaktischen Entwicklungsstand. Soweit sich diese Aussage auf Imitationen bezieht, die in Testsituationen durch einzeln vorgegebene Sätze (unterschiedlicher Komplexität) evoziert werden, kann ihr wohl zugestimmt werden (vgl. auch den Subtest IS in den Tab. 1a, 1b). Daß es daneben jedoch auch andere, wenn man so will: freiwillige Imitationen gibt, hat Ervin außer Acht gelassen und unzulässigerweise von den Test-Imitationen auf Imitationen überhaupt geschlossen. Andere Kindersprachforscher wie beispielsweise Brown (1974), um einen sehr bekannten zu nennen, sind ihr darin gefolgt. So liegt bisher keine Untersuchung vor, in der systematisch das spontane Imitationsverhalten analysiert und in seiner Funktion für den Spracherwerb reflektiert worden wäre (dies zeigt auch Oksaar 1977 auf; einen sehr brauchbaren Ansatz hat neuerdings Peters (im Druck) vorgelegt).

Auf einen etwas zugespitzten Punkt gebracht, hat Ervin mit ihrer aus der unzulässigen Generalisierung evozierter Imitationen gezogenen Schlußfolgerung, daß die syntaktische Fähigkeit allein das Ergebnis der konstruierenden Tätigkeit ist, besser die gestörte als die normale Sprachentwicklung, auf die es ihr angekommen ist, getroffen. Dies hat bis heute keine konsequente Korrektur erfahren.

Wie soll es nun aber möglich sein, daß Imitationen zu differenzierten Satzmustern führen? Und in welcher Weise kann deren Ausbildung durch ein elementhaft-konstruierendes Vorgehen behindert werden? Meine Überlegungen hierzu will ich kurz so zusammenfassen (vgl. auch Grimm 1983a): Äußerungen, die das Kind häufig hört und die für seine Bedürfnisse und Wünsche bedeutungsvoll sind, memoriert es ganzheitlich und ruft sie in der memorierten Form wieder ab. In ihrer Struktur sind sie zunächst unverstanden, selbst wenn die einzelnen Wörter bekannt sind. Diese Strukturen werden nun allmählich "aufgebrochen", indem das Kind über vielfache variable Anwendungen erkennt, daß einzelne Satzpositionen durch verschiedene Wörter ersetzt werden können. Über diesen Prozeß der kategorialen Begriffsbildung werden somit aus einzelnen Äußerungen generalisierte Satzmuster, nach denen eine Vielzahl verschiedener Äußerungen gebildet werden kann. Den intern repräsentierten Mustern kommt dabei die Funktion von Modellen zu, die als Vergleichsbasis oder Bewertungsgrundlage für konstruierte Äußerungsformen dienen. Aus den Differenzen zwischen der "guten Gestalt" und der eigenen Konstruktion als dem (nicht bewußt erkannten) Ergebnis dieses Vergleichs vermag die motivierende Kraft für Veränderung - und das ist Entwicklung - zu erwachsen.

Wenn in diesem Sinne eine Beziehung zwischen Sprachkonflikt und Spracherwerb hergestellt wird, so ist ersichtlich mit dem Konzept des Konflikts keine äußere Störung der interpersonalen Beziehung, sondern eine intern-begriffliche Störung gemeint, durch die der Entwicklungsprozeß vorangetrieben wird. Daß ich dabei nur den einen Aspekt, auf den es mir in diesem Zusammenhang ankommt, betone und andere vernachlässige, sei, um Mißverständnissen vorzubeugen, hervorgehoben.[12]

Von den dysphasischen Kindern unserer Stichprobe sprachen einige aus, daß sie ja dumm seien und nicht richtig sprechen könnten. Unabhängig davon, wieweit die Umwelt sie zu dieser Bewertung veranlaßt haben mochte, wird daraus ersichtlich, daß die Kinder die Diskrepanz zwischen ihrer Sprache und der Umweltsprache wahrnehmen. Gleichwohl fällt es ihnen schwer und gelingt ihnen (mit teilweise therapeutischer Hilfe) nur langsam, ihre deformierten Sprachformen zu verändern. Nach dem bisher Gesagten ist dies durch ihr (weitgehendes) Unvermögen mitbedingt, Satzformen nachahmend zu übernehmen und als Modelle für eigene Konstruktionen zu nutzen. So berichten auch die Mütter übereinstimmend, daß ihre Kinder zu keinem Zeitpunkt ein Nachahmungsverhalten gezeigt haben.

Ihre Äußerungen mit Verbendstellung können auch nicht einfach, wie als naheliegend angenommen werden könnte, auf Reproduktionen von Nebensätzen zurückgeführt werden, mit deren Wortstellung sie ja wesent-

---

[12] Dem Konzept des Konflikts kommen in der Psychologie sehr unterschiedliche Bedeutungen zu. Von den verschiedenen Konfliktarten entspricht der soziale Konflikt am ehesten dem Alltagsverständnis, das mit Streit oder Zusammenstoß zu tun hat. Im Rahmen der kognitiven Konflikttheorie ist die Überlegung zentral, daß der Widerspruch zwischen dem schon und dem noch nicht Gewußten einen Lernprozeß in Gang setzt, der zu einem mentalen Gleichgewicht höherer Ordnung führt.

lich übereinstimmen. Sie sind vielmehr über einen schrittweisen Ausbau
von Zwei- und Dreiwortkombinationen entstanden, für die die Verbendstellung ganz charakteristisch ist (s.o.). Dieser Ausbau wird dabei so
vorgenommen, daß neue Elemente an die vorhandenen Muster angehängt und
nicht im Rahmen eines Umstrukturierungsprozesses in sie eingefügt werden. Die Intonationsmuster der Äußerungen lassen dies vielfach durch
Pausen und Abfallen der Stimme deutlich wahrnehmbar werden: Bei den
Äußerungen "Nich mich fangt, hat" und "Eine Brust ich sehn, hab" fällt
so die Stimme schon beim Hauptverb ab und das Hilfsverb wird mit einer
zeitlichen Verzögerung ausgesprochen (die durch ein Komma markiert
ist[13]).

5. Spracherwerb im Sprachkontakt

Wenn es sich so verhält, daß Kinder sprachliche Informationen verschieden verarbeiten und sich in ihrer Konstruktion der Sprache als eines
doch ganz wesentlichen Teils der Wirklichkeit unterscheiden, so stellt
sich die zwingende Frage danach, ob dieser Unterschied neben Gründen,
die bei den Kindern selbst liegen, nicht auch auf unterschiedliche
Formen der für sie erfahrbaren und verarbeitbaren Informationen zurückzuführen ist.[14] Zwingend ergibt sich diese Frage aus der Tatsache, daß
sprachliches Wissen wie Wissen überhaupt sich im Kontext menschlichen
Handelns entwickelt. Die sprachlichen Informationen, die Kinder sich
erfahrbar machen können, stellen keine abstrakten Wissenselemente dar,
sondern sind konkrete Mitteilungen in konkreten Situationen. Deren jeweilige Beschaffenheit macht die Qualität des Dialogs oder des Sprachkontakts aus.

Eine ökologisch valide Betrachtungs- (und Erklärungsweise) der
Sprachentwicklung macht zu einem wesentlichen Teil die differenzierende
Erfassung der Qualität des dialogischen Austauschs und deren In-Bezie-
hung-Setzung zu Prozessen der Sprachverarbeitung und des Sprachaufbaus

---

[13] Die Störung der Satzmelodie ist bei den Kindern unterschiedlich ausgeprägt. Wie andere Merkmale des Sprechens wurde sie bisher nicht
genauer untersucht. Hier liegt eine wichtige Aufgabe für die zukünftige Forschung.

[14] Die normale wie auch die abweichende Sprachentwicklung ist multi-
faktoriell bedingt. Eine einfache kausale Erklärung kann es nicht
geben. Auch wird man wohl nicht von identischen überindividuellen
Variablenbeziehungen ausgehen können. Dies ist im Auge zu behalten,
wenn einzelne Bedingungsaspekte untersucht werden.

notwendig. Einen ersten Schritt in diese Richtung haben wir bisher durch eine kategoriale Analyse der sprachlichen Handlungsmuster unternommen, die in den Mutter-Kind-Dyaden ausgebildet werden. Hierfür wurden zwei Analyseschemata entwickelt, die erlauben, auf verschiedenen Ebenen die inhaltlichen und/oder formalen Bezüge der mütterlichen und kindlichen Dialogbeiträge in ihrer wechselseitigen Abhängigkeit zu erfassen. Da diese Schemata an anderer Stelle ausführlich beschrieben sind (Grimm 1983b), will ich mich hier auf die notwendigsten Angaben in zwei Punkten beschränken:

(1) Für eine übergreifende Charakterisierung des Dialoggeschehens werden die mütterlichen und die kindlichen Äußerungen fortlaufend danach signiert,
- ob sie an die unmittelbar vorangegangenen Äußerungen angrenzen,
- ob sie, wenn sie angrenzen, thematisch kontingent oder nichtkontingent sind,
- und ob sie die thematische Kontingenz inhaltlich und/oder formal herstellen.

(2) Die zweite Form der Rekonstruktion bleibt auf sprachlich-formal hergestellte Bezüge beschränkt. Auf molekularer Ebene wird detailliert beschrieben, in welcher Weise die Mütter kindliche Äußerungen wiederholen, korrigieren und variieren, und wie umgekehrt die Kinder mit den mütterlichen Äußerungen umgehen.

Jeder, der bisher die Mutter-Kind-Interaktionen beobachtet hat, gab dem Gefühl Ausdruck, daß der Sprachkontakt in den "dysphasischen Dyaden" von anderer Qualität ist als der in den "normalen Dyaden". Dies ist selbst bei den kurzen und auf die schriftliche Wiedergabe der Äußerungen beschränkten Dialogausschnitten nachvollziehbar, die in Tabelle 4 gegenübergestellt sind.[15] Die intuitiv erkennbaren Unterschiede der Beziehungsqualität sind mit der beschriebenen kategorialen Analyse sicherlich nicht vollständig in den Griff zu bekommen. Indes hat sie bisher zu zwei aufschlußreichen Ergebnissen geführt, die herauszustellen lohnend erscheint.

So gilt einmal, daß über die molekulare formal-prozessuale Analyse die Dialoge zwischen den Müttern und den jüngeren Kindern ohne Sprachprobleme sich zu einem nicht unerheblichen Teil als wechselseitige

---

[15] Beide Ausschnitte umfassen 20 Sprecherwechsel (turns) und sind der Bilderbuch-Situation fortlaufend ab der fünften Äußerung entnommen.

Zur Frage der sprachlichen Wissenskonstruktion

Tab. 4. Vergleich zweier Dialogsequenzen

Dyade "Jo" (2;1 Jahre)	Dyade "Sam" (3;11 Jahre)
M: Der hat einen Hebel zum Anhängen. - So wie der, schau mal!	M: Was ist das? Das macht so huhu.
K: Was?	K: E' Deben
M: Der hat hier ein Hebel zum Anhängen.	M: Ein Gespenst, ja
K: (unterbricht) Und der? - Und der?	K: un wa is da?
M: Das is Holz - Große Holzstücke	M: Das is wohl die Hexe. Der guckt da raus, sieht so grauselig aus. Das ist der Räuber.
K: Kamin, für das Kamin.	K: Ja, und da?
M: Für das Kamin, ja. - Guck mal, was macht denn der, Jo, der Mann? Hör mal, der repariert den Traktor, der hat ein Rad verlorn.	M: (unterbricht) Wie heißt der sicher?
K: Was?	K: Hm?
M: Der hat ein Rad verlorn, schau mal, der Traktor, des is kaputt gegangen, siehst du, da liegt sein Ohr drauf und horcht, wo kommt da Luft raus.	M: Ob das der Hotzenplotz ist?
K: Hat er das vergelorn?	K: Ja. --------
M: Das ist kaputtgegangen, ne, und dann hat's der Mann abgeschraubt, damit er's reparieren kann. - Da liegt eine Zange, guck. - Siehst du, das hat er abgemacht, das Rad. Da war's dran, hier.	M: Ich glaub, das is die Geisterbahn, ne?
K: Hier?	K: Mhm.
M: Hier war's dran.	M: Was is denn noch da zu sehen? Guck mal hier unten weiter, wo du mit d'm Bauch drauf sitzt.
K: War das hier dran?	K: N'Daussel.
M: Ja, und dann hat er's abgemacht und den Schlauch raus und jetzt guckt er /	M: Mhm. ———
K: (unterbricht) Abge/. Hat er das abgerissen?	K: Un noch eins.
M: Das hat er abgeschraubt. Abgeschraubt mit dem Schraubenschlüssel	M: Ja, was is da drauf, wo sitzt der denn? Guck dir das mal an, das blendet so en bißchen, guck mal von hier, wo sitzt der drin?
K: Was?	K: In ein Pferd.
M: Mit dem da un mit dem	M: Ne, das ist kein Pferd.
K: Und da/ und dem da?	K: Ne Bombe.

Lehr-Lern-Prozesse rekonstruieren lassen, während sich die Dialoge zwischen den Müttern und den dysphasischen Kindern als einseitige Lehrprozesse darstellen, bei denen Lernen wahrnehmbar nicht oder nur geringfügig stattfindet. Dies belegen die folgenden quantitativen Daten von sechs Dyaden: Der Anteil formal-sprachlicher Bezüge beträgt bei allen Müttern zwischen 20 und 34% und differenziert zwischen den "normalen" und den "dysphasischen" Müttern nicht. Demgegenüber ist der Unterschied bei den Kindern überaus stark ausgeprägt: Die jüngeren Kinder knüpfen sprachlich direkt an 14 bis 20% der mütterlichen Äußerungen an, während die dysphasischen Kinder dies nur bei 4 bis 7% tun. Und, wie zuvor ausgeführt, bleiben sie dabei primär auf die Wortebene beschränkt.

Dieses Bild, das die rein formale Analyse erbringt, ist indessen nicht sehr genau und könnte leicht Fehlschlüssen Vorschub leisten. Das Lehrangebot der Mütter, um diesen Ausdruck zu verwenden, erweist sich nämlich dann nicht mehr als vergleichbar, zieht man mit in Betracht, über was in welcher Weise gesprochen wird. Ohne interindividuelle Unterschiede übergehen zu wollen, scheinen mir hierzu doch die beiden folgenden Beobachtungen deutlich zwischen den Müttern zu differenzieren: Das Korrekturverhalten der "dysphasischen Mütter" ist sehr formelhaft, indem immer wieder dieselben Satzrahmen eingesetzt werden. Die Mütter korrigieren auch in stark belehrender Weise. Das richtige Sprechen-Können in Erfüllung der Sprachnorm ist ihnen so wichtig geworden, daß darüber die Inhalte, über die gesprochen wird, zurücktreten. Statische Beschreibungen herrschen vor und machen das Gespräch trocken und uninteressant. Für die "normalen Mütter" hingegen sind Korrekturen eher Nebenprodukte des Wunsches, sich mit ihren Kindern zu verständigen; so wiederholen sie auch manchmal augenzwinkernd ein falsches Wort oder eine nicht korrekte Äußerung. Dabei sind ihre Gespräche mit den Kindern lebendig und inhaltlich abwechslungsreich.

Diese Unterschiede werden durch wiederum zwei Ergebnisse der übergreifenden Dialog-Analyse unterstützt: Zum einen weisen in den "dysphasischen Dyaden" die Gespräche eine stärkere Asymmetrie zugunsten der Mütter auf und verlaufen sehr punktuell. Die Mütter leiten häufiger als ihre Kinder thematische Wechsel ein, wobei die einzelnen Themenbereiche oft im Rahmen rigider Abfragemuster kurz abgehandelt werden. Eine ausführlichere Verständigung über eine dritte Sache kommt so kaum zustande. Hinzukommend geben die "dysphasischen Mütter" mehr korrigierende als bestätigende Rückmeldungen. Gemessen an der Häufigkeit von Fragen und formalen Korrekturen fordern sie mehr ab als zu eigenem Tun zu ermuntern und belehren sie mehr als zu unterstützen. Ihre Kinder verhalten sich komplementär dazu, indem sie auf Fragen zuverlässig antworten und auf Korrekturen wenigstens manchmal durch Wiederholung von korrigierten Wörtern reagieren. Aktiv und kommunikativ interessiert handeln sie indes nicht; sie stellen weniger Informationsfragen als die jüngeren Kinder und führen auch die mütterlichen Äußerungen nur zu einem geringen Anteil inhaltlich weiter.

Mit folgender Überlegung will ich zum Schluß kommen:
Formalen Anpassungsleistungen der Mütter kommt sicherlich eine wichtige Sprachlehrfunktion beim Spracherwerbsprozeß zu.[16] Allerdings sind sie in dieser Funktion nur dann wirksam, wenn sie nicht nur Teil, sondern selbst auch Ausdruck einer auf gegenseitige Verständigung ausgerichteten Anpassungsleistung sind. Daß zwischen dem emotionalen und dem kognitiven Bereich Wechselbeziehungen bestehen, ist eine alltägliche und klinische Erfahrung. In die Kindersprachforschung hat sie indes bisher noch keinen Eingang gefunden. Bei meinem Versuch, diese Beziehung herzustellen, bin ich noch nicht sehr weit gekommen, denke indes, daß die eingeschlagene Richtung stimmt. Danach könnte das fehlende Nachahmungsverhalten der dysphasischen Kinder durch einen nicht ausreichenden emotionalen Kontakt zur Mutter mitbestimmt sein. Eine Mutter scheint ähnliche Gedanken gehabt zu haben, als sie mir erzählte, daß ihr (dysphasischer) Sohn deshalb so gute Sprachfortschritte mache, weil er die Sprache der Therapeutin, an der er liebevoll hänge, nachzuahmen begonnen habe. Auch zeige er jetzt Ansätze, ihre Sprache nachzuahmen. Früher, als sie noch dauernd an ihm herumkorrigiert habe, hätte er dies nicht getan. Heute sehe sie die Dinge viel gelassener und habe ihre Ängstlichkeit, daß ihr Sohn sich nicht normal entwickle, weitgehend abgebaut.

Literatur

Brown,R.,1974: A First Language. The Early Stages, Cambridge, Mass.
Carey,S.,1978: The Child as Word Learner. In: Halle,M./Bresnan,J./Miller, G.A. (eds.), Linguistic Theory and Psychological Reality, Cambridge, Mass., 264-293.

---

[16] "Mutter" steht hier modellhaft für "primäre Bezugsperson".

Chomsky,N.,1957: Syntactic Structures, The Hague.

Chomsky,N.,1965: Aspects of the Theory of Syntax, Cambridge, Mass. (deutsch: Aspekte der Syntax-Theorie, Frankfurt 1969).

Cromer,R.,1981: Reconceptualizing Language Acquisition and Cognitive Development. In: Schiefelbusch,R.L./Bricker,D.D. (eds.), Early Language: Acquisition and Intervention, Baltimore, 52-137.

Deutsch,W. (ed.),1981: The Child's Construction of Language, New York.

Ervin,S.M.,1964: Imitation and Structural Change in Children's Language. In: Lenneberg,E.H. (ed.), New Directions in the Study of Language, Cambridge, Mass., 163-189.

Flavell,J.H.,1979: Kognitive Entwicklung, Stuttgart.

Grimm,H.,1977: Psychologie der Sprachentwicklung. 2 Bde. Stuttgart.

Grimm,H.,1978: Der Heidelberger Sprachentwicklungstest (H-S-E-T): Theoretische Grundlagen und empirische Ergebnisse. In: Augst,G. (Hrsg.), Spracherwerb von 6 - 16. Linguistische - psychologische - soziologische Grundlagen. Düsseldorf, 53-77.

Grimm,H.,1982a: Sprachentwicklung: Voraussetzungen, Phasen und theoretische Interpretationen. In: Oerter,R./Montada,L. (Hrsg.), Entwicklungspsychologie, München, 506-566.

Grimm,H.,1982b: On the Interrelation of Internal and External Factors in the Development of Verbal and Nonverbal Cognitive Structures in Normal and Dysphasic Preschoolers: A Longitudinal Study. Occasional Paper, Kamehameha Research Institute, Honolulu, Hawaii.

Grimm,H.,1983a: Kognitions- und interaktionspsychologische Aspekte der Entwicklungsdysphasie. In: Sprache & Kognition 2, 169-186.

Grimm,H.,1983b: Vergleichende kategoriale Analyse sprachlicher Handlungsmuster in Mutter-Kind-Dyaden. In: Boueke,D./Klein,W. (Hrsg.), Untersuchungen zur Dialogfähigkeit von Kindern. Tübingen, 249-268.

Grimm,H./Kaltenbacher,E.,1982: Die Dysphasie als noch wenig verstandene Entwicklungsstörung: Sprach- und kognitionspsychologische Überlegungen und erste empirische Ergebnisse. In: Frühförderung interdisziplinär 1, 97-112.

Grimm,H./Schöler,H.,1978: Heidelberger Sprachentwicklungstest (H-S-E-T). Braunschweig.

Kainz,F.,1969: Psychologie der Sprache. Bd.2: Vergleichend-genetische Sprachpsychologie, Stuttgart.

Lashley,K.S.,1951: The Problem of Serial Order in Behavior. In: Jeffress, L.A. (ed.), Cerebral Mechanisms in Behavior, New York, 112-136.

Oksaar,E.,1977: Spracherwerb im Vorschulalter. Einführung in die Pädolinguistik, Stuttgart.

Peters,A.M.: The Units of Language Acquisition. To appear in: Cambridge Series of Monographs and Texts in Applied Psycholinguistics.

Pinker,St.,1979: Formal Model of Language Learning. In: Cognition 7, 217-283.

Franz Josef Zapp

DIE ÜBERWINDUNG DER MUTTERSPRACHLICHEN SOZIALISATION DURCH
FREMDSPRACHENUNTERRICHT

1. Sprachenpolitische Vorbemerkungen

Der schulische Fremdsprachenunterricht programmiert in wichtigen Bereichen die Entwicklung unserer Gesellschaft vor: durch die Festlegung auf bestimmte Fremdsprachen werden unsere Kontaktmöglichkeiten auf konkrete Sprachgemeinschaften hin kanalisiert, unter weitgehendem Ausschluß aller Gruppen, die eine andere Muttersprache sprechen. Eine Sprache ist aber kein neutrales Kommunikationsinstrument, sondern vermittelt die für ihre historisch gewachsene Gemeinschaft typischen Normen, Werte, Erfahrungs- und Verhaltensmuster, "sie macht Zugriffe auf die Wirklichkeit verfügbar, die nur ihr aufgrund ihrer historisch gewachsenen Struktur und der von ihr vermittelten Tradition eigen sind" (Christ 1980:16), denn "die Art der Erfassung der Wirklichkeit durch die Gesellschaft ist weithin sprachlich geprägt" (Schlieben-Lange 1973:16). Die gemeinsame Sprache ist mithin Vermittler des kollektiven Bewußtseins einer konkreten Gruppe; durch das Erlernen einer Sprache erfolgt bewußt oder unbewußt auch eine schrittweise Teilhabe am kollektiven Bewußtsein und damit eine mehr oder weniger enge Zugehörigkeit zur entsprechenden Gruppe. Aus diesem Sachverhalt ergibt sich die gesellschaftspolitische Bedeutung, die der Auswahl bestimmter Sprachen für den Fremdsprachenunterricht zukommt.

In unserem Zusammenhang einschneidend und in den schulorganisatorischen Konsequenzen bis heute noch gültig ist die weitgehende Gleichstellung des Englisch- und Französischunterrichts mit dem altsprachlichen Unterricht, die Wilhelm II. durch seinen "Allerhöchsten Erlaß" des Jahres 1900 erzwang (Zapp/Schröder 1983:3ff.). Englisch und Französisch sind bis heute in unserem Kontext die lebenden Schulfremdsprachen schlechthin geblieben, auch wenn sich in der Zwischenzeit aus verschiedenen Gründen eine wichtige Verschiebung zugunsten des Englischen ergeben hat; das Latinum, und damit der Lateinunterricht, hat ebenfalls seine Bedeutung als Voraussetzung bestimmter Universitätsstudien behalten (Raasch 1983:65; Zapp 1979b:1ff.). Die einzige wichtige Erweiterung in diesem Bereich stellt die breite Einführung des Englischen oder, wenn auch in kaum nennenswertem Umfang, des Französischen als Pflichtunterricht an den Hauptschulen in den 60er Jahren dar, eine Neuerung, die mittlerweile in Teilbereichen wieder rückgängig gemacht wurde (Bebermeier 1983:129f.; Zapp 1982:209f.). Wiederholte und begründete Versuche, auch andere lebende Fremdsprachen in den Rang von Schulfächern zu heben (Christ 1980:passim; Zapp 1980:9ff.), haben bis heute keinen nennenswerten Erfolg gehabt;es ist sogar zu befürchten, daß selbst die bescheidenen Fortschritte, die der Russisch- und Spanischunterricht in der reformierten Gymnasialoberstufe aufzuweisen hat, durch die bereits angelaufene "Reform der Reform" wieder rückgängig gemacht werden.

Man könnte aus diesem Sachverhalt schließen, daß sich unsere gesellschaftspolitischen Optionen und die sich daraus ergebenden Sprachlernbedürfnisse seit der wilhelminischen Zeit nicht geändert hätten. Das Gegenteil ist der Fall; lediglich Englisch hat seine Stellung als internationale Verkehrssprache noch ausbauen können, während Französisch und Deutsch in dieser Funktion große Einbußen hinnehmen mußten; neue internationale Verkehrssprachen, wie Arabisch, Russisch, Spanisch finden eine ständig wachsende Verwendung. Hinzu kommt, daß immer weniger Länder bereit sind, zugunsten einer Verkehrssprache auf den Gebrauch ihrer Staatssprache im internationalen Verkehr zu verzichten, wofür folgende Reuter-Meldung ein Beispiel ist: "Alle Regierungsstellen Saudi-Arabiens wurden angewiesen, vom kommenden Jahr an Korrespondenz, Dokumente und Verträge mit ausländischen Firmen in arabischer Sprache zu verfassen" (Süddeutsche Zeitung vom 25.8.1983). Untersuchungen über den Fremdsprachenbedarf in Industrie und Handel (z.B. Schröder u.a. 1978; Christ u.a. 1979) sowie über die individuellen Sprachlernbedürfnisse in unserer Gesellschaft (Schröder/Macht 1983) zeigen ebenfalls einen vielfältigen und regional unterschiedlichen Bedarf an Sprachenkenntnissen.

Diese geänderten Ausgangsbedingungen wurden in einigen sprachenpolitischen Arbeiten aufgegriffen. Ihnen ist gemeinsam, daß sie durch eine "gesteuerte Diversifikation" (Zapp 1979a:13ff.) im schulischen Fremdsprachenunterricht eine "sprachenteilige Gesellschaft" (Christ u.a. 1980:41ff.) anstreben, in der für jede andersprachige Bezugsgruppe im Rahmen des schulisch Leistbaren sprachlich und kulturell vorbereitete Ansprechpartner vorhanden sind. Damit werden für den Fremdsprachenunterricht Konsequenzen vorgeschlagen, die sich sowohl aus der politischen Entscheidung für ein geeintes Europa als auch aus den vielfältigen wirtschaftlichen und gesellschaftlichen Beziehungen der Deutschen zu Mitgliedern anderer Sprachgruppen ergeben. Ihren vorläufigen Abschluß fanden diese Arbeiten in den "Homburger Empfehlungen für eine sprachenteilige Gesellschaft in Deutschland und Europa" (Christ u.a. 1980:76f.). Die in unserem Zusammenhang wichtigen Thesen 6 bis 9, die auch die Funktion der jeweils zu lernenden Fremdsprache im Rahmen des gesamten Sprachlernprozesses zu definieren versuchen, lauten:

> "6. Schon auf der Grundschule, möglichst sogar schon in vorschulischen Einrichtungen, soll eine Fremdsprache als Begegnungssprache spielerisch vermittelt werden ... Als Begegnungssprachen eignen sich im besonderen Maße die gegenwärtigen und zukünftigen Gemeinschaftssprachen, die in Grenzgebieten zu unseren Nachbarn und im Zusammenleben mit den ausländischen Minderheiten unmittelbar erfahrbar werden ...
>
> 7. Zu Beginn des Sekundarbereichs I soll in allen Schulformen eine Fremdsprache als Fundamentalsprache gelehrt werden. Das Erlernen der Fundamentalsprache soll den Grund legen für alle weiteren Sprachlernprozesse, es soll zugleich einen entscheidenden Beitrag zur Entwicklung des Sprachbewußtseins leisten, und es soll schließlich von Anbeginn an in eine andere europäische Kultur einführen. Als Fundamentalsprache sind neben der englischen Sprache vor allem die romanischen Sprachen Französisch, Italienisch oder Spanisch geeignet ...
>
> 8. Auf Gymnasien, Realschulen und Gesamtschulen soll noch im Sekundarbereich I eine weitere Fremdsprache vorwiegend unter dem Aspekt der internationalen Verkehrssprache gelehrt werden ... Als Verkehrssprachen eignen sich besonders die Weltsprachen Englisch, Spanisch oder Russisch.
>
> 9. Im Sekundarbereich II soll eine Erschließungssprache gelehrt werden. Die Kenntnis dieser Sprache soll besonders dazu dienen, eine zeitlich oder räumlich ferne Kultur aufzuschließen. Erschließungssprachen in diesem Sinn sind z.B. ... das Arabische, Chinesische oder Japanische. Doch können auch europäische Nachbarsprachen (...) als Erschließungssprachen gelehrt werden."

2. Die Ziele des neusprachlichen Unterrichts im politischen Wandel

Neben den tatsächlich unterrichteten Fremdsprachen sind die jeweils angestrebten Ziele aufschlußreich für das, was gesellschaftspolitisch durch den Fremdsprachenunterricht bewirkt werden soll. Hier zeigt sich die besondere Ambivalenz dieser Fächergruppe. Die Beherrschung der Zielsprache in Wort und Schrift, die als Zielvorgabe weitgehend unumstritten ist, bringt nämlich den Schüler mit Beständen eines anderen kollektiven Bewußtseins in Verbindung, die im Widerspruch zu den eigenen tatsächlichen oder wünschenswerten muttersprachlichen Beständen stehen können. So wurde nach dem Ersten Weltkrieg gefordert, den neusprachlichen Unterricht einzuschränken, denn er "begünstige Fremdländerei und hindere die Bildung eines ausgeprägten Nationalbewußtseins ..." (Schiedermair 1920:291). Erst nach langwierigen Verhandlungen setzte sich mit H. Richerts Denkschrift 1924 ein Kompromiß durch, der in der Kulturkunde als dem übergeordneten Ziel des Fremdsprachenunterrichts sowohl die Auseinandersetzung mit den englisch- und französischsprechenden Völkern erlaubte als auch die Würdigung der eigenen nationalen Werte: "Nur in immer erneuter Auseinandersetzung mit der westlichen Kultur erfassen wir unsere geschichtliche Wesenheit" (zitiert nach Zapp/Schröder 1983:43).

Für den Nationalsozialismus war die Teilhabe an einer anderssprachigen Kultur mit dem Ziel der Verständigung wesensfremd. Folglich wird der Fremdsprachenunterricht zunächst unter chauvinistischen Nützlichkeitsgesichtspunkten in Frage gestellt und dann weitgehend eingeschränkt, denn A. Hitler konnte "nicht einsehen, warum Millionen von Menschen im Laufe der Jahre zwei oder drei fremde Sprachen lernen müssen, die sie dann nur zu einem Bruchteil verwerten können und deshalb auch in der Mehrzahl wieder vollkommen vergessen, denn von hunderttausend Schülern, die zum Beispiel Französisch lernen, werden kaum zweitausend für diese Kenntnisse später eine ernstliche Verwendung haben" (Hitler 1933:465). Lediglich das Englische behielt seine Bedeutung und wurde in den Lehrplänen von 1938 für die nationalsozialistische Expansionspolitik genützt, "da es die Sprache eines uns rassisch verwandten Volkes ist, das aus großer politischer Begabung weltpolitische Leistungen vollbracht und seine Sprache zur Verkehrssprache der Weltwirtschaft gemacht hat" (zitiert nach Zapp/Schröder 1983:102). Bis zum Ende des Zweiten Weltkrieges blieben die in den Lehrplänen abgesteckten Ziele des neusprachlichen Unterrichts ausschließlich den jeweiligen nationalen Interessen verpflichtet. Der Fremdsprachenlehrer konnte sich zwar "subjektiv - im klaren Widerspruch zu seinem tatsächlichen Aktionsradius - als selbstverantwortlicher Mitgestalter deutscher Außenpolitik" (Raddatz 1981:342) empfinden, in Wirklichkeit war er aber, sofern er sich an die vorgegebenen Richtlinien hielt, Ausführungsorgan eines Staates, der ausschließlich die eigene Nation als Bezugsgröße anerkannte.

Mit dem Leitziel der Völkerverständigung erhielt der Fremdsprachenunterricht nach dem Zweiten Weltkrieg eine neue Qualität, weil sie die Überwindung "ethnozentrischer Einstellungen" (Bock 1978:189) erforderte.

Sie sollte dadurch erreicht werden, daß mit der Fremdsprache Kenntnisse über das Zielsprachenland vermittelt würden, die ihm gegenüber eine korrekte bis wohlwollende Einstellung ermöglichten. Der Abbau von Wissensdefiziten, Klischees, Vorurteilen und nationaler Überheblichkeit sollten die Völkerverständigung ermöglichen. Damit wurde die eigentliche Aufgabe auf die Landeskunde abgeschoben, die die Wissensbestände bereitzustellen und didaktisch zu erschließen hatte, die für die Erreichung des übergeordneten Lernzieles wichtig waren. Damit verlagerte sich die Diskussion auf die Gewinnung von "Auswahlkriterien für die Informationsvermittlung über Fremdkulturen" (Keller 1983a:272) bzw. auf "die Aneignung und Erprobung von Kategorien, die verifizierbare Angaben über Einzelaspekte des anderen und des eigenen Landes sowie eines sinnvollen Vergleiches beider miteinander ermöglichen" (Bock 1980:262). Die Völkerverständigung wurde später als didaktische Leerformel kritisiert, weil sie nicht einmal "ansatzweise als potentielle Konstante der Fremdsprachendidaktik erörtert" (Raddatz 1981:343) wurde. Dies trifft aus heutiger Sicht zu, doch sollte man bei der Einschätzung ihrer Wirkung auf den Fremdsprachenunterricht nicht übersehen, daß der Begriff fachdidaktisch vorwissenschaftlich ist und in der damaligen Zeit auch ohne Operationalisierung Allgemeinverständlichkeit beanspruchen konnte. Von dem Leitziel Völkerverständigung und ihrer Umsetzung in konkreten Unterricht ging eine Signalwirkung aus, die letztlich zur sozialwissenschaftlich begründeten Didaktik der Landeskunde als Beitrag zu einem möglichst konfliktfreien Kontakt über die eigene Muttersprachengruppe hinaus führte.

3. Das Ziel der transnationalen Kommunikationsfähigkeit

Jeder Mensch ist als Mitglied einer bestimmten Sprachgruppe in seinen Wahrnehmungs-, Bewertungs- und Verhaltensmöglichkeiten geprägt; er hat Anteil am sprachlich übermittelten kollektiven Bewußtsein seiner Gruppe, und dieses Bewußtsein steuert ihn im Umgang mit seiner Umwelt, gleichgültig ob sie ihm vertraut oder neu ist. Verhaltensstrategien werden dabei weitgehend unbewußt angewendet, auch im Umgang mit einer neuen Umwelt wird trotz größerer Elastizität der Vehaltensstrategien, die das neue und mithin nicht durch Erfahrungswerte abgedeckte Handlungsfeld erfordert, auf ein bestehendes Repertoire zurückgegriffen, mit dessen Hilfe ein Lernprozeß zur Bewältigung der Aufgabe ausgelöst wird. Dieses Verhalten ist mithin nicht nur für die Auseinandersetzung mit einer fremdkulturellen Umwelt typisch, sondern auch für das Verhalten in der eigenen muttersprachlichen Gruppe, wenn auch mit einem wesentlichen Unterschied. In der muttersprachlichen Gruppe kann der Mensch davon ausgehen, daß seine Partner aufgrund ihrer Teilhabe am gemeinsamen kollektiven Bewußtsein ihrer Gruppe in ihren Verhaltensstrategien auf ein gemeinsames Repertoire zurückgreifen, das den Beteiligten ein notwendiges Maß an Sicherheit und Vertrautheit gibt.

Dieses Repertoire ist keine statische Größe, es wird schrittweise und parallel zum Muttersprachenerwerb in den verschiedenen Sozialisationsagenturen aufgebaut: Familie, Nachbarschaft, Schule, Arbeitsplatz, um nur die Agenturen zu nennen, die die meisten Menschen durchlaufen. Dieser Lernprozeß und sein jeweiliges Ergebnis, der Aufbau eines entsprechenden Verhaltensrepertoires, stellt sich im Leben des Einzelnen als Kontinuum dar, wobei die einzelnen Etappen sich überlappen und teilweise parallel laufen, so daß die Gewähr besteht, daß Bestandteile des bereits erworbenen Repertoires für die Bewältigung einer neuen Etappe genutzt werden können.

Ein weiteres Charakteristikum im Wirken der Sozialisationsagenturen ist ihre Bindung an Bestände der Muttersprache. Für die jeweilige "Fachsprache", z.B. der Schule oder des Arbeitsplatzes, ist dieser Sachverhalt offensichtlich, er wirkt aber auch in einem wesentlich umfassenderen Rahmen, wobei die "Fachsprachen" der jeweiligen Sozialisationsagenturen sich austauschen und dadurch schrittweise die muttersprachliche Kompetenz aufbauen. So kann eine Mutter ein bestimmtes Verhalten ihres Kleinkindes neben einer entsprechenden Körpersprache deutsch mit "gut", französisch mit "tu es sage" würdigen. Die Begriffe "gut" und "sage" werden von den Kindern im Zusammenhang mit einem bestimmten Verhalten semantisiert und bleiben zunächst an dieses Verhalten gebunden, bis sie schrittweise in neuen Kontexten erweitert werden. Spätestens in der Schule wird das deutsche Kind das Wort "gut" auch als positiv konnotierte Bewertung einer sozial relevanten Leistung empfinden und in sein sprachliches Verhaltensrepertoire übernehmen, eine semantische Entwicklung, die das Wort "sage" nicht aufweist.

Es kann nicht überraschen, daß die Entwicklung der Sprache als des wichtigsten sozialen Kommunikationsinstruments des Menschen eng an die Probleme seiner schrittweisen Vergesellschaftung beim Hineinwachsen in Familie, Schule, Lehre gebunden ist. Diese Institutionen werden als "Zwangsgruppen" charakterisiert, weil der heranwachsende Mensch die

Wert- und Verhaltensvorstellungen nicht in die Gruppe einbringt, sondern dort erwirbt; durch sie findet er seine Identität, wird er sozial handlungsfähig und kommt zur "kulturellen Selbstverständlichkeit, seinem Instinktersatz" (Claessens 1977:5).

Der Mensch erwirbt seine soziale Handlungskompetenz, und zu ihr gehört in erster Linie der Gebrauch der Sprache im Umgang mit anderen in der Gruppe, die in letzter Instanz die eigensprachliche eigenkulturelle Nation ist. Sie bildet für ihn einen Handlungsraum, in dem er sich weitgehend problemlos bewegen kann, weil ihm die Muttersprache im notwendigen Umfang spontan zur Verfügung steht und weil er die grundlegenden Wert- und Verhaltensmuster bei seinen Gesprächspartnern voraussetzen kann. Schwierigkeiten stellen sich aber dann ein, wenn er diesen Handlungsraum verläßt und mit Mitgliedern einer für ihn fremdsprachlichen, fremdkulturellen Gruppe Kontakt aufnimmt. Selbst wenn ihm die Fremdsprache mit der notwendigen Sicherheit zur Verfügung steht, bleiben noch mindestens zwei Probleme, die Bock folgendermaßen charakterisiert:

> "1. Das Problem der unreflektierten Befangenheit in den Kommunikationsformen und -inhalten des eigenen Systems, die als Wahrnehmungsfilter wirken.
> 2. Das Problem, daß Phänomene im Zielsprachenland nicht aus ihrem authentischen Verursachungszusammenhang und in ihrem eigenen Bedienungskontext verstanden werden, sondern unbedacht gleichgesetzt werden mit oder bezogen werden auf vertraute Phänomene des eigenen Systems" (zitiert nach Zapp 1983:5; vgl. auch Bock 1980:149f.).

Damit der Fremdsprachenunterricht zur transnationalen Kommunikationsfähigkeit und damit zur Völkerverständigung beiträgt, muß er im Unterricht die genannten Probleme möglichst weitgehend zu überwinden suchen. Dies kann sicherlich nicht dadurch geschehen, daß in der Schule die zielsprachlichen Sozialisationsagenturen nachgespielt werden, eine abenteuerliche Vorstellung, wenn man allein die für die Primärsozialisation zur Verfügung stehende Zeit mit der Unterrichtszeit für eine Fremdsprache in Beziehung setzt. Außerdem würde eine solche Lösung ihr Ziel verfehlen: die zielsprachlichen Sozialisationsformen mit ihrem Wert- und Verhaltenssystem würden ebenso kritiklos übernommen wie die muttersprachlichen weitgehend unreflektiert erworben wurden. Das Ergebnis soll nicht ein Mensch sein, der je nach Aufenthaltsort Deutscher oder z.B. Franzose ist, sondern ein Mensch, der sich den Möglichkeiten und Grenzen seiner durchlaufenen Sozialisationsformen bewußt ist, der "die historisch geprägten Wirklichkeitserfahrungen" (Robert Bosch Stiftung 1982:11) des

Muttersprachliche Sozialisation und Fremdsprachenunterricht

Mutter- und des Zielsprachenlandes kennt, sie in ihrem Bedingungs- und Verursachungszusammenhang versteht und sie damit in ihrem Absolutheitsanspruch relativiert.

4. Inhaltliche Konsequenzen für den Fremdsprachenunterricht

Da jede historisch gewachsene Sprache Kommunikationsinstrument einer konkreten Muttersprachengruppe ist und "in ihrer Bindung an Menschen, die sich täglich in ihrer Muttersprache mit der Welt auseinandersetzen" (Zapp 1982:210) lebt, muß sie auch im Hinblick auf diese Gruppe gelehrt werden. Bereits der Anfangsunterricht bietet dafür zahlreiche Möglichkeiten, selbst wenn hier im Interesse eines schnellen Lernfortschrittes auf Internationalismen wie Familie, amerikanisch, Cafeteria, Café etc. oder auf leicht zu semantisierende Begriffe wie Haus, Mädchen, Sonne u.ä. zurückgegriffen wird. Auch wenn "der Fremdsprachenunterricht in dieser Phase weitgehend an sprachübergreifenden Gemeinsamkeiten unserer westlichen Gesellschaften festgemacht" wird, muß der Schüler erkennen, daß unter anderen geschichtlichen und gesellschaftlichen Bedingungen die eingeführten Begriffe unterschiedlich konnotiert sein können" (Zapp 1983:194). Dazu einige Hinweise zu den oben gegebenen Beispielen, die sich in erster Linie auf den Spanischunterricht beziehen:

Familia: sehr häufig Großfamilie unter Einbezug entfernter Verwandter, entspricht engl. "clan";

Café: hauptsächlich das Getränk, als Lokal eine eher anspruchsvolle Bezeichnung: "Café de Gijón"; eine Einladung zum Kaffee bedeutet in der Regel eine Einladung in die nächste "bar".

Chica: aufgrund ihrer Freundschaft mit einem Heranwachsenden müßte sie als "novia", Verlobte, bezeichnet werden, ein Verhältnis, das in Spanien wesentlich informeller eingegangen wird als bei uns; die Bezeichnung "amiga", Freundin, ist in diesem Zusammenhang noch eher abwertend bzw. in einigen spanischsprechenden Ländern eindeutig determiniert.

Sol: häufig negativ konnotiert, man sucht Plätze auf der Schattenseite, z.B. im Autobus oder in der Stierkampfarena, wo "sol" und "sombra" eigene Preiskategorien haben; "sombra", Schatten, steht in Verbindung mit Wohlbehagen, was sich eine Zigarettenmarke zunutze macht, im Gegensatz zum deutschen "auf der Schattenseite des Lebens".

Americano: bezieht sich in erster Linie auf Süd- und Mittelamerika, zu

USA gibt es ein eigenes Adjektiv: estadounidense; im Deutschen, Englischen und Französischen (Bonnin 1977:19) ist es zunächst das Adjektiv zu USA.

Durch diese und ähnliche Beispiele soll der Schüler Schritt für Schritt seine "eigensprachlich und eigenkulturell geprägten individuellen Wahrnehmungsmuster" (Robert Bosch Stiftung 1982:10) in Frage stellen und vor kurzschlüssigen Folgerungen von seiner Muttersprache auf die Zielsprache geschützt werden. Eine wesentliche Hilfe für Lehrer und Schüler wäre es dabei, wenn der Wortschatz in den Lehrwerken unter diesem Gesichtspunkt ausgewählt und dargeboten würde. Dabei sollte von Anfang an ein enger Zusammenhang zwischen sprachlicher und inhaltlicher Progression angestrebt werden, denn beide zusammen ermöglichen erst die transnationale Kommunikationsfähigkeit.

Die oben angeführten Beispiele wurden bewußt für den Anfangsunterricht gemacht, weil die Wahrnehmungs- und Verhaltensstrategien der Schüler von Anfang an auf die Wirklichkeitserfahrungen und -darstellungen der Menschen des Zielsprachenlandes gelenkt werden sollen, um einen leichtfertigen Umgang mit der Fremdsprache, und damit mit Sprache schlechthin, zu vermeiden. Wenn der Schüler Fremdsprachenlernen als komplexes soziokulturelles Lernen begriffen hat, versteht er, daß er sich auf einen langwierigen und im Prinzip nie abschließbaren Prozeß eingelassen hat, der ihm aber in ständiger Wechselwirkung ein Stück der eigenen und der zunächst fremden Wirklichkeit erschließt.

Literatur

Bebermeier,H.,1983:Englisch muß Pflichtfach an Hauptschulen bleiben. In: Neusprachliche Mitteilungen 36, 129-130.

Bock,H.-M.,1978: Aspekte einer Didaktik sozialwissenschaftlich angeleiteter Landeskunde im neusprachlichen Unterricht. In: Baumgratz,G./Picht,R. (Hrsg.), Perspektiven der Frankreichkunde II, Tübingen, 183-197.

Bock,H.-M.,1980: Zum Vergleich im Fremdsprachenunterricht. In: Der fremdsprachliche Unterricht 14, 261-271.

Bonnin,A.,1977: Contra el abuso de la palabra "americano". In: Boletin de la Asociacion Europea de Professores de Español 10/17, 19-30.

Christ,H.,1979: Sprachenpolitik und Schulsprachenpolitik in der Bundesrepublik Deutschland. In: Heuer,H./Kleineidam,H./Obendiek,E./

Sauer,H. (Hrsg.), Dortmunder Diskussionen zur Fremdsprachendidaktik, Dortmund, 38-41.

Christ,H.,1980: Fremdsprachenunterricht und Sprachenpolitik, Stuttgart.

Christ,H./Liebe,E./Schröder,K.,1979: Fremdsprachen in Handel und Industrie. Eine Untersuchung in den IHK-Bezirken Düsseldorf und Köln (Augsburger I- & I- Schriften 9), Augsburg.

Christ,H./Schröder,K./Weinrich,H./Zapp,F.J.,1980: Fremdsprachenpolitik in Europa. Homburger Empfehlungen für eine sprachenteilige Gesellschaft (Augsburger I- & I- Schriften 11), Augsburg.

Claessens,D.,1977: Gruppe und Gruppenverbände. Systematische Einführung in die Folgen der Vergesellschaftung, Darmstadt.

Hitler,A.,1933: Mein Kampf. Zwei Bände in einem Band, München, 52. Aufl.

Keller,G.,1969: Die Funktion von Stereotypen beim Erkenntnisprozeß im kulturkundlichen Unterricht. In: Die Neueren Sprachen 68, 175-186.

Keller,G.,1983a: Völkerverständigung - ein didaktisches Konzept. In: Die Neueren Sprachen 82, 271-275.

Keller,G.,1983b: Didaktische Analyse eines neuen kulturkundlichen Unterrichts auf lern- und sozialpsychologischer Grundlage. In: Raasch,A./Hüllen,W./Zapp,F.J. (Hrsg.), 144-157.

Raasch,A.,1983: Konturen für das Fach Französisch. In: Neusprachliche Mitteilungen 36, 65-66.

Raasch,A./Hüllen,W./Zapp,F.J. (Hrsg.), 1983: Beiträge zur Landeskunde im Fremdsprachenunterricht (Schule und Forschung), Frankfurt.

Raddatz,V.,1977: Englandkunde im Wandel deutscher Erziehungsziele 1886-1945, Kronberg.

Raddatz,V.,1981: Englischunterricht im Dienst der Völkerverständigung - Leerformel oder didaktisches Konzept? In: Die Neueren Sprachen 80, 337-357.

Robert Bosch Stiftung GmbH u. Deutsch-Französisches Institut (Hrsg.), o.J. (1982): Fremdsprachenunterricht und Internationale Beziehungen. Stuttgarter Thesen zur Rolle der Landeskunde im Französischunterricht, Gerlingen.

Schiedermair,R.,1920: Neusprachlicher Unterricht und nationale Erziehung. In: Die Neueren Sprachen 28, 289-291.

Schlieben-Lange,B.,1973: Soziolinguistik. Eine Einführung. (Urban Taschenbücher 176), Stuttgart.

Schröder,K.,1973: Sprachunterricht, Sprachenpolitik und internationale Kommunikation. In: Hüllen,W. (Hrsg.), Neusser Vorträge zur Fremdsprachendidaktik, Berlin, 138-151.

Schröder,K.,1975: Fremdsprachenunterricht in der Sekundarstufe II

(Deutscher Bildungsrat: Gutachten und Studien der Bildungskommission 41), Stuttgart.

Schröder,K.,1977: Französisch am Ausgang seiner Epoche? Zur Situation des Französischen an den Schulen und Hochschulen der Bundesrepublik. In: Neusprachliche Mitteilungen 30, 194-201.

Schröder,K.,1979: Italanio come lingua straniera. Status quo, Bedarf und Bedürfnis. In: Neusprachliche Mitteilungen 32, 162-167.

Schröder,K./Langheld,D./Macht,K., 1978: Fremdsprachen in Handel und Industrie, unter besonderer Berücksichtigung mittlerer Betriebe in Schwaben und im Raum München (Augsburger I- & I- Schriften 5), Augsburg.

Schröder,K./Macht,K.,1983: Wieviele Sprachen für Europa? Fremdsprachenunterricht, Fremdsprachenlernen u. europäische Sprachenvielfalt im Urteil von Studierenden des Grundstudiums in Deutschland, Belgien und Finnland (Augsburger I- & I- Schriften 24), Augsburg.

Zapp,F.J.,1979a: Fremdsprachenpolitik in Europa - ein Problemaufriß, Brüssel.

Zapp,F.J.,1979b: Begründung und Ziele des Fremdsprachenunterrichts im allgemeinbildenden Schulwesen. In: Kleine,W. (Hrsg.), Perspektiven des Fremdsprachenunterrichts in der Bundesrepublik Deutschland (Schule und Forschung), Frankfurt, 1-7.

Zapp,F.J.,1980: Geschichte des neusprachlichen Unterrichts im Spiegelbild des Fachverbandes der Fremdsprachenlehrer: 1880-1980. In: Neusprachliche Mitteilungen 33, 2-17.

Zapp,F.J.,1981: Französisch als erste Fremdsprache. In: Neusprachliche Mitteilungen 34, 129-132.

Zapp,F.J.,1982: Fremdsprachenunterricht und Ausländerfeindlichkeit. In: Neusprachliche Mitteilungen 35, 209-210.

Zapp,F.J.,1983: Landeskunde als Herausforderung des Lehrers. In: Raasch,A./Hüllen,W./Zapp,F.J. (Hrsg.), 1-6.

Zapp,F.J./Schröder,K.,1983: Deutsche Lehrpläne für den Fremdsprachenunterricht 1900-1970. Ein Lesebuch (Augsburger I- & I- Schriften 22), Augsburg.

Mario Wandruszka

"SPRACHKONTAKTE" BEDEUTET SPRACHMISCHUNG

Erinnern wir uns an die ersten Sätze von Thomas Manns "Buddenbrooks", mit denen wir ganz unvermittelt in ein Lübecker Patrizierhaus im Jahre 1835 versetzt werden, wo gerade die achtjährige Tony vor Eltern und Großeltern den Katechismus aufsagen muß.

"Was ist das - Was - ist das..." - "Je, den Düwel ook, c'est la question, ma très chère demoiselle." - Die Konsulin Buddenbrook (...) kam ihrer kleinen Tochter zu Hilfe, die der Großvater am Fenster auf den Knien hielt. "Tony!" sagte sie, "ich glaube, daß mich Gott - " Und die kleine Antonie (...) wiederholte noch einmal: "Was ist das", sprach darauf langsam: "Ich glaube, daß mich Gott", fügte, während ihr Gesicht sich aufklärte, rasch hinzu: "geschaffen hat samt allen Kreaturen... Dazu Kleider und Schuhe, Essen und Trinken, Haus und Hof, Weib und Kind, Acker und Vieh..." Bei diesen Worten aber brach der alte M.Johann Buddenbrook einfach in Gelächter aus...

Languages in contact. Auch die folgenden Gespräche im größeren Kreis sind ein ständiges Gemisch von Platt, Halbplatt, Hochdeutsch, Französisch. - "Wenn es ein warmer Schlag ist", sprach Tony und nickte bei jedem Wort mit dem Kopfe, "so schlägt der Blitz ein. Wenn es aber ein kalter Schlag ist, so schlägt der Donner ein!" (Der Großvater zum Vater:) "Excusez, mon cher!...Mais c'est une folie! Du weißt, daß solche Verdunkelung der Kinderköpfe mir verdrüßlich ist! Wat, de Dunner sleit in? Da sall doch gliek de Dunner inslahn!"

Zur Erheiterung der Familie und der Festgäste macht der kleine Christian einen seiner Lehrer nach. - "Äußerlich, mein gutes Kind, äußerlich bist du glatt und geleckt, ja, aber innerlich, mein gutes Kind, da bist du schwarz..." Und dies sagte er unter Weglassung des "r" und indem er "schwarz" wie "swärz" aussprach. - Dann Mamsell Ida, die treue Haushälterin mit ihrer westpreußischen Phonetik, Syntax und Idiomatik, die einmal vor freudigem Schreck etwas Polnisches antwortet, das wie "Meiboschekochhanne" klingt... Dann der unvergeßliche Münchner Hopfenhändler Alois Permaneder, der in den Lübecker Salons mit seiner da kaum verständlichen Sprache auftaucht: "Ja, grüß Eana Gott! Jessas, hab i a narrische Freid! ...O mei, ham wir a Gaudi k'habt, geltn's ja?! ...Ös tuats enk leicht!..." Und der berühmte Brief, den Tony als Frau Permaneder aus München an ihre Mutter schreibt, in dem sie sich über ihre bayerische Köchin beklagt: "Und wenn ich 'Frikadellen' sage, so begreift sie es nicht, denn es heißt hier 'Pflanzerln'; und wenn sie 'Karfiol' sagt, so findet sich wohl nicht so leicht ein Christenmensch, der darauf verfällt, daß sie Blumenkohl meint; und wenn ich sage: 'Bratkartoffeln', so schreit sie so lange 'Wahs?', bis ich 'Geröhste Kartoffeln' sage, denn so heißt es hier, und mit 'Wahs' meint sie 'Wie beliebt'..." - Und schließlich das Zerbrechen ihrer Ehe, weil Permaneder ihr, der Lübecker Patrizierstochter, im Vollrausch zugerufen hat: "Geh' zum Deifi, Saulud'r dreckats!".[1]

"Buddenbrooks": ein großartiges soziolinguistisches Panorama, eine scharf beobachtete und liebevoll aufgezeichnete Dokumentation der deutschen Mehrsprachigkeit und Sprachmischung im 19. Jahrhundert.

Seit Uriel Weinreichs *Languages in Contact* (1953) reden wir alle von "Sprachkontakten". Aber das ist eigentlich ein sehr schlechtes Wort für das, was damit gemeint wird. Schon in Weinreichs Buch ist ja von viel mehr die Rede, nämlich von den verschiedensten Möglichkeiten und Bedingungen der Sprachmischung, von Interferenzen und Interpenetrationen, von Ansteckungen und Mischbildungen, Konglomeraten, Amalgamen, Hybridisierungen. "Kontakte" sind Berührungen: auch Billardkugeln treten in Kontakt. Sprachen als strukturalistische Monosysteme können sich streng genommen überhaupt nicht mischen, dürfen sich nicht mischen können. Strukturalistisch gesehen können Beimischungen von Fremdkörpern nur Verfehlungen, Verunreinigungen, Mißbildungen sein. Sprachen von und für Menschen aus Fleisch und Blut sind das Ergebnis unablässiger Mischung im Gespräch zwischen den Menschen, sie sind, so weit wir überhaupt in der Geschichte zurückblicken können, immer schon Mischgebilde. Die verwirrende Vielfalt der grammatischen Formen, - man braucht nur an unsere Deklinationen und Konjugationen zu denken, an die vielen unregelmäßigen, widersprüchlichen Paradigmen, an die Fülle der in alle Analogien eingestreuten Anomalien, die Ausnahmen und Ausnahmen der Ausnahmen - , das alles läßt sich durch kein wie immer geartetes "System" begründen.

---

[1] Thomas Mann, Buddenbrooks, Jubiläumsausgabe, Berlin,I,9,3o7,359,4o9, 462,499; II,12. Vgl. dazu die linguistische Analyse der Buddenbrookschen Mehrsprachigkeit bei Oksaar (1976).

"Sprachkontakte" bedeutet Sprachmischung 67

Es läßt sich überhaupt nur verstehen als das Ergebnis gegenseitiger Durchdringung verschiedener Sprachen und Mundarten seit frühester Zeit, als Mischsprachen aus Mehrsprachigkeit (Wandruszka 1969, 1971, 1979).

Bekanntlich können sich dabei die einzelnen phonetischen, syntaktischen, lexikalischen, idiomatischen Register verhältnismäßig unabhängig voneinander bewegen und vermischen. Die Interferenzen der deutschen Phonetik auf unsere Aussprache des Englischen, etwa die sich dem stimmlosen *tsch* nähernde Aussprache von *Jazz, Jeep, Jet, Job, Jogging, Image, Manager, Blue jeans*..., oder die stimmlose Aussprache der stimmhaften Auslautkonsonanten: *Ai hef* für *I have, laif* für *live, hi iss* für *he is, mai frents* für *my friends, ent* für *and* usw., das alles ist doch kein "Kontakt zwischen zwei phonologischen Systemen", das ist phonetische Interferenz.

Die Unabhängigkeit der Phonetik von den anderen Registern bezeugen auch in schlagender Weise die in den "Buddenbrooks" auftretenden Pastoren, die sich syntaktisch, lexikalisch, idiomatisch in allerbestem Pfarrerdeutsch ausdrücken,- Pastor Mathias aus Stuttgart, indem er die Magd Trina, die ihm die Windfangtür öffnet, um sie ein wenig zu prüfen ("vielleicht war er willens, ihr etwas zu schenken, wenn sie sich treu zu ihrem Heiland bekannte"), leutselig fragt: "Liebscht den Herrn?" - was die errötende Trina auf den jungen Konsul Buddenbrook bezieht...;- oder Pastor Tiburtius aus Riga, der bei Buddenbrooks geistliche und weltliche Gespräche führt, der ihnen vorliest, "mit seiner hohen, sich überschlagenden Stimme und in der drollig hüpfenden Aussprache seiner baltischen Heimat";- oder Pastor Pringsheim: "Er stammt aus Franken, woselbst er während einiger Jahre inmitten von lauter Katholiken eine kleine lutherische Gemeinde gehütet hat, und sein Dialekt ist unter dem Streben nach reiner und pathetischer Aussprache zu einer völlig eigenartigen Redeweise, mit langen und dunklen oder jäh akzentuierten Vokalen und einem an den Zähnen rollenden r geworden..."[2]

Mit allen diesen Beobachtungen sprachlicher Wirklichkeit sind wir himmelweit entfernt von Noam Chomskys (1965:3) "idealem Sprecher-Hörer in einer völlig homogenen Sprachgemeinschaft, deren Sprache er vollkommen beherrscht", dieser theoretischen Fehlkonstruktion. Für den Menschen gibt es weder eine vollkommene Beherrschung seiner Sprache noch eine völlig homogene Sprachgemeinschaft. Es gibt nie und nirgends

---

[2] *Siehe Anm. 1.*

ein perfektes, homogenes Monosystem, immer und überall nur unvollkommene heterogene Polysysteme. Das Verhältnis des Menschen zu seiner Sprache ist nicht das der vollkommenen Einsprachigkeit und einsprachigen Vollkommenheit, sondern im Gegenteil das der immer unvollkommenen Mehrsprachigkeit und mehrsprachigen Unvollkommenheit.

Unsere Sprachen sind Gebilde aus Konstanten und Varianten, mit einer Überfülle von Variationen und Varietäten (Wandruszka 1971, 1982). Für den Bereich der lexikalischen Strukturen hat das niemand überzeugender nachgewiesen als Els Oksaar in ihren *Semantischen Studien im Sinnbereich der Schnelligkeit* (Oksaar 1958).

Die Befragung von 136 Studierenden (beiderlei Geschlechts und zweifellos ganz verschiedener regionaler und sozialer Herkunft) der Universität Bonn (1953/54), von 89 Studierenden in Hamburg (1955), die in den fünfundvierzig Minuten einer Vorlesungsstunde alle in ihrem Sprachgebrauch und Sprachverstehen vorkommenden Ausdrücke für *plötzlich* und *schnell* niederschreiben sollten, ergab 246 Ausdrücke für *plötzlich* und 630 für *schnell*.

Was haben wir da alles aus fremden Sprachen in unsere eigene hereingenommen! Da gibt es dieses merkwürdige *fix* (lat.*fixus* "fest, feststehend", fr.*fixe*), das im Deutschen die Bedeutung "fest" durchaus bewahrt (*ein fixes Gehalt, eine fixe Idee*), daneben aber, zuerst wohl in der Studentensprache, auch noch eine andere Bedeutung annimmt: "schnell, gewandt, lebhaft" (*nun aber fix, mach man fix, das geht aber fix, ein fixer Bengel...*). Man wird an engl.*fast* erinnert, das ja auch je nach Kontext und Situation "fest" oder "schnell" bedeutet. Die Vorstellungen "fest - mit ganzer Kraft - mit voller Geschwindigkeit" können offenbar in unserem Unterbewußtsein ineinander übergehen. Vielleicht hat auch noch die besonders gut dazu passende Lautgestalt des kurzen Einsilbers *fix* diese Entwicklung begünstigt, haben Welterlebnis und Worterlebnis sich auch hier gegenseitig verstärkt.

Da ist das aus dem Polnischen stammende *dalli, dalli dalli,* das sich über Berlin nach Westen und Süden ausgebreitet hat und heute durch eine besonders beliebte Fernsehsendung bis ins letzte Alpendorf getragen wird. Es wird heute im ganzen deutschen Sprachgebiet verstanden, ist uns durchaus vertraut geworden, gehört zu unserer Sprache, - aber wenn wir es südlich des Mains selber verwenden, so ist das noch nicht unsere spontane Sprache, sondern gewissermaßen ein Zitat aus einer anderen Sprache, die wir in die unsere hereinnehmen.

"Sprachkontakte" bedeutet Sprachmischung

Da bringt 1953 ein befragter Student *dawai, dawai,* vielleicht noch aus russischer Kriegsgefangenschaft. Andere notieren *subito, allegro, presto, prompt, rapide, vite vite, aus der kalten la main, mit avec, direkte-mang, im (Eilzugs- oder 100 km- oder Affen-) Tempo, im Caracho.* Liest man heute, nach dreißig Jahren, diese Liste durch, dann erinnert man sich, daß wir damals tatsächlich so gesprochen haben, es so gehört haben. Man müßte diese Liste heutigen Studenten vorlegen und sie fragen, ob sie etwa mit den Vergleichen "*wie Carracciola, wie Nurmi, wie Hennecke*" oder gar "*eine V2 ist nichts dagegen*" überhaupt noch etwas anzufangen wissen. Man erkennt, wie stark innerhalb von dreißig Jahren das Sprechen im Gespräch die Sprache verändern kann.

Manches fremde Gut ist dem deutschen Sinnbereich der Schnelligkeit einverleibt worden, indem es erst hier diese Bedeutung angenommen hat. Aus ital.*il tempo* "Zeit, Zeitmaß, Rhythmus, Takt" wurde erst im Deutschen der Zuruf: *Tempo! Tempo Tempo!* "schnell!". Aus den verschiedenen Landschaftssprachen ist vieles Allgemeingut geworden. Wenn wir *flott* für "schnell, munter, lebhaft" sagen (*das geht ganz flott*), dann wird uns keineswegs bewußt, (wenn wir nicht linguistisch hypersensibilisiert sind), daß da ein niederländisch-niederdeutscher Seemannsausdruck, *flott werden,* daß da die *Flotte* zugrundeliegt. Ebenso wenig hören wir aus *plötzlich* noch das niederdeutsche Schallwort *plotz!* "plumps"! heraus.

Ein riesiger Bereich des Verstehens umringt unser eigenes Verwenden. So wie schon Kretschmer in seiner Wortgeographie der hochdeutschen Umgangssprache stellt auch Oksaar fest, daß *geschwind* vor allem im Süden zu Hause ist. In der mundartlich gefärbten Rede ist da *gschwind* viel häufiger zu hören als *schnell* (*schnöö*) oder gar *rasch*, die aber selbstverständlich verstanden werden. Von den befragten Studenten wurde 12 mal *jäh* notiert, zweimal *jach,* 10 mal das aus dem Niederländischen stammende, aber auch von Friesland bis Holstein heimische *gau, gaue,* einmal *so schnell wie der Hund gauzt. Jäh* gehört "vorwiegend der Hochsprache an" (Oksaar 1958:85). Dafür gibt es eine sehr lebendige bairisch-österreichische Dialektvariante: *gach.* Das neben *stehenden Fußes* verzeichnete *stante pede* könnte aus Wien stammen, wo es bis heute mundartlich *stantapeda, stantape* heißt:"In dem Monat hamr zweihundertvierzig Todesurteile gegen Zivilisten ghabt, stantape vollzogen, das geht wie gschmiert."[3]

---
[3] Karl Kraus, Die letzten Tage der Menschheit, s. Ebner (1969).

Wie geschmiert, wie geölt, wie ein geölter Blitz gehört ja auch zu den Hunderten von Variationen über dieses Thema.

Diese Liste von fast 9oo Ausdrücken der Schnelligkeit ist geradezu eine Aufforderung zur Bewußtseinserforschung, zur Gewissenserforschung unserer muttersprachlichen Mehrsprachigkeit. Da gibt es eine Reihe von Wörtern und Wendungen, bei denen wir sofort die Überzeugung haben: Ja, so würde ich selber auch spontan sagen, - *schnell* oder auch *Tempo!* oder *mit einem Affenzahn* oder *wie eine gesengte Sau* oder *wie die Feuerwehr...* Anderes würden wir schreiben. Vieles ist uns literarisch vertraut, aber selber würden wir es höchstens parodistisch verwenden: *flüchtigen Fußes, mit Siebenmeilenstiefeln, in Windeseile, wie der Sausewind, wie die Windsbraut,* ("Schnell wie der Wind, das himmlische Kind, knatterten wir davon" schreibt, Hänsel und Gretel parodierend, Hermann Hesse im *Steppenwolf.*[4]) *Sich sputen* ist für mich archaisch literarisch, aber nach dem Zeugnis Kretschmers und der Karte "Sich beeilen" des Deutschen Wortatlasses ist das Wort im Norden und Nordosten mundartlich und umgangssprachlich durchaus heimisch, so wie *sich tummeln* in Hessen, in der Pfalz und vor allem in Österreich, und *pressieren* im Südwesten.

Vieles ist mir bekannt oder zumindest verständlich, aber es gehört nicht zu meiner eigenen Umgangssprache: *auf'n Plutz, Husch die Zacke, der hat ja einen Zacken drauf, haste was kannste, schnurrdiburr, wie der Deibel, wie ein wild gewordener Besen.* Manches kann ich nur aus dem Kontext erraten oder aus der Situation, manches verstehe ich überhaupt nicht. Auch unser muttersprachliches Verstehen hat überall unscharfe, verschwimmende Grenzen.

Alle diese Beobachtungen weisen uns auf zwei Grundtatsachen zurück, die man in der Linguistik allzu lange vergessen hat:

ERSTENS: Die Wirklichkeit der Sprache ist das Sprechen im Gespräch, ist, wie vor hundertfünfzig Jahren Wilhelm von Humboldt sagte, Energeia, erzeugende Tätigkeit, nicht Ergon, erzeugtes Werk. Nur die Beobachtung des einzelnen lebendigen Sprechens vermag uns "ein wahres Bild der lebendigen Sprache zu geben. Gerade das Höchste und Feinste... kann nur (was um so mehr beweist, daß die eigentliche Sprache in dem Akte ihres wirklichen Hervorbringens liegt) in der verbundenen Rede wahrgenommen oder geahnt werden. Nur sie muß man sich in allen Unter-

---

[4] Hermann Hesse, Gesammelte Werke in zwölf Bänden, Werkausgabe Edition Suhrkamp, Band 7, Frankfurt/M. 197o, 374.

"Sprachkontakte" bedeutet Sprachmischung

suchungen, welche in die lebendige Wesenheit der Sprache eindringen sollen, immer als das Wahre und Erste denken."[5]

Die Dynamik des Sprechens im Gespräch, nicht das System der Sprache, führt uns immer wieder dazu, unsere Sprachen zu verändern, zu vermischen, zu erneuern. Im Gespräch nehmen wir unablässig das Sprechen anderer Menschen in unser eigenes Sprechen herein, wir zitieren sie, sprechen ihnen nach, dem Lehrer, dem sozialen oder persönlichen Vorbild, wir bemühen uns, so wie die anderen zu sprechen, wir verleiben deren Sprache unserer eigenen ein, in einer Fülle soziokultureller Variationen und Varietäten, phonetischer, lexikalischer, syntaktischer, idiomatischer Formen, Strukturen, Programme aus den verschiedensten Schichten, Registern, Stilen unserer Muttersprache, den verschiedensten Mundarten und Landschaftssprachen, Dialekten, Regiolekten, Soziolekten, aus den verschiedensten fremden Sprachen. Das alles schlägt sich als Sprache, als Ergon, in unserem Wernicke'schen Sprachenspeicher in der hinteren oberen Schläfenwindung der linken Großhirnrinde nieder.

In der heute in Amerika und Europa in vollem Gang befindlichen Diskussion über die linguistischen Universalien haben die meisten offenbar noch gar nicht bemerkt, daß Mehrsprachigkeit und Sprachmischung das vielleicht entscheidende Merkmal der menschlichen Sprache ist, das, was sie von jedem strukturalistischen, transformationalistischen monosystematischen Theoriemodell, aber auch von allen konstruierten Informationssystemen, Computersprachen, Regelprozeßmaschinerien zutiefst unterscheidet. Els Oksaars Materialien und Analysen, alle unsere wirklichen Menschensprachen aus Fleisch und Blut beweisen uns auf Schritt und Tritt, d a ß   d i e   D y n a m i k   d e s   S p r e c h e n s   i m   G e s p r ä c h   s t ä r k e r   i s t   a l s   d a s   S y s t e m   d e r   S p r a c h e .

ZWEITENS: D a s   V e r s t e h e n   v o n   S p r a c h e   r e i c h t   t a u s e n d f a c h   w e i t e r   a l s   d a s   e i g e n e   V e r w e n d e n . Unzählige Formen, Strukturen, Programme sind uns seit unserer frühesten Kindheit (seit man uns z.B. Märchen vorgelesen hat) zutiefst vertraut, ohne daß wir sie jemals selber gebrauchen wollten oder auch könnten. Auch der innerste Raum des eigenen Sprechens enthält kein homogenes Monosystem. Wir verwenden ja

---

[5] Über die Verschiedenheit des menschlichen Sprachbaues und ihren Einfluß auf die geistige Entwicklung des Menschengeschlechts. Wilhelm von Humboldt, Werke in fünf Bänden III, hrsg. von A.Flitner/K.Geil. Darmstadt 1963, 418.

immer wieder verschiedene sprachliche Register, mundartlichere, hochsprachlichere, alltäglichere, sonntäglichere Programme, je nachdem zu wem wir wann, wo, worüber sprechen. Wieder andere Register verwenden wir beim Schreiben, offizielle, literarische, technische Register und Stile. Rings um diesen Raum des eigenen Sprechens und Schreibens erstreckt sich der tausendfach größere Raum des Verstehens von Gesprochenem und Gelesenem, von Variationen und Varietäten, die wir selber gar nicht verwenden, auch gar nicht richtig verwenden können, die wir höchstens gelegentlich als die Mundart oder die Redeweise der anderen spielerisch und ungeschickt nachzuahmen versuchen, - was ja dann nicht nur das Verstehen in dem hinteren Wernicke'schen Sprachenspeicher betrifft, sondern auch das vordere Broca'sche sensomotorische Sprechzentrum in Anspruch nimmt. Die Grenzen des Verstehens der verschiedensten Variationen unserer Sprache, ihrer Dialekte, Regiolekte, Soziolekte sind dabei ständig fließend und erweitern sich in vielen Situationen sehr schnell durch das Miteinanderreden. Jeder Norddeutsche weiß davon zu berichten, wie schnell er sich in eine alemannisch gefärbte Umgangssprache "einhören" konnte, wie er nach wenigen Wochen gelernt hatte, ihm bis dahin fremde phonetische Strukturen auf seine eigenen zu beziehen und *glich, rich, Zit, bi, mi, Hus, Mus, brun, lut, hufewis* automatisch als *gleich, reich, Zeit, bei, mein, Haus, Maus, braun, laut, haufenweise* zu verstehen. Das ist heute der Alltag unserer deutschen Mehrsprachigkeit: einerseits spricht in jeder Fabrik, jedem Büro, jeder politischen Versammlung, jedem Urlaubsort, jeder Skihütte jedermann seine mehr oder weniger landschaftlich gefärbte Umgangssprache und weiß aus Erfahrung, daß die anderen ihn ungefähr verstehen und jeder ihm in einem anderen Regiolekt antworten wird, - andererseits steht jedem Mundartsprecher das in der Schule gelernte Deutsch zur Verfügung, das er je nach Notwendigkeit und Gelegenheit in verschiedenen Annäherungswerten zu gebrauchen weiß; und er versteht die ganze Fülle der deutschen Mehrsprachigkeit, die ihm das Fernsehen allabendlich bietet, sieht man einmal ab von den in Nord und Süd beliebten Mundartbühnenstücken, von denen das meiste nur regional verständlich ist.

So wie Els Oksaar die Schnelligkeit habe ich jahrelang an verschiedenen Universitäten den deutschen Wortschatz der Freude erkundet. Ich habe immer wieder meine Hörerinnen und Hörer gebeten, ihr Sprachbewußtsein zu befragen, wie "froh" und "Freude" und "sich freuen" in ihnen zu Sprache wird, und die in diesem Umkreis auftauchenden Ausdrücke zu kommentieren. Es ergibt sich dabei das folgende Bild:

Die Möglichkeit, ein Adjektiv durch -lich zu erweitern (reich-reichlich, zart-zärtlich, wonnig-wonniglich usw.) hat dem Deutschen das Wortpaar *froh-fröhlich* beschert, für das es in anderen Sprachen keine Entsprechung gibt. *Fröhlich* ist ein Lieblingswort Luthers, "das ihm nicht zufällig immer wieder in die Feder floß, auch als er zu seinen entscheidenden Kampfschriften ansetzte oder das Vorwort für seine Bibelübersetzungen schrieb" (Friedenthal 1967), das Wort *fröhlich* durchzieht wie ein roter Faden die evangelischen Kirchenlieder, und wenn die Befragten ihr Bewußtsein erforschen, was sie eigentlich mit *fröhlich* verbinden, fällt ihnen sehr bald das Kindergebet, das Kirchenlied, die Predigt ein, die das Wort vor langer Zeit ihrem Gedächtnis besonders eingeprägt hat, "*Fröhlich soll mein Herze springen...*" und die *fröhliche, selige Weihnachtszeit* und das *fröhliche Herz*... aber im nächsten Augenblick wird uns deutlich, daß dieses Wort voll inniger Frömmigkeit ebenso gut auf lärmende, feucht-fröhliche Ausgelassenheit hindeuten kann, auf Jubel Trubel Heiterkeit und rheinischen Karneval, plötzlich ist *fröhlich* ein "oberflächliches Wort", und wer es aus seiner eigenen Mundart oder vertrauten Umgangssprache nicht kennt, - und das ist für den ganzen deutschen Süden der Fall -, sondern nur aus der Bildungssprache, dem kann es für den eigenen Gebrauch zu "gestelzt" vorkommen: der rheinische Karneval ist *fröhlich,* der Münchner Fasching ist *lustig*.

Froh empfinden die meisten als das ernstere, würdigere, tiefere Wort, man erinnert sich an die "*Frohe Botschaft*", - aber dann stören wieder die vielen, anlaßgebundenen, banalen, trivialen Verwendungen, die "abgeflachte Bedeutung" des Wortes (wie jemand einmal sagte), wenn *froh* ("*du kannst froh sein, wenn du dein Geld je wieder siehst*") nichts anderes meint als "erleichtert, entlastet", - und dann die "ziemlich niedrigen und boshaften Anlässe" (aus einem anderen Selbstzeugnis), bei denen es auftaucht, schließlich sogar als *schadenfroh!*

Und das alles vermischend und durchkreuzend der lautliche Eindruck, das sinnliche Worterlebnis, das oft bezeugt wird: *froh* ist lautlich dunkler, tiefer, ernster, *fröhlich* heller, höher, heiterer.

Sprachen von und für Menschen aus Fleisch und Blut unterscheiden sich von jedem konstruierten Informationssystem durch die unerschöpflichen Möglichkeiten der Polysemie (immer wieder andere Funktionen für die gleiche Form) und Polymorphie (immer wieder neue Formen für die gleiche Funktion). Der Bereich der Freude bietet das gleiche Bild einer überbordenden Polymorphie, einer Überfülle von Variationen wie der der Schnelligkeit, *froh, fröhlich, freudig, erfreut, lustig, vergnügt, munter, heiter* (mit seiner erstaunlichen Polysemie: *heiter* ist ja ursprünglich der wolkenlose Himmel, entspricht lat.*serenus*, bildlich gesprochen dann die helle, klare, himmlische Ruhe des Gemüts, unbewegt durch die Gewitterstürme der Leidenschaften, die olympische Heiterkeit, und das auch noch bis heute in unserer Bildungssprache, soweit eben die Sprache Goethes heute noch reicht, - im übrigen aber hat in der *Heiterkeit* die Fröhlichkeit, ja sogar die Ausgelassenheit die Oberhand gewonnen, gerade das Gegenteil der heiteren Ruhe und Gelassenheit des Gemüts). Dazu, nicht weniger seltsam, lat.*fidelis*, franz.*fidèle* "getreu", das im 18.Jahrhundert in der deutschen Studentensprache als *fidel* "lustig" auftaucht, von da in die allgemeine Umgangssprache hineingetragen und in die Mundarten aufgenommen wird, auch noch zu *kreuzfidel, quietschfidel* usw. gesteigert. Dazu heute unter ganz anderen soziokulturellen Bedingungen *happy* und *high*. Die deutschen Studenten waren wohl auch die ersten, die lat.*gaudium* "Freude", ein "Herzwort" der lateinischen Kirchensprache, in ihre deutsche Rede hereinnahmen, indem sie spaßeshalber ein Vergnügen, einen Spaß, einen Ulk, ein *Gaudium* nannten (so wie lat.*jocus* zum *Jux* wurde und ital.*spasso* zum *Spaß*). In Bayern und Österreich wurde schließlich bis in die Mundart hinein die *Gaudi* daraus, in Österreich auch die *Gaudee*... Im täglichen "Kontakt", das heißt im Zusammenleben des Deutschen mit dem Lateinischen durch die Jahrhunderte ist unendlich viel Lateinisches dem Deutschen beigemischt worden (Wandruszka 1979), darunter auch kirchenlateinisch *jubilare, jubilum* als *Jubel, Jubeln, Jubilieren*.

Die anderen Sprachen weisen für "froh" und "Freude" eine nicht weniger reiche Polymorphie auf, das Englische mit *glad, merry, jolly, gay, cheerful, gleeful, joyful, happy, in good spirits, in high spirits, high*... die Hälfte dieser Ausdrücke stammen aus dem Französischen, sie wurden so wie tausende andere Wörter in den Jahrhunderten des engsten Zusammenlebens der beiden Sprachen dem Englischen beigemischt. Es genügt, an diesen Vorgang zu erinnern, um zu verdeutlichen, was mit "languages in contact" ganz ungenügend bezeichnet wird.

Der Übersetzungsvergleich läßt erkennen, daß zwischen den Polymorphien, dem Variantenreichtum von Sprache zu Sprache keineswegs eine "Eins-zu-eins"-Beziehung besteht, daß etwa *froh, fröhlich, lustig, vergnügt, munter, heiter, fidel* jeweils immer mit dem gleichen englischen Wort und nur mit ihm zu übersetzen wären. Auch das bestätigt uns, daß alle diese zum Teil so sonderbaren Polysemien und Polymorphien durch den lebendigen, erfinderischen, schöpferischen Sprechtrieb und den geschichtlichen Zufall zustandegekommen sind, daß das Bedürfnis zu sprechen und die Dynamik des Gesprächs unsere Sprachen immer wieder verändert und vermischt.

Heute ist die Linguistik überall auf der Suche nach einer neuen Theorie der menschlichen Kommunikation, nach einem dynamischen System, das den Ansprüchen und Erkenntnissen der Psycholinguistik, Soziolinguistik, Pragmalinguistik besser gerecht wird. Um das zu erreichen, muß sie von der lebendigen Wirklichkeit des Sprechens im Gespräch ausgehen und immer wieder hierher zurückkehren.

Literatur

Chomsky,N.,1965: Aspects of the Theory of Syntax, Cambridge, Mass.

Ebner,J.,1969: Wie sagt man in Österreich? Wörterbuch der österreichischen Besonderheiten (Duden-Taschenbücher Band 8), Mannheim.

Friedenthal,R.,1967: Luther, Sein Leben und seine Zeit, München.

Oksaar,E.,1958: Semantische Studien im Sinnbereich der Schnelligkeit. *Plötzlich, schnell* und ihre Synonymik im Deutsch der Gegenwart und des Früh-, Hoch- und Spätmittelalters, Stockholm.

Oksaar,E.,1976: Sprachkontakte als sozio- und psycholinguistisches Problem. In: Debus,F./Hartig,J.(Hrsg.), Festschrift für Gerhard Cordes, Band II, Sprachwissenschaft, Neumünster, 231-242.

Wandruszka,M.,1969: Sprachen, vergleichbar und unvergleichlich, München.

Wandruszka,M.,1971: Interlinguistik, Umrisse einer neuen Sprachwissenschaft (Serie Piper 14), München.

Wandruszka,M.,1979: Die Mehrsprachigkeit des Menschen, München, 1981 dtv.

Wandruszka,M.,1982: Variation, Variable, Variabilität, Variante, Varietät. In: Heinz,S./Wandruszka,U.(Hrsg.), Fakten und Theorien, Festschrift für Helmut Stimm, Tübingen, 335-342.

Weinreich,U.,1953: Languages in Contact, New York.

Harald Weinrich

SPRACHMISCHUNG: BILINGUAL, LITERARISCH UND FREMDSPRACHENDIDAKTISCH

Ich benutze im folgenden den Ausdruck Sprachmischung zur zunächst unspezifischen Bezeichnung verschiedener Phänomene, die beim Kontakt zweier oder mehrerer Sprachen auftreten und die spezifischer als Interferenz oder Transferenz, als Substrat- oder Superstratfolgen oder auch als Codewechsel beschrieben werden können; nicht zu vergessen seien in diesem Zusammenhang auch die vielfältigen Erscheinungen der sprachlichen Entlehnung, vom Fremdwort bis zur Lehnübersetzung und Lehnschöpfung. Nicht weniger unspezifisch als der Ausdruck Sprachmischung ist auch der Ausdruck Mischsprache (Rosetti 1945-49:73), so daß es durchaus keinen Widerspruch bedeutet, wenn man gleichzeitig Max Müllers Feststellung "Es gibt keine Mischsprache" und Hugo Schuchardts Gegenrede "Es gibt keine ungemischte Sprache" zustimmt (Oksaar 1972a:479). Manche Linguisten, so etwa Einar Haugen, haben daher vorgeschlagen, von Sprachmischung besser gar nicht zu sprechen (Haugen 1953:362). Haugens Vorschlag hat einiges für sich; mit dem eingangs ausgesprochenen Vorbehalt jedoch, daß dieser Ausdruck nur zur Herstellung eines sehr weitgefaßten thematischen Rahmens dienen soll, dürften die erwähnten Bedenken hinfällig sein.

    Auf die vielfältigen Phänomene der Sprachmischung ist zuerst die historische Sprachwissenschaft aufmerksam geworden, allerdings nicht ohne Zögern. Denn die englische Sprache beispielsweise ist zwar ihrer Herkunft nach unübersehbar eine germanische-romanische Mischsprache, und bei anderen Sprachen, etwa dem Rumänischen und dem Albanischen, ist die Bewertung des Mischungsverhältnisses sogar ein Politikum. Dennoch kam Hermann Paul in seinen *Prinzipien der Sprachgeschichte* (1880) zunächst gar nicht auf den Gedanken, in dieser Grundlegung der historischen Sprachwissenschaft auch die Phänomene der Sprachmischung zu berücksichtigen. Erst Hugo Schuchardt, dessen liberaler Geist sich im positivistischen Gehäuse der Junggrammatiker nicht wohl fühlte, machte Hermann Paul auf diese Lücke in seinem Werk aufmerksam (Wandruszka 1979:179). Der Autor ließ sich dadurch bewegen, in die zweite Auflage der *Prinzipien* (1886) ein Kapitel "Sprachmischung" einzufügen, das

Sprachmischung: bilingual, literarisch und fremdsprachendidaktisch   77

einen Überblick über die Problemlage gibt, allerdings ohne das Problem
sehr zu vertiefen.

Ein vertieftes theoretisches Bewußtsein findet man erst in der
Ära der strukturalen Sprachwissenschaft, vor allem bei Walther von
Wartburg, der die historischen Sprachmischungen hauptsächlich mit den
Begriffen Substrat, Superstrat und Adstrat genetisch zu ordnen versucht
(Wartburg 1950:479). Zum Standardwerk der sowohl historischen wie geographischen Forschung auf diesem Gebiet wird schließlich das Buch *Languages in Contact* von Uriel Weinreich (1953), in dem das ganze Feld der
Sprachmischungsforschung maßgeblich abgesteckt wird.

In Weinreichs Buch finden wir auch als erkenntnisleitenden Begriff
den aus der Physik stammenden Ausdruck Interferenz, mit dessen Hilfe
Erscheinungen der Sprachmischung nicht als punktuelle Ereignisse, sondern als Strukturprobleme und Strukturproblemlösungen erfaßt werden.
Es widerspräche nämlich dem Begriff des Systems, daß es einfach ein
fremdes Element aufnehmen könnte, ohne dadurch zu einer Umorganisation
seiner selbst (*rearrangement of patterns*) veranlaßt zu werden (Weinreich 1953:1). Mit der Einführung des Begriffes Interferenz hat sich
der Strukturalismus erfolgreich gegen den ausgesprochenen oder unausgesprochenen Vorwurf zur Wehr gesetzt, er sei in den immanenten Gesetzmäßigkeiten des Sprachsystems befangen und gar nicht fähig, von außen
kommende Beeinflussungen des Sprachsystems adäquat zu beschreiben. Es
gibt seitdem in der Linguistik eine hochentwickelte Interferenz-Forschung, die sich in neuerer Zeit zunehmend als Subdisziplin der Sprachnormenforschung versteht (vgl. Juhász 1970, Kolb/Lauffer 1977).

Da sprachliche Interferenzerscheinungen unter verschiedenen Bedingungen auftreten können, hat es sich anscheinend bewährt, neben dem
Ausdruck Interferenz auch den Ausdruck Transferenz zu verwenden. Michael
Clyne hat ihn mit Blick auf Weinreich als ergänzenden und zum Teil konkurrierenden Begriff eingeführt (Clyne 1972:8). Während der Interferenz-Begriff, so Clyne, wenigstens teilweise noch auf die Ursache des Phänomens zielt, soll der Begriff Transferenz als rein deskriptiver Begriff
zur Bezeichnung des betreffenden Mischphänomens benutzt werden. Unter
Transferenz will er also "die Übernahme von Elementen, Merkmalen und
Regeln aus einer anderen Sprache" verstanden wissen (Clyne 1975:16).
So kann man beispielsweise eine auslandsdeutsche Äußerung analysieren,
die Els Oksaar in Australien aufgezeichnet hat:

(1) *Wir haben Motels an den Beachen.*

Die englischen-amerikanischen Ausdrücke *motel* und *beach* sind hier, als wären es bereits voll eingeführte Lehnwörter, nicht nur in den Satz, sondern auch in die deutsche Nominal-Morphologie integriert. Die genannte Autorin spricht hier von einem "integrierten morphosemantischen Transfer" (Oksaar 1980:47). Zu beobachten ist an diesem Beispiel auch die häufig feststellbare Tatsache, daß hauptsächlich nominale Elemente transferiert werden, zumal wenn sie eine bestimmte Kulturfärbung an sich haben. Els Oksaar hat in diesem Zusammenhang überdies die wichtige Beobachtung gemacht, daß Transferwörter eher in rhematischer als in thematischer Position auftreten (1972b:441). Das spricht für den prägnanten Informationswert solcher Transferenzen.

Eine nicht ganz scharfe Grenze trennt die Interferenz- und Transferenzerscheinungen von den Erscheinungen des Codewechsels (Umschaltung im Code, *code-switching*). Ein sehr weitgefaßter Begriff des Codewechsels würde alle Formen der Sprachmischung umfassen und genau so unspezifisch sein wie dieser Ausdruck. Daher hat es sich bewährt, den Begriff des Codewechsels mit einer engeren Bedeutung zu verwenden und auf solche Erscheinungen einzugrenzen, die entweder den Textverlauf oder die Gesprächssituation in erkennbarer Weise beeinflussen. Unter den möglichen Bedingungen, die für einen solchen Codewechsel maßgeblich werden können, sind von mehreren Linguisten, so von Gumperz, Haugen, Clyne und Oksaar, textinterne und textexterne Bedingungen unterschieden worden (Oksaar 1980:47). Ein charakteristisches Beispiel für textinterne Codewechsel-Bedingungen ist die Wirkung eines sog. Auslösewortes (*trigger word*) auf den Folgetext. So hat Michael Clyne an Bilingualen beobachtet, daß ein aus einer anderen Sprache eingemischtes Wort eine ganze Sequenz in dieser Sprache auslösen kann, zum Beispiel:

(2) ... handelt von einem alten *secondhand-dealer* (= Auslösewort)
 and his son (1975:28f.).

Wichtiger sind von der Bilingualismusforschung der letzten Jahre jedoch die textexternen Bedingungen des Codewechsels genommen worden, soweit sie in ihren psycholinguistischen und kommunikationssoziologischen Faktoren analysierbar sind. Els Oksaar hat beispielsweise bei bilingualen Sprechern, die in einer schwedischen Sprachumgebung Estnisch als Minderheitensprache sprechen, eine signifikante Häufung des Codewechsels immer dann festgestellt, wenn eine sehr vertraute Kommunikationssituation besteht (Oksaar 1972b:442). Unter distanzierteren Gesprächsverhältnissen machen die Sprecher eher von Lehnübersetzungen

Sprachmischung: bilingual, literarisch und fremdsprachendidaktisch   79

oder sonstwie normgerechteren Ausdrücken Gebrauch. So ergibt sich für Oksaar (1983 (engl. 1974):343f.) ein rationales und ein normatives Modell für die Beschreibung der Gruppendynamik. Bei einer anderen Untersuchung, die J.C.P. Auer mit jugendlichen deutsch-italienischen Bilingualen durchgeführt hat, hat sich ergeben, daß die in der Bundesrepublik lebenden und aus Gastarbeiterfamilien stammenden Italiener vornehmlich dann in die deutsche Sprache fallen, wenn ein Verhalten qualifiziert werden soll, das gruppenpsychologisch relevant ist (Auer o.J.: 15). So läßt sich insgesamt sagen, daß in den Bedingungen des Codewechsels häufig eine bestimmte Einstellung der Gesprächsteilnehmer zu ihrem Gegenstand und zueinander zum Ausdruck kommt. Es ist daher plausibel, mit Els Oksaar bei bilingualen Sprechern, die im Gespräch miteinander mehr oder weniger habituell einen Codewechsel praktizieren, nicht nur eine Kompetenz in den beiden beteiligten Sprachen, sondern auch eine eigene Codewechsel-Kompetenz anzunehmen, die nach ihren linguistischen, psycholinguistischen und kommunikationssoziologischen Regeln nuancenreich beschrieben werden kann (Oksaar 1980:47).

Nun ist gleichfalls durch die Forschung der letzten Jahre recht gut (aber immer noch nicht ausreichend) bekannt, in welchen Phasen des bilingualen Sprachgebrauchs solche Formen der Sprachmischung, wie ich sie bisher als Interferenz, Transferenz oder Codewechsel knapp skizziert habe, besonders gehäuft auftreten. Man weiß beispielsweise, daß zumal die Anfangsphase des bilingualen Spracherwerbs durch eine relativ unbefangene Einmischung zahlreicher Transferwörter aus der anderen Sprache in die jeweils (relativ oder absolut) dominante Gesprächssprache gekennzeichnet ist (Oksaar 1976:190). Aus dem Corpus, das Traute Taeschner-Francese aus den Äußerungen ihrer bilingual deutsch-italienisch aufwachsenden Kinder zusammengestellt hat, verzeichne ich beispielsweise den folgenden Satz:

(3) Mami hat gekauft für Lisa ein *fazzoletto* (Taeschner, im Ersch.)
Abgesehen von der syntaktischen Interferenz zwischen italienischer und deutscher Wortstellung ist hier bemerkenswert die (rhematische!) Verwendung des italienischen Wortes *fazzoletto* 'Tuch, Tüchlein', das für das bilinguale Kind, das in Italien lebt, offenbar einen sehr starken Situationswert hat und mit morphosyntaktischer Integration durch den unbestimmten Artikel ohne weiteres in den deutschen Satz eingemischt wird. Der entsprechende deutsche Ausdruck ist in der Sprache des Kindes entweder noch nicht vorgekommen oder hat sich durch die geringere Situa-

tionsbindung nicht so stark eingeprägt. Man kann den italienischen Ausdruck in diesem deutschen Satz, bezogen auf den Erfahrungshorizont des Kindes, fast ein Kulturwort nennen, und wir erinnern uns daran, daß auch im Leben der Nationen solche Kulturwörter zu den wichtigsten Transferenz-Erscheinungen des Sprachlebens gehören (vgl. Seiler 1923/4).

Wenn die Sprachmischung in der skizzierten Form eine wichtige und fast unerläßliche Durchgangsphase des bilingualen Spracherwerbs ist, so müssen wir eine entsprechende Feststellung für bestimmte Phasen des bilingualen Sprachverlustes machen. Die Parallelisierung von Spracherwerb und Sprachverlust, beides allerdings monolingual betrachtet, ist bekanntlich eine der großen heuristischen Anregungen Roman Jakobsons gewesen (Jakobson 1972:130ff.). Mit gleichem heuristischem Nutzen ist m.E. dem bilingualen Spracherwerb ein bilingualer Sprachverlust gegenüberzustellen. Von bilingualem Sprachverlust spreche ich dann, wenn eine sprachliche Minderheit von der sprachlichen Mehrheit, die sie mit kultureller Dominanz umgibt, immer mehr angezogen und aufgesogen wird. Hier treten, wie oft beobachtet worden ist, spätestens von der zweiten und dritten Generation der Minderheit an immer zahlreichere Transferenz-Erscheinungen auf, bis schließlich diese Sprache von einer nachfolgenden Generation nicht mehr angenommen wird. James R. Dow verzeichnet in einer Sprachaufnahme aus den USA beispielsweise das folgende Segment:

(4) Und am Silvester Abend habe mir als Blei gegosse.
Weißt du, was ich mein? Blei, das habe mir im -
wo die Küch noch ... war, wo die kettles und die
pots repaired ware, ... hammir ein Stück Blei geholt und hammir [eine Pfanne, J.R.D.] genomme, und
habe ein Stückche Blei drauf getan ... (1979:111).

Clyne hat bei der Informantenbefragung in Australien sogar regelmäßig die Frage gestellt: "Sagen Sie: *Die Kau ist über die Fenz gejumpt?*" (1975:62). Wir wollen hier aus diesen knappen Beispielen zunächst nur die einfache Folgerung ableiten, daß Formen der Sprachmischung zu den natürlichen Vorkommensweisen bilingualer Kommunikation gehören, sowohl in aufsteigender (Spracherwerb) als auch in absteigender Linie (Sprachverlust).

Daß die Sprachwissenschaft erst relativ spät auf diese Formen der Sprachmischung aufmerksam geworden ist, hängt mit einer psychischen Barriere zusammen, die nicht leicht zu überwinden war. Denn seitdem es in Europa überhaupt eine Reflexion auf die Bedingungen des Sprachgebrauchs gibt, hat sie auch die Form einer negativen Evaluation und Verurteilung der Sprachmischung vor dem Hintergrund einer geltenden sprachlichen Norm. So gehörte es schon bei den griechischen und lateinischen Grammatikern und im Anschluß daran bei den Rhetorikern zu den Grundlagen der grammatischen "Kunst", den Gebrauch von fremden Wörtern (*verba peregrina*) als Verstoß gegen die "Reinheit" (*puritas, Latinitas, Hellenismós*) zu ahnden. Ein solcher Verstoß galt als "Barbarismus", auch *Barbarolexis* genannt (Lausberg 1960:254ff.). Da nun seit Platon zum humanistischen Idealbild des Redners die Übereinstimmung von Sprache und Charakter gehörte (*orator est vir bonus dicendi peritus*), ließ eine durch Sprachmischung verderbte Sprache auch auf verderbte Sitten schließen. Noch bis in die jüngste Zeit hinein hat die Zweisprachigkeitsforschung, sicherlich beeinflußt von diesen uralten Lehrmeinungen, unter dem Vorurteil gelitten, daß die gleichrangige Beherrschung zweier Sprachen die Gefahr eines gespaltenen Bewußtseins, ja der Schizophrenie mit sich bringt. Auch die Fremdwörterhatz der deutschen Sprachreiniger und der Kampf gegen das *franglais* bei unseren französischen Nachbarn gehören in diesen Zusammenhang, - ganz zu schweigen von den Nazi-Linguisten, denen die Sprachmischung, wie sie beispielsweise von der jüdischen Bevölkerung des Donauraums praktiziert wurde, ein Indiz für Wurzellosigkeit und "verantwortungslose Leichtfertigkeit" im Umgang mit dem "Volksgut" Sprache war (Geißler 1938:48). Daß die frühe Zweisprachigkeit nicht nur keinen Schaden, sondern sogar einen erheblichen intellektuellen und emotionalen Gewinn bedeuten kann, dieser Gedanke gehört erst seit den letzten zwanzig Jahren zum Argumentationspotential der Linguisten (Haugen 1978:58f., vgl. Oksaar 1963).

Noch nicht genügend bekannt und sicherlich noch nicht genügend erforscht ist allerdings in diesem Zusammenhang bis heute die Tatsache, daß Zweisprachigkeit häufig Spaß macht und daß der damit verbundene Lustgewinn für die Entwicklung und die Differenzierung des Sprachbewußtseins einen hohen Motivationswert darstellt. Ansätze zu solchen Beobachtungen findet man in Hermann Helmers' Untersuchungen über die Sprache und den Humor des Kindes (Helmers 1971:56) sowie bei Michael Clyne, der bei australischen Minderheiten einen "bilingualen Humor" feststellt, der sich beispielsweise in Theateraufführungen mit einer deutsch-englisch-jiddischen Sprachmischung niederschlägt (Clyne 1975:167). Ähnliche Beobachtungen hat Einar Haugen bei norwegischen Minderheiten in den Vereinigten Staaten gemacht (Haugen 1953). Und was das Deutsche in den Vereinigten Staaten betrifft, so kennt man unter Eingeweihten die quasi-literarischen Schriften von Kurt M. Stein *Die schönste Lengevitch* (1925),

Gemixte Pickles (1927) und *Limburger Lyrics oder Odes* in *Die schönste Lengevitch* (1932).

Wenn man sich nun fragt, auf welchem Boden diese humoristischen Mischsprachentexte entstanden sind, kann man sich daran erinnern, daß die lateinische Dichtung seit der Renaissance eine "lustige Spätblüte" (Bruno Snell) hervorgebracht hat, die ihren Witz aus der tolldreisten Sprachmischung bezieht: die sog. Makkaronische Poesie (Snell 1955:48f.). Diese Mischsprachen-Dichtung hat ihren Namen nach dem Epos *Macharonea* des italienischen Dichters Tifi degli Odasi, entstanden gegen Ende des 15. Jahrhunderts. Im 16. Jahrhundert entstehen dann auch in Deutschland makkaronische Dichtungen. Ein typischer Titel:

(5) Floia. Cortum versicale de Flois, swartibus illis
    tierculis, quae Minschos fere omnes, Mannos, Weibras,
    Jungfras etc. behüppere et spitzibus suis snaffis
    steckere et bitere solent, Auctore Griphaldo Knick-
    knackio ex Flolandia. (1593)

Aber nicht nur bei diesen von der Literaturgeschichte nur aus Kuriositätsgründen verzeichneten Spaßmachern finden wir eine makkaronische Poesie, sondern auch beispielsweise bei Molière, nämlich im dritten Zwischenspiel seines *Malade Imaginaire*, wo es heißt:

(6) Quam bella cosa et bene trovata,
    Medicina illa benedicta,
    Quae suo nomine solo,
    Surprenanti miraculo,
    Depuis si longo tempore,
    Facit à gogo vivere
    Tant de gens omni genere.

In Spanien und Italien eifern etwa um die gleiche Zeit viele Autoren sogar darum, Texte zu schreiben, die Wort für Wort zugleich lateinisch und italienisch, lateinisch und spanisch oder lateinisch und valenzianisch sind (Weinrich 1980:269f.). Je überzeugender dieser Mischungsbeweis gelingt, umso größer ist für diese Autoren die Dignität der betreffenden romanischen Sprache.

Man mag nun einwenden, die zitierten Beispiele makkaronischer Poesie gehörten zur Sub- oder Paraliteratur und seien literarhistorisch nicht erheblich. Dem ist entgegenzuhalten, daß auch die "hohe" Literatur nicht selten Formen der Sprachmischung zur Erzeugung von Stileffekten verwendet (Oksaar 1971). Nach Vorbildern in altfranzösischen Mysterien (Bardenwerper 1910) und bei den provenzalischen Trobadors (Hill/Bergin 1957:120ff.) ist in der deutschen Literatur insbesondere Oswald von Wolkenstein für seine lyrischen Sprachmischungen bekannt (Wachinger 1977:279, 294). In der folgenden Liedstrophe nehmen die deutsche, die

Sprachmischung: bilingual, literarisch und fremdsprachendidaktisch   83

lateinische, die französische und die slovenische Sprache je eine Gedichtzeile ein:

(7) ich fraw [freu] mich zwar
    quod video te
    cum bon amor
    jassem toge

In einem anderen Gedicht desselben Autors wird die poetische Vielsprachigkeit sogar ausdrücklich thematisiert, wobei den sieben dort genannten Sprachen Deutsch, Italienisch, Französisch, Ungarisch, Slovenisch, Flämisch und Latein verschiedene Äußerungstypen zugeordnet werden:

(8) Teutsch, welchisch mach!
    franzoisch wach!
    ungrischen lach!
    brot windisch bach!
    flemming so krach!
    latein die sibend sprach.

Besonders beliebt sind im Mittelalter natürlich die deutsch-lateinischen Sprachmischungen. Diese lassen sich, wie Burghart Wachinger (1977:282ff.) weiterhin gezeigt hat, nach zwei Themenkreisen gruppieren. Zum ersten Themenkreis gehören beispielsweise die *Carmina Burana* mit ihren manchmal recht derb gestimmten Liebes- und Zechgedichten. Zum anderen Themenkreis gehören die Glossenlieder, in denen ein bekannter lateinischer Text Abschnitt für Abschnitt deutsch paraphrasiert und erweitert wird. Auf dieser Grundlage ist auch unser schönes Weihnachtslied "In dulci jubilo/Nun singet und seid froh..." entstanden, wo lateinische und deutsche Verse wechseln.

Was schließlich die Prosa betrifft, so weiß man insbesondere aus Luthers Tischreden, in welchem Ausmaß die deutsch-lateinische Sprachmischung zu seinem alltäglichen Sprachgebrauch gehörte. Hier ein Abschnitt als Beispiel seiner Sprache:

(9) Das end ist gleich wol gut, das gehet ad remissionem
    peccatorum. Sonst durch vnd durch schellten sich vnser
    Herr Gott und Job wol an einander, sed in fine werden
    sie eyns in remissione peccatorum. Deus dicit: 'Quare
    me accusas?' Et Iob respondet: "Es ist war, ich hab
    zuuil geredt." Deus autem concludit et dicit ad
    amicos Iob: ‚Non estis recte locuti.' Quia sie solten yhn
    trosten, so treyben sie aller erst recht legem auff yhn.
    Ibi respondet Iob: 'Estis mihi molesti. Ich ways bas,
    was es ist denn yhr. Lex thuts nit, fromm sein thuts
    auch nit; ich sehe wol, es gehet den frommen wie den
    bosen. Non, immo, ich fule es ja wol anderst.' Est
    magna rhetorica (Luther 1950:23).

Walter Jens schreibt dazu: "Sein deutsch-lateinisches Kauderwelsch, die Mischrede der Tischgespräche würde uns alle entsetzen - und dies, obwohl es doch die mit schöner Selbstverständlichkeit gehandhabte gelehrte Umgangssprache des 16. Jahrhunderts wäre"(Jens 1981:155). Wir können aber auch Luther selber als Kommentator heranziehen, denn dieser große Sprachmeister nahm sich in seinen *Summarien über die Psalmen* zur Regel: "Grammatica soll nicht regnare super sententias".

In späteren Jahrhunderten, namentlich im 18. Jahrhundert, mischt sich die deutsche Sprache eher mit der französischen als mit der lateinischen Sprache. Besonders bekannt für ziemlich ungehemmte deutsch-französische Sprachmischungen sind die - vielleicht auch aus diesem Grund so erfrischenden - Briefe der Liselotte von der Pfalz. Hier eine Probe aus einem Brief an Louise, "Raugraffin" zu Pfaltz: "Hertzallerliebste Louise, ich will heütte ahnfangen, Eüch zu schreiben, umb le diable au contretemps zu betriegen, damitt er mir keine verhinderniße zuschicken mag undt ich Eüch ein wenig lenger möge entreteniren können, liebe!" (Holland 1877:12).

Im 20. Jahrhundert ist, wie man weiß, vor allem Thomas Mann ein großer Meister der Sprachmischung (vgl. Wandruszka, in diesem Band und Oksaar 1976b:236f.). Die hochdeutsch-niederdeutsch-bayerischen Wortvermengungen gehören zum festen Stilrepertoire der *Buddenbrooks*, und im *Zauberberg* ist der Stil des Kapitels "Walpurgisnacht", nach gelegentlichen deutsch-italienischen Sprachmischungen in Gesprächen mit Settembrini, vor allem durch den großen deutsch-französischen Mischdialog zwischen Hans Castorp und Clawdia Chauchat geprägt. Es ist kein Zufall, daß Hans Castorp im Rahmen einer Karnevals-Maskerade gerade für seine Liebeserklärung die französische Sprache wählt, die ihm nach dem endlich ausgesprochenen Geständnis in einer großen Tirade vollmundig von den Lippen fließt.

Bei anderen Nationen kommen natürlich andere Sprachen für die Sprachmischung in Frage, und es mag deutschen Lesern gut tun, bei dem in den zwanziger und dreißiger Jahren in Frankreich sehr erfolgreichen Schriftsteller Maurice Dekobra Sätze zu finden wie diesen: "Ach Milady, wie reizend! fit la baronne Hilda." Oder: "Elle murmura un acquiescement aimable et bilingue: 'Bitte schön... Certainly, Sir...'" (Braselmann 1981:418f., 435). Die deutschen und englischen Einmischungen in den französischen Text dienen hier offensichtlich der spielerischen Herstellung eines bestimmten Lokalkolorits, ähnlich wie das - allerdings auf höherem Niveau - für die spanischen Einmischungen im englischen Text des Romans *For whom the bell tolls* von Ernest Hemingway zu ver-

Sprachmischung: bilingual, literarisch und fremdsprachendidaktisch   85

zeichnen ist. Hemingway macht von dieser Art Sprachmischung vor allem
im Dialog Gebrauch, wie das folgende Beispiel zeigt:

(10) Listen, guapa, said Pilar and ran her finger now
     absently but tracingly over the contours of her
     cheeks. Listen, guapa, I love thee and he can
     have thee, I am no tortillera but a woman made
     for men. That is true. But now it gives me pleas-
     ure to say thus, in the daytime, that I care of
     thee. - I love thee, too." (Hemingway 1944:135)

Zu beachten ist hier auch die in der englischen Sprache archaische Anredeform *thou/thee*, mit der Hemingway die spanische Anredeform *tu/te*
wiedergibt. Das ist eine morphologisch-syntaktische Interferenz zu
künstlerischen Zwecken.

Was die jüngste deutsche Literatur betrifft, so begegnet man in
ihr, wie zu erwarten, hauptsächlich deutsch-englischen Sprachmischungen.
Da beispielsweise die Novelle *Montauk* von Max Frisch eine schweizerisch-
amerikanische Liebesgeschichte ist, findet man auch deutsch-englische
Sprachmischungen unter den durchgehenden Stilmitteln dieses Textes,
beispielsweise in dem folgenden Dialog:

(11) "Max, did you love your mother? - Ja. - You did not like
     your father? - Achselzucken. - Why not? - Darüber hat er
     noch wenig nachgedacht."

Es ist vielleicht kein Zufall, daß gerade in dieser Geschichte der Er-
zähler an sich beobachtet, der Gebrauch der Fremdsprache gebe ihm jedesmal das Gefühl, "er sage alles zum ersten Mal" (Frisch 1976:696, 683).

Wen wundert's, nun auch Ernst Jandl, den großen Sprachspieler,
unter den Mischkünstlern zu finden. In dem folgenden Gedicht unter dem
Titel *the flag* - es findet sich in der Sammlung *Der künstliche Baum*
(1970) steht die deutsch-englische Sprachmischung im Dienst der anti-
patriotischen Satire:

(12)   a fleck
        on the flag
        let's putzen

        a riss
        in the flag
        let's nähen

        where's the nadel

        now that's getan
        let's throw it
        werfen

        into a dreck

that's
a zweck

Insgesamt läßt sich sagen, daß die Geschichte der literarischen Sprachmischung noch weitgehend unerforschtes Territorium ist.

Es ist verwunderlich, daß die Fremdsprachendidaktik, soweit ich sehen kann, auf dieses Phänomen noch nicht ihre volle Aufmerksamkeit gerichtet hat. Daß in der Sprachmischung, zumal wenn sie mit Witz und künstlerischem Geschmack praktiziert wird, auch Möglichkeiten und Chancen des Fremdsprachenunterrichts liegen können, ist ihr bisher anscheinend nicht recht bewußt geworden. Das hängt sicher mit dem bereits erwähnten Verbot der Sprachmischung vor der Norm der grammatischen *puritas* zusammen. Was speziell die Didaktik des Fremdsprachenunterrichts betrifft, so ist in den fünfziger Jahren, wie man weiß, sogar die Mischung fremdsprachlicher Texte und muttersprachlicher Erklärungen in Verruf geraten, und die Didaktiker haben, einem extremen *puritas*-Ideal folgend, den absolut ungemischten, das heißt, den einsprachigen Fremdsprachenunterricht zum Dogma erhoben. Mit der entsprechenden psycholinguistischen Unterstützung ("Zwei-Kammer-Speicherung") hat dieses Dogma ein gutes Jahrzehnt unangefochten in unseren Klassenzimmern und mehr noch in den Sprachlabors geherrscht, bis erst in jüngster Zeit kritische Bedenken gegen dieses Dogma aufgekommen sind und erste vorsichtige Empfehlungen einer "aufgeklärten Einsprachigkeit" (Butzkamm 1978) oder sogar einer resoluten Zweisprachigkeit den Weg in die Öffentlichkeit gefunden haben. Ich will hier in die Einzelheiten der sprachdidaktischen Diskussion um die Einsprachigkeit oder Zweisprachigkeit des Fremdsprachenunterrichts nicht eindringen, sondern nur das Desiderat und Postulat anmelden, die Ergebnisse der Bilingualismus-Forschung auch auf die Bedingungen der Sprachmischung im Fremdsprachenunterricht anzuwenden. Es ist also m.E. dringend erforderlich, für den Fremdsprachenunterricht, also den gesteuerten Erwerb einer Fremdsprache, die Frage aufzuwerfen, ob in ihm vielleicht nicht nur an den Strukturgrenzen zwischen Text und Erklärung, sondern überhaupt und in viel größerem Umfang als bisher Sprachmischung zuzulassen ist.

Was schadet es denn, so ist zu fragen, wenn die Schüler im Unterrichtsgespräch, solange sie erst über ein beschränktes Inventar fremdsprachlicher Vokabeln verfügen, in Fällen der "Wortnot", die ja wohl nicht so selten sein dürften, ohne Bedenken von geeigneten Wörtern ihrer Muttersprache oder einer anderen geläufigen Fremdsprache Gebrauch

Sprachmischung: bilingual, literarisch und fremdsprachendidaktisch   87

machen, insbesondere wenn es sich um fachsprachliche Ausdrücke handelt?
Bei einem Unterrichtsgespräch über das Thema "Alkohol am Steuer", das
in einem Medien-Projekt des Goethe-Instituts aufgezeichnet worden ist,
habe ich mit Zustimmung beobachtet, daß eine Teilnehmerin dieser recht
lebhaften Gesprächsrunde an einer Stelle des Gesprächs, als offenbar
das deutsche Fachwort "Volljährigkeit" fehlte, ohne weiteres das entsprechende englische Fachwort *age of majority* eingesetzt hat. Das ist
besser, als wenn die lexikalische Lücke zu einem Stocken des Gesprächs
geführt hätte oder wenn diese durch eine Intervention des Lehrers hätte
geschlossen werden müssen. Ich begnüge mich hier mit diesem einen Beispiel, weil es ja wenig Zweck hat, mit längeren theoretischen Ausführungen mögliche Situationen der Sprachmischung im Fremdsprachenunterricht von vornherein zu klassifizieren und zu analysieren, solange die
didaktischen Normen noch grundsätzlich einem solchen Verfahren entgegenstehen. Es tun jetzt zunächst einmal didaktische Versuche not, die
so angelegt sind, daß die Sprachmischung im Fremdsprachenunterricht in
etwa dem Umfang freigegeben wird, in dem sie auch in natürlichen bilingualen Gesprächssituationen auftritt. Erst wenn die entsprechenden Unterrichtsversuche gut dokumentiert und die in ihnen auftretenden Erscheinungen der Interferenz, Transferenz und des Codewechsels sorgfältig
analysiert sind, ist daran zu denken, daraus auch Regeln vernünftiger
didaktischer Steuerung abzuleiten.

   Wir sind jedoch auch jetzt nicht völlig im ungewissen über das,
was von einem "mischfreudigen" Fremdsprachenunterricht wahrscheinlich
zu erwarten ist. Wir verfügen nämlich, was die deutsch-englischen Sprachverhältnisse betrifft, über zwei Romane in Briefform, in denen eine erfrischend rücksichtslose deutsch-englische Sprachmischung herrscht und
die gleichzeitig das Ziel verfolgen, den Leser zu amüsieren und ihm zu
helfen, seine englischen Sprachkenntnisse zu verbessern. Es handelt
sich um die inzwischen auch in Taschenbuchform und in sehr hoher Auflage erschienenen Bücher von Werner Lansburgh unter dem Titel *Dear
Doosie. Eine Liebesgeschichte in Briefen. Auch eine Möglichkeit, sein
Englisch spielend aufzufrischen* (1977, als Taschenbuch 1979) und *Wiedersehen mit Doosie. Meet your lover to brush up your English* (1980,
als Taschenbuch 1982). Die Titel dieser beiden heiteren und sehr witzigen Bücher deuten bereits an, daß wir uns in der Nähe der Pygmalion-Pädagogik bewegen. Hier eine Probe aus der deutsch-englischen Mischsprache des ersten der beiden Bücher:

(13) Fast jeder Mensch hat irgendeinen Komplex, einen
"Miko" or, in English, an inferiority complex. Caruso
hatte vermutlich den, daß er nicht noch ein bißchen
besser singen konnte; das Straßburger Münster findet
sich wertlos, weil's doch nur einen Turm hat, only
one steeple (nicht: tower); die süße Yvonne meidet
alle Spiegel, mirrors oder looking glasses, because
they would show her 'golf-ball breasts', die sie zu
klein findet - the sweetest breasts God and I have
ever seen; und Sie, meine Liebe, komplexen nun schon
jahrelang herum, daß Ihr Englisch so schlecht ist:
"My English is so bad." (Lansburgh 1979:15)

Ich bin der Ansicht, daß diese erfrischende Art, eine Fremdsprache zu lernen oder sie wenigstens "aufzufrischen" (vgl. auch O'Sullivan/Rösler 1983), nicht nur in die Wochenend- und Reiselektüre, sondern auch in den regulären Unterricht gehört. Dazu bedarf es keines größeren Mutes, als ihn vor reichlich einem Jahrhundert Gustav Langenscheidt schon in seinen Lehrbriefen der französischen und englischen Sprache (1856ff.) gehabt hat. In diesen Lehrbriefen, in denen er sich übrigens nicht scheut, diese beiden Sprachen an literarischen Texten zu lehren, veranlaßt er seine Schüler auch, französische und englische Konversation zu üben, und er bringt diese Konversation durch eine Reihe von Fragen in Gang. In diesen Fragen nun, die sich auf vorher besprochene Texte beziehen, mischt er auf fast ebenso unbekümmerte Art, wie es heute Werner Lansburgh tut, die deutsche mit der französischen oder der englischen Sprache und fragt beispielsweise:

(14) Wer bietet *ce tableau* dar?
Was geschieht *sur le bord occidental*?
Was thun *leurs flots de verdure*?
Was thun sie *dans l'azur du ciel*? ... (Toussaint/Langenscheidt
1879:38)

Oder in den englischen Lehrbriefen:

(15) *What had little influence on Scrooge?*
Auf wen *had heat and cold influence*?
Zu welchem *purpose did beggars not implore him*?
When would the dogs tug their owners aus dem Wege? ...

(Toussaint/Langenscheidt
1880:72)

Es ist mir nichts davon bekannt, daß die Adressaten dieser Lehrbriefe sich etwa über dieses Kauderwelsch beklagt hätten. Vielmehr dürfte schon der überwältigende Lehrerfolg dieses ersten linguistischen Fernstudiums ein erwägenswertes Argument zugunsten der sprachmischenden Methode abgeben. Hier gilt es wohl, eine alte Unbefangenheit neu zu entdecken.

Literatur

Auer,J.C.P.: Konversationsanalytische Aspekte der Organisation von 'Code Switching' in einer Gruppe italienischer Gastarbeiterkinder (Sonderforschungsbereich 99 Linguistik,Univ. Konstanz).

Bardenwerper,K.,1910: Die Anwendung fremder Sprachen und Mundarten in den französischen Mysterien des Mittelalters, Diss. Halle-Wittenberg.

Braselmann,P.M.E.,1981: Konnotation - Verstehen - Stil. Operationalisierungen sprachlicher Wirkungsmechanismen dargestellt an Lehnelementen im Werke Maurice Dekobras (Studia Romanica et Linguistica 13), Frankfurt/M.

Butzkamm,W.,1978: Aufgeklärte Einsprachigkeit. Zur Entdogmatisierung der Methode im Fremdsprachenunterricht, Heidelberg, 2. Aufl.

Clyne,M.,1972: Perspectives on Language Contact. Based on a Study of German in Australia, Melbourne.

Clyne,M.,1975: Forschungsbericht Sprachkontakt. Unterrichtsergebnisse und praktische Probleme, Kronberg/Ts.

Di Pietro,R.J.,1977: Code-switching as a Verbal Strategy Among Bilinguals. In: Eckman,F.R. (eds.), Current Themes in Linguistics. Bilingualism, Experimental Linguistics and Language Typologies, Washington, 3-13.

Dow,J.R.,1979: Deutsch als Muttersprache in Iowa. In: Auburger,L./Kloss, H./Rupp,H. (Hrsg.), Deutsch als Muttersprache in den Vereinigten Staaten. Teil I. Der Mittelwesten, Wiesbaden, 91-117.

Frisch,M.,1976: Montauk. Eine Erzählung (1974/75). Gesammelte Werke in zeitlicher Folge 1968-1975, Bd. VI,2, Frankfurt/M.

Geißler,H.,1938: Zweisprachigkeit deutscher Kinder im Ausland, Stuttgart.

Haugen,E.,1953: The Norwegian Language in America: A Study in Bilingual Behavior. 2 Vols., Philadelphia.

Haugen,E.,1978: Bilingualism, Language Contact, and Immigrant Children in the United States: A Research Report 1956-1970. In: Fishman, J.A. (eds.), Advances in the Study of Societal Multilingualism, Den Haag, 1-111.

Helmers,H.,1971: Sprache und Humor des Kindes, Stuttgart, 2. Aufl.

Hemingway,E.,1944: For Whom the Bell Tolls, Philadelphia.

Hill,R.T./Bergin,T.G. (eds.),1957: Anthology of the Provençal Troubadours, New Haven, 3. ed.

Holland,W.L. (Hrsg.),1877: Briefe der Herzogin Elisabeth Charlotte von Orléans aus dem Jahre 1719, Tübingen.

Jakobson,R.,1972: Kindersprache, Aphasie und allgemeine Lautgesetze (1944), Frankfurt, (Edition suhrkamp 330), 3. Aufl.

Jandl,E.,1970: Der künstliche Baum, (Sammlung Luchterhand 9), Neuwied.

Jens,W.,1981: Ort der Handlung ist Deutschland, München.

Juhász,J.,1970: Probleme der Interferenz, München.

Kolb,H./Lauffer,H. (Hrsg.),1977: Sprachliche Interferenz. Festschrift für Werner Betz zum 65. Geburtstag, Tübingen.

Lausberg,H.,1960: Handbuch der literarischen Rhetorik. 2 Bde, München.

Luthers Werke in Auswahl, hrsg. von Otto Clemen, Bd.8: Tischreden, Berlin 1950.

Oksaar,E.,1963: Om tvåspråkighetens problematik. In: Språklärarnas Medlemsblad 19, Stockholm, 5-15.

Oksaar,E.,1971: Interferenzerscheinungen als Stilmittel. In: Lange,V./Roloff,H.G. (Hrsg.), Dichtung, Sprache, Gesellschaft. Akten des IV. Internationalen Germanisten-Kongresses 1970 in Princeton. Frankfurt/M., 367-374.

Oksaar,E.,1972a: Bilingualism. In: Sebeok,Th.A. (ed.), Current Trends in Linguistics, Vol.9: Linguistics in Western Europe, Den Haag, 476-511.

Oksaar,E.,1972b: Spoken Estonian in Sweden and the USA: An Analysis of Bilingual Behavior. In: Firchow,E.S. et al. (eds.), Studies for Einar Haugen, Den Haag, 437-449.

Oksaar,E.,1976a: Implications of Language Contact for Bilingual Language Acquisition. In: McCormack,W.C./Wurm,S.A. (eds.), Language and Man. Anthropological Issues, Den Haag, 189-199.

Oksaar,E.,1976b: Sprachkontakte als sozio- und psycholinguistisches Problem. In: Debus,F./Hartig,J. (Hrsg.), Festschrift für Gerhard Cordes, Band II, Sprachwissenschaft, Neumünster, 231-242.

Oksaar,E.,1980: Mehrsprachigkeit, Sprachkontakt, Sprachkonflikt. In: Nelde,P.H. (Hrsg.), Sprachkontakt und Sprachkonflikt (Beiheft 32 der Zf. für Dialektologie und Linguistik), Wiesbaden, 43-52.

Oksaar,E.,1982: Soziolinguistische Analyse bilingualen Verhaltens in Schweden (engl. 1974). In: Steger,H. (Hrsg.), Anwendungsbereiche der Soziolinguistik, Darmstadt, 340-350.

Oksaar,E.,1983: Multilingualism and Multiculturalism from the Linguist's Point of View. In: Husén,T./Opper,S. (eds.), Multilingual and Multicultural Education in Immigrant Countries, Oxford.

O'Sullivan,E./Rösler,D.,1983: I like you - und du? Eine deutsch-englische Geschichte (rororo Rotfuchs 323), Reinbek.

Paul,H.,1975: Prinzipien der Sprachgeschichte (1880), Tübingen.

Sprachmischung: bilingual, literarisch und fremdsprachendidaktisch

Rosetti,A.,1945-49: Langue mixte et mêlange de langues. In: Acta linguistica 5, 73-79.

Schuchardt,H.,1885: Über die Lautgesetze: Gegen die Junggrammatiker, Berlin.

Seiler,F.,1923/24: Die Entwicklung der deutschen Kultur im Spiegel des deutschen Lehnworts, 8 Bde., Halle.

Snell,B.,1955: Neun Tage Latein. Plaudereien, Göttingen.

Taeschner,T.: The Sun Is Feminine. A Study on Language Acquisition in Bilingual Children, im Druck.

Toussaint/Langenscheidt, 1879: Brieflicher Sprach- und Sprechunterricht für das Selbststudium der französischen Sprache, Berlin, 29. Aufl.

Toussaint/Langenscheidt, 1880: Brieflicher Sprach- und Sprechunterricht, Englisch, Berlin.

Wachinger,B.,1977: Sprachmischung bei Oswald von Wolkenstein. In: Zf. für dt. Altertum und dt. Literatur 106, 277-296.

Wandruszka,M.,1979: Die Mehrsprachigkeit des Menschen, München.

Wartburg,W.von,1950: Die Ausgliederung der romanischen Sprachräume, Bern.

Weinreich,U.,1953: Languages in Contact, New York. Deutsch: Sprachen in Kontakt. Ergebnisse und Probleme der Zweisprachigkeitsforschung, München 1977.

Weinrich,H.,1980: Anekdotisches zur spanischen Sprachgeschichte im Siglo de Oro. In: Izzo,H.J. (ed.), Italic and Romance. Linguistic Studies in Honor of Ernst Pulgram (Current Issues in Linguistic Theory 18), Amsterdam, 263-272.

Heinrich P. Kelz

TYPOLOGISCHE VERSCHIEDENHEIT DER SPRACHEN UND DARAUS RESULTIERENDE
LERNSCHWIERIGKEITEN:
Dargestellt am Beispiel der sprachlichen Integration von Flüchtlingen
aus Südostasien

1. Vorbemerkung

Das Problem, vor das sich Sprachlehrer und Sprachlehreinrichtungen gestellt sahen, als in relativ kurzer Zeit über 30.000 Flüchtlinge aus Südostasien in deutschsprachigen Ländern Aufnahme fanden, liegt teilweise im geringen Bekanntheitsgrad der indochinesischen Sprachen in Europa und damit verbunden in dem Problem, sich sprachlich-kontrastiv auf die neue Gruppe von Schülern und deren Ausgangssprachen einzustellen. Bereits bei den ersten Sprachkursen hat sich sehr rasch herausgestellt, daß der genannte Personenkreis ungleich ungünstigere Voraussetzungen mitbringt als etwa Schüler aus dem europäischen Kulturraum oder mit indoeuropäischen Muttersprachen. Dies führte in der Praxis bereits zu der Konsequenz, daß Intensivsprachkurse für Südostasiaten in der Bundesrepublik von acht auf zwölf Monate verlängert wurden. Der Grund für die besonderen Schwierigkeiten, die sich in den regulären, achtmonatigen Intensivsprachkursen ergaben, wie sie z.B. für Aussiedler angeboten werden, liegt teilweise auch in der auf andere Adressaten hin konzipierten Vorbereitung der Lehrkräfte, die bestenfalls mit indoeuropäischen Fremdsprachen vertraut sind, sowie in den zur Verfügung stehenden Lehrmitteln, die allzusehr auf linguistischen Modellen aufbauen, die indoeuropäischen Sprachen eigen sind. Da aber davon auszugehen ist, daß diese Flüchtlinge vorerst auch in Mitteleuropa bleiben werden, ist intensiver Sprachunterricht ein notwendiger Teil der Bemühungen um eine soziale und berufliche Eingliederung der Südostasiaten in die europäische Gesellschaft und Arbeitswelt.[1]

    Im Rahmen dieser Bemühungen ist versucht worden, Lernhilfen zu entwickeln; dazu ist es notwendig, die zu erwartenden Lernschwierig-

---

[1] So hat beispielsweise die Gesellschaft zur Förderung berufsspezifischer Ausbildung (GFBA) für ihre Sprachschulen das ISAK-Programm (Intensiv-Sprachkurs für asiatische Kontingentflüchtlinge) entwickelt.

keiten, soweit sie in der typologischen Verschiedenartigkeit zwischen den indoeuropäischen und den indochinesischen Sprachen begründet liegen, aufzuzeigen.

In dem folgenden Überblick geht es nicht darum, die Sprachen Südostasiens in ihrer Komplexität und vollständig darzustellen oder gegeneinander abzuheben, sondern vielmehr darum, an ausgewählten Beispielen das Typische dieser Sprachen gegenüber dem Deutschen zu illustrieren, das hier als Beispiel für indoeuropäische Sprachen dient. Als Beispiele für südostasiatische Sprachen werden sechs Sprachen[2] herangezogen: die drei Nationalsprachen Indochinas, 1. Vietnamesisch (in Vietnam), 2. Khmer (in Kamputschea) und 3. Laotisch (in Laos), sowie drei weitere Sprachen: 1. als Beispiel für die in Südostasien weit verbreiteten chinesischen Dialekte das Guangdonghua, 2. als Beispiel für die zahlreichen malaiischen Sprachen, die mit einer Vielzahl von Sprachinseln in Indochina vertreten sind, das Tagalische und 3. als Beispiel für die verschiedenen in Hinterindien gesprochenen Thai-Sprachen das Thailändische. Damit stehen fünf Sprachgruppen im Mittelpunkt der Betrachtung:
(1) das *Vietnamesische* mit drei großen regionalen Varietäten, hier repräsentiert durch den als Standard geltenden Hanoi-Dialekt,
(2) die *Mon-Khmer-Sprachen* mit einer Vielzahl von größeren und kleineren Sprachinseln in Südostasien, hier repräsentiert durch die in Phnomphen gebräuchliche Varietät der kambodschanischen Landessprache,
(3) die *Lao-Tai-Sprachen* mit einem großen zusammenhängenden Sprachgebiet in Hinterindien und mehreren kleineren Sprachinseln, von denen die der Weißen Thai in Vietnam, die der Roten Thai in Laos und die der Schwarzen Thai im Grenzgebiet beider Länder die bedeutendsten sind, hier repräsentiert durch das Thailändische mit starker standardsprachlicher Ausprägung und das Laotische, das keinen nationalen Standard kennt,

---

[2] Die in diesem Aufsatz verwendeten sprachlichen Daten entstammen für das Tagalische meiner Darstellung in: Studium Linguistik 12 (Kelz 1982b) und meinem Buch zur Einführung ins Filipino (Kelz 1983b); für das Thailändische den Angaben von M. Kummer und seinen beiden Büchern (Kummer 1981, 1983); für das Vietnamesische der Darstellung in: Studium Linguistik 7 (Pasierbsky/Singendonk-Heublein 1979), den Angaben von Nguyen Tien Huu, sowie meinem Beitrag zur vietnamesischen Grammatik (in: Kelz 1982a:72-74); für das Chinesische den Angaben von Wei J. Chiao und seinem Beitrag zur Grammatik des Guangdonghua (in: Kelz 1982a:86-88); für das Khmer dem Beitrag zur Grammatik des Khmer von E.W.B. Hess-Lüttich (in: Kelz 1982a:80-85) und Y.A. Gorgoniyev (1966); für das Laotische dem Beitrag zur laotischen Grammatik von K. Rosenberg (in: Kelz 1982a:74-80).

(4) die *Han-Sprachen*, hier repräsentiert durch die in Südostasien am weitesten verbreitete Varietät, das Guangdonghua (wegen seiner Verbreitung in der chinesischen Provinz Kanton auch Kantonesisch genannt),
(5) die *malaiischen Sprachen* mit einem großen zusammenhängenden Sprachgebiet auf den südostasiatischen Inseln (Sumatra, Borneo, Java, Celebes, Molukken, Sunda-Inseln, Sulu-Archipel, Mindanao, Visayas, Luzon) sowie auf der Malakkischen Halbinsel und mit zahlreichen kleinen Sprachinseln auf dem hinterindischen Festland, hier repräsentiert durch das Tagalische.[3]

Der folgende Beitrag befaßt sich mit morphologisch-syntaktischen und lexikalisch-semantischen Aspekten dieser Sprachen im Kontrast zum Deutschen. Die Lernschwierigkeiten liegen aber keineswegs nur im grammatischen und lexikalischen Bereich. Vielmehr wird von allen Lehrkräften, die Südostasiaten unterrichten, an erster Stelle die Aussprache[4] als besonders problematisch genannt. Daneben wirken sich auch noch Mißverstehen oder Teilverstehen parasprachlicher Signale[5] auf beiden Seiten kommunikationsstörend aus.

2. Allgemeine Strukturmerkmale

Die sechs genannten südostasiatischen Sprachen sind mit Ausnahme des

---

[3] Dies geschieht in guter Tradition: in seinem dreibändigen Werk *Über die Kawi-Sprache auf der Insel Java* weist Wilhelm von Humboldt (1838) auf die Typik des Tagalischen unter den malaiischen Sprachen hin: da im Tagalischen die Merkmale der malaiischen Sprachen in so prägnanter Weise vertreten sind wie in keiner anderen, schlägt er vor (210f.), den Sprachstamm weder 'malaiisch' noch 'polynesisch', sondern 'tagalisch' zu nennen.

[4] Zum phonetischen Bereich liegt eine Studie zur Kontrast- und Fehleranalyse vor (Kelz 1983a).

[5] So beantworten Südostasiaten eine zu verneinende Frage oft mit einem freundlichen Kopfnicken, zeigen große Unsicherheit bei der Markierung der Registerqualität durch Wahl der Lautungsebene und der Tonhöhenbewegung oder verstehen die das Sprechen begleitende Gestik bei Deutschen nicht. Zu den parasprachlichen, pragmatischen und semiotischen Bereichen ist eine Studie in Vorbereitung. Bei den in diesem Zusammenhang gemachten Untersuchungen ging es darum, die in der Kommunikation mit Südostasiaten durch die Verwendung parasprachlicher Signale auftretenden Kommunikationskonflikte aufzudecken, sie zu beschreiben, zu systematisieren und letztlich durch geeignete Lehrmethoden und -strategien zu vermeiden. Als Grundlage ist hierzu eine kulturabhängige Feststellung von Kulturemen und Behavioremen (im Sinne von Oksaar 1983) und der sich daran anschließenden Signale der nonverbalen und paraverbalen Kommunikation erforderlich.

Thailändischen und Laotischen *genealogisch* nicht verwandt, weisen aber *typologisch* große Ähnlichkeiten auf: Unter phonetischem Aspekt gehören sie sämtlich der Gruppe der *silbenzählenden* Sprachen an (im Gegensatz zum Deutschen, das zu den *akzentzählenden* Sprachen gerechnet wird). Bei Vietnamesisch, Kantonesisch, Thailändisch und Laotisch handelt es sich außerdem um *Tonsprachen* und um *wurzelisolierende*, einsilbige Sprachen. Die Morphologie ist unterschiedlich ausgeprägt: In den vier wurzelisolierenden Sprachen gibt es so gut wie keine Affixe, im Khmer gibt es sie in sehr begrenztem Umfang, während das Tagalische einen reichen Schatz an Affixen besitzt. In allen sechs Sprachen sind jedoch Flexionsendungen wie im Deutschen (z.B. als Adjektivendungen, als Personalendungen bei Verben und für die Pluralbildung bei Substantiven) unbekannt.

3. Syntax

Die grammatischen Mittel, Syntax und Morphologie, haben in den südostasiatischen Sprachen völlig andere Funktionen als im Deutschen. Während im Deutschen elaborierte Flexionssysteme die Bezüge zwischen Wörtern und Satzgliedern zum Ausdruck bringen, wird dies in den südostasiatischen Sprachen vor allem durch die *Wortstellung*, durch *Partikeln* und durch die Setzung von *Pausen* geleistet. Einfache Umstellungen können daher schon eine Sinnänderung ergeben. Zur eindeutigen Bestimmung der semantischen Bezüge der Wörter untereinander ist zudem die Lokalisierung der jeweiligen Äußerung im pragmatischen *Kontext der Sprechsituation* oft unerläßlich.

Ein im Vietnamesischen häufig vorkommendes Mittel ist das Setzen von Pausen, durch die die Beziehungen zwischen einzelnen Satzelementen zum Ausdruck gebracht werden kann. Ein einfacher Satz wie *viec toi noi* hat je nach Pausensetzung unterschiedliche Bedeutung.[6] Isoliert sind die drei Wörter dieses Satzes mit 'Angelegenheit', 'ich', 'sprechen' zu übersetzen. Wird die Pause zwischen dem zweiten und dritten Wort einge-

---

[6] Die vietnamesischen Textbeispiele werden hier in der heutigen Orthographie, jedoch aus Gründen der typographischen Vereinfachung ohne Diakritika wiedergegeben. Diese seit 1910 offizielle Orthographie, Quôc-ngũ genannt, wurde zwischen 1595 und 1655 auf der Grundlage der portugiesischen Graphematik entwickelt und benutzt 22 Buchstaben des lateinischen Alphabets zuzüglich neun Diakritika, wovon vier für segmentale Lautqualitäten und fünf für prosodische (Tonhöhen) verwendet werden.

fügt, so ist das zweite Wort als Attribut des ersten zu verstehen, während das dritte als Prädikat zu den ersten beiden Elementen aufgefaßt wird, da attributive Ergänzungen im Vietnamesischen immer dem gekennzeichneten Wort folgen und ihm nicht wie im Deutschen vorangestellt sind. Die deutsche Übersetzung muß daher lauten: 'Ich spreche'. Wird die Pause jedoch zwischen dem ersten und dem zweiten Wort eingefügt, so sind die beiden letzten Wörter als vom ersten Wort abhängige attributive Gruppe aufzufassen. Daher muß in diesem Falle die deutsche Übersetzung lauten: 'Die Angelegenheit (über die) ich spreche'.[7]

Im Laotischen werden die Beziehungen, in denen Wörter innerhalb eines Satzes zueinander stehen, im wesentlichen durch die Folge von Subjekt-Prädikat-Objekt deutlich gemacht. Dieses Muster gilt gleichermaßen für Haupt- und Nebensätze, für Aussage- und Fragesätze. Aus den Wörtern dek 'Kind', hen 'sehen', ma 'Hund', khoi 'ich', chau 'du' und der Fragepartikel bo lassen sich beispielsweise folgende fünf Sätze[8] bilden:

(1) dek hen ma   'Das Kind sieht einen Hund.'
(2) ma hen dek   'Der Hund sieht das Kind.'
(3) khoi hen ma   'Ich sehe den Hund.'
(4) ma hen khoi   'Der Hund sieht mich.'
(5) chau hen ma bo   'Siehst du den Hund?'

Im laotischen Satz folgt das Objekt also immer unmittelbar dem Verb. Die im Deutschen bestehende Unterscheidung zwischen Objekten im Akkusativ, solchen im Dativ und solchen mit präpositionalem Anschluß ist im Laotischen unbekannt. Sätze mit zwei Objekten kommen zwar auch vor, werden jedoch meist durch andere Möglichkeiten umgangen. Beispiele:

(6) khoi way-chay phön   'Ich vertraue ihm.'
    ich vertrauen er

(7) khoi khoi   phön   'Ich warte auf ihn.'
    ich warten er

(8) khoi hai   nang sy   dek 'Ich gebe dem Kind Bücher.'
    ich geben Buch pl. Kind

---

[7] Relativpronomina werden hier nicht gesetzt.

[8] Die laotischen Textbeispiele werden hier mit einer latinisierten Transkription wiedergegeben, wobei die verwendeten Zeichen in etwa den Lautwerten der API entsprechen, jedoch zur typographischen Vereinfachung mit folgenden Ausnahmen: ä repräsentiert den tiefen Vorderzungenvokal [ɛ], ö den mittleren Zentralvokal [ə] und y den hohen Zentralvokal [ɨ]. Die tonalen Qualitäten sind nicht wiedergegeben (weshalb auch segmentell gleiche Wörter in derselben Transkription erscheinen, wie z.B. khoi 'ich' und khoi 'warten').

Typologische Verschiedenheit der Sprachen und Lernschwierigkeiten   97

(9) *khoi law   nithan   hai phön fang*   'Ich erzähle ihm ein
    ich erzählen Märchen   geben er hören   Märchen.'
(wörtl.: Ich erzähle ein Märchen, das ich ihm zu hören gebe.)

Wie im Vietnamesischen und Laotischen werden auch im Khmer, im Thailändischen und im Kantonesischen semantische Relationen durch eine weitgehend feststehende Wortstellung syntagmatisch bestimmt. Durch die Umstellung einzelner Lexeme können diese eine andere Bedeutung erhalten oder andere Aspekte zum Ausdruck bringen, wie die folgenden Beispiele aus dem Kantonesischen[9] zeigen:

(10) *ngo ma*   'Ich schimpfe.'
(11) *ma ngo*   'Ich werde beschimpft.'
(12) *lou jan*   'der alte Mensch'
(13) *jan lou zo* 'Der Mensch ist alt geworden.'
(14) *gwan sui*   'heißes Wasser'
(15) *sui gwan zo* 'Das Wasser kocht schon.'

4. Wortklassen

Die angeführten Beispiele verdeutlichen bereits, daß die Zuordnung einzelner Lexeme zu Wortklassen in den südostasiatischen Sprachen problematisch ist, da anders als im Deutschen keine morphologischen Mittel die eindeutige Zuweisung zu einer Klasse ermöglichen. So hat im Vietnamesischen das Wort *den* (als Verb) die Bedeutung 'ankommen' oder (als Präposition) die Bedeutung 'bis', *thi* (als Nomen) die Bedeutung 'Zeit' und (als Konjunktion) die Bedeutung 'dann'. Das kotextuelle Umfeld und der pragmatisch situierte Kontext haben daher einen wesentlich höheren Stellenwert für die Kommunikation als im Deutschen.

Die Zuweisung eines Wortes zu einer Klasse läßt sich also nicht aus der morphologischen Struktur ableiten, sondern nur auf der Grundlage des syntaktischen Verhaltens - ob es im Satz die Funktionen eines Nomens oder Verbs, eines Adjektivs oder Adverbs, einer Präposition oder Konjunktion übernimmt - oder aufgrund der semantischen Gehalte und der pragmatischen Situation etablieren. Freilich sind Handlungen, Vorgänge, Zustände und Eigenschaften durch unterschiedliche Wortarten gekennzeichnet. So werden beispielsweise Eigenschaften im Deutschen durch Adjektive ausgedrückt, im Vietnamesischen dagegen durch 'Zustandsverben', durch die auch Zustände gekennzeichnet sind, die im Deutschen

---

[9] Die Textbeispiele für das Guangdonghua werden mit einer an das Pinyin (für Putonghua) angelehnten latinisierten Schreibung wiedergegeben (vgl. Chiao/Kelz 1980). Auch hier fehlen die Tonhöhenbezeichnungen.

wieder durch Verben - ebenso wie Handlungen und Vorgänge - zum Ausdruck
kommen. Im Laotischen ist die Unterscheidung zwischen Verben, die einen
Vorgang und solchen, die einen Zustand als Ergebnis eines Vorgangs bezeichnen, nur durch zusätzliche Umschreibung möglich. Das Wort *saj* z.B.
kann sowohl '(ein Kleidungsstück) anziehen' als auch '(ein Kleidungsstück) tragen' bedeuten, *nang* heißt gleichzeitig 'sitzen' und 'sich
setzen'.

5. Wortbildung

Für den südostasiatischen Lerner bringt die Flexion im Deutschen nicht
nur der vielfältigen Formen wegen große Schwierigkeiten, sondern auch
wegen der durch sie ermöglichten Neuschöpfungen. Wortbildungen durch
Affigierung sind in den indochinesischen Sprachen mit meist einsilbigen
Wörtern im allgemeinen nicht, in den übrigen südostasiatischen Sprachen
nur begrenzt möglich. Wohl gibt es die Möglichkeit der Kompositabildung,
wie die folgenden Beispiele aus dem Kantonesischen zeigen:

(16) *sonfung* 'Briefumschlag' (aus: *son* 'Brief' und *fung* 'einwickeln')
(17) *fots'e* 'Zug' (aus: *fo* 'Feuer' und *ts'e* 'Wagen')
(18) *yoengmousam* 'Pullover' (aus: *yoeng* 'Schaft', *mou* 'Haar' und *sam* 'Oberbekleidung')
(19) *lugyamgei* 'Tonbandgerät' (aus: *lug* 'aufzeichnen', *yam* 'Laut' und *gei* 'Maschine')
(20) *lynbongtsingfu* 'Bundesregierung' (aus: *lyn* 'verbinden', *bong* 'Staat', *tsing* 'verwalten' und *fu* 'Residenz')

Bei der Wortbildung werden häufig solche Komponenten verwendet, welche
das Erfassen des Inhalts erleichtern. Wie die Beispiele zeigen, kann
durchaus die Bedeutung eines Wortes aus der Kombination der verschiedenen Sinnträger erschlossen werden. So ist der zweite Wortteil von *fots'e*
('Wagen' oder 'Karre') auch für den als Fahrzeug identifizierbar, der
keinen Zug kennt. Das Semem für 'Holz' tritt beispielsweise als Sinnträger in allen Wörtern auf, die Bäume oder aus Holz gefertigte Gegen-
stände bezeichnen.

Im Thailändischen und Laotischen geht allerdings - anders als im
Kantonesischen und Deutschen - das Gattungswort dem Bestimmungswort
voraus. Von Sprechern dieser Sprachen ist daher häufig *Torstadt* zu hören, wenn sie 'Stadttor' meinen.

6. Entlehnungen

Da sich die lexikalische Struktur der südostasiatischen Sprachen wesent-

Typologische Verschiedenheit der Sprachen und Lernschwierigkeiten   99

lich von der der indoeuropäischen Sprachen unterscheidet, sind Entlehnungen aus diesen Sprachen nur in begrenztem Umfange möglich[10], so daß der in der technischen und wissenschaftlichen Terminologie der indoeuropäischen Sprachen vorhandene gemeinsame griechisch-lateinische Wortschatz in diesen Sprachen fehlt, was eine weitere Erschwernis der Wortschatzerlernung insbesondere beim Fachwortschatz und in der allgemeinen Wissenschaftssprache mit sich bringt.

7. Partikeln

Auf die Bedeutung von Partikeln in den südostasiatischen Sprachen wurde bereits verwiesen. Sie werden nicht nur wie im Deutschen zur Verdeutlichung von Modalitäten benutzt, sondern auch zur kategorialen Unterscheidung etwa von Satztypen und zur Emphase. So verwendet das Tagalische[11] die Partikeln *ba* zur Kennzeichnung des Fragesatzes, *baka* zum Ausdruck des Zweifelns, *nga* zur Bekräftigung, *lang* zur Abschwächung und *hindi* zur Negation:

(21) *guro ka*   'Du bist ein Lehrer.'
(22) *guro ka ba*   'Bist du ein Lehrer?'
(23) *hindi guro ka*   'Du bist kein Lehrer!'
(24) *guro ka lang*   'Du bist bloß Lehrer!'
(25) *guro ka nga*   'Du bist (wirklich) Lehrer!'

Die Aufforderung wird im Laotischen durch die Partikel *tho* ausgedrückt:

(26) *paj*   'gehen'
(27) *paj tho* 'geh, gehen Sie'

In differenzierender Vielfalt zeigen Partikeln im Thailändischen Mitteilungs- und Wirkungsabsichten an und markieren eine Äußerung als Information, Ausruf, Aufforderung oder Frage.

Eine Gruppe finaler Partikeln impliziert die personalen Beziehungen der Gesprächspartner. Die Wahl dieser Partikeln erfolgt im Verständnis und in der Einschätzung des Sprechers: So wird die Partikel *khrap* zur Kontaktherstellung und -erhaltung in zustimmendem Sinn von

---

[10] Lediglich die malaiischen Sprachen haben in größerem Umfang aus den europäischen Sprachen entlehnt: Indonesisch (Bahasa Indonesia) aus dem Niederländischen, Malaysisch (Bahasa Malaysia) aus dem Englischen und Tagalisch (Filipino) aus dem Spanischen - um nur die drei großen Nationalsprachen zu nennen. In allen drei Fällen bestehen jedoch Bestrebungen, die Entlehnungen durch eigene Wortprägungen zu ersetzen.

[11] Die tagalischen Textbeispiele erscheinen in der heutigen tagalischen Orthographie.

einem männlichen Sprecher gegenüber einem nach Alter, Herkunft, Ausbildung und Beruf gleich- oder höhergestellten Partner mit höflich-freundlicher Einstellung verwendet. Im Gegensatz dazu indiziert die Partikel *dja* einen privaten Kommunikationsbereich und läßt Emotionen des Sprechers erkennen. Diese Partikel wird zum Nachdruck in Erwartung einer positiven Reaktion von einem gleichgestellten, vertrauten Partner verwendet.[12] Beispiele:

(28) *khru jang mei ma, khrap* '(Ja,) (mein Herr/gnädige Frau), der Lehrer ist noch nicht gekommen.'

(29) *Nit, du rup ni si, dja* 'Nit, sieh mal hier dies Bild!' (Nit soll sich mit der Sprecherin über das gezeigte Bild freuen oder zum Wiedergegebenen Beifall bekunden.)

Die Koppelung personal-neutraler Partikeln (illokutive Indikatoren, wie *si* für die Aufforderung) mit solchen, die dem personalen und affektiven Bereich zuzuordnen sind (wie *khrap* und *dja*) kommt im Thailändischen häufig vor.

Auch das Tagalische kennt solche Anredepartikeln, die je nach Vertrautheitsgrad zwischen den Kommunikationspartnern verwendet werden, z.B. *po* in höflicher, distanzierter Anrede (für Männer und Frauen), *ho* in höflicher Anrede mit vertrauten Personen.

8. Genus

In keiner der südostasiatischen Sprachen gibt es eine Kategorisierung der Substantive nach dem Genus wie im Deutschen. Abgesehen von einigen Verwandtschaftsbezeichnungen, wird sogar bei den personenbezeichnenden Nomina und den personenreferierenden Pronomina keine Geschlechtsspezifikation ausgedrückt. Im Tagalischen bedeutet *kapatid* sowohl 'Bruder' als auch 'Schwester', *anak* sowohl 'Sohn' als auch 'Tochter', *siya* sowohl 'er' als auch 'sie'. Wenn das Geschlecht überhaupt markiert werden soll, was im Kontext meist nicht erforderlich ist, so kann dies durch Nachstellen der Lexeme *lalake* 'Mann, männlich' oder *babae* 'Frau, weiblich' unter Hinzufügung der Bindepartikel geschehen: *kapatid na lalake* 'Bruder', *kapatid na babae* 'Schwester'. Die personenbezeichnenden Nomina sind dann für den folgenden Text als genusspezifisch markiert und müssen nicht erneut durch entsprechende Zusätze disambiguiert werden.

---

[12] Die thailändischen Textbeispiele erscheinen in einer auch in Lehrwerken verwendeten Transkription (vgl. Kummer 1981), jedoch ohne Tonhöhenbezeichnungen.

9. Numerus

Auch die Kennzeichnung der Ein- oder Mehrzahl ist bei Substantiven nicht erforderlich, sofern der Sinn aus dem Kontext oder der Situation hervorgeht. Die obligatorische Numerusdifferenzierung des Deutschen hat also in den südostasiatischen Sprachen keine Entsprechung. Der oben angeführte laotische Beispielsatz *dek hen ma* 'Das Kind sieht den Hund' könnte daher je nach Kontext 'Die Kinder sehen den Hund', 'Das Kind sieht die Hunde' und 'Die Kinder sehen die Hunde' bedeuten. Es besteht zwar die Möglichkeit, mit Hilfe bestimmter und unbestimmter Zahlwörter oder mit Hilfe von Partikeln auszudrücken, ob von Einzahl oder Mehrzahl die Rede ist, doch wird hiervon nur dann Gebrauch gemacht, wenn dies vom Mitteilungszweck her gesehen als unbedingt erforderlich empfunden wird, was in der Praxis selten vorkommt. Das Tagalische verwendet beispielsweise zur Kennzeichnung des Plurals die Partikel *mga*, sofern die Quantität nicht aus der Wortsemantik, aus dem Kontext oder aus einem begleitenden Zahlwort zweifelsfrei ersichtlich ist.

Bei der Verbindung von Lexemen mit Zahlwörtern weisen das Laotische und Thailändische eine Besonderheit auf: Während im Deutschen das Zahlwort einfach vor das zu zählende Substantiv in der Pluralform gesetzt wird, muß in diesen Sprachen das Zahlwort mit Hilfe eines Klassifikators (auch Hilfszählwort genannt) mit dem zu zählenden Lexem verbunden werden. Für diesen Zweck haben das Thailändische und das Laotische eine größere Zahl solcher Klassifikatoren, die jeweils nur mit bestimmten Gruppen von Lexemen benutzt werden können. So ist beispielsweise *khon* der Klassifikator für Menschen und *tu* (im Laotischen) bzw. *tua* (im Thailändischen) der für Tiere.

Dementsprechend lauten:

(30) *ma sam tu* bzw. *ma sam tua* 'drei Hunde'
(31) *dek si khon* 'vier Kinder'.

10. Relationen (Kasus und Präpositionen)

Wegen des Fehlens von Flexionsendungen und Artikeln sind Kasus, wie sie in indoeuropäischen Sprachen bestehen, in den Sprachen Südostasiens unbekannt. Die Relation der Wörter im Satz wird vorwiegend durch die Stellung zum Ausdruck gebracht, auch durch Partikel, die freilich in vielen Fällen die Funktion unserer Präpositionen übernehmen. So kann das, was im Deutschen durch den Genitiv ausgedrückt wird, im Tagalischen durch die Partikel *ng* oder im Laotischen dadurch ausgedrückt werden, daß man das Wort *khong* vor das Nomen setzt (z.B. *ma khong dek* 'der Hund des Kindes'). Eine Eins-zu-eins-Beziehung zwischen den Partikeln/Präpositionen der südostasiatischen Sprachen und den deutschen Präpositionen besteht freilich nicht. Dies liegt zum einen daran, daß Präpositionalobjekte - wie auch von der Rektion der Verben in den indoeuropäischen Sprachen her bekannt - mit unterschiedlichen Präpositionen angeschlossen werden, zum anderen gibt es in den südostasiatischen Sprachen Nuancen, die mit den deutschen Präpositionen nicht angemessen wiedergegeben werden können. Im Khmer kann je nach Verwendung von Partikeln, die etwa der deutschen Präposition *für* entsprechen, der Satz *Ich wasche das Auto für meinen Freund* die zusätzliche Information enthalten, daß der Freund mich darum gebeten hat, das Auto zu waschen (bei Verwendung der Präposition *aoi*)[13], oder daß ich aus eigenem Antrieb sein Auto wasche, etwa weil er verhindert ist (bei Verwendung der Präposition *samarab*).

11. Adjektive

Das Adjektiv wird im Tagalischen durch eine Bindepartikel mit dem dazugehörigen Nomen verbunden (*na* zwischen den beiden Wörtern oder *ng* an das vorangehende Wort angehängt, sofern dies auf einen Vokal endet: *maganda* 'schön', *umaga* 'Morgen', *magandang umaga* 'Guten Morgen'). Im Thailändischen und Laotischen wird dagegen das Adjektiv, das ein Substantiv als Attribut qualifiziert, diesem nachgestellt. Die Einfachheit dieser Konstruktion kontrastiert in augenfälliger Weise mit dem Deutschen, wo das attributive Adjektiv sich nach Genus, Numerus und Kasus des jeweiligen Substantivs richtet und zudem auch noch danach variiert, ob der bestimmte oder der unbestimmte oder gar kein Artikel verwendet wird.

Bei prädikativer Stellung der Adjektive wird keine Kopula verwendet. Im Tagalischen ist an der fehlenden Bindepartikel (*maganda umaga* 'der Morgen ist schön') die prädikative Funktion zu erkennen. Im Laotischen fehlt aber solch ein Erkennungsmerkmal, so daß *dek ngam* im Laotischen nicht nur 'das schöne Kind' bedeuten kann, sondern auch 'das Kind ist schön'.

---

[13] Die Textbeispiele des Khmer erscheinen in einer leicht modifizierten romanisierten Transliteration.

Typologische Verschiedenheit der Sprachen und Lernschwierigkeiten   103

Die Komparation wird im Laotischen durch Nachstellen der Partikel *kuo*
(für Komparativ) und eines Ausdrucks wie *thi sut* 'äußerst' (für Superlativ) hinter das Adjektiv gebildet:

(32) ma   nai   kuo   mäw   'Der Hund ist größer als die Katze'.
     Hund groß   Komparativ   Katze
(33) *ma nai thi sut*   'der größte Hund'

12. Verb

Die aus den indoeuropäischen Sprachen bekannte Verbflexion fehlt in
den Sprachen Südostasiens gänzlich. Um ein Verb zu konjugieren, wird
lediglich der Verbstamm bzw. die entsprechende Tempusform mit dem erforderlichen Personalpronomen verbunden, so z.B. im Tagalischen:
kumakanta ako 'ich singe', *kumakanta ka* 'du singst', *kumakanta syia*
'er/sie singt' usw. oder im Laotischen *khoi dön* 'ich laufe', *chau dön*
'du läufst', *phön dön* 'er/sie läuft' usw.

Temporale Aspekte werden in der Regel kontext-pragmatisch, durch
entsprechende Zeitadverbien oder durch Partikeln zum Ausdruck gebracht.
So wird im Kantonesischen der Zukunftsaspekt durch *tingyat* (auch 'morgen'), der Vollendungsaspekt durch die Partikel *gan* ausgedrückt.
Beispiele:

(34) *ngo lai*   'Ich komme'
(35) *tingyat ngo lai*   'Ich werde kommen'. (oder: 'Morgen komme ich'.)
(36) *kui hui zo hiongong*   'Er ist nach Hongkong gefahren'.
(37) *ngo tsou gan*   'Ich arbeite gerade'.

Das Tagalische verwendet zur Kennzeichnung temporaler Aspekte die in
den malaiischen Sprachen häufig gebrauchten morphologischen Mittel der
Reduplikation und der Infigierung. So entstehen bei der Stammform *kanta*
'singen' durch die Reduplikation des 1. KV-Elements der Zukunfts-, durch
das Infix -*um*- der Vollendungs- und durch die Kombination beider Mittel
der Gegenwartsaspekt:

(38) *kakanta ako*   'ich werde singen'
(39) *kumanta ako*   'ich sang'
(40) *kumakanta ako*   'ich singe'

Im Laotischen und Thailändischen gibt es - meist dem Verb vorangestellte - Partikel, die zum Ausdruck bringen, ob der vom Verb bezeichnete
Vorgang der Zukunft oder der Vergangenheit angehört oder im Moment des
Sprechens abläuft. So gibt es ähnlich wie im Kantonesischen Partikeln
zur Kennzeichnung der vollendeten Vergangenheit, der Zukunft und des

Verlaufs einer Handlung. Von diesen Partikeln macht man im allgemeinen jedoch nur dann Gebrauch, wenn dies als notwendig für das Verständnis erachtet wird und ohne sie leicht Mißverständnisse eintreten können. In Sätzen, in denen Zeitangaben wie beispielsweise 'gestern', 'morgen' oder 'voriges Jahr' vorkommen, erübrigt sich jeder die Zeitstufe des Verbs bezeichnende Zusatz.

Auch die Bildung des Passivs ist recht einfach wie das Beispiel des Laotischen zeigt, in dem lediglich die Partikel *thyk* vor das Verb gesetzt wird:

(41) *khoi ti* 'Ich schlage'
(42) *khoi thyk ti* 'Ich werde geschlagen'.

Die im Deutschen bei reflexiven Verben obligatorischen Reflexivpronomina gibt es in den südostasiatischen Sprachen in dieser Form nicht. So ist - wie schon gesagt - eine Unterscheidung zwischen 'sitzen' und 'sich setzen' nur aus dem Kontext erschließbar. Häufig wird der reflexivische Bezug durch das Einfügen des Wortes für 'Körper' ausgedrückt ('drehen Körper' = 'sich drehen'). Fremd sind den südostasiatischen Sprachen auch die unechten Reflexivverben, wie beispielsweise 'sich schämen'.

13. Zusammenfassende Charakteristika

Wie in den Beispielen zu illustrieren versucht wurde, sind die südostasiatischen Sprachen durch eine weitgehend fakultative Setzung grammatischer Kategorien gekennzeichnet. Weder im Tagalischen noch im Vietnamesischen oder im Kantonesischen, weder im Laotischen noch im Thailändischen oder im Khmer braucht zwischen Singular und Plural, zwischen männlich und weiblich, zwischen Indikativ und Konjunktiv unterschieden zu werden, wenn die Eindeutigkeit aus dem Kontext oder aus der Situation hervorgeht.

Während im Deutschen Sinngehalte meist überdeutlich formuliert werden und so ein hohes Maß an Redundanz erzeugen, sind die Sprachen Südostasiens durch eine strenge Ökonomie ihrer Beziehungsmittel charakterisiert. Dies ist auch der Grund dafür, daß im Deutschen einerseits und in den südostasiatischen Sprachen andererseits unterschiedliche Verhältnisse in der Kommunikationsleistung zwischen Sender (Sprecher, Schreiber) und Empfänger (Hörer, Leser) bestehen: Während im Vietnamesischen, Khmer, Thailändischen, Laotischen, Kantonesischen und Tagalischen die Interpretationsleistung des Hörers höher ist als im Deutschen, ist im Deutschen die Formulierleistung des Sprechers höher als in den südostasiatischen Sprachen.[14]

14. Konsequenzen

Die Gegenüberstellung läßt eine Reihe von Lernschwierigkeiten im Deutschunterricht für Südostasiaten erwarten, die über den auf der soziokulturellen Diskrepanz gründenden Kontrast im lexikalisch-semantischen Bereich hinausgehen.

Die geringe morphologische Differenzierung in den Sprachen Südostasiens bewirkt bei den Deutschlernenden, daß sie Personalendungen des Verbs meist weglassen, Dativ und Akkusativ nicht unterscheiden oder falsch anwenden, die Pluralform des Substantivs nicht beachten, die Wortstellung regelwidrig handhaben. Südostasiaten haben auch erhebliche Schwierigkeiten zu unterscheiden, wann sie im Deutschen ein Substantiv mit dem bestimmten, wann mit dem unbestimmten und wann ohne Artikel zu benutzen haben, und zu verstehen, welche Bedeutungsunterschiede sich damit verbinden. Die durch den Artikel angezeigte Kategorisierung der Substantive im Deutschen nach ihrem Genus resultieren in weiteren Schwierigkeiten, die sich noch dadurch potenzieren, daß diese Kategorisierung sich auch auf die Pronomina erstreckt und in den Adjektivendungen ihren Niederschlag findet. Gleiches gilt auch für die Notwendigkeit, jedesmal zu entscheiden, ob die Singular- oder Pluralform zu verwenden ist. Die ohnehin schon bestehenden Schwierigkeiten bei der Verwendung reflexiver Verben im Deutschen werden noch dadurch potenziert, daß es unter den reflexiven Verben solche gibt, bei denen das Reflexivpronomen im Dativ und solche, bei denen es im Akkusativ steht.

Um den Unterricht für südostasiatische Lerner des Deutschen effektiver zu gestalten, wurden einerseits kontrastive Analysen erstellt, aus denen hier Beispiele angeführt wurden, andererseits wurde vor einem Jahr mit einem umfangreichen Fehleranalyseprojekt begonnen. Ziel dieser und anderer Projekte ist es, modellhaft das Gesamtspektrum der Probleme

---

[14] Das Verhältnis der kommunikativen Leistungen des Enkodierens und des Dekodierens im Sprechakt ist noch weitestgehend unerforscht, ebenso die Konsequenzen für die Kommunikationsökonomie. Hier bedarf es noch über die dargestellten Befunde hinausgehender empirischer Untersuchungen. Die Vermutung, daß Sprachen, die einen höheren Grad an Redundanz erzeugen, auch weniger störanfällig seien, hat sich empirisch nicht nachweisen lassen. Bekanntlich ist das Deutsche redundanter als das Französische. Bei Störungen können sich jedoch Frankophone besser verständigen (vgl. Grassegger 1976:46).

bei der Erlernung des Deutschen durch Südostasiaten darzustellen und mögliche Hilfen für den Unterricht - sei es zur Fortbildung der Lehrkräfte, sei es zur Entwicklung von Lernmaterialien - aufzuzeigen.

Literatur

Chiao,W.J./Kelz,H.P.,1980: Chinesische Aussprache, Bonn.

Gorgoniyev,Y.A.,1966: The Khmer Language, Moskau.

Grassegger,H.,1976: Merkmalsredundanz und Sprachverständlichkeit. In: Grazer Linguistische Studien 4, 15-48.

Humboldt,W.von,1838: Über die Kawi-Sprache auf der Insel Java, Bd.2, Berlin.

Kelz,H.P.,1982a: Deutschunterricht für Südostasiaten, Bonn.

Kelz,H.P.,1982b: Tagalisch. In: Studium Linguistik 12, 53-69.

Kelz,H.P.,1983a: Contrastive and Error Analyses: Vietnamese-German. In: Fisiak,J. (Ed.), Papers and Studies in Contrastive Linguistics, Posen, 103-113.

Kelz,H.P.,1983b: Einführung ins Filipino (Lehrbuch mit Tonband), Bonn, 2. Aufl.

Kummer,M.,1981: Einführung ins Thailändische (2 Hefte mit Tonband), Heidelberg, 2. Aufl.

Kummer,M.,1983: Grundlagen einer kommunikativen Grammatik für das Thailändische, Wiesbaden.

Oksaar,E.,1983: Sprachkontakte im Rahmen von Kulturkontakten - Verhaltens- und Strukturmodelle. In: Nelde,P.H. (Hrsg.), Theorie, Methoden und Modelle der Kontaktlinguistik, Bonn, 95-108.

Pasierbsky,F./Singendonk-Heublein,I.,1979: Vietnamesisch. In: Studium Linguistik 7, 46-67.

Wolfgang Wölck

KOMPLEMENTIERUNG UND FUSION:
Prozesse natürlicher Zweisprachigkeit

1. Das bekannte Schema

Fast alle Klassifikationen, Typologien und Modelle der Zweisprachigkeit, die in der einschlägigen Literatur dieses Sachgebiets zu finden sind, weisen zurück auf einen Beitrag von Susan Ervin und Charles Osgood zu einer Bestandsaufnahme psycholinguistischer Forschung während der fünfziger Jahre (1954), der seinerseits seine Anregung Uriel Weinreich (1953) verdankt.[1] In dieser Veröffentlichung erklären sie den Unterschied zwischen kombinierten (engl. "compound") und koordinierten (engl. "coordinate") Sprachsystemen (139ff.), der seitdem die Grundlage für fast alle Diskussionen über Kategorien von Zweisprachigkeit und zweisprachigem Verhalten geworden ist. Obwohl nach meiner Erfahrung sehr viele Benutzer dieser Termini zur Unterscheidung Zweisprachiger oder zweisprachigen Verhaltens die Originalveröffentlichung anscheinend nie eingesehen haben, kann und brauche ich hier nicht im einzelnen darauf einzugehen, vor allem, da das Original ja noch im Druck leicht zugänglich ist. Kurz gesagt, beruht der Unterschied letztlich auf der Anzahl von Abbildungsvermittlungen (engl. "representational mediations") oder Denkprozessen, d.h. der Weg von r_m bis s_m in Abb. 1, die ein Zweisprachiger zum Verständnis und zur Erzeugung sprachlicher Äußerungen benutzen muß. Im Falle eines koordinierten Systems benutzt ein Zweisprachiger für seine Äußerungen in verschiedenen Sprachen verschiedene, getrennte Vermittlungsprozesse, während bei einem kombinierten System beide Arten von Äußerungen mit dem gleichen gedanklichen Vermittlungsprozeß verarbeitet werden. In der Terminologie von de Saussure hieße das, daß bei Koordination die beiden sprachlichen Zeichen oder "signifiants" und die ihnen entsprechenden Bedeutungen oder "signifiés" von

---

[1] Vorstudien zu diesem Aufsatz sind in Referaten auf den Internationalen Kongressen für Angewandte Sprachwissenschaft in Kopenhagen (1972) und Stuttgart (1975) sowie in Hamburg im Seminar für Allgemeine und Vergleichende Sprachwissenschaft (1977) vorgetragen worden. Ich danke Els Oksaar für wichtige Anregungen und fördernde Kritik und Utta von Gleich für ihre Hilfe bei der Erstellung des deutschen Ms.

einander getrennt werden, während bei Kombination die den beiden Sprachen entsprechenden "signifiants" mit ein und demselben "signifié" assoziiert werden.

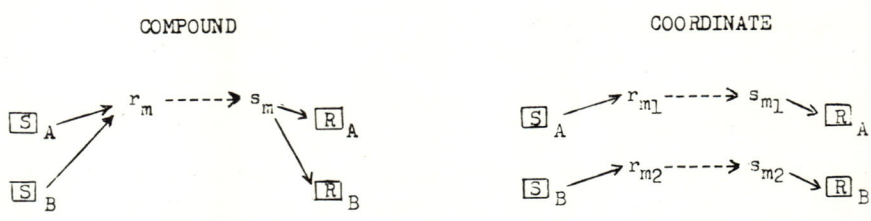

Abbildung 1: Das bekannte Schema (Ervin & Osgood 1965, 140)
(S = stimulus, R = response, A = Sprache A, B = Sprache B)

1.1 Fehlanwendungen und Mißdeutungen. Die beiden häufigsten Fehlanwendungen dieses Modells sind die weit verbreitete Tendenz, (a) es als Typenmaßstab zur Kategorisierung Zweisprachiger anzuwenden, was einer Überinterpretation gleichkommt, und (b) das Kombinationssystem auf eine einzige Alternative, nämlich die Subordination, zu reduzieren, was auf eine Unterinterpretation des Modells hinausläuft. Für die erste Fehldeutung müssen die Autoren wirklich von jeder Schuld freigesprochen werden; an keiner Stelle in ihrem Beitrag sprechen sie jemals von zweisprachigen Individuen als in kombinierte oder koordinierte Typen kategorisierbar. Wenn sie erklären, daß "for any semantic area we would expect speakers of more than one language to distribute themselves along a continuum from a pure compound system to a pure coordinate system" (141), heißt das doch nicht, daß ein bestimmter Sprecher für alle seine semantischen Ausdrucksgebiete an einem mehr oder weniger festen Punkt einzuordnen sei. Vielmehr liegt die Betonung durch den ganzen Beitrag hindurch auf psycholinguistischen Prozessen oder auf Sprachsystemen als Verarbeitungssystemen und nicht auf Stadien oder Typen zweisprachigen Verhaltens, ganz zu schweigen von Typen von zweisprachigen Individuen.

Es ist durchaus möglich, daß die weit verbreitete Vorliebe für einfache Typisierungen und Kategorisierungen und besonders für binäre oder dichotische Unterscheidungen zwischen Individuen diese Umdeutung verursacht hat, dazu vielleicht auch die viel statischere Interpretation des Wortes "System", wie sie vor allem unter Sprachwissenschaft-

lern üblich ist, im Unterschied zu Psychologen. Wie außerdem aus dem
eben genannten Zitat hervorgeht, wollten Ervin und Osgood Kombination
und Koordination nicht etwa als die häufigsten und typischsten Beispiele
zweisprachiger Sprachverarbeitung verstanden wissen, sondern vielmehr
als die beiden Extreme oder Endpunkte einer kontinuierlichen Skala.

Die Unterinterpretation des Kombinationsprozesses, seine Beschränkung auf die eine Möglichkeit der Abhängigkeit des Verarbeitungssystems der zweiten Sprache von dem der ersten, d.h. auf die Subordination als einzige Möglichkeit, hat verschiedene Gründe oder Ursachen. Zuerst einmal sollte angemerkt werden, daß der Originalpassus, in dem die Kombinations-Koordinations-Dichotomie erläutert wird, nicht auf allgemeine Zweisprachigkeit hinzielt. Er ist vielmehr Teil eines längeren Kapitels über "Diachronische Psycholinguistik", was damals soviel bedeutete wie heute Spracherwerb oder Sprachentwicklung. Die entscheidenden Seiten folgen nach einer Diskussion des Erstsprachenerwerbs von Osgood und Jenkins und handeln von Zweitsprachenerlernung und Zweisprachigkeit, in dieser Reihenfolge und Rangordnung. Das ursprüngliche Diagramm für Kombination (s. Abb. 1) legt die Interpretation als Subordination sehr nahe, und der Text (139f.) behandelt zuerst diese Möglichkeit einigermaßen detailliert bevor die andere, nämlich daß "some compromise representational processes taken from both languages may be established" (140) unter besonderen Umständen, wie z.B. bei Kinderzweisprachigkeit, erörtert wird.

Zur leichteren Einprägsamkeit der Entsprechung zwischen Subordination und Koordination als Unterschiedspaar verglichen mit Kombination und Koordination kommt sicher noch die Tatsache hinzu, daß einmal die Unterscheidung zwischen "subordinative" und "coordinative" sich schon seit Roberts (1939) verbreitet hatte, und zum anderen die Tatsache, daß Koordination zwischen zwei Sprachsystemen, so wie Ervin und Osgood sie beschreiben, schon immer als das Ideal des Zweisprachigen und des Zweitsprachenerwerbs angesehen worden ist, und Subordination andererseits als das weit übliche, akzeptable, wenn auch weniger als das perfekte Resultat des Zweit- und Fremdsprachenunterrichts angesehen worden ist.

1.2 Grenzen und Gefahren. Wie schon gesagt, sind die meisten Beschränkungen des Modells tatsächlich nur Mängel im Sinne der Erwartungen späterer Benutzer, für die das Modell nicht beabsichtigt war. Das Modell ist in erster Linie für den Zweitsprachenerwerb und für sich daraus ergebende Zweisprachigkeit ausgearbeitet worden. Jedoch selbst der Zweitsprachenerwerb, wie z.B. der Zweitsprachenerwerb erwachsener Einwanderergruppen und einzelner Einwanderer, kann zu einem Kombinationsprozeß führen, der sich von dem von Ervin und Osgood dargestellten, der ja die Subordination stark betont, sehr unterscheidet.

Obwohl sie es nicht ausdrücklich betonen, beschäftigen sich die ursprünglichen Autoren doch hauptsächlich mit der lexiko-semantischen Strukturebene der Sprache, und es ist nicht ohne weiteres zu erwarten, daß ihre Ausführungen auf andere Strukturebenen der Sprache ausgedehnt werden können. Solange sie sich auf lexikalische Semantik beschränken, kann man wohl auch eher ihre Verwendung eines relativ einfachen Reiz-Reaktionsmodells und eines dem entsprechenden Verschlüsselungs-Entschlüsselungs-Schemas für Spracherwerb annehmen und als ihrer Aufgabe angemessen ansehen, trotz Chomskys (1959) scharfer Kritik an der Angemessenheit dieses Modells für psycholinguistische Erklärungen.

Wenn man schon Autoren nicht vorwerfen kann, daß sie den Ansprüchen späterer Benutzer ihrer Modelle nicht unbedingt in allem gerecht werden können, so kann man noch viel weniger erwarten, daß sie die Entwicklung ihres Forschungsgebiets und dessen Popularität voraussagen können. Bedauerlicherweise ist jedoch die Zweisprachigkeit oder, genauer gesagt, die zweisprachige Erziehung seit den sechziger Jahren zu einem heißumstrittenen politischen Thema nicht nur in der Dritten Welt, sondern auch in den großen Industriestaaten der Neuen Welt mit vielen Einwanderern, wie z.B. in den Vereinigten Staaten und in Kanada, geworden. Auf der Suche nach Modellen, Zielen und Maßstäben für den zweisprachigen Unterricht wurden natürlich Lehrer und Planer bald auf das Ervin-Osgood'sche Modell aufmerksam. Hierbei kam es dann zu der m.E. tragischsten und folgenschwersten Mißdeutung und Fehlanwendung dieses Modells. Sie bestand und besteht leider immer noch darin, ein reines koordiniertes System, welches Ervin und Osgood ja nur als vielleicht idealen Endpunkt ihres Kontinuums hinstellten, nicht nur als realistisches Ziel des Zweitsprachen- oder Fremdsprachenunterrichts hinzustellen, sondern als ausdrückliches Endziel und alleinige endgültige Aufgabe der zweisprachigen Erziehung für Kinder sprachlicher Minderheiten offiziell zu deklarieren. Solange die perfekte Trennung zweier reiner und unabhängiger Bearbeitungsmechanismen in einem Kopf oder Gehirn und das Zusammenschweißen von zwei getrennten einsprachigen in einen zweisprachigen unter normalen Verhältnissen nicht möglich ist, ist das Ziel einer solchen Erziehungspolitik gleichzusetzen mit pathologischer Schizophrenie. Nichtsdestotrotz wird heute noch von allen Kindern "mit beschränkter englischer Ausdrucksfähigkeit" (engl. "Limited English Proficiency") aus ethnolinguistischen Minderheiten in amerikanischen Schulen erwartet, daß sie nicht nur ihre eigene Sprache gut beherrschen, sondern das Niveau ihrer einsprachigen Schulkameraden in der englischen Sprache erreichen, wenn nicht sogar übertreffen. Die Ansetzung eines solch unerreichbaren Zieles kommt der Verurteilung dieser Minderheitskinder zu lebenslänglicher sprachlicher Minderwertigkeit gleich und ist zum Teil auf die unrealistische und unmenschliche Fehlinterpretation des Koordinationsmodells als pädagogisches Endziel zurückzuführen.

Ervins und Osgoods Modell ist viel kritisiert und gelegentlich (Diller 1974) gänzlich verworfen worden. M.E. enthält ihr Modell jedoch für uns immer noch sehr wichtige Ansätze, ganz besonders weil es mit den Ideen Weinreichs (1953:7-11) in engem Zusammenhang steht und aus ihnen erwachsen ist; außerdem läßt sich der Eindruck, den dieses Modell auf die Zweisprachigkeitsforschung gemacht hat, nicht mehr verwischen. Die folgenden Seiten enthalten daher einen bescheidenen Versuch, beide Modelle, das Weinreich'sche sowie das von Ervin und Osgood, zu korrigieren und vielleicht zu erweitern, angefangen mit dem so riskanten Konzept der zweisprachigen Koordination.

2. Komplementierung

Im folgenden wird der Versuch unternommen, das extreme und zu idealistische Konzept der Koordinierung durch ein nach unserer Erfahrung empirisch besser zu rechtfertigendes, realistischeres Konzept zu ersetzen, das wir *Komplementierung* nennen und das aus einem besseren Verständnis natürlicher Zweisprachigkeit hervorgeht. Im nächsten Abschnitt unserer Erläuterungen werden wir dann versuchen zu zeigen, wie der bei Weinreich so zentrale Begriff der Interferenz sich in dieses neue Schema einordnen läßt oder, präziser gesagt, warum Weinreichs Modell der Interferenz um einen neuen Begriff zur Erklärung der Sprachüberlagerung erweitert werden muß, den wir *Fusion* nennen.

2.1 Natürliche und künstliche Zweisprachigkeit. Obwohl die Unterscheidung zwischen natürlichem Spracherwerb, insbesondere natürlichem Zweitsprachenerwerb, und weniger natürlichen formalen Situationen des Zweitsprachenerwerbs in der Diskussion der Zweisprachigkeit häufig auftaucht, wird dennoch selten im einzelnen darauf eingegangen. Das kommt vielleicht daher, daß diese Unterscheidung oft mit der zwischen simultanem und konsekutivem Erlernen zweier Sprachen gleichgesetzt wird. Diese beiden Phänomene sind jedoch gewiß nicht gleichbedeutend, noch ist die Unterscheidung zwischen künstlicher und natürlicher Zweisprachigkeit gänzlich mit der zwischen formal- oder schulgebildeten Zweisprachigen und solchen, die keine formale Schulausbildung erhalten haben, immer gleichzusetzen, obwohl es auch hier wiederum in gewissen Fällen Überschneidungen zwischen beiden Gegensatzpaaren gibt. Simultane Zweisprachigkeit beruht immer, zumindest bei Kindern im Vorschulalter, auf natürlichen kommunikativen Bedingungen, wenn auch die logische Möglichkeit eines späteren Erlernens in der Schule von zwei zweiten oder Fremdsprachen zur gleichen Zeit nicht ausgeschlossen werden kann. Die Erlernung einer zweiten oder Fremdsprache geschieht dagegen meist im postpubertären oder Erwachsenenalter unter den simulierten Bedingungen einer formalen Schulausbildung. Der Unterschied zwischen natürlich kommunikativen Lernbedingungen und einem künstlich formalen Prozeß, in dem die natürlichen Bedingungen simuliert werden, wird ganz deutlich im unterschiedlichen Verhalten konsekutiver Zweisprachiger. Deutsche Immigranten in den Vereinigten Staaten z.B., die ihr Englisch hier in der einheimischen Sprachgemeinschaft und in direktem Sprachkontakt gelernt haben, neigen dazu, den stimmhaften dentalen Reibelaut in englischen Wörtern wie *there*, *this* und *that* durch den entsprechenden stimmhaften Verschluß zu ersetzen und sie als *dere*, *dis* und *dat* auszusprechen. Der bekannte Stereotyp eines deutschen Akzents im Englischen, nämlich die Aussprachen *zere*, *zis*, *zat*, wo die englische Graphie *z* für ein stimmhaftes deutsches *s* steht, sind dagegen typisch für deutsch-englische Zweisprachige, die ihr Englisch in der Schule gelernt haben. Es ist jedoch notwendig, einen Unterschied zu machen zwischen den ersten oder Anfangsbedingungen des Spracherwerbs und später geänderten Bedingungen oder Situationen des Sprachgebrauchs, unter denen sich die Sprachentwicklung durchaus verbessern und vervollkommnen kann. Sprachgewohnheiten aus früher Schulzeit können durchaus durch späteren und längeren Einfluß einer natürlichen Sprachumgebung ersetzt werden, während andererseits frühe, natürliche Sprachgewohnheiten später in Vergessenheit geraten können. Die Folgen einer künstlichen Simulierung im Schulkontext können genauso gut den "verlorenen Muttersprachler" (engl. "lost native") betreffen wie den Fremdsprachler, wie es die derzeitigen Spracherneuerungs-oder Restaurationsprogramme für

Indianerkinder in amerikanischen Schulen deutlich zeigen.

Als Beispiel für eine Lernsituation, die zu einem kombinierten Sprachsystem führt, geben Ervin und Osgood die typische konsekutive Lernfolge einer im formalen Schulunterricht simulierten Sprachsituation, d.h. ihr Paradebeispiel für kombinierte Zweisprachigkeit ist der Fall der *Subordination* oder Unterordnung einer später erlernten Zweitsprache unter eine einheimische Erstsprache. Ihr Musterbeispiel für ein koordiniertes Sprachsystem, andererseits, ist der Simultan-Erwerber zweier Sprachen in funktionell verschiedenen Umgebungen, d.h. das natürlich zweisprachige Kind, das sie als "wahren Zweisprachigen" (engl. "true bilingual") bezeichnen.

2.2 Komplementäre Verteilung von Sprachdomänen. Es wird allgemein angenommen, daß einer der Faktoren, welcher die Sprachwahl unter Zweisprachigen bedingt, oder den Vorrang einer Sprache über die andere determiniert, die sogenannte Sprachdomäne oder Unterhaltungsthematik ist. Der Ausdruck "Domäne" wird hier benutzt im Sinne von Sprachanthropologen wie C. Voegelin oder Sprachsoziologen wie J. Fishman (1964) und bezieht sich hauptsächlich auf die Thematik des sprachlichen Ausdrucks, schließt aber auch situationelle Faktoren mit ein. Die hier zu erläuternde Frage ist die Verteilung von Sprachgebrauchsdomänen zwischen den beiden Sprachen eines Zweisprachigen oder die Aufteilung der beiden Sprachen nach oder in Gebrauchsdomänen, nicht nur für einzelne Zweisprachige, sondern auch für zweisprachige Gemeinschaften.

Die Wichtigkeit des Gesprächsthemas kann ich mit einem kurzen Beispiel aus meinem eigenen zweisprachigen Verhalten illustrieren: Im vergangenen Herbst gerieten wir auf dem Ontario See mit unserem Segelboot in gefährlicher Nähe der steinigen Küste in einen schweren Sturm. Als wir später wieder sicher in den Hafen eingelaufen waren, beschwerte sich meine englischsprachige Bootsmannschaft darüber, daß ich ihnen während der gefährlichsten Minuten im Sturm alle Anweisungen nur auf Deutsch zugerufen hätte. Seit meiner Jugendzeit an der deutschen Ostsee, wo ich meine erste Segelausbildung und Segelerfahrung erhielt, habe ich eine bessere Kenntnis der Segelterminologie im Deutschen als im Englischen behalten, selbst noch nach mehr als zehn Jahren Segelpraxis auf den Großen Seen Nordamerikas. Vielleicht hängt das damit zusammen, daß das Segeln eine verhältnismäßig wortkarge Sportart ist, bei der nicht viel gesprochen wird. Dennoch ist nicht zu übersehen, daß die

Tatsache, daß mir die englischen Termini wohlbekannt sind und daß dies
die Sprache meiner Gesprächspartner war, offenbar dem Übergewicht des
Themazwangs keinen Abbruch tat, zumal im Zustand gewisser emotioneller
Erregung.

Alle Zweisprachigen wissen genau, daß gewisse Situationen oder
Domänen einfacher in der einen Sprache zu beschreiben sind als in der
anderen und ziehen zur Erklärung einer besonders schwierigen Sachlage
häufig eine ihrer Sprachen der anderen vor. Solche Entscheidungsbedingungen haben häufig ihre Grundlage und Ursache in der besonderen sprachpsychologischen Entwicklungsgeschichte der betreffenden Person, wie im
Falle meiner eben erwähnten deutschen Ausbildung in der Navigation oder
in meiner Bevorzugung des Englischen für Diskussionen über Sprachwissenschaft oder, noch spezifischer, über Kunstgeschichte, in der ich in
England meine Ausbildung erhielt. Noch viel klarer wird die Domänenbezogenheit oder -gerechtheit jeder Sprache in zweisprachigen Gemeinschaften in speziell kulturgebundenen Domänen, wie z.B. in der Folklore, in
Riten und Festgebräuchen, im Sport und in der Küche. In einer neueren
Untersuchung fand G. Thomas (unveröfftl. Ms.) heraus, daß ältere Amerikanerinnen litauischen Ursprungs in Buffalo sich über ihre Kochkunst
und Kochrezepte fast nur und immer auf Litauisch unterhielten oder unterhalten konnten. Dieses Phänomen nennt Mackey (1970:203) "Verfügbarkeit" (engl. "availability"). Dieser Begriff ist für unsere Diskussion
aus zwei Gründen oder auf zwei Ebenen wichtig: Auf der Ebene der zweisprachigen Person oder der zweisprachigen Gemeinschaft, der ein bestimmtes Vokabular für eine bestimmte Gesprächsdomäne nur in einer der beiden
Sprachen zur Verfügung steht, und auf der Ebene einer ganzen Sprache oder
Kultur, der eine bestimmte lexikalische Domäne entweder zur Verfügung
stehen oder gänzlich fehlen kann. Diese thematische Unterteilung der
ethno-kulturellen Erfahrungsgebiete Zweisprachiger spiegelt sich häufig
wider in der sprachlichen Verteilung von Unterrichtsfächern in besseren
zweisprachigen Erziehungsprogrammen: Puertoricanische Geschichte und
Kultur werden z.B. in Buffalos sogenannten vollen zweisprachigen Programmen auf Spanisch unterrichtet.

Während die meisten natürlichen Zweisprachigen eine große Zahl von Ausdrucksdomänen nach Sprache trennen oder zumindest in bestimmten Domänen
die eine der anderen Sprache vorziehen, bleiben dennoch immer eine ganze
Reihe unentschiedener Gesprächsinhalte übrig, für die die eine Sprache
genauso geeignet ist wie die andere oder wo, z.B. bei politischem Ober-

gewicht, eine der Sprachen, die majoritäre oder dominierende Sprache
leicht vorgezogen wird, selbst wenn in der dominierten oder minoritären
Sprache die Ausdrucksmöglichkeiten für die betreffende Domäne durchaus
zur Verfügung stehen. In diesem Fall wäre es dann der Gesprächspartner
(vgl. Braun 1937) oder andere nicht thematische Faktoren in der Gesprächssituation, welche die Sprachauswahl bestimmen.

Die Verteilung der beiden Sprachen oder Sprechfertigkeiten über
Ausdrucksdomänen oder Kommunikationsanforderungen bei zweisprachigen
Personen unter natürlichen Umständen kann deshalb dargestellt werden
wie in Abbildung 2 in Form von zwei sich überschneidenden Kreisen. Die
einfach gestrichelten Teile sollen hier die kontextuellen Domänen darstellen, die jeweils der Sprache α oder der Sprache a vorbehalten sind,
und das karierte Mittelstück jene Ausdrucks- und Erfahrungsgehalte, für
die beide Sprachen gleich geeignet sind.[2]

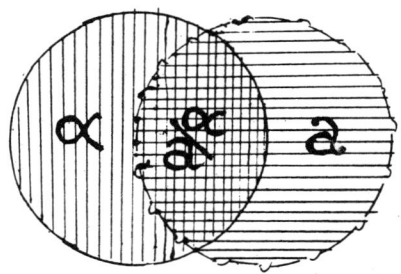

Abbildung 2: Komplementierung

Diese schematische Darstellung entspricht mehr der Wirklichkeit natürlichen zweisprachigen Verhaltens als das Koordinationsschema von Ervin
und Osgood, das die klare Möglichkeit der idealen Existenz zweier nicht
überlagerter Sphären nicht nur zuläßt, sondern beinahe vorsieht. Die
obige Schematisierung dagegen kann sowohl auf den Fall des simultanen
Zweisprachigen, der sozusagen mit zwei Muttersprachen aufwächst (engl.
"native bilingual",cf. A.M. Escobar 1981) wie auf den des natürlichen
konsekutiven Zweisprachigen, wie z.B. den kulturell und sprachlich eingebürgerten Immigranten oder den Angehörigen einer ethno-linguistischen
Minderheit angewandt werden. Anstelle der unrealistischen und gefährlichen Forderung, daß die Fähigkeit eines Zweisprachigen (Z) in den Spra-

---

[2] Die Überschneidung zwischen α und a entspricht ungefähr den Bereichen, für die Oksaar (1980) Lx ansetzt.

chen $\mathcal{L}$ und a der Addition der Fähigkeiten zweier Einsprachiger (E) in Sprache $\mathcal{L}$ plus Sprache a entsprechen müsse, d.h. $Z_{\mathcal{L}+a} = E_{\mathcal{L}} + E_a$, können wir jetzt als Optimum ansetzen, daß eines Zweisprachigen Fähigkeit in $\mathcal{L}$ + a größer sei als die des Einsprachigen in $\mathcal{L}$ oder a oder, als Minimum, daß sie der Letzteren gleichwertig ist, d.h. $Z_{\mathcal{L}}a \gtreqless E_{\mathcal{L}}E_a$.

Weiterhin ist zu bemerken, daß dieses Schema sich auf die semantische Ebene der Sprachstruktur bezieht oder, genauer gesagt, lexikosemantische Ebene, genau wie im Fall des früheren älteren Modells. Sprachwissenschaftlern wird außerdem der Begriff der komplementären Verteilung variierender Formen über einen bestimmten funktionellen Bereich von anderen Ebenen sprachwissenschaftlicher Analysen bestimmt geläufig sein.

3. Fusion

Im folgenden Abschnitt soll gezeigt werden, daß der wichtige und bekannte Weinreich'sche Begriff der Interferenz entweder zu weit gefaßt oder zu eng ist, um die Konsequenzen des Einflusses zweier Sprachen in persönlichen oder gemeinschaftlichen Kontaktsituationen ausreichend zu erklären. Es wird vorgeschlagen, die Vielfalt der Erscheinungen zwei verschiedenen Prozessen unterzuordnen, für deren einen der Name Interferenz beibehalten wird, während für den anderen, im natürlich zweisprachigen Verhalten vielleicht sogar häufigeren, ein neuer Begriff nötig ist, den wir in Anlehnung an Fries und Pike (1949) hier einstweilen als *Fusion* bezeichnen.

3.1 Subordination und Interferenz. Im Mittelpunkt vieler Diskussionen über Typen, Modelle oder Prozesse der Zweisprachigkeit oder zweisprachigen Verhaltens steht immer noch die Frage der relativen Abhängigkeit einer Sprache von der anderen oder ihres Einflusses aufeinander in Sprachkontaktsituationen. Seit Weinreich (1953) trägt der Prozeß, bei dem eine Sprache eine andere beeinflußt, den Namen Interferenz. Seither sind aber auch häufig alle Erscheinungen vom direkten Übernehmen unveränderter Formen oder Einheiten aus einer Sprache in eine andere bis zur völligen Umstrukturierung von Spracharten unter dem Einfluß anderer unter diesen allumfassenden Begriff eingeordnet worden. Weinreich (1953) hat jedoch fast die Hälfte seiner ganzen Abhandlung über Sprachkontakt der Diskussion verschiedener Typen und Prozesse dessen, was er Interferenz nannte, zugeteilt, und wir verdanken Einar Haugen (1952) nicht nur ein frühes Modell für die Analyse und Beschreibung lexikalischer Sprachentlehnungen sondern auch eine frühe Warnung vor der übermäßigen Benutzung des Begriffs der Interferenz (1956:40f.), hauptsächlich allerdings wegen seiner negativen Bedeutungsnuance, die er in seinem jüngsten Vortrag (unveröfftl. Ms.) noch stärker betonte und die auch Fishman (1968:29) zur Kritik reizte.

Eines der Hauptbedenken, das schon Fishman erhob, und das für unsere Diskussion hier besonders wichtig ist, richtet sich gegen die Einführung des Begriffs der "Norm" in Weinreichs so kurzer Definition von Interferenz als "deviations from the norms of either language" im Sprachgebrauch von Zweisprachigen (1953:1). Obwohl Weinreich nie und nirgendwo deutlich gesagt hat, was für Normen er dabei wirklich meinte, haben offensichtlich alle Benutzer seines Modells für die Entwicklung kontrastiver Sprachanalyse für die angewandte Sprachwissenschaft, besonders für Sprachunterricht, diese als einsprachige Normen interpretiert und, sofern sie existierten, als die Norm der gebildeten Hochsprache oder der Schriftsprache, wie sie in Schulgrammatiken oder Sprachfibeln niedergelegt ist. Wir wissen natürlich, daß Weinreich sich keinesfalls auf solche Fälle beschränken wollte, wie ganz klar aus der Anwendung seines Modells auf den Kontakt zwischen so wenig standardisierten Spracharten wie Dialekte des Rumantsch oder des Schwyzerdütsch in der Schweiz, mit denen er arbeitete, hervorgeht. Wenn auch einsprachige Normen nicht als Verhaltensnormen für Zweisprachige angesetzt werden, so werden sie doch eindeutig als normative Grundlagen für die Analyse und Beschreibung zweisprachiger Interferenz sowohl von Weinreich wie von allen seinen Nachfolgern benutzt. So wie im Falle des Fremdsprachen- und vielleicht auch des Zweitsprachen-Unterrichts ist dieses Modell dort am besten anwendbar, wo die sprachliche Bezugsnorm und die angestrebte Verhaltensnorm für Lehrer und Schüler dieselbe ist, d.h. in Situationen des konsekutiven Spracherwerbs und bei der Sprachlehre unter schulischen Bedingungen. Im typischen Schul- oder Universitätsunterricht ist die Lehr- oder Lernnorm für Schüler und Studenten die Sprachnorm des gebildeten einsprachigen Benutzers der Zielsprache oder wenigstens eine simulierte oder imaginäre Form der Letzteren. In solch einem Fall ist es kaum vermeidlich, daß die Muttersprache des Schülers einen starken Einfluß auf die zu erlernende Zielsprache ausübt und daß ein Prozeß der Subordination die Zweitsprachenentwicklung des Schülers zumindest für eine gewisse Zeit eindeutig bestimmt. Der gleiche Prozeß ist typisch für den jüngst im Gastland eingetroffenen Immigranten. Wenn auch die Spracherwerbs- und -Umgebungsnormen sowie die Produktions- oder Gebrauchsnormen (engl. "input" bzw. "output" norms) für die Gastsprache des Immigranten ganz anders sind als die des Fremdsprachenschülers, so ist doch der Prozeß der Subordination für beide zutreffend.

Es ist schließlich entscheidend, daß in fast allen Beschreibungen von Interferenz, einschließlich der Beispielsfälle Weinreichs, der Spracheinfluß als ein Vorgang in einer Richtung von der einen Sprache auf die andere angesehen und verstanden wird. Der Gebrauch von Wörtern wie primär (P) und sekundär (S) zur Bezeichnung der beiden Kontaktsprachen bei Weinreich setzt entweder Konsekutivität oder zumindest Dominanz oder Vorrang einer Sprache vor der anderen voraus, genauso wie die Abkürzungen L_1 und L_2 bzw. S_1 und S_2 in fast allen Abhandlungen über Zweisprachigkeit.

3.2 Kombination und Fusion. Die meisten Sprachwissenschaftler, oder doch jedenfalls die sogenannten Soziolinguisten unter ihnen, halten die Zweisprachigkeit heute nicht mehr für die relativ seltene Ausnahme oder Abweichung von der Regel oder Normalität der Einsprachigkeit, sondern wissen, daß über die Hälfte der Weltbevölkerung funktionell zweisprachig ist. Die Tatsache hingegen, daß eine große Anzahl, ja vielleicht die Mehrzahl dieser Zweisprachigen sozusagen mit zwei Muttersprachen seit ihrer Kindheit aufgewachsen sind (engl. "native bilinguals"), ist weit weniger bekannt und anerkannt. Solche "doppelt-muttersprachlichen" Sprachgemeinschaften befinden sich hauptsächlich in Teilen der sogenannten Dritten Welt, wie z.B. in Südamerika, Afrika und Asien. Der gleichzeitige oder fast gleichzeitige Erwerb zweier Sprachsysteme im Vorschulalter, falls irgendeine Schulausbildung überhaupt vorhanden ist, ist jedoch nur ein Merkmal der Angehörigen solcher zweisprachigen Gemeinschaften. Das andere, mindestens ebenso wichtige Merkmal ist das Fehlen oder die Unzugänglichkeit einsprachiger Normen in solchen Sprachumgebungen oder zumindest das Fehlen des Bewußtseins solcher Normen unter den Mitgliedern der Sprachgemeinschaft. Weinreichs frühe Beschreibung eines Kombinationssystems (1953:9), in dem zwei Bedeutungsinhalte ("signifiés") oder zwei Vermittlungsprozesse in den Worten Ervins und Osgoods miteinander verschmelzen und lediglich formal unterschiedliche Ausdrücke in den beiden Sprachen auslösen, kommt einer Darstellung des Sprachverhaltens in solchen Gemeinden in vielen Fällen sehr nahe. Der Hauptunterschied zwischen dieser Art von Kombinationsprozeß und dem eben beschriebenen Subordinations-Interferenz-Prozeß ist die Tatsache, daß die Beeinflussung zwischen den Sprachen in beiden Richtungen wirkt, d.h. daß eine Verschmelzung oder Fusion zwischen den Vermittlungsprozessen beider Sprachen in einem angestrebt wird und damit eine große Annäherung der sprachlichen Ausdrücke in den beiden Sprachen bewirkt wird. Der Begriff der Approximation linguistischer Systeme ist nicht neu in der Sprachwissenschaft (vgl. Nemser 1969), sein Gebrauch wird jedoch hier beschränkt auf die bidirektionale, zentripetale Bewegung zweier Systeme oder Strukturen aufeinander zu. Dieser Prozeß der sprachlichen Approximation und kognitiven Fusion, wie zeitgenössische Psycholinguisten ihn nennen würden, hat über längere Zeiträume zur Entstehung gesonderter Kontaktvarianten von Sprachen geführt, die Haugen schon 1953 (60) "Zweisprachige Dialekte" genannt hat. So haben sich in den Vereinigten Staaten zweisprachige Varianten von Einwanderersprachen entwickelt, von denen einige unter ihrem eigenen Namen bekannt geworden sind, wie z.B. das Pennsylvanien-Deutsch oder das "Polonian", eine anglisierte amerikanische Art des Polnischen. Eine der wichtigsten Folgeerscheinungen dieses Prozesses ist die Umstrukturierung beider Kontaktsprachen und nicht nur einer von ihnen, die in vielen Fällen weit über den von Weinreich "Reinterpretation von Oppositionen" (1953:18) genannten Interferenz-Typ hinausgeht und meist alle Sprachstrukturebenen erfaßt, nicht nur die phonologische, für die u.a. auch ich Beispiele aus dem diglossischen Kontakt zwischen dem Standard-Englischen und englischen Dialekten gebracht habe (Wölck 1965:57ff.). Das Anden-Spanisch in Peru und Bolivien ist z.B. während seines dreieinhalb Jahrhunderte alten Kontakts mit Quechua der Inka-Sprache auf allen grammatischen Ebenen umstrukturiert worden. Ein Satz wie "Se había casada en la iglesia" ist beispielsweise durchaus nicht abhängig von irgendeinem Präverb, das den Irrealis regiert, wie es aussieht, sondern ein unabhängiger Ausdruck, der die Umarbeitung einer bestehenden spanischen Verbform zur Bezeichnung der Sprechakt-Kategorie des Reportativum in Quechua zeigt, mit der Bedeutung: "Sie soll in der Kirche geheiratet haben". Das Quechua andererseits hat über die letzten Jahrhunderte ihm typologisch völlig fremde Konstruktionen entwickelt, wie z.B. Relativsätze in Anlehnung ans Spanische, jedoch mit Benutzung und Umdeutung eigenen Konstruktionsmaterials, wie z.B. den Gebrauch von Interrogativ als Relativpronomen mit Zusatz einer Dubitativ-Partikel für einen unbestimmten Relativsatz, und mit Zusatz einer Assertativ-Partikel für bestimmte Relativsätze.

Das Endresultat einer Annäherung von Systemen ist natürlich die völlige Vereinigung oder Verschmelzung zweier Systeme in einem, d.h. die Schöpfung eines völlig neuen Zwischensystems, einer neuen Sprachart. Eines der noblen Beispiele für diesen Vorgang ist vielleicht die Entwicklung des Mittel- und Neuenglisch aus einer Verschmelzung von Angelsächsisch und Normannisch (Französisch). Die Kreolensprachen Afrikas und Amerikas wurden anfangs viel weniger akzeptiert, während die hybriden Mischungen zwischen einheimischen und Kolonialsprachen z.B. in Südamerika zwischen Spanisch und Quechua in Ekuador (vgl. Muysken 1979) oder zwischen Guaraní und Spanisch in Paraguay (vgl. Meliá 1969: 70) zwar zur Kenntnis genommen aber allgemein als Entartungen abgewertet wurden, wie die Bezeichung "Halbsprache" (span. "Media Lengua") für die ekuadorianische Kontaktsprache deutlich zeigt. Was die beiden letztgenannten Fälle von den vorhergenannten unterscheidet, ist, daß diesen südamerikanischen Gemeinschaften der Zugang zu formalen Unterrichtsgelegenheiten fehlt und daß sie deshalb gar keine Kenntnis einsprachiger Normen haben, insbesondere nicht die der gebildeten Standardsprache des sie umgebenden Sprachraums. Die weitere Tatsache, daß alle Gemeindemitglieder offenbar zweisprachig sind, entbindet sie der Notwendigkeit einer klaren Trennung zwischen beiden Sprachen. Wollten wir diese Situation in Bezug zu unserer obigen Abbildung mit den beiden ineinander verschobenen Sphären bringen, dann wäre dies der Fall, wo die beiden Kugeln ineinander aufgingen und zu einer würden, d.h. der Fall, in dem sämtliche Erfahrungen und Inhalte des menschlichen Gesprächsaustausches in beiden Sprachen gleich gut erklärbar und aussprechbar sind.

3.3 Gesprächsthema, Normbewußtsein und Fusionsgrad. Vor Beginn der Diskussion von unterschiedlichen Graden von Überlagerung, Annäherung oder Fusion von Systemen möchte ich einstweilen den Fall einer eindeutig ungleichen Verteilung der Sprachkenntnisse bei Zweisprachigen, d.h. die klare Subordination und den unidirektionellen Einfluß eines Systems auf ein anderes aus der gegenwärtigen Betrachtung herauslassen. Wir wollen uns in diesem Abschnitt nur mit Fällen von "Beidsprachigkeit" (engl. "ambibilingualism") beschäftigen. Ich habe diesen Ausdruck ausgewählt mit bewußter Anlehnung und Assoziation an "Beidhändigkeit" (engl. "ambidexterity"), die die Fähigkeit einer Person beschreibt, mit beiden Händen gleich gut arbeiten zu können, unter Einräumung gewisser funktio-

neller Spezialisierung für jede der beiden. Auf Sprachfähigkeit und Sprechfertigkeit übertragen, soll hiermit der Fall desjenigen Zweisprachigen beschrieben werden, dessen Ausdrucksfähigkeit in der einen Sprache genauso gut ist wie in der anderen, der jedoch gewisse Erfahrungsbereiche in der einen Sprache besser ausdrücken kann als in der anderen. Die Gleichwertigkeit der beiden Sprachen für den Beidsprachigen ist relativ zueinander zu verstehen, und nicht mit Wertmaßstäben wie z.B. dem der Spracheinheit oder der (gebildeten) einsprachigen Norm zu verwechseln. Zu den Beidsprachigen gehören daher sowohl Angehörige von Sprachgemeinschaften, denen der Zugang zu den öffentlichen Bildungsmitteln versagt geblieben ist und deren beide Sprachen daher mehr Mischformen aufweisen, sowie gebildetere Sprecher mit mehr Normenkenntnis, Normbewußtsein und daher mehr Sprachtrennungspotential. Die wörtliche Wiedergabe der englischen Struktur "Close the door" als deutsch "Schließ die Tür" ist im Grunde nicht besser als die Wiedergabe des deutschen "Mach die Tür zu" im Einwanderungsenglisch als "Make the door to"; nur hat der erste Sprecher eine bessere Schulbildung genossen und weiß besser, welche grammatischen Fehler zu vermeiden sind und wann eine Strukturentsprechung ohne Normverletzung ausgenutzt werden kann. Wenn auch die meisten Beidsprachigen wahrscheinlich wohl als "Doppelt-Muttersprachler" (engl. "native bilingual") aufgewachsen sein werden, ist es durchaus möglich, Beidsprachigkeit in konsekutiver Lernfolge zu erwerben.
Wenden wir uns zuerst dem Faktor der Gesprächsthematik und seinem Einfluß auf die Sprachauswahl und damit, wie wir sehen werden, der Sprachinterferenz und -fusion zu, dann erinnern wir uns daran, daß in unserem Komplementierungsschema (Abb. 2) bestimmte Ausdrucksinhalte bei Zweisprachigen, und besonders bei Beidsprachigen, jeweils der einen oder der anderen Sprache vorbehalten oder zugeordnet werden. Im Beispielsfall der amerikanischen Litauerinnen, deren Ausdrucksfähigkeit im kulinarischen Gebiet im Litauischen viel besser war als im Englischen, zeigte es sich außerdem und erwartungsgemäß, daß ihr Litauisch in dieser Domäne fast "rein", d.h. vom Englischen fast unbeeinflußt blieb. Wurden sie jedoch gezwungen, denselben Ausdrucksgehalt einer einsprachigen Amerikanerin auf Englisch zu verdeutlichen, kam nicht nur viel litauisches Vokabular in die englische Unterhaltung, was wohl zu erwarten ist, sondern auch viel litauische Syntax und sogar ein merkbarer litauischer Akzent ins Englische. Mit anderen Worten, wir bemerkten das Auftreten von Interferenzerscheinungen, die für den Subordinationsprozeß bezeichnend

sind. Genau dasselbe passiert mir, wenn ich einen Sachverhalt wie die Sprachwissenschaft oder die Zweisprachigkeit, zu deren Erörterung ich normalerweise das Englische benutze, plötzlich auf Deutsch ausdrücken will, wie es bei der Verfassung dieses Manuskripts geschieht, in dem dem englischkundigen Leser bestimmt viel mehr als nur Vokabelfehler auffallen werden. Aus diesen Beobachtungen geht hervor, daß ein Zweisprachiger seine beiden Sprachen nur dann oder vornehmlich dann gut "koordinieren" oder trennen kann und sich besonders dann ohne größere Vermischungseffekte ausdrücken kann, wenn sowohl Sprache wie Ausdrucksgehalt sich komplementär verteilen. Wenn hingegen Sprach- und Themenauswahl einander zuwiderlaufen, verfällt er offenbar der kognitiven Subordination und damit der sprachlichen Interferenz der für diesen Bereich natürlicheren Sprache.

Im Überlagerungs- oder Schnittbereich zwischen alpha und a in unserer Abbildung, d.h. in Ausdrucks- oder Erfahrungsbereichen, für die beide Sprachen gleichermaßen angemessen sind, ist das Sprachverhalten ganz anders. Für diese wirklich beidsprachigen Ausdrucksbereiche trifft ein kognitiver Kombinationsprozeß zu, der nicht etwa, wie in dem Originalschema von Ervin und Osgood in Abbildung 1, einer unidirektionalen Subordination gleichkommt, sondern in dem die Vermittlungsprozesse sich einander nähern oder sich zu einem Kompromißprozeß vereinigen, wie in Abbildung 3 dargestellt, und wo die beiden Sprachen sich bidirektional gegenseitig beeinflussen und eine Fusion oder Verschmelzung anstreben. Der Prozeß der Sprachannäherung in diesen thematisch wie sprachlich undifferenzierten Erfahrungsbereichen führt zu größeren Graden und ganz anderen Typen der Sprachmischung als die Trennungs- und Interferenzprozesse in den Komplementärsektoren.

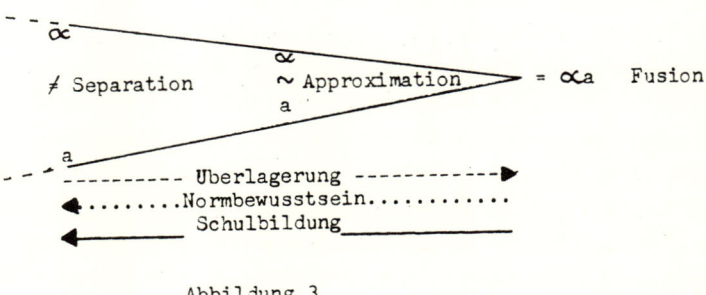

Abbildung 3

Prozesse natürlicher Zweisprachigkeit

Der zweite entscheidende Faktor in der Bestimmung des Sprachüberlagerungs- und Beeinflussungsgrades ist das Normbewußtsein des Zweisprachigen, d.h. seine Kenntnis oder Bekanntschaft mit der (gebildeten) einsprachigen Norm jeder Einzelsprache. Diese Kenntnis hängt einmal von der Häufigkeit des Kommunikationskontakts des Zweisprachigen mit einsprachigen Angehörigen der gleichen oder einer benachbarten Sprachgemeinschaft ab, und zum anderen sehr stark von formaler Schulausbildung im einsprachigen Medium. Unsere Attitüden- und Sprachreaktionsstudien in Peru (Wölck 1973) zeigen klar, daß nicht nur die Sprachwissenschaftler diesen Unterschied im Sprechverhalten Zweisprachiger bemerken, sondern daß alle Angehörige zweisprachiger Sprachgemeinschaften diese Unterschiede sehr gut heraushören können. Nicht nur wurden das Spanisch wie das Quechua ungebildeter Sprecher als schlecht beurteilt, sondern unsere Gutachter konnten aus dem Sprechverhalten in der einen Sprache leicht auf eine gewisse Kenntnis der anderen schließen, während bei gebildeten Sprechern das letztere nicht möglich war und ihre Sprachfähigkeit in der Testsprache jeweils viel höher bewertet wurde. Diese gegenseitige Abhängigkeit zwischen Fusionsgrad, Normbewußtsein und Schulbildung wird in Abbildung 3 schematisiert.

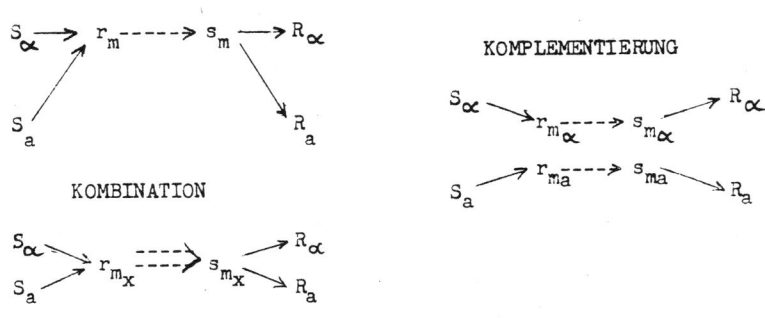

Abbildung 4

Bevor wir diese analytischen Betrachtungen abschließen, wollen wir noch schnell auf eine Fertigkeit Beidsprachiger eingehen, die erst kürzlich von Sprachwissenschaftlern entdeckt und beschrieben worden ist und die sehr gut in unser Konzept paßt. Es ist dies die Fähigkeit der Sprachmischung (engl. "code mixing"), nicht zu verwechseln mit dem schon lange bekannten Sprachwechseln (engl. "code switching"), in dem

der Beidsprachige im gleichen Zusammenhang und oft im gleichen Satz
nach bestimmten sprachlichen Regeln zwischen den beiden Sprachen hin
und herspringt. Es gehört zur Definition des "Sprachmixens", daß diese
schnelle Abwechslung von kurzen Ausdrücken beider Sprachen nicht nur
in der Unterhaltung mit der gleichen Person in derselben Situation,
sondern innerhalb der gleichen Thematik stattfindet, d.h. im gleichen
gesellschaftlichen Bezugsrahmen (Sridhar 1981). Hier haben wir anscheinend die Alternative zur Fusion oder Kombination in den undifferenzierten Sprachsituationen: eine Komplementierung der beiden Sprachen innerhalb der gleichen Thematik; jedoch wahrscheinlich nur einer solchen
Thematik, die keiner der beiden Sprachen speziell kulturell oder erfahrungsmäßig zugeordnet ist. Natürlich ist diese Fähigkeit der gleichthematischen und innersatzlichen Komplementierung sehr vom einsprachigen
Normbewußtsein des Beidsprachigen abhängig, sonst könnte er diese
schnellen Unterschiede gar nicht machen.

4. Zusammenfassung und weitere Anwendungsmöglichkeiten

Abschließend geben wir jetzt noch eine kurze Zusammenfassung der Hauptargumente unserer Diskussion:
- Die von Ervin und Osgood (1954) beschriebenen "Systeme" sind nicht
Faktoren zur Typologisierung Zweisprachiger, sondern *Prozesse* ihres
Sprach- oder Sprechverhaltens.

- Die von Ervin und Osgood gegebenen Schemata für Kombinations- und
Koordinationssysteme sind aus verschiedenen Gründen irreführend
(s. Abb. 1). Sie müssen in folgender Weise berichtet und ergänzt werden, um natürlichen Zweisprachigkeitsgegebenheiten zu entsprechen
(s. Abb. 3): Das Ervin-Osgoodsche Diagramm für ein Kombinationssystem
(engl. "compound system") entspricht vielmehr einem Subordinationsprozeß; ihr Koordinationsschema ("coordinate system") einem Komplementierungsprozeß, bei dem die Ausdruckstotalität eines Zweisprachigen nach
Sprachen und Gesprächsthemen unterteilt ist, die sich zu einem Gesamt-
Sprach- Welt- Bild ergänzen; in ihrem alten Modell fehlt gänzlich die
Darstellung des wirklichen Kombinierungsprozesses, bei dem sich die
kognitiven Vermittlungsprozesse einander so nahe kommen, daß sie sich
oft zu einem einzigen Kompromißprozeß auf der Mitte vereinigen, der
von den beiden (imaginären) Einsprachigkeitsprozessen gleich weit entfernt ist.

- Letzterer Kombinations- oder Fusionsprozeß hat sprachliche Annäherungs- und Überlagerungserscheinungen zur Folge, die von den bekannten und von Weinreich (1953) beschriebenen Interferenz-Erscheinungen zu unterscheiden sind. Der Hauptunterschied besteht darin, daß der Interferenzprozeß einseitig von einer (dominierenden) Sprache auf die andere (dominierte) wirkt, während die sprachliche Annäherung oder Fusionstendenz sich in einer zweiseitigen oder gegenseitigen Beeinflussung beider Sprachen auswirkt und häufig zu auffälligen Umstrukturierungen beider Sprachsysteme führt.

Diese Erkenntnisse, vor allem die Unterscheidung zwischen soziolinguistischen Bestimmungsfaktoren und kognitiven Vermittlungs- oder sprachlichen Verhaltensprozessen kann bessere Ansätze und Kriterien für die Beschreibung und das Verständnis der Zweisprachigkeit liefern. Nach der Zusammenfassung der Prozesse zu Beginn dieses Abschnitts ist es darum vielleicht nicht unwichtig, schnell nochmal die wichtigsten Bedingungs- und Unterscheidungsfaktoren aufzuzählen. Außer dem grundlegenden Unterschied zwischen a) der Person und der Sprachgemeinschaft gehören dazu die Unterscheidung b) der natürlichen von künstlichen oder simulierten Sprachlernbedingungen, letztere z.T. exemplifiziert in c) der Schulausbildung, die jedoch nicht nur für die Zweitsprache, sondern für beide Sprachen wichtig ist, insofern sie d) das Normbewußtsein des Sprechers stark beeinflußt. Im Zusammenhang mit dem Natürlichkeits- und Bildungsfaktor ist der altbekannte Unterschied zwischen e) simultanem und konsekutivem Spracherwerb nicht zu vergessen; und als letzten Faktor wollen wir noch einen mehr sprachlichen erwähnen, der mit Normbewußtsein und Normvorstellungen, sowie mit den Möglichkeiten des Sprachunterrichts in der Schule in engem Zusammenhang steht. Wir haben in der vorangehenden Diskussion des Normbewußtseins und der unterschiedlichen Normvorstellungen gelegentlich von der gebildeten Norm der Standard-, Hoch- oder Schriftsprache gesprochen. Natürlich kann eine solche nur zur Wirkung kommen und einen Einfluß auf das Sprachverhalten ausüben, wenn sie überhaupt existiert, ganz gleichgültig, ob sie dem Sprecher bekannt ist oder nicht. Dieser Unterschied zwischen f) standardisierten Schriftsprachen und nicht oder noch nicht standardisierten, verschrifteten Sprachen (vgl. Wölck 1978 und 1980) ist auch deshalb wichtig für unsere Faktorenanalyse, weil häufig der Unterschied zwischen nicht verschrifteten Sprachen und Dialekten minimal ist, wenn z.B., wie im Fall des Niederdeutschen, eine einst wohl fast standardisierte

Sprache an Rang verloren hat und einen Redialektalisierungsprozeß durchgemacht hat. Der Einbezug des dialektalen Sprachtyps gibt uns dann die Möglichkeit, die Zweisprachigkeit in zwei Schriftsprachen, wie z.B. dem Deutschen und Englischen in meinem eigenen Fall, von dem Kontakt einer Schriftsprache mit einer nicht verschrifteten, wie im Falle von Spanisch und Quechua in Peru, und von der Diglossie zwischen einer Hoch- oder Schriftsprache und einer ihr nah verwandten Mundart oder Dialekt, wie beim Hoch- und Niederdeutschen oder dem klassischen und Umgangs-Arabisch, klarer zu unterscheiden. Eine Matrix wie in Abb. 5, in der die Faktoren in der vertikalen und die Prozesse in der horizontalen Dimension angeordnet sind, kann vielleicht dazu beitragen, das Zusammenspiel all dieser Kräfte im zweisprachigen Verhalten zu verstehen. Keinesfalls sollte diese vereinfachte Schablone jedoch zur Anwendung auf die Typisierung zweisprachiger Personen verführen!

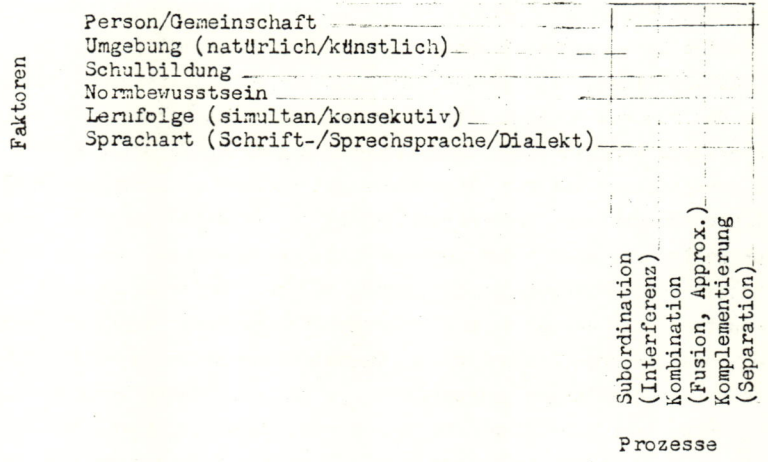

Abbildung 5: Determinanten zweisprachigen Verhaltens.

Der Unterschied zwischen sprachlicher Interferenz und Fusion liefert ein weiteres und wichtiges Kriterium zur Unterscheidung der Pidgin-

von den Kreolensprachen (Wölck 1978:219). Zur Entstehung der ersteren trägt anscheinend vornehmlich der einseitige Interferenzprozeß bei, während die letzteren deutlich aus einer beidseitigen Fusion hervorgehen. Dem vielleicht doch zu bescheidenen Zugeständnis der Mitverfasserin des grundlegenden Beitrags, der diese Diskussion ausgelöst hat, nämlich in ihrem späteren Beitrag (Ervin-Tripp 1970), daß wir derzeit noch kein wirkliches Modell des Erstsprachenerwerbs besitzen, von einem für den Zweitsprachenerwerb ganz zu schweigen, sondern daß wir allenfalls bis zu einer gewissen Darstellungsschematik gekommen sind, möchte ich hier am Ende dieser Ausführungen mehr als zehn Jahre danach zustimmen und hinzufügen, daß die hier verwendeten Abbildungen auch nur als schematische Erläuterungen des Textes und nicht als Verhaltens- oder Verarbeitungsmodelle der Zweisprachigkeit angesehen werden sollten.

Literatur

Braun,M.,1937: Beobachtungen zur Frage der Mehrsprachigkeit. In: Göttingische Gelehrte Anzeigen 199, 115-130.

Chomsky,N.,1959: Rezension von B.F. Skinner: Verbal Behavior. In: Language 35, 26-58.

Diller,K.,1974: "Compound" and "Coordinate" Bilingualism: a Conceptual Artifact. In: Word 26, 254-261.

Ervin,S.M./Osgood,C.E.,1954: Second Language Learning and Bilingualism. In: Osgood,C.E./Sebeok,T.A. (eds.), Psycholinguistics: A Survey of Theory and Research Problems. Baltimore. Neue erw. Ausg. Bloomington, London 1965, 139-146.

Ervin-Tripp,S.,1970: Structure and Process in Language Acquisition. In: Alatis,J.E. (ed.), Bilingualism and Language Contact, Washington, 313-344.

Escobar,A.M.,1981: Native Bilinguals and Andean Spanish in Peru. Unveröfftl. Magisterarbeit, State University of New York, Buffalo.

Fishman,J.A.,1964: Language Maintenance and Language Shift as a Field of Inquiry. In: Linguistics 9, 32-70.

Fishman,J.A.,1968: Sociolinguistic Perspective on the Study of Bilingualism. In: Linguistics 39, 21-49.

Fries,C.C./Pike,K.L.,1949: Coexistent Phonemic Systems. In: Language 25, 29-50.

Haugen,E.,1950: The Analysis of Linguistic Borrowing. In: Language 26, 210-231.

Haugen,E.,1956: Bilingualism in the Americas: A Bibliography and Research Guide, University, Ala.

Mackey,W.F.,1970: Interference, Integration, and the Synchronic Fallacy. In: Alatis,J.E. (ed.), Bilingualism and Language Contact, Washington, 195-223.

Meliá,B.,1969: La création d'un langage chrétien dans les réductions des Guarani au Paraguay. Interne Veröfftlg. der Theologischen Fakultät der Universität Straßburg.

Muysken,P.,1979: La mezcla de quechua y castellano: el caso de la "media lengua". In: Lexis 3, 41-56.

Nemser,W.,1969: Approximative Systems of Foreign Language Learners. In: Yugoslav Serbo-croatian-English Contrastive Project, Zagreb, 3-12.

Oksaar,E.,1980: Linguistic Aspects in the Development of Bilingualism. In: Afendras,E.A. (ed.), Patterns of Bilingualism (RELC Anthology Series 8), Singapore, 305-321.

Roberts,M.H.,1939: The Problem of the Hybrid Language. In: Journal of English and Germanic Philology 38, 23-31.

Sridhar,S.,1980: The Syntax and Psychology of Bilingual Code Mixing. In: Canadian Journal of Psychology 34, 407-416.

Weinreich,U.,1953: Languages in Contact: Findings and Problems. New York.

Wölck,W.,1965: Phonematische Analyse der Sprache von Buchan, Heidelberg.

Wölck,W.,1973: Attitudes Towards Spanish and Quechua in Bilingual Peru. In: Shuy,R./Fasold,R. (eds.), Language Attitude Studies: Current Trends and Prospects, Washington, 129-147.

Wölck,W.,1978: Towards a Classificatory Matrix for Linguistic Varieties. In: Paradis,M. (ed.), Aspects of Bilingualism, Columbia, S.C., 211-219.

Wölck,W.,1980: Zuverlässigkeitskriterien für die Beschreibung von Sprechsprachen. In: Clément,D. (Hrsg.), Empirische Rechtfertigung von Syntaxen, Bonn, 22-37.

Charles A. Ferguson

SPRACHERHALTUNG BEI MINDERHEITEN
Fallstudie der Sorben

1. Einleitung[1]

Seit Fishman in 1964 das Studium der Spracherhaltung und des Sprachwechsels - und in weniger klarer Form schon lange vor ihm - als Untersuchungsgegenstand bestimmte, haben Wissenschaftler versucht, die Momente zu erklären, die dazu führen, daß eine Sprachgruppe ihre Sprache erhält, während eine andere Gruppe unter etwa ähnlichen Bedingungen ihre Sprache wechselt. Viele Soziolinguisten würden die grundlegenden wissenschaftlichen Fragen gerne ansehen als Suche nach einem theoretischen Modell bezüglich dessen Fälle von Spracherhaltung und -wechsel bestimmt werden könnten und wenigstens angenäherte Wahrscheinlichkeitsvoraussagen über Ergebnisse gemacht werden könnten. Jedoch gibt es bis heute keine befriedigenden theoretischen Modelle, die sich diesem Ziel weit genug genähert haben.

Einige der vorgeschlagenen Modelle haben offensichtlich Vorzüge dadurch, daß sie wichtige Aspekte des Problems betonen und für bestimmte Fälle sogar geeignete Analyserahmen bieten. Als Beispiele hierfür können vier, auf ganz unterschiedliche Gesichtspunkte bezogene Modelle genannt werden: Deutschs soziales Mobilisierungsmodell (Deutsch 1969), Schermerhorns völkisches Konfliktmodell (Schermerhorn 1970), Kloss' Faktorenliste (Kloss 1966) und Giles' Theorie von Sprache als ethnische Markierung (Giles 1979). Das soziale Mobilisierungsmodell ist mit dem Gedanken der nationalen Entwicklung verbunden, vereinigt Perspektiven der politischen Wissenschaften und Kommunikationstheorie und hat den

---

[1] Die vorliegende Fassung des Aufsatzes wurde mitbestimmt von einem kurzen Aufenthalt in Bautzen, einem intensiven Gespräch mit Professor Schuster-Šewc in Leipzig und der Diskussion mit den Studenten des Seminars "Language minorities in Europe" am Stanford Center Berlin. Ich möchte Peter Kunstmann Dank sagen, der, selbst unter Zeitdruck stehend, die Zeit fand, mir bei der Übertragung des Textes ins Deutsche zu helfen. Für Fehler, die durch die spätere Überarbeitung entstanden sind, kann er natürlich nicht zur Verantwortung gezogen werden. Ich möchte auch allen danken, die mir bei der Organisation meiner Aktivitäten zur Seite standen oder mir bei der Formulierung einiger Passagen mit Rat und Tat Beistand leisteten.

Vorteil, im Prinzip quantifizierbar zu sein. Das völkische Konflikts-
modell ist mit dem Gedanken der ethnischen Herrschaft verbunden und
untersucht - im Grunde aus der Sicht der politischen Wissenschaften -
die Beschaffenheit des Verhältnisses zwischen Volksgruppierungen im
Kontakt. Die Faktorenliste, die als theoretischer Rahmen für die Ein-
wirkung auf Erhaltung/Wechsel benutzt wurde, richtete sich zunächst
aus soziologischer und gerichtlicher Sicht auf Einwanderungsgruppen.
Das vierte Modell ist eingestandenermaßen von der sozialpsychologischen
Sicht bestimmt und entwickelte sich aus Untersuchungen verbaler Interaktionen zwischen einzelnen Personen. Obwohl alle diese Modelle wert-
volle Einsichten vermitteln, stellt keines, auch nicht in Kombination,
eine umfassende Theorie der Spracherhaltung dar. Da ein zufriedenstel-
lendes theoretisches Modell fehlt, kann eine möglicherweise produktive
Untersuchungsstrategie sein, eine analytische Beschreibung sorgfältig
ausgesuchter Sprachsituationen vorzunehmen und aufgrund bester Intui-
tionen des Untersuchenden und unter Einbeziehung partieller Prinzipien
sowie bekannter Ergebnisse ähnlicher Fälle Prognosen zu treffen. Diese
Prognosen oder "Voraussagen" können entsprechend von anderen Wissen-
schaftlern kommentiert und im Laufe der Zeit durch konkrete Fälle bestätigt oder widerlegt werden. Es ist in diesem Sinne, daß der vorliegende Aufsatz eine Skizze der Sorben entwirft, einer sprachlichen Minderheit in der Deutschen Demokratischen Republik (DDR) (vgl. Stone
1972, Autorenkollektiv 1979). Auf der Basis verfügbarer geschichtlicher
Daten und der augenblicklichen Situation der sorbischen Sprachgemeinschaft wird eine präzisere Prognose vorgestellt, die von anderen Soziolinguisten erörtert werden kann; sie wird gleichzeitig eine angreifbare
Anzahl von Voraussagen darstellen, mit der zukünftige Ereignisse in der
Hoffnung verglichen werden können, daß einige der angesprochenen Gedanken zur Entwicklung eines brauchbaren Modells der Spracherhaltung
beitragen können, als augenblicklich zur Verfügung steht.

   Die Sorben, früher öfter als Wenden bezeichnet, leben vornehmlich
in der Lausitz (sorbisch Łužica 'Sumpfland'), dem südöstlichen Winkel
der DDR, eingegrenzt von Polen im Osten und der Tschechoslowakei im
Süden. Die Spree fließt durch diese Gegend, die zwei städtische Zentren
aufweist, Chočebuz (Cottbus) im Norden, der Niederlausitz, und Budyšin
(Bautzen) im Süden, der Oberlausitz. Die Gegend ist größtenteils landwirtschaftlich genutzt, hat jedoch mit Beginn des 19. Jahrhunderts und
verstärkt unter dem heutigen Regime eine beträchtliche industrielle

Spracherhaltung bei Minderheiten   131

Entwicklung erfahren; sie ist Sitz des gewaltigen Gaskombinats Schwarze
Pumpe und verwandter Anlagen. Die Sorben unterscheiden sich von den
Deutschen, die die herrschende ethnische Gruppe der DDR ausmachen,
hauptsächlich durch ihre eigene Sprache, das westslawische Sorbisch,
jedoch auch durch etliche nicht-linguistische, kulturelle Merkmale und
ein Gefühl ethnischer Identität. Die kulturellen Merkmale schließen ein
traditionelle Betätigungen (z.B. angeln, Flachsanbau), eine starke musikalische Tradition mit alten Instrumenten (z.B. Dudelsack, 3-Saiten
Geige), Gebräuche verbunden mit religiösen Feiertagen (z.B. bemalte
Ostereier, das Osterreiten), besondere, eigene Feste (z.B. *ptači kwas*
'Vogelhochzeit' am 25. Januar) und Vorlieben für besondere Essen (z.B.
Leinöl mit Quark). Die meisten dieser charakteristischen Merkmale gehören zum normalen europäischen "bäuerlichen" Folkloretypus, einige
gehören jedoch eher zum städtischen "Hochkulturtypus" wie das sorbische
professionelle Theater, Malerei, Musik, Gelehrten- und schöngeistige
Literatur in sorbischer Sprache.

Die Gesamtzahl muttersprachlicher Sorben wird verschiedentlich
auf 35.000 bis 100.000 geschätzt, wobei sich die gesichertsten
Zahlen zwischen 50.000 und 60.000 bewegen (vgl. Schuster-Šewc 1982).
Beinahe alle sorbischen Sprecher sprechen auch Deutsch, und ihre relative Kompetenz der beiden Sprachen ist ziemlich unterschiedlich; viele
ethnische Sorben haben nur ein passives Wissen ihrer Sprache. Für solch
eine kleine Gruppe ist Sorbisch gut beschrieben: es gibt nicht nur
Grammatiken und Wörterbücher, sondern sogar einen detaillierten Dialektatlas (7 der 15 geplanten Bände sind veröffentlicht) und viele einschlägige linguistische Untersuchungen. Die institutionalisierte Unterstützung für sorbische Studien ist ebenfalls substantiell, z.B. das Institut für sorbische Volksforschung in Bautzen und das Institut für
Sorabistik an der Karl-Marx-Universität in Leipzig.

Die Geschichte des sorbischen Volkes ist auf der Basis von Dokumenten und anderen Quellen untersucht worden (vgl. Geschichte der Sorben 1977-79). Es ist deshalb möglich, eine kurze, aber verläßliche
Darstellung der Hauptmerkmale der Geschichte der Sorben und ihrer Sprache zu geben.

2. Geschichtlicher Überblick der Sorben und ihrer Sprache

In der Mitte des 1. Jahrtausends n.Chr. drangen westslawische Stämme
in den Raum zwischen Saale, Elbe und Oder ein, in dem ehemals germani-

sche Stämme gesiedelt hatten, jedoch wieder abgewandert waren. Unter diesen Stämmen ließen sich zwei, die *Luzici* und die *Milceni*, in der Lausitz nieder. Die in der Niederlausitz siedelnden *Luzici* verliehen dem gesamten Gebiet ihren Namen; die *Milceni* siedelten südlich davon in der Oberlausitz. Ein eng verwandter dritter Stamm (die *Daleminci*) wanderte in die Gegend des heutigen Meißen ein und starb ziemlich früh aus. Die Lusitzer und Milzener blieben jedoch - von der Zeit der Einwanderung bis zur Gegenwart - in der Lausitz, und ihre Nachkommen bilden heute die sorbische Minderheit in der DDR. Das Territorium der sorbisch sprechenden Bevölkerung war, wie man an den slawischen Ortsnamen der Gegend und aus fragmentarischen Aufzeichnungen der mittelalterlichen Chronisten leicht erkennt, wesentlich ausgedehnter als heute.

Früh im 10. Jahrhundert fing die Ostexpansion der deutschen Stämme an, und trotz eines zuweilen starken Widerstandes der sorbischen Burgen und Gemeinden wurde die gesamte Lausitz schließlich von deutschen Königen und vom deutschen Adel erobert. Seit dem 11. Jahrhundert herrschten in der Lausitz (oder in Teilbereichen) deutsche, polnische oder böhmische Könige, Herzöge und Grafen, als Kämpfe und Kriegszüge aufeinander folgten. Der herrschende Adel und die örtlichen Verwalter waren aber immer deutschsprachig.

Im 12. Jahrhundert begann die zweite Phase der deutschen Ostexpansion. Hatte die erste Phase die Eroberung zum Ziel und die Einsetzung der herrschenden Schichten, so war die zweite eher eine Kolonisation durch Bauern, Handwerker, Bergleute und kleine Kaufleute. Während dieser Zeit wanderten Deutsche in die Dörfer und Landschaften der Lausitz ein, wobei auch viele neue Dörfer gegründet wurden. Seit dieser Kolonisation ist die Bevölkerung der Lausitz immer gemischt: eine deutsche Oberschicht, aber eine Unterschicht bestehend aus Deutschen und Sorben. Die Lausitzer Städte wie Cottbus im Norden und Bautzen im Süden sowie andere kleinere entstanden wahrscheinlich zu Beginn des 13. Jahrhunderts und sind seither von beiden Völkern, Deutschen und Sorben, bewohnt. In der Tat stellen die Sorben seit dieser Zeit in den Städten immer eine Minderheit. Anfang des 17. Jahrhunderts war der Anteil der Sorben an der Einwohnerzahl Bautzens etwa ein Drittel, heute stellen sie nur noch einen Bruchteil, obwohl Bautzen als das kulturelle Zentrum des sorbischen Volkes gilt.

Eine der Rechtfertigungen, die von den Germanen für ihre gewalt-

same Expansion in den Osten angeführt wurde, war das Bedürfnis, den
nicht-christlichen Slawen das Christentum zu bringen. Obwohl sich die
Slawen dem Christentum zunächst widersetzten, nahmen sie allmählich
den Glauben an und wurden starke Verfechter des Christentums. Als Konsequenz gab es zwischen Deutschen und Sorben keine religiöse Barriere,
und Mischehen kamen schon im Mittelalter vor.

Seit der Zeit ihres Erscheinens in der Geschichte bis zum 16.
Jahrhundert wurde Sorbisch nicht als geschriebene Sprache verwendet,
oft war es sogar als gesprochene Sprache für öffentliche und amtliche
Akte verboten. Die einzige bekannte Ausnahme war die Erlaubnis der
böhmischen Könige, daß sorbische Stadtbewohner ihren Bürgereid auf sorbisch ablegen durften. Texte solcher Bürgereide vom Ende des 15. Jahrhunderts gehören zu den wertvollen ersten Zeugnissen des geschriebenen
Sorbisch.

Die Reformation, im 16. Jahrhundert in die Lausitz gekommen,
brachte im Rahmen dieser neuen Glaubenslehre für das Sorbische neue
Funktionen. Sorbisch wurde als Sprache für den Gottesdienst akzeptiert,
für die Predigten, Kirchenlieder und Gebete, und das geschriebene Sorbisch wurde als Sprache religiöser Schriften benutzt - Bibel, Katechismus, kirchliche Gedichte und Lieder sowie anderes Andachtsmaterial.
Das erste Buch, das auf sorbisch geschrieben wurde, war die Übersetzung
des Neuen Testaments von Miklawš Jakubica in 1548, die erste Übersetzung von Luthers Bibel in eine andere als die deutsche Sprache. Da zur
Zeit für eine Veröffentlichung des Manuskripts keine Mittel zur Verfügung standen, war das erste tatsächlich in Sorbisch (allerdings mit
deutscher Titelseite) veröffentlichte Buch ein Gesangbuch und Übersetzung Luthers kleinen Katechismus vom Astronomen und Pfarrer Albin
Mollerus in 1574 (Faksimilenachdruck 1958). Ein dünner Strom kirchlicher Traktate sowie lexikalischer und grammatischer Untersuchungen der
sorbischen Sprache ergab sich bis ins 19. Jahrhundert. Mehr oder weniger im Dialekt eines jeden Autoren geschrieben, tendierten diese Schriften mehr und mehr zu zwei Normen: das Niedersorbische von Cottbus und
das Obersorbische der Gegend um Bautzen. Die meisten Sorben nahmen den
protestantischen Glauben an, jedoch hielt sich im westlichen Teil der
Oberlausitz eine katholische Minderheit; beide Kirchen erzeugten kirchliche Schriften in der sorbischen Sprache, und zeitweilig spiegelten
zwei leicht unterschiedliche Varietäten des geschriebenen Hochsorbisch
die kirchliche Trennung wider.

Eine andere Quelle des Prosa und der Dichtung begann Ende des
18. Jahrhunderts Bedeutung zu erlangen und verstärkte sich in der ersten
Hälfte des 19. Jahrhunderts. Dieses Schrifttum wurde von verschiedenen
größeren slawischen und europäischen intellektuellen Strömungen beeinflußt, einschließlich denen des Pietismus, der Aufklärung, der Romantik
und des Nationalismus, und vieles zeigt ein starkes sorbisches, ethni-
sches oder nationales Bewußtsein auf. Obwohl dieses Schrifttum inhaltlich keinen unmittelbaren Bezug zur Kirche hatte, wurde es oft von
Pfarrern und sorbischen Theologiestudenten in Leipzig (protestantisch)
und Prag (katholisch) herausgegeben. So war Handrij Zejler (Andreas
Zeiler), die größte Persönlichkeit in der "sorbischen nationalen Wie-
dergeburt" der 1840er Jahre und oft als Gründer der sorbischen National-
literatur angesehen, aktiver Pfarrer, wie auch sein Vorläufer, der bekannte Prediger und Schriftsteller Jurij Mjeń (Georg Möhn). Diese Zeit
sah auch die Gründung wissenschaftlicher, literarischer und patrioti-
scher Organisationen unter den Sorben, wie auch erste Zeitschriften.
Die am besten bekannte Gesellschaft ist vielleicht die *Maćica Serbska*
("sorbischer Mutterverein"), die 1847 gegründet wurde, und ihre Zeitschrift *Casopis Maćicy Serbskeje*, die von 1848 bis 1937 erschien, als
die Gesellschaft vom nationalsozialistischen Regime aufgelöst wurde.
Der für die Außenwelt am besten bekannte sorbische nationalistische
Schriftsteller dieser Zeit ist wahrscheinlich Jan Arnošt Smoler (Johann
Ernst Schmaler) (1816-84), ein nimmermüder Gelehrter, Herausgeber, Or-
ganisator und Weltreisender in Sachen sorbischen Nationalbewußtseins
und sorbischer Wissenschaft. Seine monumentale Sammlung sorbischer
Volkslieder (*Pěsnički ... Serbow*) hatte großen Einfluß auf die Sorben
selbst und auf die Welt europäischer Gelehrsamkeit.

Während der wirtschaftlichen, politischen und kulturellen Unruhen
der 1840er Jahre entschieden sich einige kleine sorbische Gruppen aus-
zuwandern. Gründe, die zu diesen Entscheidungen führten, sind vor allem
in der wirtschaftlichen Situation zu suchen. Die Mißernten von 1844-46
verschlechterten die ohnehin allgemein ärmlichen Bedingungen, mit denen
viele Sorben zu leben hatten: Die meisten Auswanderer waren Bauern, die
neues Ackerland suchten. Ein zweiter Umstand war die Glaubensüberzeugung
vieler gläubiger Lutheraner, die unglücklich waren über die vereinigte
lutherisch-kalvinistische Kirche, die ihnen der preußische König aufer-
legte, oder über den Rationalismus und Mangel an Eifer des Klerus. Sie
wollten in ein Land, in dem sie eine Kirche bauen und einen gläubigen

Pfarrer finden konnten, der für sie sorgte, ohne die durch staatliche Kontrolle geschaffenen Schwierigkeiten. Schließlich werden einige durch den Wunsch angeregt worden sein, der deutschen Diskriminierung zu entfliehen, die eigene Sprache frei gebrauchen und ihren eigenen Sitten folgen zu können. In den Jahren von 1848 bis 1860 wanderten 1.500 Sorben nach Australien aus, ein wenig später, etwa von 1854 bis 1890, ging annähernd die gleiche Anzahl nach Amerika, wo sie sich in Texas niederließen. Die Geschichten dieser Gruppen verlaufen erstaunlich parallel (Nielsen 1977). In beiden Fällen zogen sie in die Nähe deutscher Siedler, verloren die sorbische Sprache und wurden in die deutschsprachigen Gemeinden eingegliedert. Schließlich, und gemeinsam mit anderen deutschen Sprechern, paßten sie sich sprachlich der englisch sprechenden Mehrheit an. Die meisten gaben jedoch ihre Religion nicht auf, sondern blieben ihrem konservativen, konfessionell-lutherischen Glauben treu.

In der Zeit von 1848 bis zur Unterdrückung durch den Nationalsozialismus 1937 wurde die geschriebene sorbische Sprache in ihrer Funktion erweitert. Sprachstile oder Register, wie sie für Genres wie Romane, das Zeitungswesen, Einspruchsanträge und wissenschaftliche Untersuchungen angemessen waren, ergänzten die Sprache der Dichtung, Predigten, Grammatiken und Wörterbücher. Als Repräsentanten dieses Jahrhunderts der allmählichen Entwicklung könnte man den vielseitigen und produktiven Schriftsteller Jakub Bart-Ćišinki (1856-1909) nennen, einen katholischen Priester, der als Klassiker sorbischer Literatur anerkannt ist, und der wegen seiner starken sorbischen Loyalität oft von einer Gemeinde oder einer Stelle zur anderen versetzt wurde (einschließlich eines langen Aufenthalts außerhalb der Lausitz); unter anderem produzierte er vierzehn Gedichtssammlungen, den ersten sorbischen Geschichtsroman und ein autobiographisches, patriotisches Werk *Moje serbske wuznaće* ("Mein sorbisches Bekenntnis").[2] Während dieser Zeitspanne erreichte der sorbisch sprechende Bevölkerungsanteil wahrscheinlich seinen Höhepunkt, und die in den 1880er Jahren durchgeführte, ausführliche statistische Untersuchung des ausgezeichneten sorbischen Sprachwissenschaftlers Professor Arnošt Muka (Carl Ernst Mucke) bestätigte das Vorhandensein von weit über 150.000 Sprechern des Sorbischen.

Während der gesamten Geschichte der Sorben - seit ihrer Ansied-

---

[2] Für Auszüge aus Bart-Ćišinkis Werken, sowie aus Werken von etwa fünfzig Autoren, die die gesamte Geschichte des sorbischen Schrifttums abdecken, vgl. den kommentierten, zweisprachigen Sammelband Lorenc (1981).

lung in der Lausitz - ist die Einstellung der deutschen Herrscher und
Landsmänner oft eine der Geringschätzung bezüglich ihrer slawischen
Sprache gewesen. Zu verschiedenen Zeiten und Anlässen versuchten die
Mächtigen von Staat und Kirche, manchmal mit Gewalt, die Germanisierungsvorgänge, die immer wirksam waren, zu beschleunigen. Selbst als
die Reformation eine kirchliche Rechtfertigung des Gebrauchs der sorbischen Sprache brachte und sowohl der protestantische als auch der
katholische Klerus eine Weiterentwicklung der sorbischen Sache in Sprache und im kulturellen Leben förderten, gab es viele amtliche Versuche
des oberen Klerus, die sorbische Sprache zu unterdrücken, und zwar aus
Gründen der Einheit, der zweckmäßigen Verständigung im Glauben, oder
einfache aus Gründen des Vorurteils gegenüber der sprachlichen Minderheit. Während der Weimarer Republik erlaubten die lokalen erzieherischen
Richtlinien zweisprachige Ausbildungsprogramme in einigen amtlich bestimmten Schulen der Oberlausitz, und viele Bücher und Zeitschriften
wurden in der sorbischen Sprache herausgegeben. Jedoch hatte die übergreifende nationale Politik die vollständige Anpassung der Sorben an
die deutsche Sprache und Kultur zum Ziel. In ihren einschlägigen Organisationen und Veröffentlichungen leisteten die Sorben lebhaften Widerstand. Der sorbische Widerstand und der beeindruckende Ausstoß literarischer und gelehriger Werke während dieser Zeit läßt sich treffend
durch die Ereignisse eines Jahres illustrieren. Im Jahre 1929 sandte
die Domowina, die übergreifende, 1912 gegründete Kulturgesellschaft der
Sorben, ein mit über 12.000 Unterschriften versehenes Protestschreiben
an die Regierung, in dem sie gleiche Rechte für die Sprache und bessere
Anstalten für den schulischen Unterricht verlangten. Im selben Jahr erschien unter anderen Werken ein umfassendes Handbuch über das sorbische
Schrifttum auf sorbisch, und der sorbische Maler-Schriftsteller-Aktivist
Měrčin Nowak-Njechorński (Martin Neumann) veröffentlichte seine satirische Fabel *Der Storch, König der Frösche*, eine unerbittliche Attacke
gegen die deutsche Politik.

    Mit der Machtergreifung der Nationalsozialisten 1933 wurde eine
klare Germanisierungspolitik eingeleitet, die Sprache und Tradition der
Sorben unterdrückte und 1937 darin gipfelte, alle sorbischen Organisationen vollständig zu schließen, alle Veröffentlichungen stillzulegen,
den Gebrauch des Sorbischen für öffentliche, kirchliche und schulische
Zwecke zu verbieten, und sich nicht scheute, Maßnahmen zu ergreifen wie
deutsch sprechende Mädchen zur Beaufsichtigung von Kindern in sorbische

Familien zu schicken. Sorbische Bibliotheken und Archive wurden zerstört, die sorbisch sprechende Geistlichkeit wurde von ihren Gemeinden entfernt, eine Vielzahl Sorben gefangen gesetzt und viele starben in Konzentrationslagern. Das Ende des Krieges verhinderte schließlich die Ausführung eines grotesken Plans, alle Sorben zusammen mit anderen slawischen Gruppen umzusiedeln und sie als Sklaven zum Arbeitsdienst für Deutsche zu zwingen. In den Wirren der letzten Kriegstage wurde auch das *Serbski Dom* ("Haus der Sorben"), das Zentrum sorbischer kultureller Tätigkeit, niedergebrannt. In 1945 besetzte die sowjetische Armee die Lausitz, und die neue Zeit sorbischer Geschichte begann.

Am 16. April 1945 erreichten Einheiten der sowjetischen und polnischen Armee die Lausitz, und obwohl die Befehlshaber zunächst überrascht waren, in Deutschland ein slawisch sprechendes Volk zu finden, erhielten sie bald die Anordnung, mit der sorbischen Minderheit ein gutes brüderliches Verhältnis zu schaffen. Schon kurz nach der Kapitulation der nationalsozialistischen Streitkräfte, im Juni desselben Jahres, erhielt Domowina die amtliche Erlaubnis der Besatzungsmacht, ihren Betrieb wieder aufzunehmen. In 1947 wurde der Grundstein für ein neues Serbski Dom in Bautzen gelegt, und durch freiwilligen Arbeitsdienst und Geldspenden der Sorben und beträchtliche Unterstützung der DDR-Regierung wurde das Gebäude fertiggestellt und 1956 der Öffentlichkeit zugänglich gemacht. 1948 verabschiedete der sächsische Landtag ein Gesetz zur Wahrung der Rechte der sorbischen Bevölkerung. Artikel 11 der Verfassung der DDR von 1949 wahrte die Rechte fremdsprachiger Volksteile, und in der Verfassung von 1968 werden die Sorben in Artikel 40 expressis verbis erwähnt: Bürger der DDR sorbischer Nationalität haben das Recht zur Pflege der Muttersprache und Kultur. Die Ausübung dieses Rechts wird vom Staat gefördert.

Die sächsische Landesverwaltung führte im Schuljahr 1945/46 sorbisch für den Unterricht ein, und das Schulwesen entwickelte sich so schnell wie Personal und Sachmittel beschafft werden konnten, bis sich in den 60er Jahren das augenblickliche System etabliert hatte. Sechs Oberschulen des A-Typs bieten zweisprachigen Unterricht an, d.h. sowohl Deutsch als auch Sorbisch als Unterrichtssprachen (Naturwissenschaften auf deutsch), und mehr als 60 Oberschulen des B-Typs bieten Sorbisch als Fach an. In zwei der erweiterten Oberschulen (Bautzen und Cottbus), in denen das volle Abiturprogramm läuft, ist Sorbisch integraler Bestandteil des Curriculums. Die Lehrer sind Absolventen von

Studiengängen des Sorbischen Instituts für Lehrerbildung in Bautzen und des Instituts für Sorabistik an der Universität Leipzig.

1945 begann eine neue Welle literarischer Kreativität, und mehr als ein Dutzend der seither aktiven Schriftsteller sind in der Anthologie von Lorenc (1981) aufgeführt. Lyrische Dichtung, Kurzgeschichten, Hörspiele, Dramen, Reportagen und andere Genres sind aufgeführt worden. Der Domowina Verlag (1948 gegründet) gibt 70 - 8o Bücher pro Jahr heraus, einschließlich Schulbücher und Nachschlagwerke, wie auch eine Tageszeitung in obersorbischer und eine Monatszeitung in niedersorbischer Sprache sowie eine Anzahl literarischer, akademischer, publizistischer und geistlicher Zeitschriften. Sorbische Autoren bilden einen eigenen Arbeitskreis innerhalb des Schriftstellerverbandes der DDR.

Die staatliche Förderung der sorbischen Sprache und Kultur ist nicht in dem Wunsch begründet, die sorbische Sprache und Kultur zu stärken, sondern erfolgt mit dem erklärten Ziel eines völligen Zusammengehens der Sorben gleichberechtigt mit ihren deutschen Brüdern in der friedlichen Entwicklung des sozialistischen Staates.[3]

3. Entscheidende Momente

Unter den Entwicklungen und Veränderungen, die sich im Laufe der sorbischen Geschichte gezeigt haben, sind fünf, die als entscheidende Bestimmungsfaktoren für die zukünftige Entwicklung der Spracherhaltung dieser Volksgruppe herausragen.

1. *Stetigkeit*. Sorbisch wird in der Lausitz seit über 1.5oo Jahren gesprochen, obwohl die Sprecher dieser Sprache niemals die Möglichkeit hatten, ihr eigenes Führungspotential zu entwickeln, nie politische Unabhängigkeit oder selbst eine Form der Autonomie besaßen, sich in ihrem Sprachgebiet immer einer oder mehrerer Sprachen mit größerem Ansehen oder wirtschaftlicher Macht als ihrem eigenen gegenübersahen.

2. *Zwei Stämme*. Die Sorben siedelten sich in der Lausitz als zwei getrennte Gruppen an, und sie hatten nie ein einheitliches wirtschaftliches, politisches oder kulturelles Zentrum, noch waren sie ethnischen Homogenisierungsprozessen aufgrund von Beweglichkeitsmustern zwischen den Gruppen unterworfen. Als Konsequenz hat sich ihre Sprache nicht als eine universell akzeptierte Standardform entwickelt, sondern sie hat

---
[3] Für eine volle Dokumentation der Politik die Sorben in der DDR betreffend vgl. Cyž (1969) (1979) und Nowasch (1978).

allmählich eine bi-modale Norm der Standardisierung erreicht, die mit
den beiden Siedlungsbezirken zusammenhängt.

3. *Fremde Herrschaft.* Seit über 1.ooo Jahren wurden die Sprecher des
Sorbischen von deutsch sprechenden politischen Systemen beherrscht, seien es Feudalkönige und Adel, oder die Regierungen der modernen Monarchie,
der Republik, der faschistischen Diktatur oder des sozialistischen
Staates.

4. *Gemischte Bevölkerung.* Seit etwa 8oo Jahren haben sich Sprecher des
Deutschen in den Dörfern und Gemeinden der Sorben angesiedelt, so daß
in der Erfahrung der meisten Sorben ein unmittelbarer Kontakt des Sorbischen mit dem Deutschen bestand. Die wenigen Öffnungen in höhere soziale und wirtschaftliche Schichten machten immer den Erwerb der deutschen Sprache erforderlich.

5. *Glauben und Sprache.* Dreimal in der Geschichte der Sorben ist eine
fundamental neue Ideologie eingeführt und verbreitet worden und hat
Spuren der vorhergehenden Ideologie hinterlassen. Zunächst wurde ihnen
das westliche Christentum zugetragen, dann brachte die Reformation das
protestantische Christentum und unlängst ist eine marxistisch-leninistische Ideologie eingedrungen. In jedem der Fälle waren Sprecher der
deutschen Sprache wichtigste Träger der neuen Religion/Ideologie, und
in jedem Fall blieb Deutsch die Sprache der ideologischen Führung, obwohl die zweite und dritte Ideologie bestimmte zusätzliche Funktionen
des Sorbischen unterstützten.

4. Prognose

Im Lichte der aufgeführten Momente lassen sich die folgenden spezifischen Voraussagen treffen.

1. *Die Verwendung des Sorbischen wird bestehen bleiben.* Trotz vieler
Hindernisse für die Erhaltung des Sorbischen ist es unwahrscheinlich,
daß es in den kommenden Jahrzehnten gänzlich aussterben wird.

2. *Das geschriebene Sorbisch wird weiterhin über zwei Normen verfügen.*
Trotz der Versuche, die Sprache zu vereinigen ist es unwahrscheinlich,
daß sich eine einzige Norm entwickelt bevor die Sprache ausstirbt. Es
ist unwahrscheinlich, daß eine einigende Kraft entsteht, die die langjährige Trennung der beiden sorbischen Gebiete überwinden kann.

3. *Das Sorbische wird auf neue Funktionen ausgedehnt,* besonders in be-

zug auf schulische Belange (z.B. Verbtafeln, Diplome) und literarische
Formen (z.B. Science-fiction). Trotz der neuen Verwendungen wird sich
das Sorbische nicht auf solche neuen Situationen erstrecken wie Fabriken
oder technische Literatur.

4. *Die Anzahl der muttersprachlichen Sprecher des Sorbischen wird weiter abnehmen.* Wie seit geraumer Zeit wird die Zahl der Sprecher des
Sorbischen durch den Wechsel zum Deutschen weiterhin reduziert, durch
Mischehen, ökonomische Gründe oder einfach durch Anpassung an die Mehrheit.

5. Schlußfolgerungen

Obwohl jede Sprachsituation einzigartig ist und Verallgemeinerungen
von einer Situation auf andere gefährlich sein mögen (vgl. Faßke 1980),
muß der Weg zu einem vertieften Verständnis der diesbezüglichen Vorgänge
über Vergleiche gehen und das Überprüfen allgemeiner Prinzipien. In der
Einleitung zu diesem Aufsatz wurden verschiedene mögliche theoretische
Rahmen für eine Diskussion angesprochen; nun sollen einige Sprachminderheiten als für einen Vergleich brauchbar genannt werden. Zu den sprachlichen Minderheiten in Europa von etwa gleicher Größe (zwischen 10.000
und 100.000 Sprecher) gehören die Faröer, Friesen, Sprecher des Rätoromanischen und des Schottisch-Gaelischen. Zu den sprachlichen Minderheiten in Europa, die die gleiche, scheinbar widersprüchliche Tendenz der
zunehmenden Beschäftigung mit der Sprache und der Ausdehnung ihrer Funktionen zeigen - bei sich verringernden Zahlen muttersprachlicher
Sprecher -, gehören die Waliser, Bretonen und Okzitaner. Zu den sprachlichen Minderheiten in sozialistischen Staaten Europas, die Lenins Nationalitätenpolitik anwenden, gehören die Komi, Mari und Udmurten in der
UDSSR. Mit Bezug auf die Sorben zeigen all diese Gruppen interessante
Ähnlichkeiten und Unterschiede, die in vielen Fällen den Ähnlichkeiten
und Unterschieden der hier als Bestimmungsfaktoren für die sorbische
Spracherhaltung aufgeführten historischen Momente zugeschrieben werden
können. Eine allgemeine Theorie würde über derartige relativ geschlossene Vergleiche hinaus zu erklären haben, welche Relationen zu anderen,
unterschiedlichen Typen sprachlicher Minderheiten bestehen, Minderheiten wie Flüchtlingsgruppen, Wanderarbeiter, Minderheiten, die von ihrem Heimatland abgeschnitten sind oder keines haben, wie auch Sprachgemeinschaften in anderen Teilen der Welt, in Asien, Afrika und der
westlichen Hemisphäre.

Literatur

Autorenkollektiv,1979: Die Sorben; Wissenswertes aus Vergangenheit und Gegenwart der sorbischen nationalen Minderheit, 5. Ausgabe, Bautzen.

Cyž,B.,1969,1979 : Die DDR und die Sorben; eine Dokumentation zur marxistisch-leninistischen Nationalitätenpolitik. Teil 1, 1945-1969. Teil 2, 1969-1978, Bautzen.

Deutsch,K.,1969: Nationalism and Social Communication, New York, 2. Aufl.

Faßke,H.,1980: Zum Verhältnis der Sprachträger zur Varianz sprachlicher Mittel in der Norm und Kodifikation der Schriftsprache. In: Linguistische Studien 72, 150-156.

Fishman,J.A.,1964: Language Maintenance and Language Shift as a Field of Inquiry. In: Linguistics 9, 32-70.

Geschichte der Sorben,1977-79: 4 Bde. Verschiedene Herausgeber und Autoren, Bautzen.

Giles,H.,1979: Ethnicity Markers in Speech. In: Scherer,K.R./Giles,H. (eds.), Social Markers in Speech, Cambridge, 251-289.

Kloss,H.,1966: German-American Language Maintenance Efforts. In: Fishman,J.A. et al. (eds.), Language Loyalty in the United States, The Hague, 206-252.

Lorenc,K. (Hrsg.),1981: Serbska čitanka - sorbisches Lesebuch, Leipzig.

Nielsen,G.R.,1977: In Search of a Home (Birmingham Slavonic Monographs 1), Birmingham.

Nowasch,H.,1978: Die Gleichberechtigung der Bürger sorbischer Nationalität in der DDR - verweichlichtes Menschenrecht, Bautzen.

Schuster-Šewc,H.,1982: Die Sprache der Lausitzer Sorben und ihre Förderung in der DDR (Ein Beitrag zur Sprachentwicklung nationaler Minderheiten), 256-270.

Stone,G.,1972: The Smallest Slavonic Nation: the Sorbs of Lusatia, London.

Rudolf Viletta

DIE RÄTOROMANEN, ETHNOPOLITISCHES GEWISSEN DER SCHWEIZ

1. 2000-jähriger Bestand in der Bedrohung

Die Rätoromanen tragen einen wesentlichen Teil ihrer Geschichte in ihrem Namen: Sie sind romanisierte Räter. Die wissenschaftlichen Erkenntnisse zu der von den Rätern in vorrömischer Zeit gesprochenen alträtischen Sprache gelten als soweit gefestigt, daß von ihr folgendes gesagt werden kann: Das Rätische war eine selbständige Sprache mit gewissen Affinitäten zum Lateinischen; sie war dem Keltischen verwandt und stand unter der Beeinflussung des Illyrischen und Etruskischen.[1]

Es ist irgendwie bezeichnend und entbehrt nicht einer gewissen Tragik, daß sich die Rätoromanen anschicken, im Jahre 1985 den 2000-jährigen Bestand ihrer Sprache festlich zu begehen. In dieser Fixierung fällt nämlich die Geburt des Rätoromanischen zusammen mit den bekannten kriegerischen Ereignissen der Zeitwende, als der römische Imperator Augustus durch seine Stiefsöhne Tiberius und Drusus die Räter in blutigen Kämpfen unterwerfen ließ und das gesamte rätische Alpenland bis hin zur Donau seinem Reiche einverleibte. Somit begann im Jahre 15 v. Chr. für die überlebenden Räter eine Epoche der Anpassung an die Sprache der Eroberer und Kolonisatoren. Im Verlaufe der etwa fünf Jahrhunderte dauernden Romanisierung entstand zunächst das Vulgärlatein rätischer Prägung, aus welchem sich schließlich die rätoromanische Sprache entwickelte. Ihr geographisches Verbreitungsgebiet erreichte damals derart weite Ausmaße, daß füglich behauptet werden darf, das Rätoromanische wäre in der harmonischen Fortsetzung dieses Werdeganges sicherlich zu einer ebenso wichtigen Sprache herangewachsen wie jede andere neo-lateinische Sprache. Der großräumige historische Prozeß Europas hatte für das Rätoromanische ein anderes Schicksal vorbestimmt. Im Spannungsfeld romanischer und germanischer Territorialpolitik gelegen, geriet Rätien mit dem Zerfall des römischen Reiches unter deutsche Herrschaft und war

---

[1] Der St. Galler Altphilologe Linus Brunner vertrat neulich die These, daß das Rätische eine semitische Sprache sei. Vgl. Brunner, L., 1983: Entzifferung der rätischen Inschrift in Schuls. In: Helvetia archaeologica 53.

fortan einer scheinbar unaufhaltsamen, bald ruckartigen, bald schleichenden Germanisierungsbewegung ausgesetzt. Durch diese gewaltigen Umwälzungen wurde die ehemals einheitliche Sprachlandschaft Rätiens immer mehr in die Enge gedrängt und zergliedert. Übrig geblieben sind heute noch drei räumlich voneinander getrennte romanische Gruppen: die Friulaner, die Dolomitenladiner und die Bündnerromanen, die Rumantschia. Diese gebietsmäßige Regression mit Bezug auf den hier einzig in Betracht fallenden Raum skizzenhaft nachzeichnend, haben wir zunächst zur Kenntnis zu nehmen, daß das ganze Territorium der Raetia secunda mit der Hauptstadt Augusta Vindelicorum (Augsburg) bereits im Laufe des 5. Jahrhunderts endgültig germanisiert wurde. Um das Jahr 537 geht die Raetia prima mit dem Hauptsitz Curia Raetorum (Chur) über in die Herrschaft der Frankenkönige. Diese gewähren dem churrätischen Kirchenstaat zunächst eine Ausnahmestellung, so daß dieser in der Folgezeit seine sprachliche Eigenständigkeit einigermaßen zu behaupten vermag. Seit dem Jahre 806 aber, als in Churrätien die fränkische Gauverfassung eingeführt und damit dessen Sonderstellung beseitigt wurde, spätestens jedoch seit der Lostrennung der Diözese Chur von Mailand und der Eingliederung in die Erzdiözese Mainz im Jahre 843 erfolgte in dieser Gegend eine planmäßige Kolonisation und Germanisierung von Norden her. Das romanische Sprachgebiet wird vom Bodensee weg rasch und stetig zurückgedrängt, zunächst bis zur Linie Schänis - Hirschensprung (bei Oberriet) - Götzis, dann über die Walenseegegend bis in den Raum Sargans, der im 13. Jahrhundert verdeutscht wurde.

Parallel zu diesem deutschen Einstrom aus dem Norden verlief seit dem 13. Jahrhundert die Einwanderung der Walser von Südwesten her nach Rätien. In drei Hauptschüben besiedelten diese Kolonisatoren aus dem deutschen Wallis hochgelegene, dünnbesiedelte rätische Talschaften.

Der Kolonistenstrom der Walser traf sich dann bald mit der vorgenannten Germanisierungswelle aus dem Norden, die inzwischen fast unvermerkt das Churer Rheintal erreicht hatte und in einem nächsten verhängnisvollen Vorstoß 1464 die rätische Hauptstadt Chur verdeutschte. In der Reformationszeit wurde die nächste Umgebung von Chur, das ganze Prättigau, Schanfigg, Churwalden und am Hinterrhein Thusis widerstandslos germanisiert.

Dies hinderte jedoch die Rätoromanen sowie deren italienisch- und deutschsprachigen Landsleute nicht, sich im gemeinsamen Streben nach Abschüttelung der Feudalherrschaft und im vereinten Kampf gegen

den österreichischen Feind den Weg zu einer neuen bündischen Einheit
zu bahnen: 1367 kam der Gotteshausbund zustande, 1424 wurde der Obere
oder Graue Bund und 1436 der Zehngerichtenbund gegründet; im Jahre 1471
vereinigten sich diese drei Bünde zum Freistaat. Allerdings galt allgemein bereits im mittelalterlichen Churrätien, dann aber auch in allen
drei Bünden und später im Freistaat das Deutsche als alleinige offizielle Sprache.

Gleichsam als Gegengewicht zum erlittenen enormen Territorialverlust und trotz des fatalen Statusrückstandes gelang den Rätoromanen
eine beispiellose Stärkung ihrer sprachlichen Substanz. In einem bewegten historischen Zeitabschnitt größter Bedrohungen erbrachte das
Rätoromanische den Beweis einer wahrlich wundersamen Vitalität: Es konsolidierte sich bereits im 16. Jahrhundert als Predigt-, Bühnen- und
Schriftsprache und schaffte somit den fruchtbaren Grund für eine blühende Literatur. Ein eindrückliches Zeugnis von dessen Kraft und starker Verwurzelung legt sodann auch die Tatsache ab, wonach die Rätoromanen ihre Muttersprache auf der Stufe der Nachbarschaften und Gerichtsgemeinden zunehmend auch als Rechtssprache gebrauchten.

Als der Freistaat der drei Bünde, aus dem Schutt und der Asche
des Krieges auferstehend, sich im Jahre 1803 als neuer Kanton mit der
schweizerischen Eidgenossenschaft verband, wurde das Rätoromanische
plötzlich mit grundlegend veränderten Existenzbedingungen konfrontiert.
Es verlor seinen Mehrheitsstatus im staatlichen Gemeinwesen und fiel in
eine erdrückende Minderheitsposition. Zu diesem Umsturz der zahlenmäßigen Verhältnisse traten noch die mehr als nur ungünstigen sprachpolitischen Umstände, welche den damaligen eidgenössischen Staatenbund prägten.

Die Schweiz, die als eine ausschließlich deutsche staatliche Gemeinschaft entstand und die offiziell noch bis ins 18. Jahrhundert als
"alter, großer Bund in oberdeutschen Landen" bezeichnet wurde, war erstmals kurz vor dem Beitritt Graubündens durch die von Frankreich zum
Teil mit Waffengewalt erzwungene Annahme der helvetischen Verfassung
im Frühjahr 1798 zu einem bewußt mehrsprachigen Staat gemacht worden.
Bereits seit dem Januar 1800 war jedoch die Idee der damaligen Dreisprachigkeit der jungen Republik im heftigen, die öffentliche Ordnung
zersetzenden, innereidgenössischen Kampf wieder untergegangen. Immer
intensiver war die Wahl einer Hauptsprache für Helvetien verlangt worden, und noch im selben Jahr war auch sogar ein entsprechender Artikel

in die Entwürfe zu einer neuen Verfassung aufgenommen worden. Auch wenn
die Bestimmung, wonach nur das Deutsche als Nationalsprache anerkannt
werden sollte, in den endgültigen Verfassungstext doch nicht aufgenommen worden war, galt die Entrechtung der romanischen Sprache im öffentlichen Bereich als eine beschlossene Sache.

Durch die Aufhebung der Mediationsverfassung im Jahre 1803 fiel
mit der totalen Zentralisation auch das Bedürfnis oder die Notwendigkeit, die Sprachenfrage zu regeln, weg. Das französische Wesen verlor
in der Schweizerischen Eidgenossenschaft in gleichem Maße an Ansehen
wie das deutsche an Würde gewann; das Prestige der Sprachen war sozusagen ein Gradmesser der Erfolge bzw. Mißerfolge der entsprechenden
Partei auf den europäischen Schlachtfeldern. Mit dem Sieg der Alliierten über Napoleon wurde das Deutschtum auch in der Schweiz wieder dermaßen gestärkt, daß die Idee der Gleichberechtigung der Sprachen im
Bund gar keine Aussicht auf Verwirklichung mehr hatte. Ganz bewußt
stellte man sich hinter das Deutsche, das einzige, offizielle Staatssprache blieb.

In diesem Umfeld verblieb dem Rätoromanischen nur eine minimale
Überlebenschance. Unter den Rätoromanen selbst machte sich allmählich
ein sprachlich-kultureller Defaitismus breit. Sie empfanden es nun als
eine Notwendigkeit und staatsbürgerliche Pflicht, sich den "echten"
Eidgenossen möglichst stark zu assimilieren und somit anstelle ihrer
eigenen Muttersprache aus freiem Willen das Deutsche anzunehmen. Zum
Teil bemühten sie sich - wie etwa 350 Jahre zuvor die welschen Freiburger und Walliser - mit übereifriger Planmäßigkeit um ihre eigene
Germanisierung. Als Beispiel dafür sei hier lediglich auf den Schulverein Val-Rein und Schons hingewiesen, der sich 1830 mit der folgenden
Frage befaßte: "Ist es wünschbar, und aus welchen Gründen, an die allmähliche Ausrottung der romanischen Sprache in unserem Kanton zu denken?" Die Errettung des Rätoromanischen aus dieser prekären Lage ist
in erster Linie dem Umstand zuzurechnen, daß die Entwicklung des Schulwesens in Graubünden nur sehr langsam Fortschritte machte. Ohne diese
konservierende Rückständigkeit wäre es dem Rätoromanischen kaum beschieden gewesen, zu erleben, wie die sogar vom Bürgerkrieg gezeichnete
Schweiz sich im Jahre 1848 zu einer tragfähigen neuen Grundordnung durchrang. Verfassungsgemäß sollte das Prinzip der "amicabilis compositio",
des gütlichen Einvernehmens, die Gleichberechtigung aller und die Rücksichtnahme auf den jeweils Schwächeren, künftig nicht nur im wirtschaft-

lichen, sozialen und konfessionellen Bereich Anwendung finden, sondern
es sollte auch für das Zusammenleben von Menschen verschiedener Muttersprache in einem Staate Geltung haben.

Diese konzeptionellen staatspolitischen Rahmenbedingungen führten
das Rätoromanische, das in der 48-er Bundesverfassung zwar keine Anerkennung fand, in eine nächste Phase ihrer Existenz. Dem Aufruf großer
Poeten folgend, die von einem neuen rätoromanischen Selbstbewußtsein
beseelt waren, gelang es den Rätoromanen wiederum, ungeahnte Kräfte zu
mobilisieren, die es ihnen ermöglichten, den veränderten Bedrohungen
zu trotzen. Sie sammelten sich zu einer in Sprachvereinen organisierten, eigentlichen Emanzipationsbewegung, die in der formalrechtlichen
Anerkennung des Rätoromanischen als Nationalsprache der Schweiz 1938
einen entscheidenden Meilenstein erreichte. Wenn es somit das Verdienst
der Schweiz der zweiten Hälfte des 19. Jahrhunderts ist, ihre existenzberechtigende und -sichernde Staatsidee zu erkennen und als Kern ihrer
Verfassung zu konsolidieren, wenn sich die Schweiz der ersten Hälfte
des 20. Jahrhunderts berechtigte Anerkennung erwarb durch die Ausformulierung der Idee der Mehrsprachigkeit als ein staatsrechtliches Prinzip, zu der das Begehren der Rätoromanen um eine Revision des Grundgesetzes die willkommene Gelegenheit bot, so bleibt der heutigen Schweiz
schließlich die ausschlaggebende Aufgabe aufgetragen, dieser großen
Idee einen echten Inhalt zu geben. Am Schicksal der heute schwerer denn
je geprüften Rätoromanen wird sich erweisen, ob die Eidgenossenschaft
diesen Auftrag überhaupt angenommen hat, und gegebenenfalls ob sie mit
gebührender Dringlichkeit, Ernsthaftigkeit und sachlicher Kompetenz
dessen getreue Erfüllung erstrebt.

2. Die Idee der Mehrsprachigkeit der Schweiz und ihre rechtliche
   Ausgestaltung[2]

Der Vergegenwärtigung der Idee der Mehrsprachigkeit der Schweiz und
ihrer rechtlichen Ausgestaltung, die an dieser Stelle - wenn auch nur
stichwortartig - zu erfolgen hat, ist meines Erachtens eine relativierende Bemerkung voranzustellen. In seinen "Beiträgen zu einigen Gegenwartsfragen" hat Jean Rudolf von Salis (1969:112) mit Recht folgendes
festgehalten: "Die Schweiz ist nicht gegründet worden, um der Welt ein

---

[2] Vgl. hierzu insb. die im Literaturverzeichnis aufgeführten, früheren Publikationen des Autors.

Die Rätoromanen, ethnopolitisches Gewissen der Schweiz   147

Beispiel kultureller, sprachlicher und konfessioneller Vielgestaltigkeit zu geben, sondern diese Vielgestaltigkeit war nichts weiter als eine Gegebenheit des so und nicht anders entstandenen eidgenössischen Bundes, und da sie da war, mußte ihre Pflege, die Pflege dieser vielgestaltigen Schweiz, als eine positive Aufgabe aufgefaßt und anerkannt werden. "Es ist", so urteilt von Salis weiter, "ich will nicht sagen aus der Not eine Tugend gemacht worden, aber die Schweiz mußte gegenüber dem allenthalben national organisierten Europa ihre Existenz als vielsprachiges und kulturell vielgestaltiges Volk rechtfertigen". Mit Herbert Lüthy (1966:41) vertrete ich zudem die Auffassung, "daß die Schweiz eigentlich nie ein politisches Problem der Mehrsprachigkeit gelöst hat - sie hat vermieden, es zu stellen."

2.1 Die *Mehrsprachigkeit* der Eidgenossenschaft an und für sich bedeutet zunächst nichts anderes, als daß die schweizerischen Staatsbürger verschiedenen Sprachgemeinschaften angehören. Von einer bloßen Aussage zu einem Prinzip wird die Mehrsprachigkeit erst durch die Anerkennung der betreffenden Sprachen als gleichberechtigte Nationalsprachen und die Garantie ihres Fortbestandes. Die Schweiz hat diesen bedeutenden, rechtlich irreversiblen Schritt mit der Absicht vollzogen, "daß jede unserer nationalen Sprachen in voller Freiheit ihre Reinheit und Eigenart entfalten soll".[3] Die Wurzel dieses Gedankens liegt "in der Ehrfurcht vor dem Recht und der Freiheit der menschlichen Persönlichkeit und damit in der Ehrfurcht vor dem Recht der Muttersprache"[4] und in der Erkenntnis, daß eine wirkliche Freiheit des Geistes ohne Freiheit der Muttersprache undenkbar ist. Ihren tieferen Sinn hat die Mehrsprachigkeit der Schweiz in der Überzeugung, daß "Volkstum und Staat (nicht) letzte Einheit der sozialen Gemeinschaft sind" (Huber 1934:55). In der Botschaft des Bundesrates an die Bundesversammlung über die Anerkennung des Rätoromanischen als Nationalsprache wird die schweizerische Nation umschrieben als "eine Gemeinschaft des Geistes, getragen vom Willen verschiedensprachiger Völkerschaften, als eine Nation zusammenzuleben und die in geschichtlicher Schicksalsgemeinschaft erworbene Freiheit und Zusammengehörigkeit gemeinsam zu bewahren und zu verteidigen"

---

[3] Botschaft des Bundesrates an die Bundesversammlung über die Anerkennung des Rätoromanischen als Nationalsprache, BBl (Bundesblatt der Schweizerischen Eidgenossenschaft) 1937 II 13.
[4] ebd.

(BBl.1937 II 12). Nach Schweizer Lehre beruht die staatliche Gemeinschaft der Eidgenossenschaft nicht auf einem Zusammenschluß ethnischer bzw. sprachlicher Gruppen; sie stellt vielmehr eine Förderation historischer Staaten, der Kantone, dar, deren Grenzen weder sprachlich noch konfessionell bedingt sind. Dies kennzeichnet die Eidgenossenschaft als politische Willensnation.

Die Mehrsprachigkeit als ein Element der schweizerischen Staatsidee wird verkörpert durch die Verfassung, welche über die kodifizierten grundgesetzlichen Normen hinaus auch die geltenden, ungeschriebenen Rechtsprinzipien und Grundrechte unserer Sprachenrechtsordnung umfaßt:

2.2 Das eigentliche Fundament des geltenden eidgenössischen Sprachenrechts ist die *Sprachenfreiheit*. Diese begründet das Recht des Menschen im gesellschaftlichen Zusammenhang auf ein die Sprache betreffendes, freies Verhalten. Durch ihre Anerkennung wird dem einzelnen hauptsächlich das Recht gewährt, die Sprache selber zu gebrauchen, sie an die Nachkommen weiterzureichen und die Sprache somit am Leben zu erhalten. Dieses Recht beschränkt sich indessen nicht auf den Gebrauch einer bestimmten Sprache, sondern erstreckt sich auf alle Sprachen, sowohl auf die eigene Muttersprache als auch auf jede beliebige gewählte Sprache. Nach einheitlicher Lehre und Rechtsprechung wird die Sprachenfreiheit, die nirgends ausdrücklich gewährleistet ist, als ungeschriebenes Freiheitsrecht der Bundesverfassung anerkannt. Sie gilt in der Schweiz unbestrittenermaßen als ein Menschenrecht und zählt hier demnach zum sogenannten völkerrechtsüberschreitenden innerstaatlichen Recht. Wie alle Freiheitsrechte, so ist natürlich auch die Sprachenfreiheit nicht schrankenlos gewährleistet. Ihr Kern ist zwar unantastbar, im übrigen ist sie jedoch ebenfalls allein unter dem Vorbehalt der öffentlichen Interessen garantiert. Nach dem geltenden eidgenössischen Sprachenrecht wird die Sprachenfreiheit in zweifacher Hinsicht beschränkt: einerseits durch die Verfassungsbestimmung über die National- und Amtssprachen des Bundes (Art. 116 BV) und andererseits durch das die öffentliche Sprachenrechtsordnung der Schweiz beherrschende Territorial- bzw. Sprachgebietsprinzip.

2.3 Artikel 116 Absatz 1 der Bundesverfassung bestimmt, daß das Deutsche, Französische, Italienische und Rätoromanische die *Nationalsprachen der Schweiz* sind. Er stellt nicht nur den Bestand der vier Nationalsprachen fest; ihm kommt vielmehr ganz eindeutig normativer Charakter zu. Er gewährleistet nämlich die überkommene sprachliche Zusammensetzung unseres Landes und somit die Erhaltung der überlieferten Ausdehnung und Homogenität der vier gegebenen Sprachgebiete. Dadurch wird unmißverständlich und unabänderlich zum Ausdruck gebracht, daß das Interesse an der Erhaltung der mit der Schweiz verwachsenen Sprachen eine Beschränkung der grundsätzlich garantierten Sprachenfreiheit rechtfertigt, daß die Schweiz dieses Interesse vielmehr als nach freiheitlicher Auffassung schutzwürdig erachtet, und daß sie daher als liberaler Rechtsstaat gewillt ist, diese Interessen als ihre öffentlichen Interessen wahrzunehmen und gegen allfällige andersgerichtete Interessen konsequenterweise durchzusetzen. Eine unumgängliche Voraussetzung für den garantierten Bestand der Nationalsprachen ist ihre territoriale Ausscheidung, das heißt, die normative Umschreibung der vier schweizerischen Sprachgebiete. Es wäre und ist geradezu widersinnig, verfassungsrechtlich zu statuieren, daß weder die traditionellen Sprachgrenzen verschoben noch die Gleichartigkeit im Inneren der vier Sprachgebiete der Schweiz beeinträchtigt werden sollen, ohne jedoch diese überhaupt oder näher zu bestimmen. Besonders für die Erhaltung des Rätoromanischen ist dieser komplexe Problemkreis von höchster Bedeutung und äußerster Aktualität. Weitere Voraussetzung und Bedingung für die Erhaltung der vier Nationalsprachen ist die Statuierung der Pflicht zur Vermittlung der Kenntnisse bzw. die Gewährleistung des Rechts zum Erlernen dieser Sprachen.

2.4 Die wichtigste verfassungsrechtliche Grundlage des *eidgenössischen Amtssprachenrechts* bildet Artikel 116 Absatz 2 der Bundesverfassung. Danach gelten das Deutsche, Französische und Italienische als Amtssprachen des Bundes. Den Rätoromanen wurde somit das Recht, mit den Bundesbehörden und damit auch mit den Organen der Bundesrechtspflege in ihrer eigenen Sprache zu verkehren, grundsätzlich vorenthalten. Dies konnte jedoch nur unter Verletzung des Rechtsgleichheitsprinzips geschehen. Gewiss entsprach diese, mit der Verfassungsrevision im Jahre 1938 getroffene Lösung den Zugeständnissen der Rätoromanen selber. Diese Konzessionen waren aber, was in der damaligen Botschaft nachzulesen ist, den Rätoromanen abgerungen worden mit der bundesrätlichen Zusicherung, daß insbesondere Gesetze, "die das Rechtsleben des Volkes aufs engste berühren und deshalb geistiger Besitz der Allgemeinheit werden müssen"

(BBl. 1937 II 27) ins Rätoromanische übersetzt würden. Noch heute warten die Rätoromanen auf die Einlösung dieses Versprechens!

2.5 Als weitere Schranke der Sprachenfreiheit ist bereits das *Sprachgebietsprinzip* genannt worden. Es ist jener Grundsatz, wonach die Gewährleistung des Sprachgebrauchs im öffentlichen Bereich - so z.B. an Gemeindeversammlungen, vor Gericht usw. - von einem bestimmten geographischen Raum abhängig sein soll. Dabei richtet sich der Umfang der Gewährleistung danach, ob jener Raum mit dem überlieferten, territorialen Geltungsbereich der fraglichen Sprache übereinstimmt oder nicht. Dieses Prinzip ist keinesfalls, wie oft behauptet wird, lediglich eine politische Maxime. Es ist vielmehr ein Rechtsgrundsatz, und zwar eines der bedeutendsten eidgenössischen Rechts-Axiome von Verfassungsrang. In Anwendung des Sprachgebietsgrundsatzes ist überall in der Schweiz jeder Zuwanderer verpflichtet, sich der Sprache, die nach der Geschichte zum kulturellen Erbe der Gemeinschaft desjenigen Ortes gehört, wo er seinen Wohnsitz nimmt, zu unterstellen. Der Zuwanderer ist dazu in dem Maße verpflichtet, in welchem sein äußeres Sprachverhalten den Rahmen des streng Privaten überragt. Der anderssprachige Zuwanderer, bei dem ein dauernder Aufenthalt am betreffenden neuen Wohnort nicht ausgeschlossen werden kann oder als wahrscheinlich erscheint, ist gehalten, sich sprachlich zu assimilieren. Wer nicht im überlieferten Geltungsbereich seiner eigenen Sprache wohnt, hat beispielsweise keinen Anspruch auf unentgeltlichen Primarschulunterricht seiner Kinder in dieser ortsfremden Sprache.

In seinem Kommentar der Schweizerischen Bundesverfassung hat Walther Burckhardt (1931:806) zum Sprachgebietsprinzip folgendes festgehalten: "Nun ist es ein stillschweigend anerkannter Grundsatz, daß jeder Ort seine überlieferte Sprache soll behalten können, trotz fremdsprachiger Einwanderung; daß also die räumlichen Grenzen der Sprachgebiete, wie sie einmal sind, nicht sollen verschoben werden; und zwar ebensowenig zuungunsten der Mehrheit wie der Minderheiten. Im Vertrauen auf diese stillschweigende Übereinkunft beruht das friedliche Verhältnis der Sprachen zueinander; jeder Stamm soll darauf zählen können, daß die anderen weder amtlich noch privatim Eroberungen auf seine Kosten machen und sein Geltungsgebiet schmälern wollen". Nun gilt es aber zu erkennen, daß ausgerechnet die Rätoromanen, die schutzbedürftigste bodenständige Sprachgemeinschaft der Schweiz, bisher nicht auf die Einhaltung jener "stillschweigenden Übereinkunft" zählen konnte. Das Rätoromanische wurde zwar in der denkwürdigen Volksabstimmung vom 20. Februar 1938 mit einer überwältigenden Mehrheit als Nationalsprache anerkannt. Dabei spielte aber erwiesenermaßen die Abwehr des italienischen Irredentismus und des deutschen Nationalsozialismus eine entscheidendere Rolle als die Existenzsicherung des rätoromanischen Volkes. Obwohl in offiziellen Dokumenten aus jener Zeit von der "Anerkennung des Rätoromanischen als selbständige Sprache mit eigenem Sprachgebiet" die Rede ist, wurde weder vor 1938 noch nachher jemals eindeutig bestimmt, welchen geographischen Raum das rätoromanische Sprachgebiet eigentlich umfaßt! Im Unterschied zu den übrigen Sprachgrenzen in der Schweiz, die alle mehr oder weniger fest und zum Teil durch Justiz und Verwaltung erhärtet worden sind, wird vor allem die rätoromanisch-deutsche Sprachgrenze in der Praxis als eine zum Nachteil des Rätoromanischen fließende oder bewegliche angesehen. Der alles entscheidende sprachenrechtlich-territoriale Schutz der Rumantschia, der schwächsten sprachlichen Minderheit in der Schweiz, kommt also nicht zum Tragen. Die normative Umschreibung des traditionellen romanischen Sprachgebiets wird somit zum wichtigsten und dringlichsten Postulat der schweizerischen und bündnerischen Sprachenpolitik. Ohne die gebotene Anerkennung und folgerichtige Verwirklichung der sprachterritorialen Rechte der Rumantschia ist dieser ein unentbehrliches, elementares Lebensgut und damit auch der Boden entzogen, in dem sie ihre kulturpolitischen Aktionen sicher zu verankern hat, und auf dem sie wachsen und sich entwickeln kann, um schließlich u.a. auch durch eine adäquate eigenständige Vereinheitlichung der bestehenden Schriftsprachen die notwendige Durchschlags- und Widerstandskraft zu gewinnen. Daß die Rätoromanen ihre Zukunft primär auf der Ausschöpfung und Weiterentwicklung des Sprachenrechts in der hier angedeuteten Weise aufzubauen haben, ist zwar nach wie vor umstritten, scheint aber heute doch auch von jenen anerkannt zu werden, die sich noch vor kurzem zur Behauptung verstiegen, die hier bekräftigten Forderungen seien "vielleicht noch mehr als die Realität die unmittelbare Gefahr" und präjudizierlich verkündeten: die Rätoromanen "überleben nicht kraft des Gesetzes, aber sie leben vielleicht länger mit der List der Vernunft".[5]

---

[5] Camartin, I. (1979); zur nun geänderten Meinung vgl. derselbe (1982:315ff.).

3. Zur aktuellen Sprachenlage der Rumantschia

Die große Publizität, welcher sich die Rumantschia in jüngster Zeit erfreut, erlaubt es mir, mich bei der Schilderung der aktuellen Sprachenlage des Rätoromanischen darauf zu beschränken, das nun jedem bewußten Bürger einigermaßen vertraute Fugbild durch einige Mosaiksteine zu ergänzen. Die folgenden konkreten Beispiele aus verschiedenen Bereichen des öffentlichen Lebens werden vor allem auch zeigen, wie verheerend sich der mangelnde sprachenrechtlich-territoriale Schutz auf die ohnehin schon prekäre und komplexe Gesamtsituation der Rätoromanen auswirkt.

3.1 Im ersten Beispiel geht es um die *demographisch-statistische Diskriminierung* der Rätoromanen. Aufgrund der Ereignisse der eidgenössischen Volkszählungen werden die vier Sprachgebiete vom Bundesamt für Statistik in der Weise voneinander abgegrenzt, daß ganze politische Gemeinden entsprechend der von der Mehrheit der Wohnbevölkerung angegebenen Muttersprache einem Gebiet zugeteilt werden. Von dieser Regel abweichend, läßt das Bundesamt in fraglichen Fällen die entsprechenden Angaben von Ausländern (z.B. auf Großbaustellen) und Anstaltinsassen (z.B. von Internatsschülern) beiseite; außerdem rechnet es die überlieferten deutschen Sprachinseln in der Westschweiz traditionsgemäß nicht zum deutschen Sprachgebiet. Die Tessiner Gemeinden Orselina und Cureggia beispielsweise werden schließlich vom Bundesamt für Statistik als Teile des italienischen Sprachgebietes betrachtet, obwohl sie heute beide - Orselina sogar seit 1930! - mehrheitlich deutschsprachig sind. All diese Ausnahmen zeigen in der Hauptsache das Bestreben des Amtes, als "Sprachgebiete" kompakte Bereiche anzunehmen.

Es läßt sich nachweisen, daß das Bundesamt für Statistik die sprachlichen Entwicklungen in den rätoromanischen Gemeinden mit ganz anderen Maßstäben bemißt. Ausgesprochen kraß ist der Fall der Gemeinde Súrava im mittelbündnerischen Albulatal. Bis zur Volkszählung im Jahre 1970 wies Surava immer eine beträchtliche romanische Mehrheit auf. Gemäß den Volkszählungsergebnissen wohnten im Jahre 1970 200 Personen in Surava; 91 gaben als ihre Muttersprache Deutsch, 90 Rätoromanisch an. Eine einzige Person - sie entspricht 5 o/oo (Promill) der gesamten Wohnbevölkerung - war hier somit für das sprachliche Mehrheitsverhältnis ausschlaggebend. Allein die Fehlerquote im Bereich der statistischen Datenerhebung ist um einiges höher als 5 o/oo einzustufen. Doch weder diese Tatsache noch jene, daß die rund um Surava herum liegenden Gemein-

Die Rätoromanen, ethnopolitisches Gewissen der Schweiz   153

den alle mehrheitlich rätoromanisch sind, konnte das Bundesamt davon
abhalten, diese traditionell romanische Gemeinde nicht auch als Ausnahme im vorangehend erklärten Sinne zu behandeln. Das Amt setzte sich über
diese Tatsachen hinweg und ordnete Surava als eine Sprachinsel dem deutschen Sprachgebiet zu.

    In einer Eingabe vom 14. November 1978 habe ich das Bundesamt für
    Statistik u.a. auch auf diese, für das Rätoromanische folgenschwere
    Inkonsequenz aufmerksam gemacht und gebeten, dazu Stellung zu nehmen. Die umgehende Antwort des Amtes gipfelte in der folgenden Feststellung: "Es liegt in erster Linie an den Rätoromanen selber, daß
    ihre Sprache in der von uns vorgenommenen Abgrenzung nach Sprachgebieten nicht zu kurz kommt, indem sie nämlich, wenn sie diese
    Sprache als Kind zuerst gesprochen haben und sie demzufolge auch
    als Denksprache verwenden (volkstümlich ausgedrückt als Zählsprache
    beim Kartenspiel!) in den Fragebogen als Muttersprache angeben".[6]

3.2 Das zweite Beispiel umreißt die *Stellung des Rätoromanischen als
Verwaltungssprache*. Nach einhelliger herrschender Lehre und Rechtsprechung bestimmt das Bundesamt nur die für die Bundesorgane verbindlichen
Amtssprachen; die Amtssprachen der kantonalen Organe hingegen werden
durch das kantonale Recht festgesetzt. Nun gibt es aber einen dauernd
wachsenden Bereich staatlicher Tätigkeit, in dem die Kantone bei der
Vollziehung des Bundesrechts mitwirken. Die kantonalen Organe, die Bundesrecht zu vollziehen haben, werden dadurch jedoch nicht zu Bundesorganen. Darum ist auch in diesem Fall für sie die Amtssprache (bzw.
-sprachen) des betreffenden Kantons maßgebend und nicht jene des Bundes.
Eine andere Lösung würde nicht nur das kantonale und kommunale Sprachenrecht aushöhlen, es würde außerdem zu offenbar grotesken Situationen
führen. Genau dies geschieht aber in den Gemeinden und Kreisen des rätoromanischen Sprachgebiets.

    Bekanntlich gilt das Rätoromanische gemäß Art. 46 der Kantonsverfassung als eine der drei Amtssprachen des Kantons Graubünden. Diese
Tatsache ist in der Lehre und Rechtsprechung nie bestritten worden.
Somit steht fest, daß das Rätoromanische nicht nur im eigenen, sondern
auch im übertragenen Wirkungskreis des Kantons Graubünden als gleichberechtigte Amtssprache neben dem Italienischen und dem Deutschen zur Anwendung kommen muß. M.a.W., die rechtsstaatlich einzig richtige, für
die Rätoromanen gerechte, und eventuell zusammen mit flankierenden Maßnahmen durchwegs praktikable Lösung ist die, daß die Organe des Kantons

---

[6] Antwortschreiben des "Eidgenössischen Statistischen Amtes", Sektion
Volkszählung, vom 23. November 1978, sign. Dr. A. Bugmann.

Graubünden und jene der Kreise und Gemeinden im romanischen Sprachgebiet auch bei der Vollziehung des Bundesrechts das Rätoromanische als Amtssprache gebührend zu berücksichtigen, bzw. ausschließlich zu verwenden haben. Der eidgenössische und der kantonale Gesetzgeber haben sich aber über dieses Rechtsgebot hinweggesetzt.

Die eidgenössische Zivilstandsverordnung beispielsweise bestimmt zwar, daß die Kantone Vorschriften über die Amtssprache der Zivilstandsämter erlassen sollen; gleichzeitig und in verbindlicher Weise wird jedoch angeordnet, daß die Amtssprache der Zivilstandsämter eine der drei Amtssprachen des Bundes sein müsse. Die bundesrätliche Zivilstandsverordnung ausführend, bestimmte der Bündner Große Rat 1954 mittelbarerweise das Deutsche zur Amtssprache für die Zivilstandsämter im romanischen Sprachgebiet.

Auch im Bereiche des Grundbuchwesens wurde unter Mißachtung des obengenannten Rechtsgrundsatzes der Gebrauch des Rätoromanischen als Amtssprache ausgeschlossen. In Beantwortung eines entsprechenden Gesuchs der Engadiner Gemeinde Scuol, beschloß der Kleine Rat des Kantons Graubünden, zunächst zwar den Gebrauch des Rätoromanischen zur Führung des Grundbuches in romanischen Grundbuchkreisen zu erlauben. Auf Empfehlung des Eidgenössischen Justiz- und Polizeidepartements aber wurde die Eingabe der Gemeinde Scuol 1950 schließlich doch abgewiesen. Dieser unhaltbare Entscheid wurde in fragwürdiger Weise hauptsächlich damit begründet, daß "für die Mobilisierung der Bodenwerte die romanische Sprache ungeeignet" sei, und es sei deshalb auch "nicht einzusehen, welchen Vorteil sie für das Hauptbuch selber haben" sollte. Demgemäß dürfen keine Eintragungen in den Hauptbüchern und Hilfsregistern in romanischer Sprache vorgenommen werden. Infolgedessen hat sich eine Praxis eingebürgert, die der verfassungsrechtlich verankerten Idee der mehrsprachigen Eidgenossenschaft widerspricht, indem sie den Geltungsbereich des Rätoromanischen wesentlich stärker einengt, als es nach den aus der Macht des Faktischen erwachsenen Bindungen des Gesetzgebers wirklich unvermeidbar ist.

Das Rätoromanische wird durch diese Praxis aus den Amtsstuben der Zivilstands- und Grundbuchämter, aber ebenso der Betreibungs-, Konkurs- und anderer Ämter verdrängt. Der Gebrauch des Rätoromanischen in einem wesentlichen Bereich des öffentlichen Lebens muß deshalb schließlich verkümmern.

3.3 Ähnlich ergeht es dem Rätoromanischen allzu oft im Rechtsetzungsverfahren, vorab auf der kommunalen Ebene. In der unangezweifelt romanischen Gemeinde Savognin, die vom Tourismus allerdings nachhaltig gezeichnet worden ist, wurde der Gemeindeversammlung vom 29. Dezember 1975 ein in deutscher Sprache verfaßtes Baugesetz vorgelegt. In den folgenden romanischen Verhandlungen und Beratungen entwickelte sich gezwungenermaßen eine Diskussion in der Art einer babylonischen Sprachverwirrung! Viele Vorschriften des Gesetzes und zahlreiche in den einzelnen Bestimmungen verwendete Fachausdrücke wurden von einem großen Teil der versammelten Gemeinde offensichtlich entweder überhaupt nicht, oder dann mißverstanden. Diese Umstände veranlaßten einen anwesenden Stimmbürger von Savognin, der Gemeindeversammlung den Vorschlag zu unterbreiten, der Gemeindevorstand sei zu beauftragen, das Baugesetz innerhalb eines Jahres ins Romanische, das schließlich die Amtssprache der Gemeinde Savognin ist, zu übersetzen. Diese Forderung blieb weit hinter dem zurück, was der Gemeinde kraft Verfassungsrecht obliegen würde, nämlich der zumindest vorrangigen Geltung des Rätoromanischen auch im Rechtsetzungsverfahren Folge zu leisten. Die Forderung war auch schon deshalb durchaus verhältnismäßig und gerechtfertigt, weil sowohl die Lia Rumantscha, die Dachorganisation der verschiedenen romanischen Vereinigungen, als auch andere Institutionen mit viel finanziellem Aufwand entsprechende romanische Gesetzesmodelle bereits ausgearbeitet und allen Interessenten zur Verfügung gestellt hatten. Trotz alledem lehnte die Gemeindeversammlung das Begehren ab. Gegen diesen Entscheid erhob der besagte Stimmbürger Beschwerde. Die Regierung des Kantons Graubünden wies als Rekursinstanz die Beschwerde mit folgender Begründung ab: "Einmal darf davon ausgegangen werden, daß die Stimmberechtigten von Savognin der deutschen Sprache genügend mächtig sind, um die einzelnen Vorschriften des Baugesetzes zu verstehen. Die Gemeindebehörden sind über die sprachlichen Verhältnisse in der Gemeinde Savognin am besten orientiert. Es ist ihre Sache, über die sprachliche Gestaltung ihrer rechtsetzenden Erlasse zu befinden".[7] Auch der Regierung war bekannt, daß gemäß den Ergebnissen der Volkszählung 1970 der Anteil der rätoromanischen Wohnbevölkerung (trotz einer Ausländerquote von 15%) 67% betrug. Sie hat in Mißachtung ihrer verfassungsgemäßen Verantwortlichkeit für die Erhaltung des Rätoromanischen den Entscheid einer Gemeinde ge-

---

[7] Entscheid der Regierung des Kantons Graubünden vom 12. Juli 1976, Protokoll Nr. 1591.

deckt, die in Anmaßung einer Kompetenz, welche über ihre Autonomie hinausreicht, durch ihre unverantwortliche Handlung und ihren widersinnigen Beschluß, paradoxerweise gerade jenes Recht verletzt hat, das die große Mehrheit ihrer Einwohner schützen will und soll.

3.4 Im *kantonalen Parlament*, dem Großen Rat, ist der Rahmen, in welchem die Verwendung des Rätoromanischen möglich ist, bestimmt durch Art. 30 der geltenden Geschäftsordnung. Danach "steht es jedem Mitglied frei, in welcher der drei Landessprachen es sein Votum abgeben will. Jedes Mitglied ist berechtigt, Übersetzungen gefallener Anträge in die ihm verständliche Sprache zu verlangen". Obwohl diese Bestimmung so alt ist wie das Parlament selber, wurde von ihr seitens der rätoromanischen Abgeordneten nur sehr vereinzelt und ausnahmsweise Gebrauch gemacht.

> Seit meinem Einsitz im Großen Rat im Jahre 1981 habe ich dort regelmäßig romanisch gesprochen. Dabei habe ich mir von Anfang an freiwillig wesentliche Einschränkungen auferlegt: vor allem habe ich immer nur dann gesprochen, wenn ich annehmen konnte, daß das, was ich zu sagen beabsichtigte, von niemandem sonst vorgetragen würde; bei all meinen Voten habe ich mich äußerst kurz gefaßt und am Schluß meiner Ausführungen zudem in deutscher Sprache auf deren Kern hingewiesen. Trotzdem intervenierte ein deutschsprachiges Ratsmitglied bereits nach meinem ersten Votum, dies in der erklärten festen Absicht, weitere romanische Voten zu verhindern. Bei einer späteren Gelegenheit wurde mir sogar ein Schreiben folgenden Inhalts zugeschoben: "Dear Dr. Viletta. I'd like to get a translation of your 'interpellaziun'. It doesn't matter in which language you translate it, as long as it is a language, which pupils in Graubünden get possibilities to learn at school. Sincerely ..." Bei einer Debatte über ein wichtiges verkehrspolitisches Geschäft, in der ich als Mitglied der Vorberatungskommission die zugestandene maximale Redezeit ausnützen wollte, entschloß ich mich, ausnahmsweise deutsch zu sprechen; währenddem ich dies in zwei einleitenden rätoromanischen Sätzen erklärte, erhob sich eine Reihe deutschsprachiger Abgeordneter und verließ demonstrativ den Saal!

Das Protokoll des Großen Rates wird gemäß Art. 49 der Geschäftsordnung in deutscher Sprache geführt und gedruckt. Bei der Beratung einer Revisionsvorlage in der Septembersession 1982 habe ich den Antrag gestellt, diesen Artikel mit dem folgenden Satz zu ergänzen: "Romanische und italienische Voten werden in der Originalsprache protokolliert". In logischer Konsequenz seiner Politik lehnte der Rat diesen Antrag, der auch von seiten der Regierung bekämpft wurde, ab. Dies mit der untragbaren Folge, daß weiterhin, der mangelnden Romanischkenntnisse einzelner Protokollführer wegen, romanische Voten nur protokolliert werden können, wenn der betreffende Redner seine romanischen Äußerungen in schriftlicher, deutscher Form einreicht, oder nach der Sitzung dem Pro-

Die Rätoromanen, ethnopolitisches Gewissen der Schweiz 157

tokollführer in der deutschen Übersetzung nochmals vorträgt.
Auch der Evangelische Große Rat, das *Parlament der Evangelischreformierten Landeskirche des Kantons Graubünden*, hat es in seiner Novembersession 1981 abgelehnt, in seine neue Geschäftsordnung eine Zusatzbestimmung aufzunehmen, wonach romanische und italienische Voten in der Originalsprache zu protokollieren wären. Auch hier wird das Protokoll nur in deutscher Sprache geführt. Gleichzeitig verwarf der Evangelische Große Rat sogar meinen Antrag, in der Geschäftsordnung festzulegen, daß es jedem Mitglied frei stehe, in welcher der drei Landessprachen es sein Votum abgeben will, und daß jedes Mitglied berechtigt sei, Übersetzungen gefallener Anträge in die ihm verständliche Sprache zu verlangen. Hat damit die Evangelisch-reformierte Landeskirche des Kantons Graubünden nicht indirekt jenem Bündner Theologen zugestimmt, der 1980 in einer Abhandlung über "Die Verkündigung in der Situation der sprachlichen Minderheit" folgendes geschrieben hat: "Die Kirche kann das Postulat der unbedingten Spracherhaltung nicht auf ihre Fahnen schreiben; es wäre sogar denkbar, daß gerade sie zu einem gewissen Zeitpunkt den Mut haben müßte, ohne falsche Sentimentalität zu den Fakten zu stehen und die Spracherhaltung als gescheitertes Unternehmen zu werten, um gerade so zu einer realen und damit heilsamen Sicht der Dinge zu verhelfen" (Flury 1980:123).

3.5 Das folgende Beispiel führt uns in den Bereich der *Rechtspflege*. 1979 hatten sich die zuständigen Bündner Gerichtsinstanzen mit einem klassischen Präzedenzfall zu befassen, der hier in gedrängter Form dargestellt werden soll. Mit Urteil vom 18. Januar 1979 sprach der Kreisgerichtsausschuß des rätoromanischen Kreises Suot-Tasna S. der fahrlässigen Tötung im Sinne von Art. 117 StGB schuldig. Sämtliche Untersuchungsakten sind in deutscher Sprache abgefaßt. Deutsch war auch die Verhandlungssprache vor dem zuständigen Kreisgerichtsausschuß und auch die mündliche Eröffnung des Urteils erfolgte in derselben Sprache. Das schriftliche Urteil hingegen, mit dessen Ausarbeitung ich als Aktuar ad hoc beauftragt worden war, wurde in romanischer Sprache verfaßt. Der Verteidiger des verurteilten S. ersuchte daraufhin den Präsidenten des Kreises Suot-Tasna, ihm auf Kosten der Kreiskasse ein in deutscher Sprache gefaßtes Urteil mit Unterschrift von Präsident und Aktuar - und nicht etwa bloß eine Textübersetzung - zuzustellen. Der Kreispräsident verneinte die Existenz einer Rechtsgrundlage, auf die sich eine Erfüllung dieser Bitte abstützen ließe und wies das Begehren ab. Er wies darauf hin, daß der Kreisgerichtsausschuß als die zuständige richterliche Behörde des traditionell romanischen Kreises Suot-Tasna das obengenannte Urteil in Erfüllung seiner, aus dem geschriebenen und ungeschriebenen, positiven Sprachenrecht von Verfassungs- und Gesetzesrang erwachsenen Pflicht in romanischer Sprache verfaßt habe. Hierhingegen ließ S. bei der Justizaufsichtskammer des Kantonsgerichtes Beschwerde wegen Rechtsverweigerung einreichen mit dem Hauptantrag, es sei die angefochtene Verfügung aufzuheben und die Vorinstanz zu verpflichten, auf ihre Kosten eine amtliche deutsche Übersetzung des romanischen Urteils des Kreisgerichtsausschusses Suot-Tasna vom 18.1.79 zu veranlassen und diese dem Beschwerdeführer ordnungsgemäß zu eröffnen. In der Begründung vertrat der Beschwerdeführer die Meinung, es sei einem bündnerischen Kreisgericht schlechthin nicht erlaubt, romanisch abgefaßte Urteile zu erlassen. Die Justizaufsichtskammer hat, dem Antrag der Vorinstanz folgend, erkannt, es werde auf die Beschwerde nicht eingetreten.

Im parallelen strafrechtlichen Berufungsverfahren hat der Kantonsgerichtsausschuß als Berufungsinstanz gemäß Art. 142 Abs. 1 StPO das angefochtene Urteil auch auf verfassungsrechtliche Mängel untersucht und folgernd festgehalten: "Ohne auf die Frage näher einzugehen, wie der Grundsatz der Gleichberechtigung der drei Sprachen verwirklicht werden kann und soll, darf nach dem Gesagten für den vorliegenden Fall festgehalten werden, daß es einem Gericht in einem traditionell romanischsprachigen Kreis nicht zum vornherein verwehrt sein kann, als Gerichtssprache Romanisch zu verwenden".[8] Wen wundert es, wenn nach dieser Erfahrung das Rätoromanische als Gerichtssprache auch im eigenen Sprachgebiet kaum Beachtung findet. Oder bedarf es dazu noch der bitteren Erfahrung, daß aus sprachlichen Gründen Unrecht gesprochen wird oder Unrecht geschieht?

Im Jahre 1981 hatte das Verwaltungsgericht des Kantons Graubünden einen eigenen Entscheid aus dem Vorjahr in Wiedererwägung zu ziehen und - was m.W. absolut einmalig in der Geschichte dieses Gerichtes ist - es mußte diesen schließlich vollumfänglich aufheben. In jenem früheren Entscheid hatte es einen Rekurs gegen einen abschlägigen Baubescheid der Gemeinde Lavin gutgeheißen. Sowohl der Baubescheid als auch die Rechtsschriften der Gemeinde waren in rätoromanischer Sprache verfaßt.

---

[8] Urteil des Kantongerichtsausschusses von Graubünden vom 4. Juli 1979.

Das Verwaltungsgericht vermochte diese offenbar nicht zu verstehen und legte seinem Entscheid kurzum einen falschen Sachverhalt zugrunde, was zu einem krassen Fehlurteil führte.[9]

Gegen welche, die Kraft eines einzelnen überfordernde Schwierigkeiten ein rätoromanischer Anwalt anzukämpfen hat, der von einem romanischfeindlichen Gericht im traditionellen Sprachgebiet die Interessen seines rätoromanischen Klienten vertritt und sich dabei der rätoromanischen Amtssprache bedient, kann im neuesten sprachenrechtlichen Urteil des Schweizerischen Bundesgerichtes nachgelesen werden.[10]

3.6 Ein vielleicht noch krasseres Bild der Bedrängnis des Rätoromanischen könnte man zeichnen, wenn man die sprachenrechtlichen Zustände im *bündnerischen Schulwesen* schildern würde. Dabei würde man u.a. unmittelbar auch auf jenes Urteil stoßen, mit welchem das Bundesgericht 1974 eine gegen einen Entscheid der Bündner Regierung geführte staatsrechtliche Beschwerde zwar abzuweisen hatte, in dem sich aber das oberste eidgenössische Gericht mit vollem Recht verpflichtet fühlte, die folgende vielsagende Bemerkung beizufügen: "Wenn auch im vorliegenden Fall von Willkür und Verletzung eines Grundrechtes nicht gesprochen werden kann, so ist immerhin zu bedauern, daß die kantonalen Behörden nicht Mittel und Wege gefunden haben, um im Interesse der Erhaltung der romanischen Sprache dem Anliegen des Beschwerdeführers Rechnung zu tragen. Es kann nicht übersehen werden, daß der angefochtene Entscheid sich nur schwerlich mit den in der Schweiz und in Graubünden allgemein unternommenen Bestrebungen zur Wahrung und Förderung der rätoromanischen Sprache vereinbaren läßt" (BGE 100 Ia 471).

4. Zu den jüngsten Bestrebungen um die Erhaltung des Rätoromanischen

Die Geschäftigkeit um die Erhaltung des Rätoromanischen ist gegenwärtig aufsehenerregend in Bewegung geraten. Aus dem breiten Spektrum seien hier nur drei Hauptbestrebungen herausgegriffen und erläuternd dargestellt. Über all dem steht aber die stille, aktive Bekundung des ungebrochenen Lebenswillens ungezählter bewußter Rätoromanen.

---

[9] Entscheid des Verwaltungsgerichtes des Kantons Graubünden, Kammer 4, vom 27. Mai 1981.
[10] Urteil des Schweizerischen Bundesgerichts, II. öffentliche Abteilung, vom 7. Mai 1982.

4.1 Die Bemühungen um die *Schaffung einer romanischen Einheitssprache* reichen zurück auf das Jahr 1863, als G.A. Bühlers Versuch einer "Fusionssprache" mißlang. Später unternahm Lezza Uffer (1956:5) einen bedeutenden Anlauf, der sich auf folgender, noch heute gültigen Erkenntnis stützte: "Das Rätoromanische braucht eine seinen Gegebenheiten und seinen Bedürfnissen gemäße Hochsprache, die jene Aufgaben erfüllen kann, welche die Lokalschriftsprachen nicht mehr erfüllen können". Auch seine Bemühungen um ein "Interrumantsch" zeitigten nicht die erhoffte Wirkung. Heute hat sich das "Rumantsch Grischun", eine gesamtbündnerische Schriftsprache, zu bewähren, für deren Gestaltung der Zürcher Romanist Heinrich Schmid die Richtlinien entwickelt hat. Ob dieses bedeutende Experiment gelingt, wird einerseits sicherlich davon abhängen, ob die Gegner und Skeptiker für die Sache gewonnen werden können; es ist aber bestimmt ebenso wichtig, die euphorischen Optimisten stets an die klar determinierte Zielsetzung zu mahnen. Das "Rumantsch Grischun" ist nämlich "nicht dazu bestimmt, irgendeine der bestehenden Regionalsprachen oder Lokalmundarten in ihrem angestammten Gebiet zu ersetzen. Vielmehr soll sie Personen, Institutionen, Amtsstellen, Firmen usw. zur Verfügung stehen, die im Prinzip bereit sind, das Rätoromanische zu verwenden, dabei aber nach einer überregionalen Sprachform verlangen, welche ohne größere Schwierigkeiten in ganz Romanischbünden verstanden wird" (Schmid 1982:1).

Die Förderung des Rätoromanischen im Sinne einer Überwindung aller partikularistischen Bestrebungen in Richtung auf eine adäquate Vereinheitlichung der bestehenden Schriftsprachen ist ein Unterfangen, das minuziös auf die vorhandene romanische Substanz abzustimmen ist und das den Rätoromanen nicht aufgezwungen werden darf. Bis diese Entwicklung vollzogen ist bzw. um diese Entwicklung überhaupt zu ermöglichen, erscheint es jedoch unablässig, die romanischen Idiome, wie sie sich seit Jahrhunderten in organischer Weise herausgebildet haben, mit allen Konsequenzen, auch in der Praxis als gleichberechtigte Sprachen gelten zu lassen. Niemand hat ein Recht zu fordern, daß die Rätoromanen als Voraussetzung für die Garantie der sprachlichen Gleichberechtigung und -behandlung sich auf eine gemeinsame Sprache einigen mögen!

4.2 Mit ihrer *Eingabe vom Jahre 1980 an den Bundesrat* erbittet die Lia Rumantscha/Ligia Romontscha die dringend notwendige Unterstützung der Schweizerischen Eidgenossenschaft zur Erhaltung der Rumantschia. Diese

Die Rätoromanen, ethnopolitisches Gewissen der Schweiz

Eingabe gründet auf der Erkenntnis,

"daß der Prozeß des Sprachschwundes wirksam gehemmt und das Rätoromanische erhalten werden kann. Voraussetzung ist jedoch, daß die Programme zur Spracherhaltung laufend den neuen Bedingungen und Erfordernissen angepaßt werden, damit den permanenten Vorgängen im Sprachgebiet mit angemessenen Maßnahmen begegnet werden kann. Der allmählichen Verdrängung des Rätoromanischen kann nur mit einem integralen und systematischen Spracherhaltungsprogramm entgegengewirkt werden. Die Lia Rumantscha/Ligia Romontscha als Dachorganisation der verschiedenen Vereinigungen zur Wahrung und Förderung des Rätoromanischen hat deshalb nach gründlicher Vorbereitung und Besprechung auf allen Ebenen ein umfassendes Aktionsprogramm entworfen, das mit differenzierten Maßnahmen in verschiedenen Bereichen eine erfolgsversprechende Spracherhaltungsarbeit garantiert" (Lia Rumantscha 1980:2).

Der Bundesrat beschloß daraufhin, eine Arbeitsgruppe einzusetzen, die dem Departement des Innern auf den Zeitpunkt der Ausarbeitung des Finanzplanes für die Legislaturperiode 1984 - 1987 Bericht erstattet, damit eine allfällige Erhöhung der Bundesbeiträge berücksichtigt werden kann. Außerdem wurde die Arbeitsgruppe beauftragt, einen Gesamtbericht über die von der Lia Rumantscha anbegehrten Maßnahmen im Bereiche des Rechts und der Verwaltung zu verfassen. Der Bericht ist Ende des vergangenen Jahres unter dem Titel "2 1/2 Sprachige Schweiz?" veröffentlicht worden. Nach eigenen Angaben ging die Arbeitsgruppe davon aus, daß das Rätoromanische als Alltags- und Nutzsprache in seiner Existenz bedroht ist, wenn nicht kraftvoll und kontinuierlich Maßnahmen im Sinne ihrer Empfehlungen ergriffen werden. "Die Arbeitsgruppe tritt aus Überzeugung für eine großzügige Finanzierung des Aktionsprogrammes der LR (Lia Rumantscha) ein. Sie kann diese Empfehlung indes nur verantworten, wenn gleichzeitig auch dafür gesorgt wird, daß in weiteren Bereichen Maßnahmen ergriffen werden" (Dörig/Reichenau 1982:151). Was die nach der Auffassung der Arbeitsgruppe zu treffenden direkten und indirekten Maßnahmen betrifft, macht sie sich die in der Eingabe der Lia Rumantscha aufgeführten Vorschläge zu eigen und fügt diesen noch "von Drittseite vorgebrachte Anregungen" hinzu. Der Bundesrat hat diese Anträge beraten und erste Beschlüsse gefaßt. Danach sollen die Bundesbeiträge erhöht und das Rätoromanische als Maturitätsfach anerkannt werden. Sodann hat der Bundesrat die verschiedenen Departemente beauftragt, weitere genau umschriebene Abklärungen zu treffen. Danach werden die neuen Erkenntnisse unter dem Titel "Minderheitenschutz und -förderung" im Sinne von Regierungszielen in die Regierungsrichtlinien fließen, die der Bundesrat im Januar 1984 vorlegen muß. Daraus sollten sich dann im Verlaufe der folgenden vier Jahre konkrete Vorlagen ergeben, über die je nach

Zuständigkeit entweder der National- und Ständerat oder der Bundesrat zu entscheiden hat.

Zusammen mit den beiden Redaktoren des Berichts ist zu sagen: "Einiges ist also geschehen. Vieles bleibt nötig. Mit einigem Optimismus hoffen wir auf die Wende. Wo Gefahr ist, wächst das Rettende auch. Es muß allerdings mehr sein als die Summe aller Einzelmaßnahmen" (Dörig/ Reichenau 1982:XIII). Man hat jedoch Mühe, diesen Optimismus zu teilen, vor allem wenn man auch zwischen den Zeilen des Berichtes herauslesen kann, wie bereits hier um Kompromisse gerungen worden ist.[11]

4.3 Das zentrale und grundlegende Postulat bildet nach wie vor *der sprachenrechtlich-territoriale Schutz der Rumantschia*. Bereits vor mehr als zehn Jahren wurden die zuständigen Bündner Behörden durch einen persönlichen außerparlamentarischen Vorstoß dazu aufgerufen, auch die notwendigen rechtlichen Maßnahmen zum wirksamen Schutz der Sprachenlage des Kantons zu treffen. Danach hätte der Kanton, gestützt auf seine Sprachenhoheit und in Erfüllung seiner verfassungsmäßigen Pflicht, in einem ersten entscheidenden Schritt, durch die gebotene normative Umschreibung der drei gegebenen Sprachgebiete, die Voraussetzung für die konsequente Verwirklichung des Sprachgebietsprinzips vor allem zugunsten des Rätoromanischen zu schaffen.[12] Die Bündner Regierung hat sich bisher hartnäckig geweigert, dieser Forderung entgegenzukommen. Sie stellt sich auf den Standpunkt, der Kanton habe bestimmt, welche Sprachen als seine Amtssprachen zu gelten haben, im übrigen aber legitimerweise auf die ihm zustehende Sprachenhoheit zugunsten einer Sprachautonomie der Gemeinden weitgehend verzichtet. Erst im August des Jahres 1981 hat die Regierung diese Praxis in Frage gestellt und den in Zürich wirkenden Juristen Daniel Thürer damit beauftragt, im Rahmen eines Rechtsgutachtens zu klären, ob sich aus der Bundesverfassung und Kantonsverfassung für den Kanton Graubünden nicht nur eine Kompetenz, sondern eine eigent-

---

[11] Nachtrag: Ende April 1983 ist die Frist zur Stellungnahme der beauftragten Departemente mehr oder weniger unbenützt abgelaufen! Auf Ende Juli 1983 ist Ch. Reichenau, Chef der Sektion für allgemeine kulturelle Fragen im Bundesamt für Kulturpflege und Mitverfasser des zitierten Berichtes aus Enttäuschung über die Schweizerische Kulturpolitik von seinem Amte zurückgetreten!

[12] Vgl. Großratsprotokoll (Graubünden), September 1971: "Petition Viletta betreffend Erhaltung der rätoromanischen Sprache", 178 ff.; Viletta, R., 1971: Das Rätoromanische im Räderwerk der Politik. In: Neue Bündner Zeitung vom 15. und 16. November.

liche Verpflichtung ergibt, die in Art. 46 der Kantonsverfassung gewährleisteten Landessprachen im Sinne der territorialen Abgrenzung der Sprachgebiete zu regeln. Dieses Vorgehen an und für sich ist zweifellos richtig und klug. Auch der Staatsrat des Kantons Tessin hat in einer ähnlichen Situation genauso gehandelt; allerdings tat er dies bereits im Jahre 1928. Der große Kommentator der Schweizerischen Bundesverfassung, Professor Walther Burckhardt, führte damals in seiner stark beachteten Expertise folgendes aus:

> "Die Schweizerischen Kantone bilden zusammen einen Bundesstaat. Jeder Kanton hat seine Kompetenzen, innert bestimmter Grenzen seine Autonomie, sowohl im Verhältnis zum Bund wie im Verhältnis zu den Mitständen. Gewiß kann jeder Kanton diese seine Kompetenzen ausüben nach eigenem Ermessen; aber er muß sie doch so ausüben, daß das harmonische Zusammenleben nicht gestört wird. Je mehr man sich mit dem Staat abgibt, desto deutlicher erkennt man, daß staatliche Kompetenzen nicht aufgefaßt und ausgeübt werden können, wie patrimoniale Rechte eines Privaten; der Private kann seine Rechte ausüben wie er will und allem andern entgegenhalten: qui suo jure utitur neminem laedit; - er kann sie auch unausgeübt lassen. Der Staat soll seine Kompetenzen ausüben, wo das öffentliche Interesse es verlangt, und soll sie so ausüben, wie dieses Interesse es verlangt. Es darf sie nicht beliebig, er soll sie richtig ausüben, und das tut er nur, wenn er es im Bewußtsein einer zu erfüllenden Pflicht, eines ihm obliegenden officiums handelt" (Burckhardt 1929).

Das öffentliche Interesse ist aber - und dies wollen wir mit allem Nachdruck wiederholen - auf die Erhaltung der überkommenen sprachlichen Zusammensetzung der Schweiz bzw. den Schutz der Ausdehnung und Einheit der gegebenen Sprachgebiete ausgerichtet. Dieses Ziel - auch dies soll nochmals deutlich hervorgehoben werden - setzt unabdingbar die normative Umschreibung der traditionellen Sprachgebiete voraus. Mit einer Delegation der Kompetenz bzw. der Pflicht zur Wahrung dieser öffentlichen gesamtschweizerischen Interessen auf die Ebene der Gebietskörperschaften innerhalb der entsprechenden sprachterritorialen Einheit würde zwingend gerade diese zu schützende Einheit aufgelöst. Eine derartige Kompetenzverschiebung kann deshalb vor dem geltenden Verfassungsrecht nicht standhalten.

Der Experte der Bündner Regierung bestätigt im wesentlichen die herrschende Lehre und kommt zu folgendem Schluß:

> Es "scheint nun aber aus der vom Bundesgericht aus Art. 116 Abs. 1 BV abgeleiteten Spracherhaltungsgarantie hervorzugehen, daß sich in gewissen Ausnahmesituationen für die Kantone eine unmittelbare Verpflichtung zur gesetzlichen Ausscheidung von Sprachgebieten ergibt. Dies wäre etwa dann der Fall, (so schreibt der Experte weiter), wenn eine der verfassungsrechtlich anerkannten Nationalsprachen ernsthaft gefährdet wäre und ohne eine derartige Schutzmaßnahme in

ihrem angestammten Gebiet und ihrer besonderen Eigenart nicht gesichert werden könnte" (Thürer 1982:29).

Noch im Juli 1981 hatte die Bündner Regierung in einem Schreiben an den Bundesrat von diesem eine unverzügliche finanzielle Hilfe gefordert und dabei geltend gemacht, die Lage des Rätoromanischen habe sich "in bedrohlicher Weise verschärft"; es würden "sich wirksame Maßnahmen zur Erhaltung und Förderung der Sprache und Kultur gebieterisch aufdrängen".[13] In guten Treuen hätte man deshalb erwarten können, daß die Regierung, die in der Hauptverantwortlichkeit des Kantons liegenden, auch nach dem Rechtsgutachten gebotenen Handlungen einleiten würde. Aber weit gefehlt! In Beantwortung einer entsprechenden parlamentarischen Anfrage wies die Bündner Regierung darauf hin, die Frage, ob die Gefährdung des Rätoromanischen derart ernsthaft und schwerwiegend sei, daß von einer besonderen Ausnahmesituation gesprochen werden kann, die Notmaßnahmen gestützt auf Art. 116 der Bundesverfassung rechtfertigen würde, bedürfe nach dem Gutachten "sorgfältiger Erhebungen sowie einer Bewertung durch die hiezu legitimierten Instanzen".[14] Tatsächlich hat nun die Bündner Regierung zwei Gutachten in Auftrag gegeben, um abklären zu lassen, ob das Rätoromanische nun wirklich genügend gefährdet ist oder nicht![15] Die damit bekundete Einstellung ist ein Affront für jeden gutwilligen Schweizer, der sich um das Schicksal des Rätoromanischen ernsthaft sorgt und darauf vertraut, daß die Verantwortlichen ihrer Verpflichtung gemäß die nötigen Schutzvorkehrungen treffen. Es bedarf eines radikalen Umschwungs, um die Gefahr einer Bankrotterklärung der bündnerischen Sprachenpolitik schließlich doch noch abwenden zu können.

5. Quintessenz

Wie ist nun die rechtliche und faktische Stellung der Rätoromanen zu qualifizieren? Sind sie ein geduldetes Relikt oder ein gleichberechtigter Teil der Schweizerischen Eidgenossenschaft? Nach dem Gesagten muß diese Frage, die letztens eine Frage des Gewissens ist, vorläufig wohl

---

[13] Bündner Zeitung vom 24. Juli 1981 ("Aus den Beratungen der Regierung").
[14] Großratsprotokoll (Graubünden), Februar 1983: Antwort der Regierung vom 25. Oktober 1982 auf die schriftliche Anfrage Dr. Viletta betreffend Konkretisierung und Realisierung des Sprachenrechts im Kanton Graubünden, 870ff.
[15] Großratsprotokoll (Graubünden), Mai 1983: regierungsrätliche Bestätigung, 21 und 26.

noch offen bleiben. Trotz allem werden sich bewußte Rätoromanen aber weiterhin der Herausforderung stellen und auf der Grundlage und in den Formen des Rechts ihrer Muttersprache den Weg in die Zukunft offen halten. Das ist ihr Auftrag, den sie auch zum Wohle Graubündens, der Schweiz und Europas sowie aller Minderheiten, aus denen diese übergeordneten Gemeinschaften zusammengesetzt sind, erfüllen wollen.

Literatur

Burckhardt,W.,1929: Rechtsgutachten für den Staatsrat des Kantons Tessin vom 4. Juli 1928 über die Einführung eines kantonalen Gesetzes betr. die "insegne pubbliche" (Tessiner Sprachendekret). In: Rendiconto del Dipartimento della Pubblica Educazione. Amministrazione 1928, Bellinzona, oder in: Basler Nachrichten vom 29. und 30. April 1930, Nrn. 116 und 117 ("Zum Schutz der italienischen Sprache im Tessin").

Burckhardt,W.,1931: Kommentar der Schweizerischen Bundesverfassung vom 29. Mai 1874, Bern, 3. Aufl.

Camartin,I.,1979: Assimilation als Problem sprachlicher und kultureller Minderheiten. In: NZZ (Neue Züricher Zeitung), 8./9. September, Nr. 208, 37.

Camartin,I.,1982: Die Beziehungen zwischen den schweizerischen Sprachregionen. In: Die viersprachige Schweiz, Zürich-Köln, 301-351.

Dörig,H.R./Reichenau,Ch.,1982: 2 1/2 Sprachige Schweiz?, Disentis/Mustêr - Bern.

Flury,J.,1980: Verkündigung in der Situation der sprachlichen Minderheit. In: Theologische Zeitschrift 36, Basel, 103-125.

Huber,M.,1934: Grundlagen nationaler Erneuerung, Zürich.

Ligia Romontscha/Lia Rumantscha,1980: Eingabe an den Bundesrat der Schweizerischen Eidgenossenschaft, Chur.

Lüthy,H.,1966: Politische Probleme der Mehrsprachigkeit in der Schweiz. In: Civitas 22, 39-47.

Salis von, J.R.,1969: Schwierige Schweiz, Zürich, 2. Aufl.

Schmid,H.,1982: Richtlinien für die Gestaltung einer gesamtbündneromanischen Schriftsprache, Rumantsch Grischun, Chur.

Thürer,D.,1982: Rechtsgutachten betreffend einige Fragen zur gesetzlichen Verwirklichung des Territorialprinzips im Sprachenrecht des Kantons Graubünden, erstattet der Regierung des Kantons Graubünden.

Uffer, L., 1956: Zur Frage der rätoromanischen Einheitssprache. In: Terra Grischuna 15/6, Chur, 5-6.

Viletta, R., 1978: Les modes d'action juridique dans le domaine linguistique (Action personnelle et action territoriale). In: Minorités linguistiques et interventions; Essai de Typologie. Travaux du CIRB (Centre international de recherche sur le bilinguisme), A-15, Les presses de l'université Laval, Québec, 104-140.

Viletta, R., 1978: Abhandlung zum Sprachenrecht mit besonderer Berücksichtigung des Rechts der Gemeinden des Kantons Graubünden, Band I: Grundlagen des Sprachenrechts (Züricher Studien zum öffentlichen Recht 4), Diss. Zürich.

Viletta, R., 1981: Die Rätoromanen im Kraftfeld zwischen Vielheit und Einheit. In: Regionalismus in Europa, (INTEREG), München, Bd. I, 160-165.

Viletta, R., 1981: Die Regelung der Beziehungen zwischen den schweizerischen Sprachgemeinschaften. In: - Le Schwyzertütsch - 5e langue nationale? Bulletin CILA (Commission interuniversitaire suisse de linguistique appliquée) 33, Neuchâtel, 42-72; - ZBl (Schweizerisches Zentralblatt für Staats- und Gemeindeverwaltung), Zürich, Bd. 82, Nr.5, 193-217.

Viletta, R., 1983: Der Schutz der Sprachräume als Aufgabe der Region. In: Regionalismus in Europa, (INTEREG), München, Bd. III, 135-148.

Viletta, R., 1983: Sprachenrecht - Zur Regelung von Sprachkontakten und Vermeidung von Sprachkonflikten. In: Nelde, P.H. (Hrsg.), Gegenwärtige Tendenzen der Kontaktlinguistik (Plurilingua I), Bonn, 167-176.

Viletta, R., 1983: Untersuchungen zur Mehrsprachigkeit in der Schweiz unter besonderer Berücksichtigung des Rätoromanischen. In: Nelde, P.H. (Hrsg.), Mehrsprachigkeit - Multilingualismus (Plurilingua IV), Bonn, 107-146.

Peter Hans Nelde

SPRACHÖKOLOGISCHE ÜBERLEGUNGEN AM BEISPIEL ALTBELGIENS

Seit Haugens *The Ecology of Language* der sechziger Jahre hat die Sprachökologie das Instrumentarium der Kontaktlinguistik deutlich bereichert. Mackeys (1980) Hinweis auf den Nutzen eines ökologischen Modells für die Erklärung von Sprachwechsel, Sprachentod, Sprachrückgang und -gefährdung unterstrich die Vorzüge eines solchen methodischen Vorgehens, das den Forscher davor bewahrt, für beispielsweise das Aussterben des Sorbischen in Mitteleuropa die gleichen Gründe anzuführen wie für das Verschwinden des Ostfriesischen an der Nordsee. Die speziellen inner- und außersprachlichen Faktoren verdienen besondere Berücksichtigung, wofür der "sprachliche Haushalt", die ökologischen Bedingungen verantwortlich sein können. Da aufgrund unterschiedlicher historischer und politischer Entwicklungen jegliches sprachliche Kontaktgebiet eine Sonderform darstellt, die sich der systemhaften Vergleichbarkeit entzieht, müssen stets aufs neue eine Reihe von Faktoren und Bedingungen auf ihre Anwendbarkeit bzw. Zutreffendheit überprüft werden.

Wir möchten im folgenden von der Annahme ausgehen, daß eine ökologische Betrachtungsweise nicht in erster Linie für die Beschreibung stabiler diglossischer oder mehrsprachiger Sprachgebiete oder offener bilingualer Konfliktherde sinnvoll und nützlich ist, sondern vielmehr für sprachlich/ethnische Kontaktzonen, in denen eine oder mehrere Sprachen oder Sprachvarianten gefährdet oder vom Aussterben bedroht sind, ohne daß dafür offensichtliche sprachliche, administrative oder repressive politische Entscheidungen geltend gemacht werden könnten.

So könnte zum Beispiel im Falle Belgiens auf eine sprachökologische Beschreibung der konsolidierten offiziellen Sprachgebiete teilweise verzichtet werden, da ein verfeinertes Netzwerk die sozialen, politischen, linguistischen, administrativen und ideologisch-kulturellen Bedürfnisse der als einsprachig erklärten Territorien weitestgehend berücksichtigt. Sprachgrenzgemeinden mit Minderheiten und die zweisprachige Hauptstadt, in der die beiden größten Sprachgruppen des Landes über jeweils eine eigene Infrastruktur verfügen, wären da schon aufschlußreicher, da an ihnen deutlich wird, daß gesetzgeberische Maßnahmen zum Zweitsprachenschutz relativ schnell an die Grenze ihrer Wirksamkeit stoßen[1] (Abb. 1).

Als Beispiel mögen dafür die offiziellen Sprachenzählungen (Zensus) in Belgien dienen.

Es ist erstaunlich, wie leichtfertig die Ergebnisse von Sprachenzählungen von Kontaktlinguisten bei der Darstellung von Sprachminderheiten übernommen werden. Sicherlich können Resultate von Zählungen in konfliktfreien Kontaktzonen wesentlich sein; in Gebieten, in denen politische oder sozio-ökonomische Bedingungen die Minderheit benachteiligen, können Zensusangaben nur tendenziellen Wert haben. Einerseits entzieht sich eine für europäische Minderheitsgebiete neuerdings kennzeichnende situative und kontextuell bedingte Zwei- und Mehrsprachigkeit jeglicher festen muttersprachlichen Zuordnung, da das meist diglossische Sprachverhalten überwiegend komplementär distribuiert ist, das heißt, bestimmte Redesituationen und -bedingungen des Alltags erfordern stets die gleiche Sprachvariante, so daß der Fremd- oder Muttersprachgebrauch oft schon institutionalisiert erscheint. Nur wenige Sprachbereiche lassen aus ökonomischen Gründen noch den ständigen, freien Wechsel innerhalb verschiedener Varianten zu. Das Resultat einer Zählung und die Unterscheidung fremd- und muttersprachlicher Sprecher verliert aus dieser Perspektive an Relevanz.[2]

Andererseits unterliegt jede Antwort auf die Frage nach dem alltäglichen Sprachgebrauch heute mehr denn je einem soziologischen Bedingungsgefüge, das vor allem in Konfliktzonen derart kompliziert erscheint, daß selbst eine Befragung durch geschulte Interviewer zu verzeichneten Ergebnissen führen kann. Der Befragte wird sicherlich nicht bei seiner Antwort die Problematik der linguistischen Varietät seiner Sprachverwendung im Sinne des Interviewers vor Augen haben, sondern er wird sich - bewußt oder unbewußt - gruppenloyal verhalten und auf eine von ihm erstrebte soziale Identifizierung Wert legen.

Weder die Linguistik noch die Soziologie verfügen über Modelle und Methoden, um diese außerlinguistischen Bedingungen zu erfassen.

---

[1] Vgl. P.H. Nelde, Sprachkonflikt und Sprachwechsel in Brüssel; in: German Canadian Studies 2, Montréal 1978, 115-13o.
[2] Vgl. P.H. Nelde, Sprachloyalität und soziale Identifikation; in: Grazer Linguistische Studien 11-12, 198o, 2o1-2o9.

Sprachökologische Überlegungen am Beispiel Altbelgiens 169

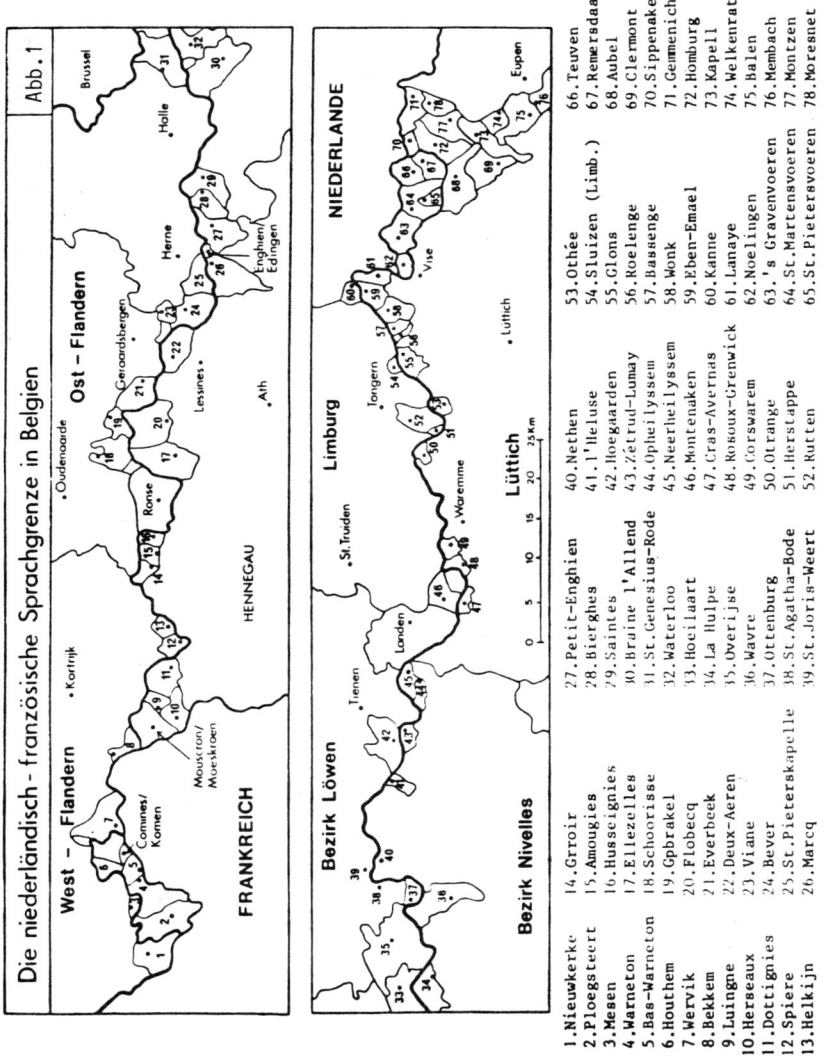

Abb. 1

Derartige Angaben zum individuellen Sprachverhalten geben daher mehr Aufschluß über das Sozialbewußtsein als über den wirklichen Sprachgebrauch des Befragten. So wird in Konfliktgebieten stets der soziale Druck, der eine bestimmte Sprachvariante zur Prestigesprache stempelt, zu berücksichtigen sein. Vorurteils- und Stereotypenforschern tut sich hier ein weites Feld auf.

Der Befragung im Sinne einer Zählung kommt hier nur noch die Funktion einer Trendfeststellung zu, die sinnvoll sein kann, wenn vergleichbare Untersuchungen vorliegen. Dabei gewinnt sowohl die historische wie die psychologische Dimension an Bedeutung.

Falls den Ergebnissen von Zählungen demnach höchstens ein tendenzieller Wert zukommt, wäre die Frage nach anderen Faktoren, die z.B. den Spracherhalt oder Sprachverlust einer Minderheit beeinflussen, zu stellen.

Dafür eignet sich in besonderem Maße ein wenig bekanntes Randgebiet Belgiens, das sowohl an niederländisches, französisches wie deutsches Sprachgebiet grenzt, nämlich das sogenannte *Altbelgien,* dessen ursprünglich deutschsprachige Bevölkerung keinerlei ernstzunehmenden Minderheitenschutz genießt und das von der Sprachforschung bisher eher stiefmütterlich behandelt wurde.[3]

Die altbelgischen Deutschsprachigen gehören zu den kleineren ethnischen Gruppen Europas, die über wenig Möglichkeiten verfügen, für die Zukunft den Gebrauch ihrer Muttersprache abzusichern, da sie staatlicherseits ignoriert werden und deshalb in einer defensiv-konservierenden Sprachhaltung ohne wirkliche Gegenwehr sich in Anpassungsbereitschaft üben. Eine Aussage über die Existenz dieser Minderheit kann nur aufgrund historischer - und damit für die Gegenwart unzureichender - Quellen erfolgen.[4] Vergleichbar wäre sie somit mit der niederländischsprachigen Bevölkerungsgruppe im Nordwestzipfel Frankreichs oder den Deutschsprachigen Jugoslawiens.

Außer dem gemeinsamen historischen Schicksal der Zugehörigkeit zum belgischen Staat - in dieser Form seit 1839 - haben die drei alt-

---

[3] Abgesehen von Arbeiten der prälinguistischen Ära sind zu konsultieren: Verdoodt (1968), Nelde (1979b) und die Gemeinschaftsveröffentlichung von Mitarbeitern der Forschungsstelle für Mehrsprachigkeit (Nelde, Persoons, Quix, Trim); in: Kulturelle und sprachliche Minderheiten in Europa, Tübingen 1981, 219-264.

[4] K. Pabst und J. Clauss, in: DaMiB.

Sprachökologische Überlegungen am Beispiel Altbelgiens   171

belgischen Gebiete (Nord, Mitte, Süd) keinerlei Gemeinsamkeiten
(Abb. 2). *Geographisch* sind sie nicht nur ohne jegliche Verbindung miteinander, sondern haben sich mit durchaus unterschiedlichen Nachbarschaften abzufinden. So grenzt Altbelgien-Nord an niederländisch- und deutschsprachige Gebiete Belgiens und der Niederlande, Altbelgien-Mitte an deutsch- und französischsprachige Gebiete und Altbelgien-Süd an Luxemburg und Frankreich. Die Westgrenze aller drei Sprachgebiete wird jeweils von Wallonien gebildet. *Sprachlich* gibt es deutliche Trennungslinien zwischen dem niederfränkischen Norden und den moselfränkischen übrigen Gebieten, die - ohne Rückgriff auf die Hochsprache - zu Verständigungsschwierigkeiten führen würden. *Wirtschaftlich* ist der Norden nach Innerbelgien (Verviers, Lüttich), der Süden nach Luxemburg orientiert, während der Mitte ein ökonomischer Bezugspunkt fehlt. *Kulturell* hebt sich der Norden mit seiner rheinischen Karnevalsfolklore deutlich vom Rest Altbelgiens ab.

Da diese Unterschiedlichkeit zugleich für den Medienbereich gilt (keinen gemeinsamen Rundfunksender, unterschiedliche Tageszeitungen), das Sprachenwirrwarr dem Außenstehenden undurchschaubar scheint, sollen im folgenden einige Vorschläge gemacht werden, die ein solches heterogenes Gebiet beschreibbarer machen.

Aspekte der Sprachbestimmung als methodische Vorüberlegungen

Während die sprachliche Situation in Altbelgien-Mitte relativ leicht durchschaubar ist, da die Volkssprache im wesentlichen dem Moselfränkischen im benachbarten Großherzogtum und in Altbelgien-Süd entspricht, ist sie in Altbelgien-Nord erheblich komplizierter und hat wiederholt in der Geschichte der Philologie Anlaß zu Kontroversen gegeben.[5]

Die Dialekte und Ortsnamen von Altbelgien-Nord, das im Urteil der Philologen ein niederfränkisches Übergangsgebiet zwischen limburgischen und ripuarischen Mundarten darstellt, gehören innerhalb des germanischen Sprachgebietes zu den besonders gründlich erforschten Mundarten.[6] Aufgrund der Literatur war in den Untersuchungsgebieten eine Mehrsprachigkeitssituation zu erwarten, die sich überwiegend als Diglossie darstellte.

---

[5] Siehe K. Pabst, Politische Geschichte des deutschen Sprachgebiets in Ostbelgien bis 1944; in: DaMiB, 29.
[6] H. Draye (1942) u.a.

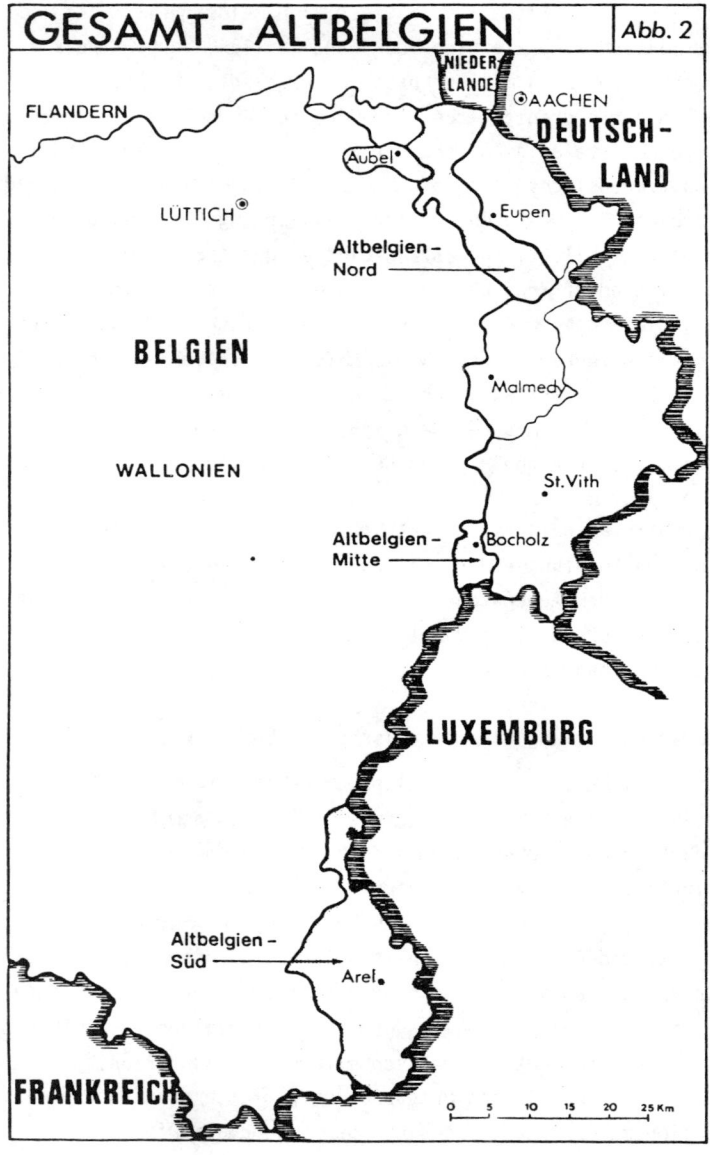

Demnach verfügen die Sprachteilhaber über zwei oder mehrere linguistische Codes, die sich als Bereichs- oder als Teilcode kennzeichnen lassen, d.h. daß ein Codewechsel in zahlreichen alltäglichen Situationen ohne Schwierigkeiten für die Sprachbenutzer durchgeführt wird. Doch läßt sich in dieser nur scheinbar willkürlichen Bereichswahl eine gewisse ("diglossische") Systemhaftigkeit erkennen, die dem anfänglich bilingualen Eindruck zuwiderläuft: Abgesehen von wenigen unwesentlichen Kontakten, bei denen sämtliche Idiome untereinander ausgetauscht werden können, sind die Sprachbereiche jedes Idioms recht deutlich voneinander getrennt und schließen sich meist gegenseitig aus.

Die Sprachwahl wird von vielen situativen, kontextuellen und anderen außersprachlichen Faktoren determiniert, daß ein Idiomwechsel außerhalb dieses Rahmens unwahrscheinlich ist. Der Ort, die Anwesenheit bekannter oder unbekannter weiterer Personen, der Gesprächspartner, die Gesprächsfunktionen, die soziale Umwelt, der Vertraulichkeitsgrad, die Äußerungsabsicht und die Selbsteinschätzung innerhalb der Sprachgemeinschaft konditionieren deshalb die Sprachwahl in stärkerem Maße als Sprachregelungen seitens der für den Sprachgebrauch zuständigen Behörden, vor allem, da die kommunikationsintensivsten Sprachsituationen des Intim- und Familienbereichs sich bis heute weitgehend dem Prestige- und Sozialdruck der offiziellen Sprache entziehen konnten.

Der ständige Wechsel zwischen verschiedenen Idiomen und der dadurch bedingte fortwährende Rückgriff auf morphosyntaktische und lexikalisch-semantische Fremdstrukturen führen zu einer besonderen heterogenen sprachlichen Situation, die der Forschung Aufschluß erteilen könnte über die volks-und standardsprachlichen Zustände.[7]

1. Sprachenzählungen als politische Loyalitätsparameter

Altbelgien umfaßt insgesamt ca. 75 000 Einwohner, die staatlicherseits seit 1846 regelmäßig nach ihrem Sprachgebrauch befragt wurden. 1947 wurde das Zählen offiziell eingestellt, da die Resultate offensichtlich

---

[7] Eine detaillierte Überprüfung des sprachlichen Verhaltens der Bewohner Altbelgiens wurde Ende der siebziger Jahre von der Forschungsstelle für Mehrsprachigkeit in Brüssel als Feldforschung durchgeführt. Die folgenden Überlegungen gehen von den Ergebnissen dieser Untersuchung aus: Nelde (1979b).

in keinerlei Verhältnis zur sprachlichen Wirklichkeit standen. Das beweist überzeugend ein Vergleich zwischen den *Zählungen* von 1930 und 1947 in Altbelgien-Süd: So geben in Martelingen an der Luxemburger Grenze (1930: 87,16% Deutsch) 1947 noch 1.56% der Bevölkerung zu, Deutsch zu sprechen, für die benachbarten Dörfer Elcheroth (1930: 92,22% Deutsch) und Herzig (1930: 86,20% Deutsch) lauten die Angaben 1947 4,85% bzw. 1,03% für Deutsch. Da diese Statistiken wohl eher als Identifikationsparameter der von den politischen Ereignissen nachdrücklich beeindruckten Bevölkerung und als sprachlich sich manifestierende Loyalitätserklärungen an den als französisch geltenden belgischen Staat interpretiert werden sollten und auch die wissenschaftliche Literatur keine genaueren Aufschlüsse gibt - Verdoodt (1968:5) spricht vage von offiziellen Schätzungen des deutschsprachigen Bevölkerungsanteils zwischen 50 und 80% je nach Ortschaften - kann eine Umfrage nach nordaltbelgischem Muster sicherlich ein genaueres Bild von der Verteilung zwischen deutscher Volkssprache und französischer Kultursprache geben.[8]

2. Zensusabhängige Zuordnungskriterien

Da das Zählen in muttersprachlich gefährdeten Gebieten offensichtlich unsinnig ist, müssen andere Kriterien als *Zuordnungshilfen* dienen. Eine der wichtigsten Aufgaben wird bei muttersprachlicher Einsprachigkeit das Festlegen einer Sprachgrenze sein. Historisch dürfte das aufgrund der Arbeiten von Kurth und Aelvoet nicht allzu schwierig sein. Für die Gegenwart ergab sich folgendes Hilfsmittel: Bei der Überprüfung der Wahlergebnisse der Nachkriegswahlen stellte sich heraus, daß die frankophonen Dörfer des eigentlichen Walloniens überwiegend eine sozialistische Mehrheit aufweisen, während die als deutsch einzuordnenden Gemeinden eher christdemokratisch wählen - ein unterschiedliches Wahlverhalten, das bereits die niederländisch-französische Sprachgrenze, die sich durch Altbelgien nach Süden fortsetzt, kennzeichnet. Hinzu kommt auf der deutschen Seite eine sporadisch auftretende Wählergemeinschaft, die sich für Zweisprachigkeit ausspricht und somit als weiteres Zuordnungsindiz dienen kann.

---

[8] M.P. Quix, Quantitative und qualitative Aspekte der Mehrsprachigkeit in Altbelgien Nord (im Druck).

3. A-lineare Sprachverhaltensmuster

Bereits in der Literatur des 19. Jahrhunderts wird auf eine besondere Form des Sprachwechsels hingewiesen, der den baldigen Sprachverlust der Muttersprache zur Folge hatte: Während die älteste Generation noch einsprachig volkssprachlich (hochsprachlich und mundartlich) sei, dringe bei der Elterngeneration bereits die fremde Kultursprache neben der häuslichen Mundart vor, bei der jüngsten Generation dagegen sei die Volkssprache bereits verlorengegangen und durch die fremde Kultursprache ersetzt worden (Quix 1981). Falls dem so ist, dürfte eigentlich im 20. Jahrhundert die Volkssprache nicht mehr auftauchen. Offensichtlich ist hier die Sprachentwicklung als zu linear betrachtet worden. Die Abkehr vieler Jugendlicher von der Muttersprache zur Zeit der Pubertät aufgrund fremdsprachigen Unterrichts wird in späteren Jahren häufig (nach Rückkehr aus dem Industriegebiet, nach Übernahme des elterlichen Hofes, nach der Übernahme von Ämtern) durch eine Anpassung und Identifizierung mit der Dorfsprache wieder wettgemacht. Diese *nichtlineare Sprachentwicklung* der Volkssprache verdient besondere Aufmerksamkeit.

4. Polarisierung

In Altbelgien hatte sich trotz sprachlicher Überfremdung durch das Französische eine stabile Diglossie (deutsche Mundart und französische Hochsprache) entwickelt, die in den meisten Lebensbereichen fest war, so daß bei sprachimmanenten Domänen wie der Sprache in der Schule, dem Gemeinderat, der Öffentlichkeit, die Sprachverwendung einer unausgesprochenen Übereinkunft zufolge nach einem fast rituellen Muster verlief, s. Nelde (1979b:37-39).

Der Trend der neueren industriellen Gesellschaft nach Einheitlichkeit im Sprachgebrauch, verbunden mit einer Vorherrschaft der hochsprachlichen Varianten, schuf für derartige Minderheitsgebiete mit ausgeprägtem Dialektgebrauch unerwünschte Probleme. Territoriale Einsprachigkeit ersetzte die individualisierte Diglossiesituation und zwang die Sprachteilhaber zu einer Entscheidung für oder gegen eine bestimmte Hochsprache.

Diese *Polarisierung* hatte deshalb zum Teil völlig unerwartete Folgen - zumindest in den Augen "logisch" operierender Sprachplaner: Die diglossische bzw. dialektsprachige Bevölkerungsgruppe entzog sich diesem Polarisierungsdruck, indem sie auf die zugehörige Standardvariante verzichtete und sich einer fremden Kultursprache zuwandte. Da ein der-

artiger Bereichswechsel nicht stets erfolgreich sein kann, führt er zu
schizoglossischen (Haugen) Zuständen oder zum Sprachwechsel.

5. Psycholinguistische Bedingtheit des Sprachverhaltens

Über diese direkte Polarisierung hinaus entstand aufgrund der besonderen
politisch-historischen Lage, die von der Bevölkerung als eindeutig nachteilig empfunden wird, eine Negativhaltung gegenüber der Muttersprache,
eine Art latente Angst, die hinter jeder Frage eines Interviewers eine
politische Absicht oder gar eine Bedrohung des letzten muttersprachlichen Bereiches, des Familienbereiches, der mühsam erreichten "komplementären Distribution" vermutet. Quix (1981:231) spricht sogar von einer
"Kollektivneurose", die zwar der Selbstbehauptung diene und die sprachliche Zwitterwelt charakterisiere, jedoch jegliche direkte Befragung
erschwere. Die Beschreibung derartiger sprachbedingter *psychologischer
Komplexe* könnte die Kontaktlinguistik um einen wesentlichen Faktor bereichern.

6. Diskontinuität ökologischer Bedingungen

In unzureichendem Maße wurden bisher die *sozialen Umwälzungen* des industriellen Zeitalters und deren Folgen für die Sprachverwendung berücksichtigt. Mit dem Durchbrechen der Homogenität und Geschlossenheit der
im Wesen agrarischen Gesellschaft, der Industrialisierung und neuerdings
der durch Arbeitslosigkeit bedingten Reagrarisierung, vor allem im Südosten Altbelgiens, fand mehrfach Sprachwechsel statt, deren Ende noch
nicht abzusehen ist.

Vorläufig hat sich bereits gezeigt, daß umweltgefährdende Maßnahmen wie der Autobahnbau und die damit verbundene Industrieansiedlung
den Gebrauch der Volkssprache nachteilig beeinflussen, so daß eine Beziehung entsteht zwischen der Steigerung des Bruttosozialproduktes und
dem Rückgang der Muttersprache.[9]

Soziale Rückständigkeit somit als Garant der Muttersprache?

7. Soziogramme

Aufschluß über das Sprachverhalten im einzelnen könnten deshalb ausführliche *Soziogramme* geben, die aus einem Sozialraster abgeleitet wer-

---

[9] Vgl. auch W. Wildgen, Eine soziologische Felduntersuchung in Eupen;
in: ZDL 42, 1975, 291-300.

den. Ein typisches Beispiel für ein südaltbelgisches Dorf mit stabilem volkssprachlichem Anteil stellt Hondelingen in der Nähe der Luxemburger Grenze dar: Das Dorf zählt heute 625 Einwohner, von denen ca. 500 Einwohner Altbelgien-Süd, meistens dem Dorf selbst, entstammen. Von den Zugezogenen kommen 50 aus Wallonien, 5 aus Brüssel, jeweils 20 aus Frankreich und Luxemburg und die übrigen aus anderen Ländern, überwiegend aus Italien. Von den 115 Arbeitern sind 75 in einer Hondelinger Fabrik tätig, die 55 Angestellten arbeiten meist außerhalb des Dorfes. Knapp 50 Personen arbeiten noch in der Landwirtschaft, Geschäftsleute gibt es wenig (5), Kinder (205), Hausfrauen (160) und Ruheständler (45) sind relativ zahlreich.

Fast alle Einwohner, die in den letzten Jahren das Dorf verlassen haben, taten dies aus privaten Gründen (z.B. Eheschließung) und blieben in Altbelgien-Süd. Auch die Zugezogenen der letzten Jahre kommen meistens aus der unmittelbaren Umgebung.

Der Arbeitsmarkt ist beschränkt - neben den Höfen gibt es nur 4 Firmen - so daß Pendelarbeit in Arel, Metzig und Athem gesucht wird. Andere Pendler begeben sich täglich ins Großherzogtum (Rodingen, Differdingen, Steinfort oder Luxemburg) oder auch nach Frankreich (Longwy, Mont St. Martin).

Von den drei durch die Eingemeindung jetzt in Metzig vertretenen wallonischen Parteien, den Christlich-Sozialen (PSC), den Sozialisten (PSB) und Liberalen (PRLW) ist die Christlich-Soziale Partei mit 12 Schöffen die weitaus stärkste Partei. Die Strukturdaten der anderen Gemeinden ähneln weitgehend diesem "Musterdorf".

Obwohl Kirche, Schule und Verwaltung sich ausschließlich der Kultursprache bedienen, sprechen manche Schüler auch in den Schulpausen noch die Mundart und erhalten in den letzten Jahren eine Deutschstunde je Woche.

Da im Gegensatz zur Behauptung Verdoodts weniger als 5% der Bevölkerung in Wallonien oder Frankreich arbeitet, kann auch am Arbeitsplatz noch häufig die Mundart gesprochen werden (75%).
Aus diesen Gründen ist die Volkssprache in Hondelingen nur als leicht gefährdet zu betrachten.

Ein weiteres Beispiel für die Notwendigkeit "soziogrammatischer Untersuchungen" liefert die Sprachsituation in einer nördlichen Gemeinde: In einem benachbarten Weiler leben zur Zeit 84 Menschen. Jeder versteht oder spricht französisch. Die Mundart wird von 60 Einwohnern gesprochen oder verstanden. Die voreiligen Schlußfolgerungen des Sprachforschers könnten nun ebenfalls linear weitergedacht werden: Da alle französisch sprechen und nur noch 3/4 der Bevölkerung deutsch, dürfte es eine Frage der Zeit sein, bis die Volkssprache ausgestorben sein wird. Ein genauerer Blick auf die Sprachverwendung der wichtigsten sozialen Handlungen in diesem Flecken zeigt jedoch, daß alle wesentlichen Diskussionen für diese Gemeinschaft (Flurbereinigung, Bauvorhaben, Straßenbau, etc.) in der Mundart stattfinden, so daß die einsprachig frankophone Gruppe (24 Einwohner) nur einen verhältnismäßig geringen Anteil an den sozialen Handlungsstrategien des Weilers haben kann.

8. Interdependenz sprachsoziologischer und ökologischer Faktoren

Zur Beschreibung komplexen Sprachverhaltens in mehrsprachigen, diglossischen Gebieten, das sich in soziologisch determinierten "pull and push"-Situationen, in zahlreichen lokalen Besonderheiten und einer sprachlichen Loyalität äußert, die selten mit dem tatsächlichen Sprachverhalten in Einklang zu bringen ist, sollte auf Befragungen im Sinne einer zuordnenden Zählung verzichtet werden. Statt dessen sollte versucht werden, das zu messen oder wenigstens zu beschreiben, was für das Sprachverhalten entscheidend ist oder sein kann: der *soziale Druck* (Nelde 1978:593). Wohl nur so lassen sich sowohl ökologische, wie sprachlich-soziale Faktoren in Beziehung setzen. Es ist dem belgischen Staat aus dieser Perspektive darum auch hoch anzurechnen, daß er nach 1947 offizielle Sprachenzählungen vermied und durch weitgehende territoriale Einsprachigkeit jegliche Emotionalisierung verhindern wollte.

Im Falle Altbelgiens ist dies allerdings völlig mißglückt. Hier lebte - ungeachtet aller sprachjuristischen Abstinenz - weiterhin in einem offiziell französischsprachigen Landesteil eine Minderheit, die auch in Zukunft ihre Muttersprache, eine deutsche Mundart, verwenden wird.

Literatur

Draye,H.,1942: De studie van de Vlaamsch-Waalsche taalgrenslijn in België, Brüssel und Löwen.

Gal,S.,1979: Language Shift, New York, San Francisco und London.

Haugen,E.,1972: The Ecology of Language, Essays by Einar Haugen,Stanford.

Mackey,W.,1980: The Ecology of Language Shift. In: Languages in Contact and Conflict, 34-41.

Nelde,P.H.,1978: Französische Interferenzen bei einer deutschsprachigen Minderheit. In: Bildung und Ausbildung in der Romania II, München, 578-593.

Nelde,P.H. (Hrsg.),1979a: Deutsch als Muttersprache in Belgien (DaMiB), Wiesbaden.

Nelde,P.H.,1979b: Volkssprache und Kultursprache (ZDL, Beiheft 31), Wiesbaden.

Nelde,P.H. (ed.),1980: Languages in Contact and Conflict (ZDL, Beiheft 32), Wiesbaden.

Nelde,P.H.,1981: Language 'contact universals' Along the Germanic-Romanic Linguistic Border. In: JMMD 2, 117-126.

Quix,M.P.,1981: Altbelgien-Nord. In: Kulturelle und sprachliche Minderheiten in Europa, Tübingen, 225-235.

Verdoodt,A.,1968: Zweisprachige Nachbarn, Wien.

Verdoodt,A.,1980: Dix ans de recherches bibliographiques sur les problèmes communautaires belges. In: Recherches sociologiques 2, 237-245.

Wildgen,W.,1975: Eine soziologische Felduntersuchung in Eupen. In: ZDL 42, 291-300.

Arthur J. Cropley

SPRACHKONFLIKT AUS SOZIALPSYCHOLOGISCHER SICHT

1. Zweisprachigkeit als Alltagsphänomen

Zweisprachigkeit (und sogar auch Vielsprachigkeit) ist weit verbreitet; sie kommt in fast allen Ländern vor und ist nicht die Ausnahme, sondern eher die Regel für einen großen Teil der Weltbevölkerung. In Indien z.B. existieren 1.650 verschiedene Sprachen und Dialekte neben den offiziellen Landessprachen. Sogar in den Vereinigten Staaten, häufig gepriesen als "Schmelztiegel" für die Millionen von Einwanderern, die darin sehr rasch zu "richtigen" englischsprechenden Amerikanern wurden, ergab eine kürzlich durchgeführte Umfrage, daß nicht weniger als 25 Millionen der über Vierjährigen zu Hause eine andere Sprache als Englisch sprechen. Wie zu erwarten, stellten spanischsprechende Personen dabei die größte Sprachgruppe, interessanterweise gaben jedoch auch anderthalb Millionen US-Bürger an, zu Hause Deutsch zu sprechen. Selbst in traditionell einsprachigen Nationen erkennt man heutzutage die eigene Vielsprachigkeit, wie z.B. in Australien, wo noch bis 1945 praktisch die Gesamtheit der weißen Bevölkerung Englisch sprach, oder in England, wo Fachautoren (z.B. Jeffcoate 1979) neuerdings die Notwendigkeit der Vielsprachigkeit aus der Existenz einer multikulturellen Gesellschaft herleiten.

Nach Stephens (1977) existieren in Europa mindestens 50 sprachliche Minderheitsgruppen, wie z.B. die dänischsprechende Bevölkerung im Norden Schleswig-Holsteins. In vielen dieser Fälle ist die Zweisprachigkeit für die Betroffenen wenig mehr als ein selbstverständlicher Bestandteil des Alltagslebens. Selbst dort, wo eine Minderheitssprache Gegenstand von Unabhängigkeitsbewegungen oder verbindendes Moment des Widerstands gegen kulturelle Dominierung ist (wie z.B. in Wales oder in der Bretagne) beherrschen die Mitglieder der Minderheitssprachgruppe fast immer auch gleichzeitig die Mehrheitssprache, gegen deren Vorherrschaft sie protestieren. Zweisprachigkeit selbst kann daher nicht als außergewöhnliche oder besonders schwierige Fertigkeit angesehen werden, vor allem, wenn man bedenkt, daß die vollständige Beherrschung zweier Sprachen auch durchschnittlich oder sogar unterdurchschnittlich Begabten gelingt.

Andererseits muß natürlich berücksichtigt werden, daß die Bedeutung des
Begriffes "Zweisprachigkeit" sich bei verschiedenen Autoren danach unterscheidet, welchen Grad der Beherrschung einer zweiten Sprache sie
als notwendig erachten, um eine Person als zweisprachig zu bezeichnen.
Einige Fachleute setzen hierfür die Fähigkeit voraus, beide Sprachen
ebenso gut wie einsprachige Mitglieder der jeweiligen Mehrheitssprachgruppen zu beherrschen, andere hingegen akzeptieren bereits "gute Anwendungskenntnisse" als Kriterium für Zweisprachigkeit.

2. Arten der Zweisprachigkeit

In diesem Zusammenhang ist die von Paulston (1978) erwähnte Unterscheidung zwischen "Bildungszweisprachigkeit" (*elitist bilingualism*) und
"Umgangszweisprachigkeit" (*folk bilingualism*) sehr hilfreich. Bildungszweisprachigkeit liegt vor, wenn jemand neben der eigenen Muttersprache
noch eine weitere Sprache erlernt, etwa weil dies als Zeichen eines
"Menschen von Bildung und Kultur" gilt, weil damit der Zugang zu einer
fremdsprachigen Kultur ermöglicht wird, weil es geschäftliche Aussichten verbessert oder eine besondere zusätzliche Berufsqualifikation darstellt, oder weil es die sozialen Kontaktmöglichkeiten erweitert, den
Auslandsurlaub angenehmer macht oder einfach eine interessante Erfahrung ist. Personen, deren Zweisprachigkeit solcherart motiviert ist,
bleiben vollständig in der Kultur ihrer Gesellschaft oder Region integriert. Die erlernte Zweitsprache konkurriert in keiner Weise mit ihrer
Muttersprache und stellt keinerlei Bedrohung für deren Fortbestehen im
betreffenden Kulturkreis dar. Ein großer Prozentsatz der Kinder, die
nach dem zweiten Weltkrieg in der Bundesrepublik Deutschland aufgewachsen sind, hat diese Art der Zweisprachigkeit in unterschiedlichen Ausprägungsgraden erworben. Umgangszweisprachigkeit dagegen liegt bei Personen vor, die auch im Alltag auf die Beherrschung einer weiteren Sprache unbedingt angewiesen sind, sei es in ihrer Erwerbstätigkeit, der
Versorgung mit lebensnotwendigen Dingen, dem Umgang mit Behörden oder
der Teilnahme am sozialen und kulturellen Leben sowie am Freizeitgeschehen ihrer Umgebung. Die offensichtlichsten Beispiele dieser Art der
Zweisprachigkeit sind bei Minderheitssprachgruppen zu finden, sowie bei
Einwanderern in Ländern, deren Hauptsprache nicht ihre eigene Muttersprache ist.

3. Problemstellung

Gegenstand dieses Kapitels ist die letztere Art von Zweisprachigkeit, bei der die Betroffenen sich in Teilbereichen ihres sozialen, wirtschaftlichen und kulturellen Lebens weiterhin ihrer eigenen (für die Umgebung "fremden") Sprache bedienen, während die Verwendung der Mehrheitssprache für sie notwendig ist, um voll am Leben der Gesamtgesellschaft teilnehmen zu können. Eine solche Personengruppe, die in der Bundesrepublik seit einigen Jahren den Gegenstand beträchtlichen Interesses darstellt, sind die Gastarbeiter, genauer gesagt, die Kinder von Gastarbeitern. Für ihre erfolgreiche Eingliederung in die deutsche Umwelt ist das Erlernen der deutschen Sprache natürlich eine wesentliche Voraussetzung, und diese Tatsache wird in den einzelnen Bundesländern auch eindeutig anerkannt: Trotz schulpolitisch begründeter Unterschiede in den Verfahrensweisen herrscht allgemeine Übereinstimmung darüber, daß eine schulische Integration der Gastarbeiterkinder nur möglich ist, wenn sie die deutsche Sprache angemessen beherrschen. Weiterhin zeigt sich deutlich, daß bei fehlender schulischer Integration die soziale Position der Gastarbeiterkinder äußerst problematisch bleibt (eine nähere Erörterung dieser beiden Gesichtspunkte findet sich bei Cropley 1982). Dennoch bereitet das Erlernen der deutschen Sprache sehr vielen Gastarbeiterkindern große Schwierigkeiten. Angesichts der Wichtigkeit des Zweitsprachenerwerbs für diese Kinder einerseits, sowie der schon erwähnten weiten Verbreitung von Zweisprachigkeit andererseits erhebt sich die Frage, warum es so vielen Gastarbeiterkindern schwerfällt, eine theoretisch im Bereich ihrer Fähigkeiten liegende Leistung zu erbringen. Diese Fragestellung soll im folgenden Teil des Kapitels vor allem im Hinblick auf das Konzept des Sprachkonflikts erörtert werden.

4. Die psychische Funktion der Sprache

Der entscheidende Gesichtspunkt bei der Analyse der eben angesprochenen Problematik ist die Tatsache, daß Sprache weit mehr als nur ein Kommunikationsmedium oder ein neutrales System ohne intrinsischen Bezug zu den durch sie übermittelten Informationen darstellt. Wäre dies der Fall, so könnte jede Sprache ohne weiteres durch eine beliebige andere ersetzt werden, sobald das Vokabular, die Syntax und die Grammatik der neuen Sprache gründlich erlernt worden wären. Zwar wäre dieser Lernprozeß wahrscheinlich mit erheblichen Anstrengungen und einem vorübergehenden Verlust der Sprachflüssigkeit verbunden, was Entmutigung und Un-

Sprachkonflikt aus sozialpsychologischer Sicht   183

willen hervorrufen könnte, jedoch müßte eine Person mit guten Kenntnissen der eigenen Sprache sehr rasch das gleiche Leistungsniveau in einer neuen Sprache erreichen können, wenn es dabei lediglich um den Erwerb einer technischen Fertigkeit ginge.

In einem gewissen Maß hat Sprache in der Tat eine solche reine Zeichenfunktion: So besteht kein intrinsischer Bezug zwischen z.B. dem Wort "Tasse" und dem physikalischen Gegenstand, der durch diese Wortmarke repräsentiert wird. Sprache ist in dieser Hinsicht tatsächlich ein willkürliches, abstraktes und neutrales Zeichensystem. Dennoch hat die Sprache im Laufe der Menschheitsentwicklung eine solche neutrale Zeichenfunktion weit hinter sich gelassen. Auch wenn Sprache lediglich als ein Informationsvermittlungsmedium, d.h. unter dem Aspekt ihrer kognitiven Funktion betrachtet wird, ist zu erkennen, daß sie - sowohl als allgemeines Phänomen wie auch im Sinne einzelner Sprachen - mehr als nur ein einfaches Kodierungsinstrument darstellt. Dies zeigt sich unter anderem im Bereich der menschlichen Individualentwicklung, wo die Sprache beim Prozeß der kindlichen Sozialisation eine wesentliche Rolle spielt.

4.1 Der Sozialisationsprozeß. Kinder kommen natürlich nicht mit Vorkenntnissen über die Geschichte, Verhaltensweisen und Normen ihrer spezifischen Gesellschaft auf die Welt, sondern müssen diese in den ersten Lebensjahren allmählich erlernen. Nach Triandis und Lambert (1980) umfaßt dieses Lernen fünf Dimensionen oder Systeme der Gesellschaft:
   (1) Die natürliche Umwelt; (2) das Versorgungssystem (Nahrungsbeschaffung, Unterkunft, usw.); (3) das soziokulturelle System (Einrichtungen und Normen außerhalb des Individuums); (4) das interpersonelle System (Sozialverhalten, Kindererziehungspraktiken, usw.); (5) das Individuum (Rollen, Werte, Einstellungen, Erwartungen, usw.).

Brown und Selznick (1955) teilen die Inhalte der Lernprozesse im Laufe der Sozialisation in vier Gruppen ein:
   (1) Grunddisziplinen oder Verhaltensmuster: Mit ihnen kontrollieren
       Personen ihre Gefühle und Impulse, z.B. affektive Äußerungen,
       Eß- und Reinlichkeitsgewohnheiten.
   (2) Notwendige fundamentale Fertigkeiten: Diese enthalten Grundfertigkeiten wie die Anwendung von Kenntnissen, z.B. bei der
       Auswahl von wesentlichen Informationen aus der Umwelt oder bei
       der Interpretation von Sachverhalten, oder die Anwendung adaptiver Fertigkeiten, z.B. pünktlich zur Arbeit zu erscheinen,

zu wissen, wie man einkauft oder wie man ein Haus putzt.
(3) Soziale Regeln: Diese beziehen sich darauf, wie man sich im Umgang mit anderen Menschen zu verhalten hat.
(4) Angemessene Lebenserwartungen: Personen lernen, was sie hoffen dürfen, was sie mit ihrem Leben anfangen können, wo ihr "Platz" in der Gesellschaft ist, und welchen Wert als Mensch sie haben.

4.2 Sprache und Sozialisation. Nach Luria (1961) wird das Erlernen dieses kollektiven Wissens der Kultur hauptsächlich durch das Medium Sprache vermittelt: Eltern, Lehrer und andere Erwachsene, Geschwister, Spielkameraden sowie die Massenmedien teilen Kindern mit, was richtig und was falsch ist. Die Effektivität der Sprache in solchen Vermittlungsprozessen ist zum Teil ein Ergebnis ihrer Abstraktheit - so ist es beispielsweise viel einfacher, Kinder durch das Medium Sprache vor den gefährlichen Folgen eines Verhaltens zu warnen, als ihnen zu erlauben, sich zu verletzen, selbst wenn sie von dieser direkten Erfahrung durchaus profitieren könnten.

Nach Anderson/Cropley (1966) lernen Kinder im Laufe der Sozialisation u.a. Verhaltensregeln, die teils wortwörtlich von anderen Personen übernommen werden, teils aus selbst formulierten Disziplinierungen bestehen, welche sie auf Befragen mitteilen können. Zumeist handelt es sich dabei um Verbote, wie etwa: "Sei keine Petzliese!". Man kann davon ausgehen, daß ein großer Teil der Sozialisation darin besteht zu lernen, wie und wann das eigene Verhalten einzuschränken oder zu steuern ist. Die Sprache funktioniert dabei als innerer Hemmungs- oder Lenkungsmechanismus. Schubert (vgl. Schubert/Cropley 1972) behauptet sogar, daß die jeweils erreichte Kapazität für "verbale Verhaltenssteuerung" ein Hauptindikator der Intelligenz ist.

Im Kontext der Sozialisation hat Sprache noch weitere Funktionen als den Ersatz von Handlungen. Aus der Zuordnung eines Wortetiketts zu einem Objekt ergibt sich nach Luria (1961) mehr als nur die Möglichkeit, sich in Abwesenheit des Gegenstands auf ihn zu beziehen. Das Wort kann ganze Reaktionsketten oder -hierarchien auf ein Objekt "abrufen" - z.B. es zu anderen Objekten, die bestimmte Attribute mit ihm teilen, in Beziehung setzen, oder bestimmte Bewertungen vermitteln. Ebenso kann die Anwendung eines neuen Etiketts die "Be-Deutung" des betreffenden Objektes entsprechend den gesellschaftlich definierten Reaktionen auf dieses Etikett verändern. Die Sprache liefert somit kulturspezifische Informationen darüber, zu welcher Klasse das bezeichnete Objekt gehört und welche Reaktionen darauf angemessen sind. Aspekte der Geschichte, Wertvorstellungen und Gewohnheiten einer Gesellschaft, in der beispielsweise der Begriff "Mädchen" dem Begriff "Sklave" verwandt ist, können leicht aus derartigen Konnotationen erschlossen werden, ebenso die Konsequenzen des Frauseins in einer solchen Gesellschaft. Regan/Cropley (1964) konnten feststellen, daß die Struktur der Sprache einer Gesellschaft sogar einen Einfluß darauf hat, wie sich deren Mitglieder Zeit und Raum vorstellen. Auch die Fortentwicklung der Lebensweise einer Gesellschaft, wie z.B. der Übergang von reiner Agrarwirtschaft zu industrieller Produktion, schlägt sich in Veränderungen ihrer Sprache nieder. Jede Sprache kann somit als Vermittler kultureller "Regeln" sowie allgemein als Spiegel der Mentalität, Kultur und Geschichte der betreffenden Sprachgemeinschaft gesehen werden.

4.3 Sprache und Identitätsentwicklung. Sprache ist kein "kaltes" Medium: Ihre Verwendung ist eng verknüpft mit Emotionen, sozialen Beziehungen und dem Bewußtsein der eigenen Identität. So haben ja die ersten Ansätze zum Gebrauch von Sprache im Leben jedes Menschen keinerlei kognitive Funktion, sondern dienen dem Säugling zum Ausdruck von Wohlbehagen oder Schmerz, zur Kontaktaufnahme, zur Differenzierung der eigenen Person von der Umwelt, usw. Beim Heranwachsen als Mitglieder einer bestimmten Sprachgruppe erlernen Kinder nicht nur die Vermittlung von Informationen, Gedanken und Wünschen, sondern auch *wer* sie sind, *wohin* sie gehören, *welches* ihre Rechte und Privilegien sind, *welche* Pflichten sie anderen gegenüber haben und ähnliches mehr. Sie erwerben damit ein Selbst- oder Identitätskonzept, welches im wesentlichen bestimmt wird durch das Gefühl der Zugehörigkeit zu einer Personengruppe, die sich aus "uns" zusammensetzt und sich deutlich von "ihnen" unterscheidet. Sprache ist einer der wichtigsten Faktoren in der Entwicklung und Erhaltung dieses Zugehörigkeitsgefühls: Angefangen mit den wohltuenden Sprachlauten der Mutter ist es Sprache, welche Beziehungen zu anderen Menschen vermittelt und durch welche der gesamte Komplex von Verhaltensregeln, Normen und Wertvorstellungen übermittelt wird, der eine Gruppe zusammenhält. Es ist die Sprache, durch welche, wie Leontjew (1973:292) es formulierte, Kinder "die objektive Logik des Umgangs" mit der Umwelt erwerben. Es zeigt sich also, daß die Muttersprache untrennbar verwoben ist mit dem Gefühl der Zugehörigkeit zu einer bestimmten Gruppe, mit der Gewißheit, daß deren Mitglieder das gleiche allgemeine System von Wertvorstellungen und Verhaltensdispositionen teilen, und schließlich mit dem Bewußtsein der eigenen Identität: Sprache ist ein grundlegender Bestandteil der Persönlichkeit.

5. Sozialisation und Sprachkonflikt

Die grundlegende soziale Funktion der Sprache ist von der linguistischen Forschung keinesfalls übersehen worden, jedoch geschah die Beschäftigung mit sozialpsychologischen Aspekten der Sprache vorwiegend entweder im Hinblick auf schichtspezifische Sprachentwicklung und -verwendung (z.B. Bernstein 1972) oder auf kognitive Entwicklungsprozesse (z.B. Lewandowski 1976). Im allgemeinen zentrierte sich das Forschungsinteresse dabei auf Auswirkungen von Lernumgebungen, die dem Mittelschichtsideal nicht entsprechen, auf den Erwerb von "Kodierungs"fertigkeiten oder die Entwicklung aktiver und passiver Kommunikationskompetenzen. Einige Linguisten verfolgen Forschungsrichtungen, die mit der hier gewählten weitgehend übereinstimmen; so betont z.B. Oksaar (1980:483) die wichtige Rolle der Sprache beim Erwerb "präskriptiver und proskriptiver Normen", sowie bei der Entwicklung der Gruppenzugehörigkeit und des Identitätsbewußtseins. Die Hauptstoßrichtung linguistischer Forschung über sozialpsychologische Faktoren wie z.B. Gruppenzugehörigkeit liegt jedoch in der Unterscheidung von Kodierungsfertigkeiten, grammatischer und syntaktischer Interferenz, Schwierigkeiten gegenseitiger Verständigung und ähnlicher Bereiche.

Die hier vorgenommene Analyse bezieht sich im Gegensatz dazu schwerpunktmäßig auf die "ego-dynamische" Funktion der Sprache (Titone 1978:291, vgl. Oksaar 1982). Wie bereits ausgeführt, ist Sprache nicht lediglich ein neutrales Kommunikationsmittel, sondern auch ein wesentlicher Einflußfaktor in der Entwicklung und Bewahrung der Ich-Identität. Sie ist nicht nur ein entscheidendes Instrument zur Aufnahme und Verarbeitung von Informationen, sowie zur Wahrnehmung und Vermittlung von Emotionen, sondern auch ein Medium unbewußter und unterbewußter Vorgänge. Sprache stellt vorgegebene Reaktionsmuster auf andere Menschen und Situationen bereit (d.h. sie beeinflußt Bewertungen und Einstellungen), ist Träger großer Teile der Kultur des betreffenden Volkes, dient als Erkennungsmerkmal seiner Mitglieder untereinander sowie als Hinweis auf die Art ihrer sozialen und persönlichen Beziehungen, vermittelt Gefühle der Zugehörigkeit und des Gruppenzusammenhalts und ist ein Medium, durch welches ein Volk Gemeinschaftsgefühle wie nationale

Sprachkonflikt aus sozialpsychologischer Sicht   187

Identität, Solidarität und Nationalstolz (z.B. in Reden, Liedern, Geschichten, Theaterstücken, Literatur, Gesetzen) ausdrückt. Die eigene Sprache abzulegen und eine neue anzunehmen, bedeutet daher erheblich mehr als beispielsweise seine Kleidung zu wechseln oder - um eine sprachbezogene Metapher zu verwenden - auf eine andere Schreibmaschine überzuwechseln.

Der beschriebene Übernahmeprozeß gesellschaftlich bestimmter Sichtweisen der eigenen Person und der Außenwelt durch das Medium Sprache wird durch zwei hauptsächliche Einflußgruppen vermittelt: Die erste, in der kindlichen Entwicklung füher wirksame Gruppe der sog. primären Sozialisationsinstanzen setzt sich vor allem aus Mitgliedern der unmittelbaren Familienumgebung zusammen: In den ersten Lebensjahren gehen Sozialisationseinflüsse fast ausschließlich von unmittelbaren Bezugspersonen aus, vor allem von den Eltern. Mit zunehmendem Alter kommen die Kinder mehr und mehr mit anderen Sozialisationsinstanzen in Kontakt, besonders mit gleichaltrigen Spielgefährten und Erwachsenen außerhalb der Familie, sowie mit nichtmenschlichen Institutionen, wie etwa den Massenmedien. Unter diesen sog. sekundären Sozialisationsinstanzen nimmt die Schule eindeutig eine Vorrangstellung ein: Hier werden die Kinder gezielt mit den Werten, Einstellungen und Verhaltensmustern der außerfamiliären Umwelt bekanntgemacht. In der Regel herrscht zwischen den verschiedenen Sozialisationsinstanzen ein hohes Maß an Übereinstimmung, so daß primäre und sekundäre Einflüsse sich gegenseitig bestätigen und unterstützen. Dennoch treten selbst in einsprachigen, kulturell homogenen Gesellschaften nicht selten Widersprüche zwischen den Instanzen auf, so daß elterliche Einflüsse mit denen der Schule und anderer Instanzen konkurrieren. Im Falle unterschiedlicher Sprachzugehörigkeit von Elternhaus und Schule können diese Gegensätze extreme Formen annehmen und zumindest in einem gewissen Ausmaß als ein Erscheinung von Sprachkonflikt angesehen werden.

6. Glottophagie

Wie eingangs erwähnt, sind Angehörige sprachlicher Minderheiten darauf angewiesen, sich die dominante Mehrheitssprache für den täglichen Gebrauch zumindest annähernd auf dem Beherrschungsniveau der Muttersprache anzueignen. Dieser an sich wünschenswerte Prozeß birgt in sich eine Gefahr - die der Glottophagie (Calvet 1974), d.h. der Verdrängung der Minderheitssprache durch diejenige der Mehrheit. Besonders deutlich läßt sich dieser Vorgang bei Einwanderern beobachten: Die Einwanderergruppe selbst verständigt sich aus Gewohnheit in der Familie und mit Freunden in ihrer Muttersprache. Angehörige der ersten im neuen Land geborenen Generation verstehen diese Sprache zwar noch, in der Öffentlichkeit und sogar im Gepräch mit Freunden jedoch gebrauchen sie häufig die Sprache der neuen Heimat und sprechen zu Hause in vielen Fällen beide Sprachen: eine meist fehlerhafte Form der alten Heimatsprache mit ihren Eltern und die neue Sprache mit ihren eigenen Kindern. Die nächste Generation hat daher fast keine Kenntnisse der alten Heimatsprache mehr; sie beherrscht die neue Sprache so gut wie die anderen Einheimischen und übernimmt sogar deren Einstellungen gegenüber Mitgliedern ihrer ursprünglichen Sprachgruppe, welche theoretisch ihre Muttersprache, tatsächlich jedoch eine Fremdsprache für sie darstellt. In einem Einwandererland wie Kanada z.B. sind Deutsch, Ungarisch, Ukrainisch, Russisch, Schwedisch und Dänisch bei einem Großteil der Einwandererfamilien solcherart durch die englische Sprache "verschlungen" worden. Sogar bei chinesischen und japanischen Einwanderern geschieht dies zu einem gewissen Grad, obwohl deren "fremdartige" äußere Erscheinung den Aufbau von Beziehungen zur dominanten englischsprechenden Gesellschaft erschwert und damit den Übernahmeprozeß des Englischen verlangsamt.

Natürlich gibt es viele Situationen, in denen das Erlernen einer Zweitsprache nicht zur Glottophagie führt, selbst wenn die neue Sprache absolut notwendig für das persönliche oder wirtschaftliche Fortkommen ist, d.h. im Falle von Umgangs- und nicht lediglich von Bildungszweisprachigkeit. Ein offensichtliches Beispiel hierfür ist der anwachsende Einfluß der englischen Sprache in der bundesrepublikanischen Gesellschaft, der dazu geführt hat, daß gute Englischkenntnisse beinahe eine notwendige Voraussetzung für den beruflichen Aufstieg z.B. im Unterhaltungssektor, im Außenhandelsbereich oder in der Hotelbranche sind. Ein solcher Fall von Zweisprachigkeit ist jedoch in keiner Weise mit Glottophagie verbunden, da die Mehrheit der in den genannten Berufszweigen Beschäftigten weiterhin Deutsch als Alltagssprache verwendet und sich nicht etwa in der ersten Phase eines Sprachwechsels von Deutsch nach Englisch befindet. Im Falle von Gastarbeitern in der Bundesrepublik andererseits ist das Erlernen der deutschen Sprache für den beruflichen und gesellschaftlichen Alltag lebensnotwendig - die Nichtbeherrschung des Deutschen hat für sie schwerwiegende Nachteile. Es ist deshalb damit zu rechnen, daß viele Gastarbeiter bzw. Gastarbeiterkinder

Sprachkonflikt aus sozialpsychologischer Sicht

die deutsche Sprache übernehmen, dabei selbst vielleicht zweisprachig werden, ihre Kinder jedoch ausschließlich in der neuen dominanten Sprache erziehen. Der ursprünglichen Sprachgruppe gehen diese Personen - möglicherweise ihre intelligentesten, fleißigsten und strebsamsten Mitglieder - dadurch verloren.

Die eben angeführten Beispiele verdeutlichen den Unterschied zwischen dem zusätzlichen Gebrauch einer Fremdsprache zu besonderen Zwecken und dem Aufgeben der Muttersprache zugunsten einer dominanten Sprache, welche Einflußnahme und Fortkommen ermöglicht. Dies entspricht der Unterscheidung zwischen "additiver" und "substitutiver" Zweisprachigkeit: Im erstgenannten Fall wird mit dem Gebrauch der neuen Sprache in speziellen Bereichen nicht die bisherige Muttersprache abgeschafft, sondern eine weitere Sprache zusätzlich eingeführt. Dagegen ist im zweiten Fall, einem Beispiel für substitutive Zweisprachigkeit, damit zu rechnen, daß die ursprüngliche Sprache irgendwann durch die neue ersetzt wird. Hier stellt das Zweisprachigwerden also den ersten Schritt in Richtung auf den Verlust der Muttersprache dar.

7. Widerstand gegen Zweisprachigkeit

Die bisherigen Ausführungen deuten bereits an, daß der Erwerb der deutschen Sprache für viele Gastarbeiterkinder eine ganz andere Bedeutung hat als der Fremdsprachenunterricht für deutsche Kinder. Das Deutschlernen der Gastarbeiterkinder geschieht nicht aus freier Entscheidung, sondern stellt für sie eine bittere Notwendigkeit dar und ist verbunden mit der sehr realen Gefahr (aus der Sicht ihrer heimatlichen Kultur), daß der Erwerb der deutschen Sprache den Verlust der Muttersprache nach sich zieht. Ein weiterer wesentlicher Faktor ist die Perspektive ihrer Eltern, irgendwann einmal in ihr Heimatland zurückzukehren, wozu sie zumindest theoretisch sogar gesetzlich verpflichtet sind. Von Menschen, für die Deutsch lediglich ein zeitweise notwendiges Übel darstellt, ist schwerlich zu erwarten, daß sie den Verlust der Muttersprache bei ihren Kindern begrüßen. Folgerichtig stehen viele Eltern darum dem Deutschlernen ihrer Kinder recht uninteressiert, wenn nicht sogar widerstrebend gegenüber.

Das Problem des Widerstandes gegen das Erlernen der deutschen Sprache ist nicht lediglich eine Frage von Verständigungsprozessen - wie bereits ausgeführt, ist Sprache weit mehr als nur ein Kommunikationsmittel. Bei einer Betrachtung der beteiligten sozialpsychologischen Abläufe wird deutlich, daß der Erwerb der deutschen Sprache einen kritischen Schritt bei der Aufgabe von Normen, Werten, Einstellungen, sozialen Beziehungen und Gebräuchen des Heimatlandes darstellt. Dies wird besonders klar, wenn man bedenkt, daß die Normen der deutschen Gesellschaft Ablehnung und Vorurteile gegen Gastarbeiter beinhalten. Die deutsche Sprache ist damit sowohl das Instrument, durch welches Feindschaft ausgedrückt wird, als auch allgemeiner Träger der Normen der Ablehnenden. Je mehr deshalb die deutsche Sprache übernommen und internalisiert wird, desto mehr geraten Gastarbeiterkinder in eine Position, in der sie deren Normen übernehmen müssen, einschließlich der Ablehnung ihrer heimatlichen Gesellschaft, ihrer Eltern und ihrer selbst.

8. Konflikte mit den Eltern

Die Widersprüche zwischen dem, was Gastarbeiterkinder durch ihre Kontakte mit der bundesdeutschen Gesellschaft lernen, und den Normen, die ihre Eltern aufrechtzuerhalten suchen, führen nicht selten zu Konflikten zwischen Kindern und Eltern. Ein bekanntes Beispiel dafür sind die Meinungsverschiedenheiten darüber, welches Maß an Freiheit jungen Mädchen zugestanden werden sollte. Für viele Eltern und ältere Brüder besteht eine strenge Tradition des Beschützens, ja sogar der sozialen Isolierung junger Mädchen und Frauen, die sich zum Beispiel in strengen Vorschriften für Freundschaften, insbesondere mit Männern, oder in vorvereinbarten Heiratszusagen über die Eltern äußert.

Weitere Konfliktbereiche zwischen Eltern und Kindern sind Ungehorsam und Mangel an Achtung der Kinder vor den Eltern, Unzufriedenheit der Kinder mit den Eltern wegen ihrer passiven Hinnahme untergeordneter Rollen in der Gesellschaft (z.B. die Weigerung der Kinder, wie ihre Eltern soziale Entfremdung oder berufliche und andere Formen der Diskriminierung hinzunehmen), Ungeduld der Kinder gegenüber den Eltern, wenn diese weiterhin die Heimatsprache sprechen und deren Beherrschung auch von den Kindern verlangen, sowie Unmut der Eltern, wenn die Kinder kein Interesse für die Geschichte und die Traditionen des Heimatlandes zeigen.

In diesem Zusammenhang ergibt sich das wesentliche Konfliktpotential der Zweisprachigkeit aus ihrer Kombination mit Vorurteilen und kultureller Entfremdung. Stereotype und Vorurteile gegenüber einer Ausländergruppe mit niedrigem Status, wie z.B. den türkischen Gastarbeitern in der Bundesrepublik, werden auch auf die Sprache dieser Gruppe übertragen. Ihre Verwendung wird damit zum Symbol für die Identifikation mit den dieser Sprachgruppe zugeschriebenen, negativ bewerteten Merkmalen und Eigenschaften. Für türkische Gastarbeiterkinder ergibt sich damit das Problem, durch deutsch-türkische Zweisprachigkeit einem noch größeren Konflikt zwischen verschiedensprachigen Sozialisationsinstanzen ausgesetzt zu werden, da zumindest die deutschsprachigen den anderen ablehnend oder feindselig gegenüberstehen. Bei einer vollständigen sprachlichen Assimilation müßten diese Kinder zwangsläufig auch die Einstellungen der deutschen Umwelt übernehmen, einschließlich der Vorurteile gegenüber Türken. Die Folge davon wäre eine Entfremdung von den Lebensgewohnheiten und Wertvorstellungen ihrer Heimat allgemein, sowie vor allem von ihren Eltern, welche an diesen Werten und Gebräuchen ja besonders stark festhalten. In umgekehrter Weise kann das - eventuell von den Eltern forcierte - Festhalten an der Muttersprache in entsprechender Weise zur Ablehnung des Deutschen und der deutschen Umgebung allgemein führen. Die Gastarbeiterkinder sitzen also zwischen den sprichwörtlichen zwei Stühlen und laufen dadurch Gefahr, beide beteiligten Sprachen nur mangelhaft zu beherrschen. Dadurch erreichen sie statt Zweisprachigkeit nur eine "Halbsprachigkeit" (siehe z.B. Blomqvist/ Åstedt 1977; Egger 1977. Zur Kritik dieses Begriffes siehe Oksaar 1983: 22).

Aus sozialpsychologischer Sicht ist Sprachkonflikt also mit dem Zusammenstoß unterschiedlicher Systeme von Normen, Werten und Einstellungen verbunden und hat damit Konsequenzen im Hinblick auf Identitäts- und Selbstwertgefühle, auf Erziehungsprozesse und auf Gruppenloyalitäten. Das Erlernen einer Zweitsprache stößt nicht selten auf interne Widerstände, bzw. löst persönliche Konflikte aus (vor allem zwischen Kindern und Eltern), die nicht nur zu Schwierigkeiten im sprachlichen Bereich, sondern auch zu Unsicherheiten bei Fragen der Selbstdefinition ("Wer und was bin ich?") führen können. Die eingangs formulierte Problemstellung - warum haben viele Gastarbeiterkinder große Schwierigkeiten beim Erlernen der deutschen Sprache, obwohl der Erwerb einer Zweitsprache im allgemeinen kein außergewöhnlicher Vorgang ist? - wird nach dieser Analyse ihrer psychosozialen Situation besser verständlich. Gleichzeitig erscheinen damit einige Gesichtspunkte der Erziehung dieser Kinder in einem neuen Licht.

9. Probleme zweisprachiger Erziehung

Viele Fragestellungen zur zweisprachigen Erziehung ergeben sich aus technischen oder entwicklungspsychologischen Streitpunkten, z.B. ob es kritische Altersstufen für den Beginn des Zweitsprachenunterrichts gibt, ob Kleinkinder zwei oder mehr Sprachen gleichzeitig lernen können, oder ob Umgangszweisprachigkeit notwendigerweise mit herabgesetzten Fähigkeiten in beiden Sprachen verbunden ist. Aus sozialpsychologischer Sicht hingegen kommt der Frage größere Bedeutung zu, weshalb Zweisprachigkeit in einem Teil der Fälle zu Glottophagie führt, in anderen Fällen dagegen nicht, oder warum Glottophagie von vielen Sprachgruppen abgelehnt, von einigen jedoch akzeptiert wird. Wenn die Übernahme einer anderen Sprache, wie bereits erwähnt, häufig soziale, wirtschaftliche oder kulturelle Vorteile hat, mag es seltsam erscheinen, daß Menschen an ihrer alten Sprache festhalten, und noch seltsamer, daß einige Sprachen Hunderte von Jahren überlebt haben, obwohl ihre Anhänger mitunter von Angehörigen anderer Sprachgruppen umgeben sind, die ihnen zahlenmäßig weit überlegen sind. Extrembeispiele sind die Samariter in Israel, nurmehr wenige hundert Personen, die jedoch nach wie vor ihre ursprüngliche Sprache und Lebensweise beibehalten, sowie die eingewanderten Seidenweber von Madura im indischen Staat Madras, die noch heute, 1500 Jahre nach ihrer Einwanderung, als Umgangssprache untereinander Saurashtran sprechen.

Der Erwerb einer Zweitsprache kann, wie in den früheren Abschnitten dargestellt, eine komplexe und problematische Angelegenheit sein, je nach den vorliegenden Bedingungen und der Bedeutung der beteiligten Sprachen für die betreffenden Personen. Viele Erwachsene, die auf das Erlernen einer Zweitsprache angewiesen sind, tun dies nur widerwillig oder zumindest mit einem Gefühl des Verlusts, wie z.B. Einwanderer, die ihr Heimatland mehr oder weniger unfreiwillig verlassen haben. Ihr Sprachvermögen gelangt dabei eventuell nie über jene untere Grenze hinaus, welche für den Kontakt mit der Gesellschaft des Gastgeberlandes absolut erforderlich ist. Angehörige von Sprachminderheiten reagieren oft mit Ablehnung, Bitterkeit oder Feindseligkeit, wenn sie den Eindruck haben, ihre Kinder würden zum Erlernen der Mehrheitssprache gezwungen. Sie betrachten dies als einen Versuch zur Ausrottung ihrer eigenen Muttersprache, selbst wenn sie sich der Notwendigkeit der neuen Sprache für ein persönliches soziales Fortkommen bewußt sind. Wenn solche negativen Gefühle an ihre Kinder weitervermittelt werden, stoßen Versuche, diese in der neuen Sprache zu unterrichten, auf mehr oder weniger starke Ablehnung oder gar auf offenen Widerstand.

Bei Gastarbeiterkindern werden diese Probleme u.U. noch dadurch verstärkt, daß sie in Schulklassen mit jüngeren Schülern kommen, da sie aufgrund von Sprachschwierigkeiten Klassenstufen wiederholen müssen, die sie in ihrem Herkunftsland bereits abgeschlossen hatten, oder daß sie zusammen mit jüngeren Kindern unterrichtet werden, deren Muttersprache die Unterrichtssprache ist. Eine weitere Zuspitzung der Situation ergibt sich, wenn die Eltern - und damit auch die Kinder - nicht wissen, ob sie in der neuen Heimat bleiben werden und deshalb sichergehen wollen, daß ihre Muttersprache nicht durch das Erlernen der neuen Sprache verlorengeht. Selbst bei nicht-zugewanderten Mitgliedern von Minderheitssprachgruppen in mehrsprachigen Ländern zeigt sich häufig Ablehnung oder sogar offener Widerstand gegen die dominierende Mehrheitssprache, da der Unterricht in dieser Sprache als Bedrohung für die eigene Sprache und damit für den gesamten Komplex eigener Werte und Normen oder gar der eigenen Identität wahrgenommen wird. Als eine Konsequenz dieser Problematik führt Zweisprachigkeit mitunter zur Einschränkung der Fähigkeiten in beiden Sprachen.

10. Folgerungen für sprachliche Fördermaßnahmen

Wie zu Beginn dieses Kapitels erwähnt, machen viele Gastarbeiterkinder beim Erlernen der deutschen Sprache nicht die zu erwartenden Fortschritte hinsichtlich der Sprachbeherrschung oder der Lerngeschwindigkeit. Nicht wenige von ihnen verlernen dabei außerdem ihre eigene Muttersprache bzw. erlernen sie nur mangelhaft. Der Kontakt mit zwei unterschiedlichen Sprachen führt in solchen Fällen also nicht zu Zweisprachigkeit, sondern zur Halbsprachigkeit. Diese Erscheinung ist besonders bedenklich im Hinblick auf den hohen Stellenwert, den die deutsche Sprache für ein erfolgreiches Bestehen in dieser Gesellschaft bzw. die Muttersprache für eine zukünftige Reintegration im ursprünglichen Heimatland hat.

Sprachliche Fördermaßnahmen in der Schule gingen bisher im allgemeinen von der Annahme aus, daß Gastarbeiterkinder hierzulande bzw. Kinder in anderen Ländern in ähnlichen psychosozialen Situationen (wie z.B. pakistanische Kinder in Großbritannien) die Landessprache mit Hilfe einiger Wochen speziellen Sprachförderunterrichts, z.B. in Form von Vorbereitungsklassen, ohne Schwierigkeiten bewältigen könnten. Diese Hoffnungen haben sich in vielen Fällen jedoch nicht bestätigt; verheerende

Folgen zeigten sich, wenn das Nichterlernen der Landessprache außerdem mit Störungen der Muttersprachentwicklung einherging. Im Rahmen der hier erläuterten Zusammenhänge kann diese Problemlage auf "ego-dynamische" Faktoren zurückgeführt werden: Die Muttersprache ist das Medium der persönlichen Identität, welche sich aus dem Normensystem des Herkunftslandes ableitet, die deutsche Sprache hingegen ist Träger einer anderen Identität mit andersartigen zugrundeliegenden Normen. Sind die beiden Normensysteme in wichtigen Bereichen des persönlichen Selbstkonzepts nicht miteinander vereinbar (wie etwa im Falle streng religiöser Türken in der Bundesrepublik oder Hindus in Großbritannien), erfordert Zweisprachigkeit die gleichzeitige Akzeptierung und Ablehnung ein und derselben Bestandteile der eigenen Persönlichkeit. Ein solches Manipulieren des Selbstkonzepts ist natürlich extrem belastend, wenn nicht sogar unmöglich, und kann als Folge nicht nur Halbsprachigkeit, sondern auch psychische Entwicklungsstörungen nach sich ziehen.

Für den schulischen Bereich ergibt sich daraus als wesentliche Folgerung, das beschriebene Akzeptierungs- Ablehnungsparadox bei der Sprachförderung für Gastarbeiterkinder aus Ländern mit nur geringer kultureller Übereinstimmung mit der Bundesrepublik nicht ins Spiel zu bringen. Anders ausgedrückt, darf das Deutschlernen nicht von der Furcht vor Glottophagie und der dabei drohenden Zerstörung von Teilen der persönlichen Identität begleitet sein.

Fördermaßnahmen, welche darauf abzielen, Gastarbeiterkinder so schnell wie möglich in das deutsche Alltagsleben einzugliedern, erscheinen einerseits recht sinnvoll und sogar humanitär, da sie auf harmonisches Zusammenleben, Chancengleichheit, Abbau von Vorurteilen, usw. gerichtet sind. Leider wird eine solche rasche Assimilation ungeachtet der wohlmeinenden Motive der Bildungspolitiker jedoch besonders von den Eltern der betreffenden Kinder häufig abgelehnt. Aus dem hier vorgeschlagenen Konzept hingegen ließen sich zur Förderung sowohl der psychischen Entwicklung als auch der sprachlichen Kompetenz vor allem folgende Prinzipien ableiten: Der verstärkte Gebrauch der Muttersprache als Unterrichtssprache in den ersten Schuljahren, sowie eine Gestaltung des Deutschunterrichts, welche ausdrücklich nicht von einer substitutiven Entwicklung der Zweisprachigkeit ausgeht. Anders ausgedrückt, sollten Förderprogramme entwickelt werden, bei denen das Erlernen der deutschen Sprache nicht zu Befürchtungen Anlaß gibt, die Muttersprache sowie die von ihr abhängigen Teile der eigenen Identität aufgeben zu müssen. Solchen Fördermethoden muß ein Verständnis der gegenseitigen Abhängigkeit von Sprache und Selbstkonzept zugrundeliegen, sowie eine entsprechende Ausbildung von Lehrkräften und auch ein gewisses Maß an öffentlicher Aufklärungsarbeit. Es werden damit Forschungs- und Entwicklungsaufgaben notwendig, welche sowohl auf die Identifizierung und Untersuchung wirksamer Variablen und ihrer Interaktion, als auch auf die Bereitstellung entsprechender Lehrinhalte, Vermittlungsmethoden und Lernmaterialien zu richten sind. Dabei sollte allerdings in Erinnerung behalten werden, daß die Fördermaßnahmen nicht etwa die Verzögerung oder gar Behinderung des Deutschlernens zum Ziel haben, sondern die Förderung echter Zweisprachigkeit und ungestörter psychischer Entwicklung.

Literatur

Anderson,C.C./Cropley,A.J.,1966: Some Correlates of Originality. In: Australian Journal of Psychology 18, 218-227.

Bernstein,B.,1972: Studien zur sprachlichen Sozialisation, Düsseldorf.

Blomqvist,K./Åstedt,I.,1977: Einwandererkinder in der schwedischen Vorschule. In: Aktuelle Informationen aus Schweden 165 (Juni).

Brown,L./Selznick,P.,1955: Sociology, New York.

Calvet,L.-J.,1974: Linguistique et colonialisme: petit traité de glottophagie. Paris.

Cropley,A.J.,1982: Erziehung von Gastarbeiterkindern, München, 2. Aufl.

Egger,E.,1977: Migrants' Education, Strasburg.

Jeffcoate,R.,1979: Positive Image: Towards a Multiracial Curriculum, Richmond.

Leontjew,A.N.,1973: Probleme der Entwicklung des Psychischen, Frankfurt/M.

Lewandowski,T.,1976: Linguistisches Wörterbuch, III, Heidelberg.

Luria,A.R.,1961: The Role of Speech in the Regulation of Normal and Abnormal Behaviour, London.

Oksaar,E.,1980: Sprachbarrieren. In: Spiel,W. (Hrsg.), Konsequenzen für die Pädagogik 1 (Die Psychologie des 20. Jahrhunderts XI), Zürich, 482-500.

Oksaar,E.,1982: Language - Integration - Identity. Sociocultural Problems of New Minorities. In: Korte,H. (ed.), Cultural Identity and Structural Marginalization of Migrant Workers, Strasbourg, 133-149.

Oksaar,E.,1983: Multilingualism and Multiculturalism from the Linguist's Point of View. In: Husén,T./Opper,S. (eds.), Multicultural and Multilingual Education in Immigrant Countries, Oxford, New York, 17-36.

Paulston,C.B.,1978: Education in a Bi/Multilingual Setting. In: International Review of Education 24, 309-328.

Regan,J.O./Cropley,A.J.,1964: Directional Set in Serial, Perceptual-motor Tasks. In: Perceptual and Motor Skills 19, 579-586.

Schubert,J./Cropley,A.J.,1972: Verbal Regulation of Behaviour and IQ in Canadian Indian and White Children. In: Developmental Psychology 7, 295-301.

Stephens,M.,1977: Linguistic Minorities in Western Europe, Llandudno.

Titone,R.,1978: Psychological Aspects of Multilingual Education. In: International Review of Education 24, 283-294.

Triandis,H.C./Lambert,W.W.,1980: Handbook of Cross-Cultural Psychology, Boston.

Klaus J. Mattheier

SPRACHKONFLIKTE IN EINSPRACHIGEN ORTSGEMEINSCHAFTEN
Versuch einer Typologie

Die Themenstellung, die durch die Überschrift des Beitrages gegeben ist, erscheint ungewöhnlich: 'Sprachkonflikte in einsprachigen Ortsgemeinschaften'. Bei einem Symposium über Sprachkonflikte wird man mit den unterschiedlichsten Sprachkonflikten zu tun haben. Aber 'Sprachkonflikte in einsprachigen Ortsgemeinschaften'? Hier scheint der Konfliktstoff 'Sprache' schon durch die Formulierung ausgeschlossen zu sein. Also eine contradiction in adiectu? Ich glaube nicht, und ich möchte das kurz erläutern sowie an empirischem Material veranschaulichen, das aus dem Rheinland stammt.

Zuvor einige terminologische Bemerkungen: Eine sprachsoziologische Ortsgemeinschaft, und um eine solche geht es hier ausschließlich, nicht um geographische, soziologische oder administrative "Orte", eine sprachsoziologische Ortsgemeinschaft bildet eine dreifache Einheit. In einem sprachsoziologischen Ort leben die Menschen erstens in einer sozio-historischen Gemeinschaft, die aus dem Zusammenleben auf engem, kommunikativ überschaubaren Raume über viele Generationen hinweg resultiert, und die deswegen einen gemeinsamen Sozial- und auch Spracherfahrungs- und -handlungsrahmen konstituiert. Zweitens leben die Menschen in einem sprachsoziologischen Ort in einer überschaubaren räumlichen Nachbarschaft, die intensive persönliche Kontakte prinzipiell ermöglicht, und durch die eine solche Gruppe von Menschen von anderen, weiter entfernt wohnenden Menschengruppen deutlich abgehoben ist. Und drittens schließlich leben die Menschen in einer sprachsoziologischen Ortsgemeinschaft aufgrund der sozio-historischen und sozio-regionalen Faktoren in einem ständigen gesellschaftlichen und damit auch sprachlich-kommunikativen Kontakt. Sie bilden auf dieser Grundlage miteinander verflochtene Gruppen, die man als Ensemble von sozialen Netzwerken[1] bezeichnen könnte.

Unter 'einsprachig' verstehe ich, daß innerhalb der Ortsgemein-

---

[1] Zum Phänomen der sozialen Netzwerke vgl. Milroy (1980) und Gumperz (1975).

schaft keine kommunikativen Barrieren existieren und daß alle dort auftretenden sprachlichen Ausdrucksweisen einer einzigen historischen Sprache zugeordnet werden können. Das Fehlen kommunikativer Barrieren bedeutet nicht, daß in einem Ort keine verschiedenen Sprachvarietäten vorliegen. Es bedeutet auch nicht, daß alle Mitglieder einer Ortsgemeinschaft aktive und/oder passive Kompetenz in allen dort vorkommenden Varietäten haben müssen. 'Einsprachig' soll hier nur bedeuten, daß alle Mitglieder zumindest eine Varietät gemeinsam haben, auf die sie bei kommunikativen Kontakten ausweichen können.

Die Zugehörigkeit aller auftretenden Varietäten zu einer historischen Sprache impliziert das Problem der sprachlichen Verwandtschaft, auf das ich hier nicht weiter eingehen will.[2]

Sprachkonflikte sind - sehr verkürzt - gesellschaftliche Auseinandersetzungen, die Sprachen bzw. Sprachvarietäten zum Gegenstand haben und zumindest 'auch' eine sprachliche Motivation haben.

Die Frage, die es zuerst zu klären gilt, ist: Wie kommt es in einer so definierten einsprachigen Ortsgemeinschaft überhaupt zu Sprachkonflikten? In einer solchen Gemeinschaft gibt es keine kommunikativen Barrieren, jeder Sprecher kann jeden anderen verstehen. Trotzdem gaben bei einer Umfrage im Rheinland[3], über die ich jetzt berichten will, Sprachexperten in fast 400 von 700 Ortsgemeinschaften an, daß die Sprache zumindest manchmal Konfliktpotential bildet. Bei all diesen Orten kann man wie in den meisten deutschen Ortschaften davon ausgehen, daß es sich um 'einsprachige Ortsgemeinschaften' im oben definierten Sinne handelt, da wegen der Existenz der überdachenden regionalen bzw. überregionalen Umgangssprache keine kommunikativen Barrieren existieren und die Bedingungen für den 'sprachsoziologischen Ort' immer erfüllt sind.[4]

Die Umfrage wurde als schriftliche Expertenbefragung in 694 Orten der ehemaligen preußischen Rheinlande, also des rheinischen Raumes von der niederländischen Grenze im Norden bis zur Nahe im Süden, durchgeführt. Bei dieser Umfrage sollten erste Informationen über die Verbreitung und die Verwendung dialektaler Varietäten in diesem Raum gesammelt

---

[2] Zur Problematik des Begriffs der sprachlichen Verwandtschaft in diesem Zusammenhang Ammon (1983). Der Begriff der 'historischen Sprache' ist von Coseriu (1980) übernommen.
[3] Die Ergebnisse der Umfrage sind im Zusammenhang noch nicht veröffentlicht. Vgl. zu den Methoden usw. Hoffmann/Macha (1984).
[4] Von Sonderfällen mit Orten in Grenzregionen bzw. Großstädten mit Ortsteilbildung und Dörfern mit städtisch geprägten Neubaugebieten soll hier einmal abgesehen werden.

Sprachkonflikte in Ortsgemeinschaften

werden, als Grundlage für eine geplante Mikrozensus-Analyse. Im Zusammenhang damit wurden die Experten auch gefragt:

"Führt die Tatsache, daß manche Leute in Ihrem Ort Platt (also Dialekt) sprechen, für deren alltägliches Leben zu Problemen und Schwierigkeiten? Haben Sie davon gehört, daß manche mit ihrer Mundart in der heutigen Zeit 'anecken' oder daß es ihnen peinlich ist, Platt zu sprechen?"

Auf diese Frage haben 673 von 694 Befragten geantwortet, und zwar normalerweise in einigen Sätzen in offener Formulierung. Ich habe diese Antworten in zweierlei Richtung ausgewertet. Einmal habe ich versucht, die allgemeinen Tendenzen herauszuarbeiten, um den Umfang des Problems in seiner allgemeinen Relevanz in diesem Raum festzustellen. Dann habe ich versucht, Typen von Motiven herauszufinden, die Hinweise auf die Art des Konfliktpotentials in solchen einsprachigen Ortsgemeinschaften liefern können.

Die von den Experten gegebenen Antworten lassen sich in sieben Kategorien gliedern. Dabei kommt es jedoch vor, daß einige zwei Antwortkategorien erfüllen. Die 673 Antwortenden gaben 770 Antwort-Items. Davon lauten 13 (= 1.7), ihnen sei das unbekannt, 8 (= 1.0) geben keine Antwort; 306 (39.7) antworten, daß keine Probleme vorliegen. 55 (= 5.1) antworten, daß zwar früher hier ein Konfliktpotential vorlag, aber heute nicht mehr. 196 (= 25.5) geben an, daß heute noch teilweise im Dialekt Konfliktpotential vorliegt. 176 (= 22.9) sagen, daß der Dialekt heute noch ein großes Konfliktpotential bildet. 16 (= 2.1) weisen darauf hin, daß nicht der Dialekt, sondern das Hochdeutsche in dem jeweiligen Ort das Konfliktpotential darstellt.

Tabelle 1   Verteilung verschiedener Antworttypen auf die Frage nach sprachlichem Konfliktpotential in rheinischen Gemeinden

Antwortkategorien	Anzahl der Antworten	Prozent. Anteil
Tatsache unbekannt bzw. keine Antwort	21	2.7
keine Konflikte vorhanden	306	39.7
früher Konflikte vorhanden	55	7.1
Konflikte in geringem Ausmaß vorhanden	196	25.5
Konflikte in großem Ausmaß vorhanden	176	22.9
Konflikte nicht mit Dialekt, sondern mit Standardsprache vorhanden	16	2.1

Faßt man die Gruppen zusammen, dann ergibt sich, daß 46.8% der Antworten darauf hindeuten, daß in der Ortsgemeinschaft kein sprachlich bedingtes Konfliktpotential vorliegt. Bei 50.5% der Antworten kann man jedoch sprachlich motiviertes Konfliktpotential in der Ortsgemeinschaft vermuten. Dabei stellt der Dialekt das hauptsächliche Konfliktpotential dar. Auf andere Varietäten wird - wohl auch wegen der gewählten Frageformulierung - nur selten hingewiesen.

Es gibt also durchaus 'Sprachkonflikte in einsprachigen Ortsgemeinschaften'. Das erste, was daraus abgeleitet werden kann, ist, daß auch dialektgeprägte, also eigentlich einsprachige Ortsgemeinschaften zu den Gemeinschaften gehören, in denen gesellschaftliche Konflikte 'mit Sprache zusammenhängen'. Über die typische gesellschaftliche Struktur der Orte, in denen Dialekt bzw. Standardsprache zum Problem wird, können wir leider nur sehr wenig sagen. Besonders über die regionale Verteilung dieser Orte liegen noch keine Daten vor. Es ist noch unklar, ob es sich dabei um Orte in den Reliktregionen Hunsrück und Eifel oder um Orte handelt, die eher in den industriellen Ballungsräumen liegen. Die einzigen spezifizierenden Daten, die schon vorliegen, betreffen die Ortsgröße und die hauptsächliche ökonomische Prägung der Ortsgemeinschaft. Bei der Ortsgröße deutet die Korrelation darauf hin, daß Dialekt besonders in den größeren Ortschaften über 10.000 Einwohnern als problematisch empfunden wird. Dem entspricht auch das Ergebnis für den ökonomischen Ortstyp. Die industriell und durch Verwaltung/Dienstleistung geprägten Ortsgemeinschaften sind unter denen deutlich überrepräsentiert, die im Dialekt Probleme sehen. Die landwirtschaftlich geprägten Ortsgemeinschaften sind dagegen bei den 'Problem'-Gemeinschaften deutlich unterrepräsentiert.[5] Daraus kann man die Hypothese ableiten, daß besonders die gesellschaftlichen Faktoren, die innerhalb der Industrienationen Westeuropas gegenwärtig den Modernisierungsprozeß tragen, die Industrialisierung, die Verstädterung und die Ausweitung von Administration und Dienstleistung, für dialektbedingte Sprachkonflikte verantwortlich sind.[6]

Soweit die allgemeinen Tendenzen. Welcher Typ von Konfliktstoff

---

[5] Dabei ist darauf hinzuweisen, daß beide Faktoren nicht unabhängig voneinander sind, die Kausalbeziehungen also nicht deutlich erkennbar sind.

[6] Zum Phänomen der Modernisierung in der Sprachsoziologie vgl. u.a. Mattheier (1980) und Mattheier (1982).

wird nun von den antwortenden Experten hervorgehoben? Hier werden zwei
Barrieretypen in den Antworten deutlich unterschieden. Erstens wird -
verhältnismäßig selten - darauf hingewiesen, daß man aneckt, wenn man
mit seinem Dialekt nicht verstanden wird bzw. wenn man sich nicht an
die geforderte Varietät anpassen kann. Bei ca. 70 Antworten trat dieser
Typ jedoch weniger als 10 mal auf. Mit Unverständnis muß man besonders
bei Kontakten mit Institutionen außerhalb der Ortsgemeinschaft rechnen.
Weniger wichtig ist dagegen, daß man im Ort von Neubürgern nicht verstanden wird. Von den Neubürgern wird im allgemeinen eine sprachliche
Anpassung verlangt.

Neben diesen kommunikativen Barrieren - noch resthaft vorhanden -
stehen die sozialen Barrieren, die mit der Mundart verbunden werden,
eindeutig im Vordergrund. Der Grund liegt dabei im Bereich der sozialen
Bewertung des Dialekts. Dialekt ist nach Aussagen der Experten in den
Ortsgemeinschaften "ungebildet, unfein, rückständig, verschroben, un-
kultiviert, nicht gesellschaftsfähig, asozial und profan".[7] Deshalb
ergeben sich innerhalb der Ortsgemeinschaften bei einer Reihe von Ge-
sprächsanlässen bzw. mit etlichen Typen von Gesprächspartnern Konflikte.
An Anlässen heben die Experten hervor: den Beruf, die Schule, das
Schreiben, das Gericht, die Vernehmung bei der Polizei, die Predigt,
Vereine 'mit höherem Niveau' sowie Einkauf und Restaurantbesuch in der
Stadt. Von typischen Gesprächspartnern, bei denen man mit dem Dialekt
'anecken' kann, werden hervorgehoben: der Beamte, die beruflichen Vor-
gesetzten, der Arzt, der Lehrer, besonders der Gymnasiallehrer. Auch
über die Auswirkungen, die diese Sprachkonflikte für die Dialektsprecher
haben, machen die Experten detaillierte Aussagen. In der Schule führt
die Verwendung von Dialekt zu Fehlern auf verschiedenen Ebenen und daraufhin zu schlechten Schulleistungen, bei Gesprächen schweigen Dialektsprecher häufig aus Angst, daß ihr Dialekt belächelt wird. Oder sie
äußern sich nur vorsichtig und gehemmt und wirken gerade dadurch unbe-
holfen. Das ist besonders in Elternversammlungen und bei Elternsprech-
tagen verhängnisvoll. Auch machen sich Kinder, die schon besser Hochdeutsch sprechen als ihre Eltern, darüber lustig, daß ihre Eltern Mundart sprechen, oder sie schämen sich deswegen. Predigten in Dialekt
klingen profan und werden deshalb teilweise abgelehnt.

Kehren wir zurück zu der Ausgangsfrage nach den Sprachkonflikten

---

[7] Zu den regionalen Differenzierungen innerhalb der Bewertung der Dialekte vgl. Macha (1983).

in einsprachigen Ortsgemeinschaften. Die hier dargestellten wenigen Ergebnisse der Umfrage zeigen - wie ich meine - folgendes deutlich:

1. Es gibt in den zentralen Regionen West- und Mitteleuropas, die schon lange den Modernisierungsprozessen ausgesetzt sind, durchaus Sprachkonflikte, auch wenn nicht zwei verschiedene Sprachen innerhalb einer Ortsgemeinschaft verwendet werden. Sprachkonflikte sind nicht auf mehrsprachige Gemeinschaften beschränkt. 2. Diese Sprachkonflikte gründen sich jedoch nicht oder nur sekundär auf dem kommunikativen Barrierencharakter der Sprache bzw. auf dem gegenseitigen Nicht-Verstehen innerhalb der Gemeinschaft. Die kommunikativen Barrieren, die früher einmal auch zwischen Dialekten bzw. Dialekt und Standardsprache bestanden haben mögen, sind heute im allgemeinen abgetragen und überwunden. 3. Der Barrierencharakter der Sprache gründet auf der Tatsache, daß verschiedene sprachliche Varietäten die Funktion von Sozialsymbolen übernehmen können, von Symbolen für bestimmte gesellschaftliche Gruppen.[8] Dabei symbolisiert die Standardsprache bzw. die regionale Umgangssprache häufig die höheren gesellschaftlichen Schichten und die Repräsentanten der urbanen Kultur. Der Dialekt wird im allgemeinen das Symbol der als rückständig gewerteten ländlich bäuerlichen Kultur. Die Symbolisierungsprozesse können jedoch bei anderen sozio-historischen Konstellationen auch eine entgegengesetzte Richtung nehmen, indem die Standardsprache als 'fremd' und 'geziert' negativ bewertet, der Dialekt dagegen als 'heimisch' und 'Solidarität stiftend' aufgewertet wird. Eine detaillierte Untersuchung derartiger Symbolisierungsprozesse in verschiedenen sozio-historischen Kontexten, die auch für die sprachlichen Veränderungen wichtig sind, steht noch aus.

Diese Ergebnisse können nur Hinweise geben auf die Ursachen, durch die in Ortsgemeinschaften wie ich sie oben skizziert habe, überhaupt sprachliches Konfliktpotential hineinkommen kann.

In sprachsoziologischen Ortsgemeinschaften im oben definierten Sinne entsteht ein Potential für sprachliche Konflikte durch die verschiedenen Komponenten des allgemeinen Modernisierungsprozesses, die zeitlich und räumlich geschichtet auf die Orte ausgreifen. In Regionen wie dem Rheinland sind es besonders vier Prozesse, die sprachliches Konfliktpotential in einsprachigen Ortsgemeinschaften entstehen lassen:

1. Das Pendlerwesen, durch das große Teile der dörflichen Bevöl-

---

[8] Vgl. Ammon (1972:37ff.).

kerung regelmäßig in meist städtische Regionen außerhalb ihres Wohnortes pendeln.
   2. Die Besiedlung ländlicher Regionen durch Städter und die Industrialisierung ländlicher Gebiete.
   3. Die Ausweitung und Intensivierung der modernen Administration auf ländliche Regionen.
   4. Die Urbanisierung, d.h. die Übernahme städtischer Lebensformen und Verhaltensweisen durch Bewohner ländlicher Regionen.

Durch diese Entwicklungen kommen häufiger und immer intensiver Bewohner dialektgeprägter Ortsgemeinschaften mit Standardsprachesprechern in Kontakt. Daraus ergeben sich immer häufiger gesellschaftliche Konflikte von nicht zu unterschätzender Bedeutung.

Bisher hat man dieses Konfliktpotential nur im Bereich der dialektsprechenden Kinder und ihrer schulischen Schwierigkeiten beachtet.[9] Daneben gibt es jedoch auch eine Fülle von sprachbedingten gesellschaftlichen Konflikten, die für jeden Bewohner solcher Regionen relevant werden, und die ebenfalls einer detaillierten Erforschung und Lösung bedürfen.

Literatur

Ammon,U.,1972: Dialekte, soziale Ungleichheit und Schule, Weinheim.

Ammon,U.,1978: Schulschwierigkeiten von Dialektsprechern, Weinheim, Basel.

Ammon,U.,1983: Vorbereitung einer Explizit-Definition von 'Dialekt' und benachbarten Begriffen mit Mitteln der formalen Logik. In: Mattheier,K.J. (Hrsg.), Aspekte der Dialekttheorie (weiter), Tübingen, 27-68.

Coseriu,E.,1980: 'Historische Sprache' und 'Dialekt'. In: Göschel,J., u.a. (Hrsg.), Dialekt und Dialektologie. (Beih. ZDL 26), Wiesbaden, 106-122.

Gumperz,J.J., 1975: Zur Ethnologie des Sprachwandels. In: Cherubim,D. (Hrsg.), Sprachwandel, Berlin, New York, 335-355.

Hoffmann,W./Macha,J.,1984: Bericht über ein dialektsoziologisches Forschungsprojekt im Rheinland. In: Besch,W./Mattheier,K.J. (Hrsg.), Ortssprachenforschung, Berlin (im Druck).

---

[9] Vgl. hierzu Ammon (1978).

Macha, J., 1983: Die 'beliebteste' Mundart? Überlegungen zur Bewertung deutscher Dialekte. In: Rh.-Westf.-Zs. f. Volkskunde. (im Druck).

Mattheier, K.J., 1980: Pragmatik und Soziologie des Dialekts, Heidelberg.

Mattheier, K.J., 1982: Sprachgebrauch und Urbanisierung. Sprachveränderungen in kleinen Gemeinden im Umfeld großer Städte. In: Bausch, K.H. (Hrsg.), Mehrsprachigkeit in der Stadtregion. Jahrbuch 1981 des Instituts für deutsche Sprache, Düsseldorf, 87-107.

Milroy, L., 1980: Language and Social Network, Oxford.

Matthias Hartig

SPRACHE UND BIOGRAPHIE
Die Bedeutung der sprachlichen Rekonstruktion der Biographie

Das Interesse an der Untersuchung von Lebensberichten (etwa Kohli 1978), von Erzählformen (etwa Labov/Waletzky 1977) und vor allem von Gesprächsstrategien in der therapeutischen Interaktion (etwa Labov/Fanshel 1977)[1] läßt sich im Grunde auf die recht einfache Unterstellung zurückführen, daß die Formen des Sprachgebrauchs und der gesprächsweisen Interaktion mehr aussagen als das, was gewöhnlich als referentielle Information erkannt wird. Zwar hat sich die klassische Psychoanalyse im Sinne Sigmund Freuds auch schon auf die Formen der vermittelnden Sprache bezogen, doch waren die Ebenen der Sprache und des Sprachgebrauchs noch keiner detaillierten Einzelanalyse unterzogen worden.[2]

Labov und Fanshel sprechen in ihrer Arbeit davon, daß sie es für wichtig halten, den regelregierten Charakter der Konversation deutlich zu machen. Damit wird deutlich, daß nach ihrer Ansicht nicht nur die vermittelten Informationen der klassischen Satz- und Wortbedeutungen von Interesse sind, sondern auch die Regeln der Organisation einer Unterhaltung oder eines Gesprächs von zentraler Bedeutung für die Vermittlung von ausgetauschten Inhalten sind.

Streng genommen ist das, was auch heute noch die Psychoanalyse, aber auch die Methoden der Interpretation von therapeutischer Interaktion bestimmt, immer noch am Vorgehen Freuds orientiert, der davon spricht, daß man "vom Ersatz aus durch anknüpfende Assoziation das verhaltene Eigentliche zugänglich" machen kann. Freud bezieht dies auf den Aspekt des Namenvergessens und die Übertragung auf die Traumdeutung.[3] Die über den Freudschen Ansatz hinausgehenden Interpretationsschritte

---

[1] Man vergleiche darüber hinaus aber auch eine Fülle weiterer Arbeiten, wobei vor allem die Arbeiten im Bereich der 'Oral History' erwähnt werden sollen, s. Niethammer (1980).
[2] Man vergleiche vor allem die Vorlesungen zur Einführung in die Psychoanalyse von Sigmund Freud.
[3] Vergleiche: Vorlesungen zur Einführung in die Psychoanalyse, VI.Vorlesung, S.110. Gesammelte Werke Bd.11, zuerst London, 1940, zitiert nach der Ausgabe von 1974.

bei Labov und seinen Mitarbeitern beruhen vor allem darauf, daß eine strengere Systematik der sprachlich orientierten Regeldarstellung gewählt wird. Bei Labov und Waletzky (1967) wird diese Regeldarstellung bei den Strukturen von Erzählungen vor allem im Hinblick auf die referentielle und die evaluative Funktion als Hauptmerkmalen selbsterlebter Ereignisse herausgearbeitet. Wolfram Fischer (1978) schlägt in Anlehnung an Labov und Waletzky als Kategorien vor:
1. Orientierungsteil; 2. Komplikationsteil; 3. Evaluation; 4. Lösungsteil; 5. Coda.
Obwohl es sich bei den von Labov und Waletzky untersuchten Geschichten um Großerzählungen handelt und auch die Lebensgeschichten, die Fischer untersucht, in diesen Bereich gehören, - wir dagegen kürzere Berichte untersucht haben, die komprimierte biographische Berichte sind, die durch die Frage ausgelöst wurden: "Nennen Sie bitte das wichtigste Erlebnis, das Sie im Laufe des bisherigen Lebens gehabt haben und beschreiben Sie es bitte:" - können die Wirkungen der Kategorien auch für die kleineren biographischen Berichte gesichert werden. Allerdings ist nach den Erkenntnissen der genannten Untersuchung eine andere Ordnung und Typisierung der Kategorien nötig. Diese Typisierung sollte folgendermaßen aussehen:
I. Einordnung und Relativierung der Auswahl.
II. Deskription und Komplikation.
III. Bewertung und Sinnkoda.
Gegenüber den Großerzählungen, die die Biographie rekonstruktiv in einem größeren Zusammenhang und mit verschiedenen Berichtsteilen erfassen, können die kürzeren Berichte eher als Maßstab einer Vermittlung der nichtaufgearbeiteten Konflikte angesehen werden, da sich die biographischen Berichte in der Auswahl kondensiert darstellen und sich vor allem keine Aufspaltung in unübersichtliche Teilsequenzen wie in den Großberichten ergibt. Der kürzere Bericht erscheint uns gerade in seiner Konzentration als geeignetes Forschungsinstrument, da das Element "wichtigst" eine vom Probanden herrührende Vorselektion impliziert, die es dem Analytiker eher leichter macht, die zentralen Konflikte zu erkennen. Es kann in der Analyse der Berichte davon ausgegangen werden, daß die Berichte in irgendeiner Form die wichtigen biographischen Bereiche erfassen. Hinweise auf die auftauchenden biographischen Elemente geben uns vor allem die Aspekte der Wert-/Normorientierung und die Haltungen gegenüber zentralen Gesichtspunkten (Beziehung zu den Eltern,

Ablösung von den Eltern, Beziehung zu Lebenspartnern, etc.) im sozialen Leben.[4]

Versteht man die Verfügung des Einzelindividuums über seine Biographie bzw. Geschichte als Verfügung über deren sprachliche Darstellung und Rekonstruktion, so kann sich eine gezielte Analyse dieser Fähigkeit nur an den Ebenen der sprachlichen Verfügung orientieren. Diese Verfügung über sprachliche Mittel kann dabei allerdings nicht auf dem Boden von sprachlichen Merkmalen wie bestimmten Wortformen und charakteristischen Satzkonstruktionen allein bestimmt werden, da sich eine sinnverstehende Analyse der Rekonstruktion der Biographie nur im Gesamtrahmen der sprachlichen Darstellungen bewegen kann. Dies impliziert eine Analyse, die sich von der Frage nach dem Sinn, also von der Existenz eines sinngebenden Gesamtzusammenhangs der Biographie leiten läßt. Dies zeigt sich in biographischen Berichten besonders deutlich, in dem was wir unter III als eine Sinnkoda bezeichnet haben. Diese Sinnkoda taucht systematisch in den biographischen Berichten auf und stellt offenbar den Verständniszusammenhang für den Sprecher her. Wird ein Einzelindividuum, wie in den vorgenommenen Untersuchungen, nach dem wichtigsten Ereignis im bisherigen Leben befragt, so löst dies offenbar direkt die Frage nach dem Sinn des bisherigen Lebens aus. Eine solche sinnelizitierende Frage muß zunächst durch einen Auswahlvorgang getragen werden, der die wesentlichen von den unwesentlichen Ereignissen scheidet. Eine solche Differenzierung besitzt aber schon rekonstruktiven Wert, da sie die Herstellung von Bezügen der eigenen Persönlichkeit zu vergangenen Erlebnishorizonten voraussetzt. Die sprachliche Verfügung über diese vergangenen Erlebnishorizonte kann aber die Erfahrungen nicht nur erneut ins Bewußtsein heben, sondern auch deren tatsächlichen Wert für die Biographie nachträglich klären. So ist es nicht erstaunlich, daß sich in Stadien der Rekonstruktion der eigenen Biographie, die Berichte über vergangene Erlebnisse häufig auch durch Versuche der abschließenden Sinnzuweisung verändern (Stierlin 198o).

Nicht selten ist aber auch zu beobachten, daß sich die Individuen in einem Spannungsverhältnis von erwarteter und vorgestellter Biographie

---

[4] Grundlegende Überlegungen in dieser Richtung finden sich im familientherapeutischen Konzept von Stierlin (198o), zuerst (1975). Von erheblicher Bedeutung für die Interpretationsverfahren sind die Arbeiten im Zusammenhang der Soziologie des Alltagslebens. Vgl. Hammerich/ Klein (1978).

und tatsächlicher Biographie bewegen, das sie dazu zwingen kann, eine Anpassung der divergierenden Muster vorzunehmen. Eine solche Disparität von Vorstellung und Wirklichkeit kommt in biographischen Berichten nicht selten zum Ausdruck und macht es so nötig, eine Verbindung der Formen des historischen Bewußtseins und der aktuell rekonstruierten Erscheinungen der eigenen Person herzustellen. Betrachten wir in diesem Zusammenhang nun einmal ein Beispiel, das sich durch die Beantwortung der Auslösefrage ergeben hat:

(1) Im Alter von 15 Jahren wurde ich schwanger, meine Entscheidung das Kind zu bekommen, gegen den Willen meiner Eltern, ist - so meine ich - das wichtigste Ereignis in meinem Leben, weil mein Leben dadurch bestimmt wurde; bestimmt durch den abrupten Abbruch vom Kind/Jugendlichen-Dasein hin zur Rolle des Erwachsenen-Daseins mit Verpflichtung und Verantwortung.

Die Entscheidung für die Schwangerschaft war verbunden mit sehr vielen lebensverändernden Konsequenzen, zunächst der Bruch mit meinen Eltern, der dazu führte, daß ich mein Elternhaus verlassen mußte bzw. wollte. Ich lebte und litt bis dahin sehr stark unter der konservativen und intoleranten Erziehung meiner Eltern, nun entzog ich mich diesem Einfluß durch den Wohnortwechsel. Das bedeutete einen Abbruch aller Sozialkontakte, eine neue völlig fremde Umgebung mit einer genau so fremden Situation ohne Erziehungsdruck und mit Alleinverantwortung. (w/ 25 Jahre)[5]

In diesem Bericht wird deutlich, wie sich Ereignisse, die lange Zeit zurückliegen, erst in späteren Phasen identitätsbildend auswirken. Erst in späterer Zeit wird klar, welche Folgen eine Handlungsweise hat, die seinerzeit eher unreflektiert gewählt worden ist. Mit der sprachlichen Darstellung wird eine begriffliche Gliederung der vergangenen Ereignisse, aber vor allem der die Auswahl bestimmenden Motive deutlich, die es dem Einzelindividuum ermöglicht, seine biographische Geschichte in strukturierten Einheiten zu begreifen. Damit wird dann aber auch klar, daß es nicht die "Zufälle" einer vorhandenen Schwangerschaft waren, um beim obigen Beispiel zu bleiben, die eine Loslösung vom Elternhaus nach sich zogen, sondern die Probleme mit der intoleranten Erziehung der Eltern. Eine solche Verschiebung der Ursachen kann für die Bestimmung der Vorstellung des Selbst von großer Bedeutung sein, da sich eine Person in einem anderen Lichte sieht, wenn sie begreift, daß sie für das vorhandene Problem mit den Eltern einen durchaus geeigneten, wenn

---

[5] Die Angaben in der Klammer betreffen das Geschlecht und das Alter der Probanden.

Sprache und Biographie

auch recht folgenschweren Weg gewählt hat.Solche nicht immer geeigneten Wege werden ja in den Trennungen von Eltern und Kindern nicht selten gewählt (Helm Stierlin, 1980). Interessant ist in dem obigen Bericht auch, daß bereits im zweiten Satz die Betonung auf "Entscheidung" gelegt wird, was doch deutlich macht, wie stark gerade der Akt der Entscheidung gegen die Eltern herausgestellt werden soll. Diese Entscheidung ist aber nicht unbedingt als Akt einer souveränen Entscheidungsfähigkeit zu verstehen, sondern als zwar notwendige aber doch recht folgenschwere Entscheidung, deren Folgen im richtigen Ausmaß erst später deutlich wurden. Interessant ist auch das sprachlich recht deutliche Schwanken zwischen äußerem und innerem Antrieb bei der Entscheidung,das Elternhaus zu verlassen ("... verlassen mußte bzw. wollte").

Wird so einerseits die Abhängigkeit von äußeren Zwängen deutlich gemacht, so wird andererseits auch bereits die innere Motivation zum Verlassen des Elternhauses angedeutet, wenn auch nur an zweiter Stelle. Gerade solche Stellen, an denen eine Aussage pointiert wird, müssen bei der Analyse der biographischen Berichte besonders berücksichtigt werden, da diese Rangfolgen hohe Bedeutung haben. Besonders interessant ist, daß zu diesem biographischen Bericht noch eine ausführliche Langversion existiert, die als Tonbandaufzeichnung - selbstverständlich mit Einverständnis der Befragten - aufgezeichnet wurde. Um eine Erweiterung und Erhärtung der oben vorgenommenen Analyse geben zu können, will ich nun diese längere Version einbeziehen:

(2) /Ja-, wichtigstes Erlebnis, mein' ich wohl, mein' ich irgendwie, ist so für mich gewesen, so mit fünfzehn Jahren eigentlich zu entscheiden, daß ich so dieses Kind haben wollte, gegen den Willen aller.// Ich glaube, daß das so - ja es gibt natürlich verschiedene wichtige Ereignisse -. Es gibt welche, die - ach, so total unterschiedlich, aber das ist, glaub' ich sowas, was, was mein Leben irgendwie so ziemlich geprägt hat, und von daher so das wichtigste für mich./ --- / Nämlich schon damals so irgendwie, hmm, Verantwortung zu tragen, nicht nur für mich, sondern auch noch für dieses Kind, hm -- und meine Eltern zu verlassen, was ich zweifellos sehr gern gemacht hab'. Und was vielleicht auch so, so im Vordergrund stand bei der ganzen Sache, das Kind zu kriegen und die Eltern zu verlassen. // Hmm, so das hatte für mich ziemlich viel Konsequenz. Von N. nach N. zu ziehen, zunächst mal war's das, das war so das erste, nein, nein, das erste überhaupt war, diese Entscheidung zu treffen, weil ja alle dagegen waren, so Eltern und so, hm, --- und dann die Entscheidung zu treffen, zu gehen und das Kind zu bekommen, ja und von da an eigentlich, so ein ganz anderes Leben zu führen, --- hm --- und das ist sicherlich geprägt so durch, irgendwie Verantwortung, und das in einem Alter, wo ich sicherlich selbst glaube ich, Schwierigkeiten hat-

te, für mich selbst verantwortlich zu sein. -- /
/ Weißt du, mit dieser Entscheidung für mich, daß ich irgendwie das Kind haben will, da hängen viele Konsequenzen dran. Also erstmal, daß wenn ich dieses Kind haben wollte, mein Elternhaus verlassen mußte, -- mußte, aber auch wollte. Aber das war irgendwie, hm -- so eigentlich so Pläne, die ich hatte, auch aufgeben mußte, - so beruflich hatte ich damals schon Pläne, was ich so machen wollte, oder so, und das war eben so eine dieser Konsequenzen, daß ich das irgendwie nicht mehr durchführen konnte, aber das war mir damals eigentlich nicht so richtig klar. Das kann ich heute so sagen, damals habe ich mir das nicht so richtig überlegt, doch, was heißt, natürlich, klar, überlegt hab' ich mir das auch, hab' nur gedacht, daß das möglich wäre, weil ich mir wahrscheinlich noch nicht so voll darüber klar war, was das jetzt eigentlich wirklich für mich bedeutet. -------- /
/ Und damit ist auch irgendwie die Verantwortung klar für mich. In dem Moment, wo ich mich dazu entschieden hatte, daß ich das Kind nun haben wollte, daraus hat sich überhaupt nur noch Verantwortung ergeben, nämlich für dieses Kind zu leben oder da zu sein. Und damit so dieser Plan so, irgendwie so'nen Beruf, so aufgeben, zunächst mal, --- das heißt, daß ich in den ersten Jahren oder so, ich eigentlich keine Zeit hatte dazu, und vielleicht irgendwann das mal hätte wieder verfolgen können. Aber das sind so Sachen, die ich mir damals sicher nicht überlegt habe, die heute so da sind. Das war, und die Vorstellung, und damit hat sich das dann verändert. Dann wollte ich auch nicht mehr, ja weil das für mich bedeutet hätte, irgendwie, ach, das Kind eigentlich wegzugeben, und das war mir irgendwie wichtiger./ (w/ 25)

Betrachtet man diesen Text näher, so fällt auf, daß der Text in eine Reihe von Sequenzen aufgeteilt werden kann, die einzelne Bedeutungen von einander abheben. In den Text sind an entsprechender Stelle daher Schrägstriche eingebaut, damit diese Trennungen der Sequenzen optisch deutlich werden. Sammelt man einmal die zentralen Begriffe zusammen, dann zeigt sich eine interessante Konsistenz:"... gegen den Willen aller zu entscheiden ...", "... Verantwortung zu tragen ...", "... ziemlich viel Konsequenz ...", "... so ein ganz anderes Leben führen ...". Diese zentralen Begriffe im ersten Abschnitt des Berichts zeigen vor allem das Merkmal, daß sie deutlich an die Elternsprache angelehnt sind, also eine Art Reflex der Normsprache der Eltern darstellen. Sie sind also weniger Begriffe, die in einem Bereich gewählt werden über das "was ist", sondern über das "was sein soll". Gerade der Begriff der Verantwortung, der für die Elternsprache typisch ist, taucht an verschiedenen Stellen auf.

Im zweiten Teil des Berichts kommen dann schon die ersten Reflexionen zum Ausdruck, die im Hinblick auf die Haltung des Selbst entstehen.

Sprache und Biographie

Dabei wird nicht nur deutlich, daß die Konsequenzen der Entscheidung erst später klar geworden sind, deutlich wird vor allem, wie sich die Frau bemüht, die Entscheidung von damals mit Sinn auszufüllen und nachträglich für sinnvoll zu erklären. Dabei wird aber auch deutlich, daß sie damals noch nicht gesehen hat, was sich für unabsehbare Folgen aus der Handlung ableiten lassen werden (Ende dieses Abschnitts).

Im dritten und letzten Teil kommt nun zum Ausdruck, was wir als Sinnkoda des biographischen Berichts bezeichnet haben, dabei unterstellen wir, daß offen oder verdeckt in jedem biographischen Bericht eine solche Sinnkoda auftaucht. Hier heißt es nun, daß die Verantwortung "klar für mich" sei. Wieder das Element "Verantwortung", wobei allerdings hier die Verantwortung schon kontextuell deutlich negativ bewertet wird, was durch Elemente wie "nur noch Verantwortung" angedeutet wird. Schließlich wird die negative und restriktive Wirkung dieser Wahl auch im Hinblick auf die möglichen beruflichen Wünsche deutlich, die aber doch im Verhältnis zur einmal getroffenen Wahl zurückgedrängt werden. Gerade diese biographische Sinngebung, die davon ausgeht, daß die getroffene Wahl unaufhebbar und unveränderbar ist, auch wenn sie den eigenen biographischen und lebensweltlichen Perspektiven nicht mehr entspricht, macht die noch nicht oder nur ansatzweise erfolgte Aufarbeitung der Ursachen der kindlichen Entscheidung der Flucht aus dem Elternhaus in ein neues Elternhaus deutlich. Die gewählte Art der Veränderung brachte keine Befreiung aus den Zwängen der elterlichen Normorientierung (Verantwortung etc.), sondern führte genau in ein Leben, das durch solche Normansprüche zentral ausgestattet worden ist. Die Lösung der biographischen Barriere kann erst dann erfolgen, wenn die Wahrnehmung der Folgen dieses Handelns umfassend gelungen ist. Erst dann kann nämlich nicht nur deutlich gemacht werden, wie die seinerzeit auftauchenden Schwierigkeiten zu bewerten sind, sondern wie sie auch als Ausdruck einer Auseinandersetzung mit den Orientierungsmaximen der Eltern aufgearbeitet werden müssen. Damit verweist dieser biographische Bericht aber genau auf die Notwendigkeit der Auseinandersetzung mit den Einflüssen der elterlichen Normorientierung, die nicht nur als Handlungsmaxime verstanden werden müssen, sondern vor allem in den Konsequenzen ihrer Ablehnung oder negativen Orientierung bestimmt werden müssen. Interessant sind aber auch die auftauchenden Selbstinstruktionen, die sich in einem solchen biographischen Bericht finden und deutlich machen, wie sich ein Individuum sinnperspektivisch stabilisiert. Gerade diese

Selbstinstruktionen sind an die sprachliche, also begriffliche Darstellung zentral gebunden und können so zu einer Veränderung und Erweiterung der Instruktionsfähigkeit direkt herangezogen werden.

Angesichts der sprachlichen Instruktionen biographischer Perspektiven kann die Überlegung angestellt werden, ob die sprachliche Ausformulierung immer schon die bewußtbarmachende Wirkung hat, oder ob es grundsätzlich notwendig ist, eine Paraphrasierung einzubeziehen. Daß die sprachliche Formulierung einer biographischen Perspektive bereits die angestrebte Wirkung der Sichtbarmachung und möglichst auch Auflockerung der vorhandenen Barrieren möglich macht, muß leider bezweifelt werden, da es gewöhnlich nicht gelingt, die sprachlich dargestellten Perspektiven von den gewöhnlichen Alltagsbedeutungen zu trennen. Dabei fällt auf, daß die Rücknahme solcher geteilter Sinngebungen und die Ersetzung durch selbstreflektierte Sinngebungen erst dann gelingen kann, wenn ein umfangreicher Prozeß der Einübung und Verfügung über die sprachlichen Beschreibungsmittel erreicht ist.

Um diese Prozesse der allmählichen Verfügung über die sprachlichen Mittel als Gegenstand der Aufarbeitung der eigenen Biographie deutlich zu machen, wollen wir uns ein weiteres Beispiel aus der genannten Untersuchung ansehen. Hier wird zunächst oberflächlich betrachtet ein scheinbar bellangloser Bericht über eine Reise nach Frankreich als wichtigstes Ereignis im bisherigen Leben genannt. Was allerdings dabei zum Nachdenken anregt, ist nicht der Aspekt, daß es sich dabei um eine solche Reisebeschreibung handeln könnte, sondern die Möglichkeit, hier eine biographische Sinngebung einzubinden. Dabei zeigen sich in dem vorliegenden Bericht (w/24 Jahre) insgesamt fünf zentrale Punkte, die konstitutive Bedeutung für den biographischen Bericht haben.

(3) Das wichtigste Ereignis in meinem Leben war mein 1o-tägiger Aufenthalt in Frankreich, genauer gesagt, die Abiturfahrt. Nachdem ich endlich von meinem Vater die Erlaubnis hatte daran teilzunehmen, freute ich mich schon Monate vorher auf die Reise. Die Lehrer, die mitfahren sollten, waren soweit ganz passabel. Wir waren ca. 3o Mädchen aus verschiedenen Kursen zusammengewürfelt. Ich war von Zeit zu Zeit mit dieser oder jener zusammen. Jedoch habe ich mich nie einer Clique ganz angeschlossen. Das war mir zu langweilig. Ich war immer dort, wo gerade etwas unternommen wurde. Und war das nicht der Fall, dann versuchte ich mich im Alleingang. Die historischen Dörfer, die wir besuchten, kundschaftete ich bis in den letzten Winkel aus. Ich lernte einen Franzosen kennen und probierte an ihm meine Sprachkenntnisse aus. Es war so einfach, sich in einem fremden Land zu verständigen. Das hatte ich mir nicht träumen lassen. Das andersartige Temperament

Sprache und Biographie 213

> der Leute und die südliche Vegetation waren vollkommen neu
> für mich. Ich hatte das Mittelmeer zwar schon auf Bildern
> gesehen, aber daß es wirklich so blau war, wie auf den Post-
> karten, faszinierte mich. "Ausland" war von da an für mich
> kein ferner Begriff mehr, sondern ganz nah, ich war ja da,
> und schließlich ist Frankreich nicht so weit wie ich als
> Kind geglaubt habe. Es war ein duftes Gefühl über 1ooo km
> von zuhause entfernt zu sein. Auch jetzt ist die Côte d'Azur
> der schönste Landschaftsstreifen, den ich bisher gesehen ha-
> be. Am letzten Abend in de Trayas lernte ich noch Willi, ei-
> nen Studenten aus Münster, kennen. Wir saßen die ganze Nacht,
> nachdem die Abschlußfeier zuende war und meine Lehrer und
> Schulkolleginnen gegangen waren, allein am Strand und redeten
> über Politik, die Art und Weise wie wir lebten, unsere Freun-
> de, über uns selbst und unsere Pläne und noch vieles mehr.
> Willi half mir auch später weiter, als ich nach Münster ging,
> um einen Beruf auszuüben. (w /24 J.)

Der erste Punkt ist die Betonung der Erlaubnis des Vaters, die genannte
Reise antreten zu können. Dabei überrascht dieser Aspekt, da es sich
um eine Abiturfahrt handelt und es schwer vorstellbar ist, wie sich die
Eltern dem Zustimmungsdruck, vermittelt durch die Mitschüler, entziehen
können. Der zweite Punkt läßt sich nach einer Reihe von nebensächlichen
Gesichtspunkten da festmachen, wo es um die Beziehung zu einem männlichen Franzosen geht, die mit dem Ausprobieren von Sprachkenntnissen
legitimiert wird. Damit ist aber bereits ein Punkt genannt - das Verhältnis zu Männern -, das nicht nur als Hintergrundsverbot beim Vater
vermutet werden kann, sondern auch der eigentliche Punkt des wichtigsten Ereignisses werden kann. Die nächste zentrale These betrifft die
Betonung der großen Entfernung von Zuhause (These 3), die die Bewußt-
barmachung der Distanz von Zuhause und auch des geringeren Drucks im-
plizieren kann. Eigentlich schon recht spät in diesem Bericht kommt
das zentrale Ereignis, die Referentin lernt "noch" einen Studenten
kennen und verliebt sich offenbar in ihn. Allerdings wird zunächst -
auch dies zeigt wieder die mitverstandenen Legitimationsnotwendigkei-
ten - darüber berichtet, daß sich beide zunächst nur unterhalten haben.
Die Bedeutung der Beziehung zu diesem Mann wird zwar in der Darstellung
eher abgemindert, es zeigen sich aber doch Gegensätze, wenn man im
letzten Satz vernimmt, daß er der Referentin auch später "half". Dabei
ist gerade das Motiv der Hilfe ein Motiv, das ganz streng als eltern-
orientiert zu bezeichnen ist, also eine klare Legitimation im Sinn der
Elternnorm impliziert. Damit zeigt sich hier recht deutlich, wie stark
die Elternnorm noch wirkt und welche Bedeutung sie vor allem bei der
Legitimation der Beziehung zu einem andersgeschlechtlichen Partner be-

sitzt. Solche Formen der Legitimation in der Normsprache der Eltern sind aber ganz typisch für die vorliegenden biographischen Berichte. Immer wieder wird die Normsprache der Eltern gerade dann wichtig, wenn es um die Rechtfertigung des eigenen Handelns geht. Damit wird aber auch klar, wie stark die Abhängigkeit von der elterlichen Normsetzung immer noch ist, auch wenn sich die Befragten schon weit im Erwachsenenalter (25) befinden.

Überblickt man den gesamten Bericht, dann fällt auf, wie deutlich die implizite Darstellung der wesentlichen Gesichtspunkte dieses wichtigsten Ereignisses von der expliziten Darstellung der äußeren Situationsmerkmale abweicht. Dies zeigt aber auch deutlich, in welch eingeschränktem Umfang die betroffene Person eine rekonstruktive Verfügung über ihre eigene Biographie besitzt. Dieser Aspekt ist die wichtigste Stufe der Beschäftigung mit der sprachlichen Rekonstruktion von Biographien. Die sprachliche Verfügung über den Sinn einer Biographie und die Rekonstruktion wichtiger Züge der Biographie läßt sich als Bedingung der Möglichkeit der Aufarbeitung von Barrieren und Hürden der eigenen Biographie beschreiben und andererseits auch als Bedingung der Möglichkeit, eine Veränderung und Weiterentwicklung der Biographie und damit der personalen Identität zu erreichen, formulieren. Die Verfügung über die sprachliche Darstellung der Biographie ist aber eine Fähigkeit, die sich erst allmählich und ausschnittsweise erreichen läßt. Dabei geht es nicht nur um die Problematik der Erinnerung an angstvoll erlebte und belastete Situationen, sondern vor allem um die sprachliche Darstellung von Erlebnissen, die weder im Rahmen einer Begrifflichkeit erlebt wurden, noch durch einen bereits erlernten Umgang mit entsprechenden Begriffen bestimmt werden können. Es kann natürlich theoretisch angenommen werden, daß sich gerade die Probleme im Verhältnis Eltern - Kind in überwiegendem Maße in den biographischen Berichten niederschlagen, was auch die konkreten Erfahrungen belegen, doch läßt sich auf der anderen Seite damit noch nicht sagen, welche Art und Weise der sprachlichen Darstellung die Konflikte bekommen werden.

Hier zeigen sich umfangreiche Verlagerungen von Problemen, die eine Herausarbeitung der elementaren Probleme nötig machen und dabei vor allem eine Zurückführung der Konflikte auf die Ausgangslagen im Gespräch mit dem betroffenen Individuum erfordern. Daher ist es schließlich auch kaum möglich, diese Art der Biographierekonstruktion langfristig ohne die Einbeziehung der betroffenen Person vorzunehmen, da sich die Effekte einer solchen Rekonstruktion erst in der Aufarbeitung der Biographie durch die betroffene Person zeigen werden. Hier lassen sich graduelle Unterschiede in der Verfügung über die biographischen Züge erkennen, die es gestatten, konstitutive Bestandteile der Sprache herauszuschälen. So ist es von großer Bedeutung für eine betroffene Person zu sehen, wie die eigene sprachliche Darstellung der Biographie immer noch in ganz starkem Maße von den Elementen der scheinbar überwundenen Elternsprache abhängt. Gerade der unbewußte und uneingestandene Rekurs auf die scheinbar überwundene Situation der Kindheit macht aber den wesentlichen Erfahrungsrahmen solcher Rekonstruktionen der Biographie aus.

In den beiden berichteten Fällen läßt sich aber auch noch eine weitere Komponente der Biographierekonstruktion deutlich machen. Da das Verhältnis zur eigenen Lebens- und Erfahrungswelt in einer ganz bestimmten Art und Weise von der Interpretation der Lebenswelt durch das Verhältnis zu den Eltern gekennzeichnet ist, werden auch spätere eigene Erfahrungen und Handlungen in ganz typischer Weise "verschoben". So zeigte sich nicht selten, daß die erlebten Konflikte mit den Eltern auch später für die betroffene Person die persönlichen Beziehungen zu anderen Menschen stark belasten können, was gar nicht verwundert, wenn man sich an die nichtaufgearbeitete Situation im Verhältnis zu den eigenen Eltern erinnert, die die konkreten Handlungen immer noch aus dem Vorrat an unaufgearbeiteten Konflikten belasten. Nicht selten lassen sich ungeeignete Formen der Ablösung aber auch der Bestrafung der elterlichen Erziehungsfehler ausmachen (vgl. Bericht 1). Dieser Fehler wird aber nicht durch eigene weiterreichende Handlungen und Lebensentscheidungen überwunden, sondern eher wiederholt und damit bestätigt. Da eine unzureichende Verfügung über eine sprachlich abgesicherte eigene Lebenssinngebung vorhanden ist, zeigt sich nur der Versuch der Flucht vor der elterlichen Lebenswelt und der einfache Protest gegen diese Lebenswelt, der aber dem Betroffenen keine Überwindung dieser Lebenswelt ermöglicht. Damit bleibt die betroffene Person letztlich in diese Lebenswelt eingebunden, auch wenn sie ihr Verhältnis eher negativ limitiert begreift.

Im Hinblick auf den zweiten Bericht läßt sich deutlich machen, daß das Symbol der Hilfe als Konzept der Partnerbeziehung, das allein der elterlichen Wertewelt entspricht, nur eingeschränkt auf die Dauer geeignet ist, die Verhältnisse zu anderen Menschen, insbesondere aber Lebens-

partnern zu gestalten. Die Verkürzung der Beziehungsinhalte, die sich
in solchen Konzepten zeigt, ist damit nicht nur Ausdruck der Beschränkung auf die elterliche Lebenswelt, sondern verhindert auch langfristig eine geeignete Darstellung der tatsächlichen Interessen. Konkret
führt dies dann zu Lebenssituationen, die durch ein hohes Ausmaß an infantilen, instrumentellen Wertmaßstäben in der Gestaltung von Partnerschaften gekennzeichnet sind.

Aus den betrachteten Berichten läßt sich die Folgerung ableiten,
daß eine gezielte Aufarbeitung der biographischen Berichte eine gute
Möglichkeit bietet, nicht nur Einsicht in die Inhalte und Konflikte der
Biographie zu vermitteln, sondern vor allem auf Grund der konstitutiven
Funktion der Sprache eine gesicherte Basis für den Zugang zu diesen
unaufgearbeiteten Erfahrungen zu erreichen. Zugleich wird damit aber
auch klar, daß sich Wechsel in der Erlebniswelt nicht direkt als Form
der veränderten Sinnwelt darstellen und gerade durch das Verhältnis von
äußerer und innerer Erlebniswelt eine wichtige Basis für die Veränderung
der Sprache gekennzeichnet ist.

Die Veränderung der Sprache ist ein direktes Indiz für eine Veränderung der Interpretation der eigenen Biographie und insbesondere
auch ein Zeichen für die Aufarbeitung dieser Biographie. Liegt eine
solche Aufarbeitung der Biographie aber vor, dann läßt sich vermuten,
daß nicht nur eine Kontrolle der eigenen biographischen Perspektiven
möglich wird, sondern vor allem auch eine Überwindung von Verhaltensbarrieren. In den konkreten Beispielen läßt sich durchaus die Vorstellung
herantragen, daß eine sprachliche Darstellung und Aufarbeitung des Konflikts mit den Eltern jeweils eine Verbesserung der Situation möglich
machen wird. Ohne die sprachliche Darstellung sind aber weder die Phänomene bewußt, die sich als Folge der Blockade im Handeln ergeben, noch
können sie beschrieben werden und so eine Bearbeitung und Auflösung bzw.
Veränderung erfahren. Denn auch diese Prozesse sind an die bewußte Kontrolle und damit sprachliche Darstellung gebunden.

Es stellt sich nun die Frage, welche praktischen Vorschläge für
die Nutzung eines solchen inhaltsanalytischen, sprachabhängigen Deskriptionsmodells möglich erscheinen, insbesondere auch im Hinblick auf die
Verbesserung der Situation von betroffenen Individuen. Hier läßt sich
deutlich machen, daß nicht allein die sprachliche Darstellung der biographischen Erfahrungen einen wichtigen Schritt darstellt, von viel
größerer Bedeutung ist die Erkenntnis durch die Individuen, wie man in

Sprache und Biographie

Form von sprachlichen Darstellungen Scheinbegründungen und Maskierungen von Konflikten und Problemen darbieten kann.[6] Dies wird im zweiten Bericht besonders deutlich, wo der Konflikt mit den Eltern um das Verhältnis zu Männern durch die eher wegführende, umfangreiche Beschreibung markiert wird. Erst auf dem Umweg über eine schrittweise Ablösung der oberflächlichen Darstellungen von den strukturellen Inhalten läßt sich ein Erkenntnisfortschritt erreichen. Ohne diesen Erkenntnisfortschritt ist aber eine partielle Verfügung über die biographischen Muster nicht möglich. Solche Maskierungen, wie sie insbesondere durch den zweiten Bericht deutlich gezeigt werden, können sich auch in der Form von Scheinbegründungen finden, die sich ebenfalls in der verwendeten Sprache niederschlagen. Solche Scheinbegründungen sind als Begründungen zu verstehen, die eigentlich den Vorstellungen der Bezugspersonen entsprechen, aber als eigene Vorstellungen verstanden und auch dargestellt werden.[7]

Falsche Beziehungen von Ursache und Wirkung, Unterstellung von Absichten, die bei anderen vermutet werden, aber bei der betroffenen Person selbst gesucht werden müssen, Unklarheiten über den Zusammenhang von Handlungsmotiv und Handlungsgestaltung usw. zeigen sich immer zuerst in der spezifischen Art der sprachlichen Darstellung. Wird beispielsweise ausgeführt, daß jemand eine bestimmte Handlung als eigenen Willensakt versteht, so läßt sich nicht selten beobachten, daß dieser Willensakt eigentlich durch eine dritte Person vermittelt worden ist. Gerade bei Verboten und Vermeidungshandlungen taucht dies häufig auf. Äußert sich also jemand im Hinblick auf die Bedeutung "Ich darf dies nicht tun" so kann in vielen Fällen vermutet werden, daß er dann eigentlich meint "jemand möchte, daß ich dies nicht tue". Dieser Begründungszusammenhang zeigt sich aber erst in typischen Formulierungen, die man allerdings nicht auf eine einzige Formel reduzieren kann. Bei den diskutierten Beispielen biographischer Berichte wurde deutlich, wie sich die sprachlichen Markierungen als Mittel der Rekonstruktion von mitvermittelten Informationen nutzen lassen. Sprachliche Formulierungen, wie sie in den aufgezeichneten Ausführungen zum Ausdruck kommen,

---

[6] Überlegungen zur Analyse von gestörter Kommunikation finden sich vor allem bei Ruth Wodak (1981). Vgl. auch die dort genannte Literatur.
[7] Man denke hier auch an das Konzept der Deckerinnerung bei Sigmund Freud in: Zur Psychopathologie des Alltagslebens, Kapitel IV.

also vor allem die von der Elternposition herrührenden Äußerungen wie "Verantwortung tragen", "eine Entscheidung treffen", "konsequent sein", zeigen die Verbindung der eigenen Handlungen mit Einflüssen und Hemmungen, die sich im Verhältnis mit den Eltern ergeben haben. Solche markierten Äußerungen können als Ansatzpunkt für die Aufarbeitung der unbewußten Probleme genutzt werden, die durch den Rückbezug auf einen solchen biographischen Bericht immer wieder aufgegriffen und fortgeführt werden können. Der biographische Bericht könnte also auch ein Mittel sein, das systematisch in die Debatte gebracht werden kann, wenn sich Konflikte und Entscheidungsprobleme größeren Ausmaßes zeigen.

Im konkreten Fall können etwa Beziehungsprobleme mit dem Partner den Anstoß zur Beschäftigung mit den Problemen der eigenen Biographie geben. Da das Verhältnis zur eigenen Vergangenheit nicht geklärt ist, und keine Aufarbeitung der Bestandteile der Biographie vorliegt, werden Konflikte mit dem Partner häufig auf die Ebene der Konflikterfahrung in der Biographie verlagert werden. Die momentanen Entscheidungen werden also immer wieder von den historischen Entwicklungen überlagert. In diesem Sinne bietet die sprachliche Analyse solcher verdeckter Mitteilungen in biographischen Berichten die Möglichkeit, die vielleicht weit in die Vergangenheit zurückreichenden Entscheidungs- und Zielkonflikte in die konkrete Gegenwart zu heben. Schließlich kann aber auch das Bewußtsein der Betroffenen im Hinblick auf die sprachlichen Schlüsselsignale so geschärft werden, daß sie in Zukunft eine Fortführung der Feststellung solcher sprachlicher Ausdrucksformen selbst vornehmen und dann auch die möglichen Reaktionen auf diese Feststellungen mit einplanen. Dabei ist allein schon davon auszugehen, daß die Bewußtmachung der Verstrickung in solche Vorstellungsformen, wie sie durch die elterlichen Erziehungsinhalte vermittelt worden sind, eine mögliche Wahrnehmung der persönlichen Konflikte erleichtert. So verbindet sich allmählich die Aufarbeitung der eigenen Biographie mit der Fähigkeit, diese auch kommentieren zu können.

Literatur

Fischer,W.,1978: Struktur und Funktion erzählter Lebensgeschichten. In: Kohli,M.(Hrsg.), 311-336.

Hammerich,K./Klein,M.(Hrsg.) 1978: Materialien zur Soziologie des Alltags (Sonderheft 2o, Kölner Zf. für Soziologie und Sozialpsychologie), Opladen.

Kohli,M.,(Hrsg.),1978: Soziologie des Lebenslaufs, Darmstadt und Neuwied.

Labov,W./Fanshel,D.,1977: Therapeutic Discourses. Psychotherapy as Conversation, New York.

Labov,W./Waletzky,J.,1967: Narrative Analysis. In: Essays on the Verbal and Visual Arts, Seattle, 12-44.

Niethammer,L.,(Hrsg.),1980: Lebenserfahrung und kollektives Gedächtnis. Die Praxis der "Oral History", Frankfurt/M.

Stierlin,H.,1980: Eltern und Kinder, Frankfurt/M.

Wodak,R.,1981: Interdisziplinäre Forschung: Linguistik, Soziolinguistik und Psychotherapie - Ziele, Theorien und Methoden. In: Hartig, M.(Hrsg.), Angewandte Soziolinguistik, Tübingen, 145-153.

Werner Enninger

FUNKTION, STRUKTUR UND ERWERB DER VARIETÄTEN PENNSYLVANIADEUTSCH,
AMISCH HOCHDEUTSCH UND AMERIKANISCHES ENGLISCH BEI DEN ALTAMISCHEN

0. Ziele, Datenbasis, Prämissen

Der folgende Beitrag will die thematischen Komponenten der *Ersten Internationalen Tagung "Spracherwerb - Sprachkontakt - Sprachkonflikt"* in Hamburg (01.-03. Dezember 1982) am Beispiel des Sprachhaushaltes einer bestimmten dreisprachigen Interaktionsgemeinschaft aufeinander beziehen und in ihrer wechselseitigen Abhängigkeit zu verstehen suchen.
  Die Daten entstammen einer ethnographischen Fallstudie der Altamischen in Kent County, Delaware, USA, die seit 1977 von einer Essener Arbeitsgruppe betrieben wird. Aus den bereits teilweise veröffentlichten deskriptiven Befunden (Enninger 1979, 1980; Enninger/Raith 1982; Enninger/Wandt 1979, 1980, 1983; Raith 1981) werden hier jene Teile herangezogen, die für den oben skizzierten Verstehensversuch wichtig sind.
  Dieser Verstehensversuch sucht Antworten auf folgende Fragen: Sind die strukturellen Ausbauzustände der Varietäten Pennsylvaniadeutsch (PG), Amisch Hochdeutsch (AHD) und Amerikanisches Englisch (AE) aus der konventionalisierten Verteilung dieser Varietäten über das Sprechhandeln der Interaktionsgemeinschaft ableitbar? Sind Richtung und Ausmaß von Kontaktphänomenen, sowie die Ebenen (phonologische, morphosyntaktische, lexikalische), auf denen sie beobachtbar sind, ebenfalls aus der Verteilung der Varietäten über das Sprechhandeln verstehbar? Wie wirkt sich die Verteilung der Varietäten über den Prozeß des natürlichen Spracherwerbs und den Prozeß der institutionellen Sprachunterweisung auf die Struktur der Varietäten aus? Kann der inzwischen ausgestandene Schulkonflikt der Altamischen mit den Staatsorganen als ein Indiz für Sprachkonflikt interpretiert werden?
In diesen Fragen werden die Prämissen des Verstehensversuches erkennbar. Wir setzen als Prämisse, daß der Verstehensversuch zu den plausibelsten Interpretationen kommt, wenn man die Funktion der Varietäten im sprachlichen Handeln der Gruppe als den Faktor ansetzt, der den faktischen Zusammenhang zwischen den Komponenten Spracherwerb, Sprach-

Funktion, Struktur und Erwerb der Varietäten bei den Altamischen   221

kontakt und Sprachkonflikt stiftet. Diese Annahme drückt sich in der Erststellung von "Funktion" in der Überschrift aus. Eine Spezifikation dieser Grundprämisse ist die weitere Prämisse, daß die Varietäten des sprachlichen Repertoires als Attribute von Rollen modelliert werden können.

Das Ausmaß, in dem es mit Hilfe dieser Prämissen gelingt, verschiedene deskriptive Befunde der Fallstudie als Komponenten des Systems "Sprachhaushalt" zu modellieren, soll als Indikator für die Bewährung der Prämissen gelten.

1. Der Fall: Die Altamischen in Kent County, Delaware, USA

Als Gegenstand der Untersuchung wurde das Sprachverhalten und das sprachliche Repertoire jener Personen bestimmt, die im Frühjahr 1978 in Haushalten mit altamischen Haushaltungsvorständen in Kent County, Delaware lebten. Diese Kriterien isolierten 170 Haushalte mit 1.304 als Familienmitglieder geltenden Personen, wovon ca. 20% für solche Personen abgezogen werden mußten, die zeitweilig oder dauernd außerhalb von Kent County wohnten, oder die ihre religiösen Bindungen an die Gruppe aufgegeben hatten. Diese Gruppe von etwas mehr als 1.000 Personen stellt in ihrem Siedlungsgebiet eine Minorität von etwa 13% dar. Soziologisch bildet diese Gruppe eine Gemeinschaft, die aufgrund gemeinsamer Wertorientierung regelmäßig und häufig untereinander in face-to-face Situationen interagiert; sie ist eine Interaktionsgemeinschaft. Soziolinguistisch bildet diese Gruppe eine Gemeinschaft, die ihren Interaktionsbedarf mit Hilfe eines gemeinsamen sprachlichen Repertoires mit den Varietäten PD, AHD und AE deckt; sie ist eine Repertoiregemeinschaft im Sinne von Gumperz und Kloss (Kloss 1977).

2. Funktionale Verteilung der Varietäten

Geht man davon aus, daß (face-to-face) Interaktion als ein sozialer Prozeß nicht der Beliebigkeit der teilnehmenden Individuen überlassen, sondern vielmehr regelgeleitet ist, dann müßte auch - zumal in einer kleinen, überschaubaren Gemeinschaft mit hochgradig gemeinsamen kognitiven und normativen Wissensbeständen - die Wahl unter den verfügbaren Varietäten nicht beliebig, sondern regelgeleitet sein. In der Pilotphase wurde der Hypothese, daß diese Varietäten im Diskurs nicht in freier/beliebiger, sondern komplementärer Distribution stehen, mit Hilfe eines auf Domänen der Varietät abhebenden Fragebogens nach Fishman,

Cooper, Ma u.a. (1971) nachgegangen. Dieser Versuch scheiterte aus zwei Gründen. In der zunächst unkooperativen Population war weder eine Zufallsstichprobe noch eine repräsentative Auswahlstichprobe erreichbar. Die Auswertung der nach dem sogenannten "Schneeballprinzip" gewonnenen Fragebögen zeigte, daß selbst eine statistisch zuverlässige Stichprobe von solchen Fragebögen die funktionale Verteilung nicht hätte entdecken können, da in der Repertoiregemeinschaft die Lokale *Haus*, *Arbeitsplatz* und *Kirche* in der Familienfarm räumlich identisch sind, wodurch die Variable Ort (mit ihren lokalen Varianten *Haus*, *Arbeitsplatz*, *Kirche*) ihre Trennschärfe bei der Abgrenzung der sozialen Domänen der drei Varietäten verliert. Offenbar liegen ländliche Kontexte wie der untersuchte außerhalb der Reichweite des für städtische Kontexte entwickelten Instruments. In einem zweiten Zugriff auf die Frage der funktionalen Verteilung der Varietäten wurde versucht, die bei der mehrmonatigen Feldarbeit beobachteten Regelmäßigkeiten im Varietätengebrauch über den kommunikationswissenschaftlichen Erwartungsbegriff (Bretscher 1974, 1976), über den interpretativen Rollenbegriff, sowie den Begriff des Rollenattributs (Wiswede 1977) zu verstehen, und dies auf eigene Beobachtung gestütztes Verstehen über Informanteninterviews gegen Fehlinterpretationen abzusichern. Den Rahmen für diesen Versuch des Fremdverstehens bildet die Grundannahme der Ethnographie der Kommunikation, die Green später wie folgt zusammenfaßt:

> The conceptualization of face-to-face interaction
> as rule-governed does not mean that participants
> follow *fixed* scripts, that conversations or activi-
> ties are invariant. Rule-governed in this instance,
> means that expectations for performance exist
> that are culturally determined, and that these ex-
> pectations guide participation and act to constrain
> the options for what will or can occur (1982:8).

Im Zuge der Feldarbeit zeigte sich erstens, daß die beobachteten Regelmäßigkeiten hinsichtlich der Varietätenwahl mit bestimmten Handlungsrollen einhergingen. In Anlehnung an Wiswede (1977:41-42) wurde daraufhin die folgende Annahme formuliert: In einer mehrsprachigen Interaktionsgemeinschaft bestehen nicht nur Erwartungen hinsichtlich dessen, was ein Rollenspieler zu tun hat, sondern auch Erwartungen hinsichtlich der Varietät, in welcher ein Rollenspieler seine Rolle zu spielen hat. Dabei gewinnen die Varietäten eines mehrsprachigen Repertoires den Status von Rollenattributen, die für das sozial angemessene Spielen von Rollen konstitutiv sind: eine Rolle gilt nicht als sozial angemessen gespielt, wenn sie nicht in der gemeinschaftlich erwarteten Varietät gespielt wird. Die Wahl der für eine Rollenhandlung als angemessen erachteten Varietät ist eine Wohlgeformtheitsbedingung der Rollenhandlung, und wohlgeformte Handlungen durchführen zu können, ist Teil der Handlungskompetenz der Mitglieder aller Gesellschaften. Die Wahl 1. der für die Rollen einer Sprechsituation (*speech situation*) sowie eines Sprechereignisses (*speech event*) sozial angemessenen Varietät (*code-alternation* im Sinne von Gumperz 1976), 2. der für bestimmte Sprechakte (*speech act* im Sinne der Ethnographie der Kommunikation) innerhalb eines Sprechereignisses sozial angemessenen Varietät (*code-switching*), sowie 3. der für bestimmte Sprechakte sozial angemessenen prosodischen Markierungen (*contextualization cues*) von Varianten dieser Varietäten (*style-shifting* im Sinne von Gumperz/Herasimchuk 1975) ist in mehrsprachigen Gruppierungen eine unverzichtbare Bedingung für die Anerkennung einer Person als handlungskompetent. Das Diagramm 1 bildet die derzeit erreichte Hypothese hinsichtlich der Verteilung der Varietäten und ihrer Kontextualisierungshinweise über Rollenbündel und Rollen ab. Dies Diagramm ist wie folgt zu kommentieren:

Die normative Begrenzung der Interaktion auf die Bruderschaft führt dazu, daß nur wenige, unumgänglich notwendige Rollen des gesamten Rollenrepertoires im Netzwerk der dominanten Kultur gespielt werden. Dabei sind die Rollen, die dort gespielt werden, fast ausschließlich transaktionaler Natur, bei denen die Rollenspieler in sekundäre Beziehungen zueinander treten (begrenzte und spezifische Rechte und Pflichten; niedrige Intimität; spezifische Wertung der Rolle einer Person; niedrige Affektivität; vgl. Gouldner/Gouldner 1963:305-308). Die Wahl des AE für diese "secondary relation of them-power" ist nur eine Scheinwahl, denn angesichts der AE Einsprachigkeit der in diesem Netzwerk vorgefundenen Interaktanten besteht gar keine Option. Hier ist der Gebrauch von AE schlicht eine Antwort auf eine sprachökologische Notwendigkeit. Im Netzwerk der Affiliierten, i.e. der weniger konservativen anabaptistischen, PD sprechenden Gruppen werden relativ mehr Rollen gespielt, und zwar sowohl transaktionale als auch personale, bei denen die Interaktanten in Primärbeziehungen der Wir-Solidarität treten (Rechte und Pflichten sind unbegrenzt und diffus; hohe Intimität; ganzheitliche Wertung einer Person; hohe Affektivität). Hier sind echte Varietätenwahlen möglich, die jedoch mit Ambivalenzen belastet sind. In Termini des kommunikationswissenschaftlichen Konzepts der Erwar-

Diagramm 1:   Verteilung von Rollen und Rollenattributen (Varietäten) über Interaktionsnetzwerke

Netzwerk der dominanten Kultur			Netzwerk der Bruderschaft				Netzwerk der 'Affiliierten' (weniger konservative PD sprechende Gruppen)	
mündl. und schriftl. Rollen			schriftliche Rollen	mündliche Rollen			mdl. Rollen	schriftl. Rollen
Klient Kunde Patient Verkäufer	örtlicher Reporter Kunde Verkäufer Lehrer Schüler	Briefschreiber (AE mit AHD Anfang und Ende)	Zeugnisaussteller (bei Gemeindewechsel)	Lehrer und Lerner (außer AHD Lehrer und Lerner)	alle Berufsrollen, alle Familienrollen, Schulpausenrollen	rituelle Rollen (Täufer Täufling etc.) zeremonielle Rollen (Vorbeter, Vorsänger, Bibelzitierer, etc.) alle prosodisch markiert AHD Lehrer u. Lerner	Bruder Schwester Sohn Vater Mutter Tochter Neffe Vetter	Briefschreiber
Nachbar		Tagebuchschreiber		screening	zeremonielle Rollen Prediger Zeugnisgeber (prosodisch markiert)		Kunde Verkäufer	Käufer Verkäufer
AE	AE	AE + AHD	AHD	AE	PD	AHD	PD	AE
							AE	AE

tungen besteht hier eine Erwartungsinkonsistenz (Bretscher 1973:13-14),
insofern als der Sprecher hinsichtlich der Varietätenwahl sich widersprüchlichen Erwartungen gegenübersieht. Als nahe oder ferne Verwandte
(alle anabaptistischen Gruppen deutschsprachiger Herkunft sind blutsmäßig hochgradig versippt, was sich in einem begrenzten Familiennamenrepertoire ausdrückt) sind die Affiliierten keine klaren Außenseiter,
und als Mitglieder anderer Mennonitischer Religionsgemeinschaften sind
sie keine klaren Insider. Bei der Inkonsistenz der die Varietätenwahl
steuernden Faktoren wird die Wahl der Varietät hier zu einer Konsequenz
und zu einem Indikator der ausgehandelten Rolle. AE ist hier das Attribut transaktionaler Rollen, während PD das Attribut personaler Rollen
ist. Die weitaus meisten Rollen des gesamten Rollenrepertoires werden
- gemäß der Norm, die Interaktion möglichst auf die Bruderschaft zu
begrenzen - im Bruderschaftsnetzwerk gespielt. Mit Ausnahme der Lehrer-
Schüler Rollen werden alle Rollen in PD oder AHD gespielt. Eine erste
Ausnahme von dieser Regel bildet die Wahl von AE in Situationen, in
denen Erwachsene in Anwesenheit von Kleinkindern (die AE in der Regel
nur bedingt beherrschen) auszutauschenden Nachrichten für letztere unzugänglich machen wollen (*screening*). Eine zweite Ausnahme von dieser
Regel ergibt sich aus dem strukturellen Ausbauzustand von PD (vgl. Kap.
3): wenn gruppenintern zu spielende Rollen schriftlich zu spielen sind,
wird in der Regel AE gewählt, da keine der von Dialektologen entworfenen orthographischen Standardisierungen von hinreichend vielen Altamischen beherrscht wird. Alle gruppenintern verbreiteten Zeitschriften
(*The Budget*, *Die Botschaft*, *The Diary*, *Blackboard Bulletin*, *The Young
Companion*) sind in AE abgefaßt. Die PD und AHD Texte - zumeist in Form
von Zitaten älterer Texte - sind hier die seltene Ausnahme. Auch die
ad hoc enkodierten Teile von Briefen sind in AE verfaßt; diese stehen
allerdings in einem Eröffnungs- und Schlußrahmen, der aus routinisierten AHD (und/oder PD) Formeln besteht.

Diese grobe Skizze ist hinsichtlich der Regelmäßigkeit der Assoziationen von Rollen und Varietäten zu verfeinern, denn keineswegs
herrscht für alle Assoziationen von Rollen mit Varietäten die Eindeutigkeit, die das obige Diagramm abzubilden scheint.

Im Zuge der Feldarbeit zeigte sich, daß die beobachteten Grade
von regelmäßiger Assoziation von Rolle und Varietät - und entsprechend
die Intensität der Erwartungen hinsichtlich der Assoziationen von Rolle
und Varietät bei den befragten Informanten - schwankten. In dem Maße,

in dem Kontexte - wie z.B. in institutionell vorgeprägten Kontextschemata - insgesamt vorstrukturiert und routinisiert worden sind, werden alle Komponenten - und damit alle Varietätenwahlen - in höherem Maße vorhersagbar. Am deutlichsten wird dies in rituellen Sprechsituationen, Sprechereignissen und Sprechakten. Für rituelle Akte wie Taufe, Ordination, Bannen, Aus-dem-Bann-Aufnehmen ist mit den performativen Formeln zugleich die Varietät AHD eindeutig vorgegeben. Für zeremonielle Akte wie Beten, Vorbeten, Vorsingen, Testament-Vorlesen gilt dasselbe; es kommt hinzu, daß diese Akte lokutionär durch besondere prosodische Muster markiert sind, was sie von den AHD Übungsakten in der Schule unterscheidet. Für die zeremoniellen Rollen des Ermahnens während der Predigt und des Zeugnisgebens - die im Gegensatz zu obigen Rollen ad hoc Kodierung des Textes erfordern - kann die Varietätenwahl PD ebenfalls eindeutig vorausgesagt werden, wie auch ihre prosodische Markierung, die für die PD Attribute aller nicht zeremoniellen Rollen typisch nicht gilt. Varietätenwahl (*code-alternation*) und die prosodische Markierung/Nichtmarkierung (*contextualization cues*) der Varietäten geht in zeremoniellen und rituellen Situationen eindeutig mit bestimmten Rollenhandlungen einher. Der Varietätenwechsel (*code-switching*) innerhalb eines Sprechereignisses wie z.B. "Predigt" indiziert den Übergang vom Akt des Zitierens der biblischen Lehre (AHD) zu dem Akt des Ermahnens, die Lehre zu befolgen (PD).

Die Vorhersagbarkeit der Varietätenwahl nimmt in der Institution Schule geringfügig ab, wie das gegenüber Diagramm 1 verfeinerte Diagramm 2 zeigt.

Diagramm 2:   Domäne "OOA Gemeindeschule"

Rollen	Pausenrollen, z.B. spielen, schwätzen	unterrichtliche Metarollen, z.B. einen Unterrichtsgegenstand erklären, Auskunft über U.-Gegenstand erbitten, Interaktionsorganisierende Rollen, z.B. anordnen, aufrufen, um Erlaubnis bitten	zielsprachliche Übungsrollen, z.B. eine zielsprachliche Äußerung vorgeben, wiederholen, rezitieren, abschreiben, schriftlich oder mündlich produzieren
Rollenattribute	PD (AE)	AE (PD)	AHD AE

In verkürzter Form heißt dies: Die Pausensprache ist PD, und nur bedingt AE. Die Unterrichtssprache ist AE, und nur bedingt PD. Zielsprachen sind AHD und AE, nicht aber PD.

In den meisten Schulen gilt für die Pause die Erlaubnis, in die Erstsprache PD - die zugleich weitgehend mit personalen Rollen assoziiert ist, - zu wechseln, während in wenigen Schulen die Norm gilt, auch hier AE als die Varietät der Institution Schule durchzuhalten. Da die Einhaltung der Norm nicht zu kontrollieren ist, kommt es nicht nur zwischen einzelnen Schulen, sondern auch in den Schulen der zweiten Art zu einer kaum vorhersagbaren Variation zwischen PD und AE. Der Wechsel zwischen AE und PD bei den unterrichtlichen Metarollen kommt dadurch zustande, daß manche Erstkläßler nicht über die Varietät AE verfügen, die hier die gesetzte Norm aller Schulen ist. Mit diesen beiden Ausnahmen kann auch für die Institution Schule gelten, daß die Varietätenwahl hier eindeutig geregelt ist und befolgt wird - wohingegen sie in der Institution Gottesdienst ausnahmslos eindeutig geregelt ist, und ausnahmslos befolgt wird. Hinsichtlich der Normiertheit der Normbefolgung rangiert die Institution Schule zwischen dem hochinstitutionalisierten Gottesdienst und nicht institutionalisierten Kontexten.

Außerhalb solch institutionell vorweg geregelter Kontexte, und in dem Maße, in dem Kontexte zunehmend in spontaner Interaktion hergestellt werden, nimmt die Eindeutigkeit der Varietätenwahl ab, zumal in Kontakten mit Affiliierten und der damit einhergehenden Erwartungsinkonsistenz, sowie in Kontakten mit deutschsprachigen Fremden, in denen wegen der Ungewöhnlichkeit der Situation Erwartungsleere (Bretscher 1976:13) eintreten kann. Varietätenwahl ist hier kaum vorhersagbar.

Angesichts dieses komplexen Zuordnungsverhältnisses von Rollen und deren Varietätenattributen ist die Frage nach der Funktion eines solchen Musters zu fragen. Unter dem Gesichtspunkt des Austausches von referentiell-kognitiver Information könnten nämlich alle Rollen in AE gespielt werden, denn dies ist die einzige strukturell voll ausgebaute Varietät, die zudem von jedem voll sozialisierten Mitglied in allen Fertigkeiten beherrscht wird (vgl. Kap.3). Was unter referentiellen Gesichtspunkten wie ein überflüssiger Mehrsprachigkeitsluxus aussieht, fungiert jedoch auf der Beziehungsebene der Kommunikation - ähnlich wie die Wahl der Anredeform in mehrelementigen Anredeparadigmen (Hartmann 1978) - als ein Indikatorsystem. Wahlen von Varietäten und prosodischen Mustern indizieren, erstens, die in einem Handlungskontext implizit enthaltenen Beziehungen zwischen den Beteiligten. Sie indizieren, zweitens, als was für eine Situation die Beteiligten ihren Handlungskontext definieren. Die Summe aller Wahlen von Varietäten und prosodischen Mustern indiziert, drittens, die Interaktionsnetzwerke der Gruppe insgesamt und damit einen Teil des geltenden Sozialsystems: die Opposition AE: PD/AHD signifiziert die Opposition 'fremde Welt der dominanten Kultur': 'eigene Welt der Minorität'. Hier wird die fehlende räumliche Trennung von 'fremder Welt': 'eigener Welt' zeichenhaft vollzogen. Die Opposition prosodisch markiertes PD/AHD: prosodisch unmarkiertes PD/AHD signifiziert 'markierter Bereich des Zeremoniellen und Rituellen': 'unmarkierter Alltagsbereich'. Ohne auf die weitere Differenzierung von PD:AHD einzugehen, könnte verkürzt formuliert werden: Die Summe aller Varietäten- und Prosodiewahlen ist ein Ikon der Art und Weise, in der die Altamischen einen Teil ihres sozialen Kosmos konstruieren.

3. Struktur der Varietäten

3.1 Fertigkeitsmatrizes von Sprechertypen. Hinsichtlich der Erhaltung von PD und AHD in einer AE Sprachumgebung macht die nicht überlappende Verteilung aller Varietäten plausibel, *daß* die deutschen Varietäten überhaupt erhalten blieben: sie haben spezifische Funktionen, die von den jeweils anderen Varietäten nicht übernommen werden können, ohne die sozial geltenden Erwartungen zu verletzen. Die spezifischen Funktionen, die Varietäten zu erfüllen haben, müßten ihrerseits den Ausbauzustand, in dem die deutschen Varietäten erhalten blieben und zu dem die AE Varietät entwickelt wurde, verstehbar machen. Dieser Verstehensversuch sei im folgenden unternommen.

Oben wurde davon ausgegangen, daß die untersuchte Gruppe zunächst eine Handlungsgemeinschaft ist. Eine solche Handlungsgemeinschaft regelt, welche Rollen ihre sozial kompetenten Mitglieder spielen können sollen. Die jeweiligen Handlungsprofile der Rollen bestimmen, welche sprachlichen Fertigkeiten die Spieler dieser Rollen beherrschen müssen, um die jeweiligen Rollen praktisch wirksam und sozial angemessen spielen zu können. In mehrsprachigen Gesellschaften kann dies zu einer überraschenden Verteilung der sprachlichen Fertigkeiten über die Varietäten des Repertoires führen. Diagramm 3 bildet für unseren Fall die Verteilung der Fertigkeiten in den drei Varietäten über drei hypothetischen Sprechertypen ab. Die geklammerten Varietäten sind in den jeweiligen Fertigkeiten nicht voll, sondern nur teilweise beherrscht.

Diagramm 3: Verteilung von Fertigkeiten dreier hypothetischer Sprechertypen über die Varietäten

Sprechertyp Fertigkeiten	I überdurchschnitt- lich sprachkompe- tentes Mitglied	II Schulabgänger ca. 15 Jahre	III Vorschulkind
Hörverstehen	PD, AE, AHD	PD, AE, (AHD)	PD, (AE)
Leseverstehen	PD, AE, AHD	PD, AE, (AHD)	---
Schreiben	(PD), AE, (AHD)	(PD), AE	---
Abschreiben	PD, AE, AHD	(PD), AE, (AHD)	---
Sprechen	PD, AE, (AHD)	PD, AE	PD, (AE)
ausw. Rezi- tieren, Sin- gen	PD, AE, AHD	PD, AE, AHD	PD, (AE), (AHD)
Vorlesen	PD, AE, AHD	(PD), AE, AHD	---

Ein Blick auf den Sprechertyp II, i.e. den angenommenen durchschnittlichen Schulabgänger im Alter von ca. 15 Jahren, zeigt, daß die Varietäten nicht in allen Fertigkeiten gleichmäßig beherrscht zu werden brauchen, um alle anfallenden Rollen angemessen spielen zu können; d.h., die funktionalen Anforderungen an die Varietäten haben verschiedene Profile, und diese verschiedenen Anforderungsprofile müßten - wenn die hier gewählte funktionale und rollentheoretische Argumentation tragfähig ist - ihre Entsprechungen in je verschiedenen Ausbauzuständen der Varietäten haben.

3.2 Strukturelle Ausbauzustände der Varietäten. In Stewart's soziolinguistischer Matrix von Sprechertypen lassen sich die Varietäten des Repertoires wie folgt plazieren (vgl. Diagramm 4).

AE erfüllt die Merkmale des Typus "Standard", nämlich Standardisierung, Autonomie, Historizität, Vitalität. PD erfüllt die Merkmale des Typus "Dialekt", nämlich Autonomie, Historizität und Vitalität. AHD erfüllt die Merkmale des Typus "Klassisch", nämlich Standardisierung, Autonomie und Historizität. Unter einem rein sprachimmanenten Gesichtspunkt wären PD und AHD als strukturell defiziente Sprachsysteme

Diagramm 4: Ausbauzustände der Varietäten nach Stewart (1964)

KRITERIEN				TYP	VARIETÄT
Standardisierung	Autonomie	Historizität	Vitalität		
+	+	+	+	Standard	AE
−	+	+	+	Dialekt	PD
+	+	+	−	Klassisch	AHD

zu kennzeichnen; unter einem funktionalen Gesichtspunkt zeigt sich, daß die aus den Rollen abgeleiteten Fertigkeitsanforderungen an die Varietäten einerseits, und die strukturellen Ausbauzustände der Varietäten andererseits, einander entsprechen. Für die nur in face-to-face Rollen funktionale Varietät PD ist Standardisierung unter einem Sprachnutzergesichtspunkt entbehrlich. Nur für Linguisten sind der Entwurf einer Orthograpie, eine Grammatik und ein Lexikon von Interesse. Für die fast ausschließlich als Zitate aus sakralen und tradierten devotionalen Texten funktionale Varietät AHD ist Vitalität entbehrlich; mehr noch, Vitalität wird sogar in dem Maße dysfunktional, in dem es in zeremoniellen und rituellen Rollen darum geht, sakrale Texte in unveränderter Form nur zu wiederholen (cf. Crystal 1969:149). Das Merkmal "minus Vitalität" ist sogar in einem positiven Sinne funktional, insofern als die "Vitalität" von AHD möglicherweise andere als die heiligen Texte oder performativen Formeln produzieren würde. Die Funktion des AHD im Sprachrepertoire erfordert geradezu die fossilierte Form, in der es vorhanden ist.

Linguisten mögen die derzeitigen Ausbauzustände der Varietäten PD und AHD als defizient beschreiben. Sprachpfleger mögen diese Ausbauzustände bedauern und verbessern wollen. Soziolinguisten müssen jedoch feststellen, daß die Varietäten in ihren derzeitigen Ausbauzuständen voll den Aufgaben entsprechen, die ihnen im mehrsprachigen Repertoire bei der Deckung des Interaktionsbedarfs der Gruppe zugewiesen sind.

Unter funktionalem Gesichtspunkt wäre von einem strukturellen Defizit
von PD und AHD erst dann zu reden, wenn deren strukturelle Ausbauzustände ihre Verwendung als Attribute jener Rollen verhinderten, die
gemäß den geltenden Erwartungen nur in diesen Varietäten sozial angemessen gespielt werden können.

3.3 Richtung und Ausmaß der Kontakteinflüsse. Die Erhebungen während
der Feldarbeit zeigten, daß die drei Varietäten sowohl unterschiedlich
resistent sind gegen In-Diffusion, als auch unterschiedlich an der
Out-Diffusion beteiligt sind. In der Folge wird versucht, auch Richtung und Ausmaß der Kontakteinflüsse auf den verschiedenen Ebenen der
Varietäten (Phonologie, Morphosyntax, Lexikon) mit Hilfe des Konzepts
der Rolle und deren Attribut zu verstehen. Die Tatsache, daß AHD fast
ausschließlich als Attribut religiöser Rollen vorkommt, in denen heilige Texte oder routinisierte zeremonielle und rituelle Formen in ihrer
unveränderten, originalen Form zitiert werden müssen, macht diese
klassische Varietät relativ resistent gegen Kontakteinflüsse. Die normativ geforderte Reinszenierung genau der fossilierten Texte macht
AHD Rede zu "wiederholter Rede" im Sinne von Coseriu, in der streng
genommen nichts verändert werden darf. Soweit diese Re-inszenierung
der bewußten Kontrolle der Sprecher zugänglich ist, nämlich auf den
Ebenen des Lexikons und der Syntax, fehlen Kontakteinflüsse aus den
anderen Varietäten völlig. Die Kontakteinflüsse beschränken sich auf
den der bewußten Kontrolle weitgehend entzogenen Transfer phonologischer Merkmale aus dem PD, wie z.B. von (ß). Die spelling pronunciation, wie z.B. der Verlust der Schwachtonformen ("Liebe" [li:bi:])
und die Aussprache des (ansonsten stummen oder als Schwa realisierten)
finalen /r/ als retroflexes [R] sind zwar keine Kontakteinflüsse, doch
immerhin Konsequenzen der Tatsache, daß AHD vorwiegend ein Attribut
von (Vor-)Leserrollen ist.

Die beiden vitalen Varietäten AE und PD, die auch für Rollen verfügbar sind, die sprachlich ad hoc Kodierung neuer Äußerungen erfordern,
sind prinzipiell für Kontakteinflüsse offener. Hinsichtlich des Ausmaßes der Kontaktphänomene unterscheiden sie sich jedoch faktisch radikal voneinander: wie bei diglossisch verteilten H und L Varietäten
(Ferguson 1959) nicht anders zu erwarten (Denison 1971:179), sind sie
im PD (L) extrem ausgeprägt, im AE (H) kaum erwähnenswert.

Für AE konnten - im Gegensatz zur "herrschenden Lehre" des *ver-*

hoodled English, doch in Übereinstimmung mit Huffines (1980) und Raith (1981) - nur die folgenden wenigen Kontakteinflüsse aus anderen Varietäten gefunden werden. Auf der phonologischen Ebene zeigt sich folgende Besonderheit: zuweilen Verlust des finalen [r] und Sonoritätsverlust von finalem [b,d,g]; häufiger erschienen [dʒ]→[tʃ], [eɪ]→[eː], [ʌ]→[ɒ(ɔ)], finales [i]→[ɪ∼ə∼e]. Auf der syntaktischen Ebene wurden zwar 14 Typen von Devianz von der Schulbuchnorm des AE gefunden, nämlich 1. Pluralmarkierung → ∅; 2. those → them; 3. Partizip der Vergangenheit → Präteritum; 4. Präteritummarkierung → ∅; 5. Perfekt *have/had* → ∅; 6. Subjekt-Prädikat-Kongruenz → ∅; 7. Negation nach negiertem Verb; 8. Negation nach *hardly*; 9. Adverb → Adjektiv; 10. Nichtstandard-Präposition; 11. Artikel → ∅; 12.1 Relativ-Pronomen → ∅; 12.2 Relativ-Pronomen → *what*; 13. Genitiv *of* → ∅; 14. Nicht-Standard-Einschub von *yet/make/get*; doch kann allenfalls der Devianztyp Nummer 14 einem Kontakteinfluß aus PD zugeschrieben werden. Alle anderen Devianztypen kommen in der Rede sozial vergleichbarer monolingualer Nachbarn der Altamischen etwa gleich häufig vor.

Das in der AE Rede erkennbare geringe Maß der Kontakteinflüsse setzt sich auf der Ebene des Lexikons fort. In der mündlichen AE Rede der Altamischen kommen so gut wie nie Übernahmen aus dem PD und dem AHD vor. Nur wenn in AE verfaßte, an andere Mitglieder der eigenen Kultur adressierte, schriftliche Texte eigenkulturelle Werte, Normen und Institutionen thematisieren, kommen Begriffe, die im AE ohne denotative und konnotative Äquivalente sind, als unintegrierte Zitate (*switches*) aus dem PD und AHD vor.

Für das Lexikon der Varietät AE kann man dennoch - bei einer gewissen begrifflichen Dehnung des Terminus "Kontakteinfluß" - von "sekundären" Kontakteinflüssen reden, die sich deskriptiv einmal als eine Reduktion des AE Lexikons, zum anderen als Präferenz von solchen lexikalischen Optionen darstellen, die aus dem erstsprachigen PD Lexikon heraus als motivierte Wahlen verstanden werden können. Diese werden allerdings auf der Ebene der Rede nicht unmittelbar erkennbar, da die Altamischen sich hier innerhalb der lexikalischen Optionen des AE bewegen. Die sekundären Kontakteinflüsse zeigen sich vielmehr erst bei einer Erhebung der lexikalischen Komponente der Varietät AE und deren Vergleich mit dem AE Lexikon der monolingualen Nachbarn der Altamischen.

Eine auf Kurath (1949) gestützte Erhebung der Kenntnis und Nutzung von 64 *lead items* mit 263 Varianten plus 40 (mehrfach gefundenen) zusätzlichen Varianten ergab, daß die Altamischen 48,8% der verfügbaren Optionen kannten und nutzten, während die entsprechende Zahl für die sozial vergleichbaren monolingualen Nachbarn bei 63,0% lag. Statistisch gesehen ist dies Ergebnis für das unausgewogene Verhältnis der Vergleichsgruppen der Erhebung hochsignifikant auf dem 0,001 Niveau. Diese relative Reduktion des AE Lexikons der Altamischen wird jedoch verständlich, wenn man in Betracht zieht, daß Kuraths *lead items* überwiegend der Domäne "Haus und Hof" entstammen, die im Sprechhaushalt der Altamischen typisch mit PD abgedeckt wird. Ein scheinbares strukturelles Defizit des AE Lexikons wird aus einer funktionalen Perspektive als eine "vernünftige" Antwort auf den in dieser Varietät anfallenden, verminderten Kommunikationsbedarf in einem bestimmten Rollenbündel verstehbar.

Ein zweiter sekundärer Kontakteinfluß aus dem PD (und AHD) liegt - so behaupten wir - darin, daß aus den Kurathschen Varianten eines *lead items* in der Regel jene im AE Lexikon der Altamischen vorhanden sind, die für PD und AHD Sprecher transparent sind, weil sie entweder frühere Entlehnungen aus dem PD ins AE sind (*smear case* < *Schmierkäse*), oder etymologisch auf dieselbe Quelle wie ihre PD Äquivalente zurückgehen (*pancake* : *Pfannkuchen*), oder aber in ihrer morphologischen Struktur ähnlich sind, ohne etymologisch verwandt zu sein (*f r y i n g pan* : *B r a tpfanne*). Sowohl das reduzierte AE Lexikon als auch die darin wirkenden Auswahltendenzen deuten darauf hin, daß sich das Gesamtlexikon eines dreisprachigen Repertoires nicht als Summe dreier getrennter Teillexika begreifen läßt, sondern eher als ein ökonomisiertes Integrat. Dies wird bei der Struktur der Varietät PD und der in PD geführten Rede deutlicher werden.

Wir versuchen die minimalen Kontakteinflüsse auf AE wie folgt zu verstehen. Es ist zunächst festzuhalten, daß AE - wo auch immer es gebraucht wird - stets unter dem normativen Einfluß des orthographischen Standards steht. Darüber hinaus wird es im Netzwerk der dominanten Kultur vor allem als Attribut sekundärer, transaktionaler Rollen mit relativ hoher Formalität gebraucht; in diesem Netzwerk ist - unter einem Verständlichkeitsgesichtspunkt - lexikalisches Entlehnen aus und Wechseln in PD hinein angesichts der monolingualen Rollenpartner nicht angezeigt. Im Bruderschaftsnetzwerk steht es in der Schule unter dem normativen Einfluß der Schülerrollen, bei deren Spielen der Agent der Institution (Lehrerin/Lehrer) "von Amts wegen" darauf sieht, daß die sprachlichen Attribute der Schülerrollen den Grammatikalitätsstandards der didaktischen Normenbücher entsprechen. Diese Faktoren machten plausibel, weshalb die Varietät AE sich strukturell kaum vom AE der sozial vergleichbaren koterritorialen Monolingualen unterscheidet, zumindest auf den Ebenen der Phonologie und der Morphosyntax.

Im Hinblick auf PD ist daran zu erinnern, daß diese Varietät das Attribut der Mehrheit aller mündlichen Rollen ist. Diese hohe funktionale Belastung stellt hohe Anforderungen an den Ausbauzustand bestimmter Komponenten dieser Varietät. Diese Mittel sind teilweise aus einer sprachgeschichtlich (im Sinne der Stammbaumtheorie) erebten Basis entwickelt, teilweise sprachgeschichtlich (im Sinne der Wellentheorie) aus Kontaktsprachen entlehnt worden. Zu den ererbten sprachlichen Mitteln gehören drei distinkte prosodische Modalitäten, die als Kontextualisierungshinweise auf bestimmte Rollen (-bündel) fungieren. Die psalmodische Modalität (durchgehaltener Rezitationston auf hoher - selten mittlerer - Tonlage in der Tuba zwischen einem Tief-Hoch-Initium und einem Hoch-Tief-Finis) ist das Attribut von Predigerrollen im Gottesdienst. Die deklamatorische Modalität (fehlender Rezitationsdauerton, auf niedriger bis mittlerer Tonhöhe ausgeführte extreme Tonhöhenschwankungen in betonten Silben) ist das Attribut von Teilen der Predigerrolle und der Zeugnisgeberrolle im Gottesdienst. Als Attribut der "Abkündigungen" (*announcements*) im Gottesdienst, der Schulpausenrollen und der nicht zeremoniellen Rollen des Alltags kommt nur die prosodische unmarkierte Variante des PD vor.

Der hohen funktionalen Belastung des PD in referentieller Hinsicht wird durch lexikalische Übernahmen sowohl in der Form von Entlehnungen als auch in der Form des *switching* entsprochen. Die Mehrsprachigkeit all derer, die miteinander in PD kommunizieren, erlaubt es dem Sprecher, nicht nur die ins PD integrierten Entlehnungen aus dem AE zu nutzen, sondern darüber hinaus jedes AE und AHD Lexem per *switching* ad hoc in seine Rede zu übernehmen, ohne damit die Nachrichtenübermittlung zu stören. Allerdings sind die Übernahmen nicht gleichmäßig über die PD Rede verteilt. Die prosodisch markierten psalmodischen und deklamatorischen Modalitäten der Rollen der Agenten der Institution "Kirche" zeigen am wenigsten Übernahmen, und in den Attributen dieser Rollen kommen (phonologisch und morphologisch integrierte) Entlehnungen aus dem AE etwa gleich häufig vor wie (morphologisch nicht integrierte) Zitat-*switches* aus dem AHD. Das prosodisch unmarkierte

Attribut der Alltagsrollen enthält im untersuchten Sprachhaushalt etwa
7% Übernahmen (gegenüber 5%, 4% und 2,5% in drei folkloristisch moti-
vierten nichtamischen Texten), und dies selbst im Themenbereich Familie, Gemeinde, Wetter und Natur. Nur ein Teil der hier beobachteten
Übernahmen kann mit der Notwendigkeit erklärt werden, lexikalische
Lücken durch Übernahme von Lexemen anderer Kontaktvarietäten zu schließen. Aus letzterem Grunde steigen die Prozentsätze der Übernahme mit
Themen wie Farmmaschinen, Uhrmacherei, Bank, Krankenhaus, Behörden und
öffentliches Verkehrssystem. Während der puristische, am Stammbaum-
schema orientierte Sprachpfleger diese Entlehnungen und *switches* als
eine strukturelle Verunreinigung ansehen muß, interpretieren wir diese
Übernahme als die ökonomische Verwendung des Lexikons einer bekannten
(zweiten, dritten) Varietät, als ein lexikalisches Sonderregister in
der Rede, die nach den Regeln einer anderen (ersten) Varietät produziert wurde. Hier zeigt sich ein zweites Mal, daß das Lexikon eines
mehrsprachigen Repertoires nicht als Summe von separaten Teillexika
der Varietäten angesehen werden kann, sondern als ein Integrat. Da die
meisten Übernahmen die Form der strukturell in PD integrierten Entlehnungen haben, und nur die wenigsten strukturell unadaptierte *switches*
sind, erfüllen diese Übernahmen von AE Einheiten in PD Rede eine dop-
pelte Funktion: Sie erweitern den Referenzbereich des PD um den des AE
Lexikons und ermöglichen somit das Spielen der vielen Rollen, die der
Varietät PD zugemutet werden; sie signifizieren gleichzeitig über ihre
formale Integration, daß im Netzwerk der eigenen Welt interagiert wird.
Eine Referenzhandlung wird ökonomisch mit einer Identifikationshand-
lung verbunden.

Auch syntaktisch ist das PD von AE affiziert. Mindestens neun
Regelbereiche (darunter Substitution von *sei* durch *hawwe*; Löschung und
Proximation von diskontinuierlichen Konstituenten durch Übernahme kon-
tinuierlicher Konstruktionen; Hauptsatzwortstellung in Nebensätzen;
Stellung der Adverbiale; Frequenzerhöhung der Dauerform) stehen im
begründeten Verdacht, auf AE Einfluß zurückzugehen. Der Übergang von
älteren obligatorischen Regeln zu fakultativen Regeln, sowie deren
Konvergenz auf Regeln des AE reduzieren die Gesamtregelzahl im Sprachrepertoire. Wie die Lexem-Diffusion kann der neue Regeltyp und der
eventuelle Regelverlust als ein Beispiel von Martinet's Prinzip des ge-
ringsten Aufwandes interpretiert werden: Der Prozeß reduziert die Zahl
aller Lexeme und aller Regeln im Repertoire und maximiert die Arbeit,

die jedes Element zu leisten hat.

Es bleibt jedoch zu erklären, wieso die das Gesamtrepertoire ökonomisierenden Kontakteinflüsse von AE ausgehen und auf die Struktur des PD wirken, nicht aber umgekehrt. Zunächst fungiert PD als die "eigene" *Low-prestige* aber *High-identity* Varietät, während das AE als die "fremde" *High-prestige* aber *Low-identity* Varietät fungiert. Weinreich (1953), Rayfield (1970) und Denison (1971) halten die Entlehnung aus der prestigeträchtigen Varietät in die Varietät mit niedrigem Prestige für die generelle Richtung von lexikalischen Entlehnungen. Entscheidend bei den Altamischen scheint jedoch zu sein, daß sie als Mehrsprachige allein die Voraussetzungen haben, aus AE zu entlehnen, während sie andererseits in der Interaktion mit ihren monolingualen Nachbarn (in der AE das Rollenattribut ist) schon aus Gründen der Verständlichkeit PD-Elemente vermeiden müssen. Während das Einbringen von PD-Elementen in diese AE Rede das referentielle Funktionieren bedrohen würde, behindert die Übernahme von AE Elementen in PD Rede weder die Referenzfunktion noch die Identitätsfunktion von PD, da die meisten Übernahmen in die Struktur des PD integriert sind. Weiterhin ist AE in face-to-face Kontakten mit Außenseitern das Attribut transaktionaler Rollen mit hohem Formalitätsgrad, und wo es - auch in gruppeninterner Interaktion - das Attribut schriftlich zu spielender Rollen ist, steht es unter dem Einfluß der schriftsprachlichen Norm. Weiterhin steht es in der Institution "Schule" unter dem normativen Einfluß des Agenten "Lehrer" dieser Institution. Letztlich besteht eine strenge Auffassung dessen, was "proper English" ist; diese fehlt für PD, das "nur" als eine Mundart ohne feste Korrektheitsnorm gilt. Dies sind, so meinen wir, Hinweise darauf, daß auch Kontaktphänomene zwischen den Varietäten eines Sprachrepertoires aus den Funktionen der Varietäten und deren normativen Überformungen verstehbar werden können.

4. Zum Einfluß der Erwerbs- und Lernkontexte auf die Struktur der Varietäten

Anhand des Diagramm 3 können die Erwerbs- und Lernkontexte der Varietäten erläutert werden. Der Sprechertyp III repräsentiert grob das Vorschulkind, der Sprechertyp II einen hypothetischen, durchschnittlichen Schulabgänger im Alter von 15 Jahren, der Sprechertyp I die sprachlich überdurchschnittliche Person. Dieser hypothetische Typus findet sich in der Regel bei den Amtsträgern, deren Rollenrepertoires

Funktion, Struktur und Erwerb der Varietäten bei den Altamischen   237

einen besseren Ausbau der AHD-Fertigkeiten voraussetzt.

Das Vorschulkind erwirbt PD als Erstsprache, und daneben - je nach berufsbedingten Kontakten der Familie mit dem "Englischen" Netzwerk - meist auch ein wenig AE. Der Varietät AHD ist das Vorschulkind in den täglichen Gebeten, den 14-täglichen Gottesdiensten, sowie dem Singen in der Familie "ausgesetzt".

Mit Eintritt in die achtjährige, ein- oder zweiklassige altamische Gemeindeschule (vgl. Diagramm 2) sinkt die Erstsprache PD auf den Status der Pausensprache ab; d.h. PD ist weder Unterrichtssprache noch Unterrichtsgegenstand. Die nicht einmal von allen Schulanfängern ansatzweise beherrschte Zweitsprache AE wird die Unterrichtssprache aller Fächer, und auch selbst neben Rechnen der zentrale Unterrichtsgegenstand. D.h. die in der Schuldomäne dominante Varietät AE baut nicht auf der Erstsprache PD auf, sondern auf der Zweitsprache AE, die von allen Schulanfängern weniger gut, und von manchen gar nicht beherrscht wird. Kurios wird dieser "Zweitsprachenunterricht" dadurch, daß die schriftlichen Fertigkeiten in AE in der Regel über "*phonics*" entwickelt werden, was eine Beherrschung der mündlichen Fertigkeiten in AE voraussetzt. Auch die Lehrmaterialien sind in der Regel jene, die in den Schulen der dominanten Kultur - also in einer erstsprachlichen Situation - eingesetzt werden. Wenn dennoch das AE der Erwachsenen sich kaum von dem der sozial vergleichbaren koterritorialen Monolingualen unterscheidet, so kann man nur folgern, daß dieser Zustand trotz der Voraussetzungen, Methoden und Lehrwerke erreicht wird.

Im 3. bis 5. Schuljahr tritt AHD als Unterrichtsgegenstand hinzu, dem etwa drei Wochenstunden gewidmet sind. Die Ziele beschränken sich auf 1) Leseverstehen und Vorlesen von nicht sakralen Texten, die in gebrochener Typographie gedruckt sind, 2) den Erwerb einer Sütterlin-ähnlichen Kalligraphie, und 3) Rezitieren und Singen hochdeutscher Texte.

Demnach wird das die meisten Kontakteinflüsse aufweisende PD nur natürlich erworben, während die die wenigsten Kontakteinflüsse aufweisenden Varietäten AHD und AE sowohl natürlich erworben als auch institutionell gelernt werden. D.h. die durch +In-Diffusion : -Out-Diffusion gekennzeichnete Varietät PD steht als Attribut nicht-schulischer Rollen unter als Kann-Normen ausgeprägten Wohlgeformtheitserwartungen, und sie ist nie das Attribut schulischer Rollen, an die als Soll- oder Mußnormen ausgeprägte Wohlgeformtheitserwartungen gerichtet werden. Umgekehrt:

die durch +Out-Diffusion : -In-Diffusion gekennzeichneten Varietäten AE und AHD stehen sowohl als Attribute nicht-schulischer als auch als Attribut schulischer Rollen unter als Soll- und Mußnormen ausgeprägten Wohlgeformtheitserwartungen. Diese Beziehungen zwischen Varietätenfunktion und Varietätenstruktur sind plausibel; dies gilt weniger für die Beziehungen zwischen den Lehrverfahren und den Lernerfolgen der Varietäten AE und AHD. Während die Verfahren zur Vermittlung der gefrorenen Texte der klassischen Varietät AHD angemessen erscheinen, sind Lehrmaterialien und Methoden zur Vermittlung der Standardvarietät AE eher der Ausgangslage und Zielvorstellung unangemessen. Jedoch: während die Ergebnisse des didaktisch-methodisch zielangemessen angelegten AHD Unterrichts eher mager sind, produziert - anscheinend - der mit (der Ausgangslage) unangemessenen Materialien und Verfahren operierende AE Unterricht überraschend gute Ergebnisse, die sich gemäß Hostetler vorteilhaft mit den Ergebnissen vergleichbarer Schulen für Monolinguale in den USA vergleichen lassen. Diese Ergebnisse werden nicht wegen, sondern trotz der genutzten Mittel und Verfahren erreicht; es steht dahin, ob andere schulische Faktoren oder außerschulische Faktoren dafür verantwortlich sind, daß die Altamischen in ihrer Zweitsprache fast gänzlich unauffällig interagieren können.

5. Der Schulkonflikt: kein Sprachkonflikt, sondern ein Wertkonflikt

Aus dem vorhergehenden Kapitel sollte deutlich geworden sein, daß es zwar eine häufig geäußerte, doch sachlich unzutreffende Einschätzung der Altamischen Gemeindeschulen ist, wenn man sie als die ethnische Minoritätenschule in den USA bezeichnet, die zur Erhaltung von Minoritätensprachen am effizientesten beigetragen hat. Erstens entstanden die Gemeindeschulen nach 1925, und es gibt heute noch viele PD und AHD sprechende Altamische Gemeinden ohne eigene Gemeindeschulen; zweitens waren diese Gemeindeschulen immer sprachenglische Schulen. Hinsichtlich der Erhaltung von PD und AHD scheint es plausibler anzunehmen, daß die nicht überlappenden Funktionen, die den Varietäten zugewiesen sind, der entscheidende Faktor für ihre Erhaltung sind. Solange ausreichend starke Erwartungen dahingehend bestehen, daß bestimmte Rollen nur mit den Attributen PD und AHD sozial angemessen gespielt werden können, dürften PD und AHD erhalten bleiben.

Die Tatsache, daß die Gemeindeschulen sprachenglische Schulen sind, verdeutlicht, daß dem Schulkonflikt der fünfziger und sechziger

Funktion, Struktur und Erwerb der Varietäten bei den Altamischen   239

Jahre kein Sprachkonflikt zugrunde liegt. Es ging schlicht um Schulen, in denen das eigenkulturelle Wertesystem gelebt und vermittelt werden kann, ohne die Kinder in den Consolidated Schools den fremden Werteinflüssen auszusetzen. Es ging um Schulen, in denen die Sprache der dominanten Kultur sowohl in den mündlichen Fertigkeiten als auch in den Kulturtechniken erlernt werden konnte. Die Altamischen scheinen eine der wenigen Minoritäten zu sein, denen es in einer jahrhundertelangen Sprachkontaktsituation gelungen ist, die Erhaltung ihrer Minoritätensprache über natürlichen Spracherwerb und die Addition der Mehrheitssprache über gesteuerten Sprachunterricht konfliktfrei zu leisten. Aufgrund des hohen Geburtenüberschusses der Altamischen sind sie eine der am schnellsten wachsenden ethnischen Minoritäten (1890: ca. 3.700; 1900: ca. 5.300; 1910: ca. 10.000; 1920: ca. 14.000; 1930: ca. 18.000; 1940: ca. 25.500; 1950: ca. 33.000; 1960: ca. 43.000; 1970: ca. 57.000; 1980: ca. 88.000). Dies läßt erwarten, daß das Sprachrepertoire AE, PD und AHD das Sprachrepertoire eines steigenden Prozentsatzes von US Amerikanern wird. Die Mehrsprachigkeit von größeren Teilen der Bevölkerung kann offenbar nicht nur durch Sprachenpolitik, sondern auch über Bevölkerungspolitik betrieben werden.

6. Rückblick und Ausblick

Abschließend ist zu fragen, inwieweit das in der Einleitung gesetzte Ziel erreicht wurde. Ziel war, die Phänomene Spracherwerb, Sprachkontakt und Sprachkonflikt anhand der deskriptiven Befunde einer Fallstudie aufeinander zu beziehen und in ihrer wechselseitigen Abhängigkeit zu verstehen. Prämisse war, daß dieser Verstehensversuch zu den plausibelsten Einsichten kommt, wenn man die Funktion von Varietäten als Basis des Verstehensversuches wählt, und wenn man die Varietäten als Attribute von Rollen modelliert. Die Varietäten sollten so als Komponenten des Rollenrepertoires und somit des Handlungssystems aufgefaßt werden.

Die dem Verstehensversuch zugrunde gelegten Kategorien erwiesen sich in den einzelnen Bereichen als unterschiedlich tragfähig. Während sowohl der strukturelle Ausbauzustand der Varietäten (nach Stewart) als auch Ausmaß und Richtung der Kontakteinflüsse zwischen den Varietäten aus der Funktion der Varietäten im Rollenrepertoire verstehbar wurden, blieb die Auswirkung des schulischen Sprachenlernens auf die Struktur der Varietäten nur teilweise erklärbar. Aus der Tatsache, daß AE und

AHD als Attribute von Schülerrollen unter Muß/Soll Korrektheitserwartungen des Lehrers stehen, konnte erneut verstanden werden, daß AE und AHD zwar Quellen von Out-Diffusion, aber nicht Objekte von In-Diffusion sind. Aus der Tatsache, daß PD als Attribut von Pausenrollen nicht unter den Muß/Soll Korrektheitserwartungen des Lehrers, sondern nur unter den Kann-Erwartungen der Mitschüler stehen, wurde wiederum verständlicher, wieso PD das Objekt von massiver In-Diffusion ist. Andererseits lieferte die funktionale Argumentation keine Erklärung dafür, daß trotz der Lehrmaterialien und Lehrverfahren das AE der erwachsenen Altamischen sich kaum von dem ihrer monolingualen Nachbarn unterscheidet. Hier ist nach unerkannten Faktoren des Sprachlehrprozesses und/oder nach Faktoren im ungesteuerten natürlichen Erwerb von AE zu suchen. Die funktionale Argumentation wurde wiederum tragfähiger bei der Erklärung der Tatsache, daß die jahrhundertealte Sprachkontaktsituation nie eine Konfliktsituation wurde. Im Sprachhaushalt der Altamischen ist dem AE die Funktion der Standardvarietät für alle Außenkontakte zugeordnet, und die altamische Schulpolitik trägt dem dadurch Rechnung, daß AE zum wichtigsten sprachlichen Unterrichtsgegenstand und zum alleinigen Unterrichtsmittel gemacht wurde. Ein Sprachkonflikt hätte nur entstehen können, wenn die Zulassung von AHD oder PD als offizielle Landessprache gefordert worden wäre.

Letztlich gaben die als Verstehensbasis gewählten Konzepte der "Funktion", der "Erwartung" und des "Rollenattributs" ungesuchte Hinweise auf Faktoren, die Spracherhaltung begünstigen, nämlich die nicht überlappende Verteilung der Varietäten über das Rollenrepertoire sowie auf den Integratcharakter des Gesamtlexikons des sprachlichen Repertoires. Selbst angesichts der vielen offenen Fragen hinsichtlich des Zusammenhangs zwischen Spracherwerb, Sprachkontakt und Sprachkonflikt darf man sagen, daß die als Verstehensbasis gewählten Konzepte sich als geeignet erwiesen, in der verwirrenden Datenfülle einer ethnographischen Fallstudie ein erstes, probeweises Beziehungsgeflecht zu konstruieren, das nunmehr in gezielten Einzelanalysen auf seine Gegenstandsadäquatheit überprüft werden kann. Aus der (bedingten) heuristischen Leistung der Konzepte "Funktion", "Erwartung" und "Rollenattribut" im konkreten Fall einer mehrsprachigen Interaktionsgemeinschaft darf man ferner schließen, daß diese Konzepte Komponenten einer Theoriebildung sein könnten, "die die Sprache des r e a l e n Sprecher-Hörers in einer wirklichen, und das heißt heterogenen Gesellschaft

Funktion, Struktur und Erwerb der Varietäten bei den Altamischen

als Ausgangspunkt hat" (Oksaar 1977:98).

Literatur

Bretscher,G.,1976: Die Analyse von kommunikativen Erwartungen. In: Communications 2, 1, 9-24.

Bretscher,G.,1974: Das Erwartungskonzept in der Kommunikationsforschung, Zürich.

Crystal,D.,1969: Prosodic Systems and Intonation in English, Cambridge.

Denison,N.,1971: Language Variety and Plurilingualism. In: Ardener,E. (ed.), Social Anthropology and Language, London, 157-183.

Enninger,W.,1979: Language Convergence in a Stable Triglossia plus Trilingualism Situation. In: Freese,P.et al. (Hrsg.), Anglistik: Beiträge zur Fachwissenschaft und Fachdidaktik, Münster, 43-63.

Enninger,W.,1980: Syntactic Convergence in a Stable Triglossia plus Trilingualism Situation in Kent County, Delaware, USA. In: Nelde,H.P. (Hrsg.), Sprachkontakt und Sprachkonflikt (ZDL, Beiheft 32), Wiesbaden, 343-350.

Enninger,W./Raith,J.,1982: An Ethnography-of-Communication Approach to Ceremonial Situations - A Study on Communication in Institutionalized Contexts: the Old Order Amish Church Service, Wiesbaden.

Enninger,W./Wandt,K.-H.,1979: Social Roles and Language Choice in an Old Order Amish Community. In: Sociologia Internationalis 17, 47-70.

Enninger,W./Wandt,K.-H.,1980: Zur Beziehung zwischen religiösen, sozialen und ökonomischen Faktoren in einem Old Order Amish Isolat. In: Niemeyer,H. (Hrsg.), Soziale Beziehungsgeflechte, Berlin, 361-390.

Enninger,W./Wandt,K.-H.,1983: Pennsylvania German in the Context of an Old Order Amish Settlement: The Structural Instability of a Functionally Stable Variety. In: Burzle,J.A. (ed.), Yearbook of German-American Studies 1982, Lawrence, Kansas, 123-143.

Ferguson,C.A.,1959: Diglossia. In: Word 15, 325-340.

Fishman,J.A./Cooper,R.L./Ma,R./et al.,1971: Bilingualism in the Barrio, Bloomington.

Gouldner,A.W./Gouldner,H.,1963: Modern Sociology, New York.

Gumperz,J.J./Herasimchuk,E.,1975: The Conversational Analysis of Social Meaning: A Study of Classroom Interaction. In: Sanchez,M./Blount, M. (eds.), Sociocultural Dimensions of Language Use, New York.

Gumperz,J.J.,1976: The Sociolinguistic Significance of Conversational Code-Switch, Language Behavior Research Laboratory, Working Paper No.46,Berkely.

Green,J.,1982: Research on Teaching as a Linguistic Process: A State of the Art, (US) National Institute of Education Publication, No. NIEP-81-0084, (Quoted from typescript).

Hartmann,D.,1978: Zum Verhältnis von Sprachgebrauch und Sozialstruktur bei pronominalen Anredeformen. In: Quasthoff,U. (Hrsg.), Sprachstruktur - Sozialstruktur. Zur linguistischen Theoriebildung, Königstein,Ts., 85-97.

Huffines,M.-L.,1980: English in Contact with Pennsylvania German. In: German Quarterly 54, 352-366.

Kloss,H.,1977: Über einige Terminologieprobleme der interlingualen Soziolinguistik. In: Deutsche Sprache 3, 224-237.

Kurath,H.,1949: Word Geography of the Eastern United States, Ann Arbor.

Oksaar,E.,1977: Zum Prozeß des Sprachwandels: Dimensionen sozialer und linguistischer Variation. In: Sprachwandel und Sprachgeschichtsschreibung im Deutschen. Jahrbuch 1976 des Instituts für deutsche Sprache, Düsseldorf, 98-117.

Raith,J.,1981: Phonologische Interferenzen im Amerikanischen Englisch der Anabaptistischen Gruppen Deutscher Herkunft in Lancaster County, Pennsylvania. In: ZDL 48, 36-52.

Rayfield,J.R.,1970: The Language of a Bilingual Community, The Hague.

Stewart,W.,1964: Sociolinguistic Typology of Multilingualism. In: Language 40, 526-531.

Wandt,K.-H.,1981: Konzepte der soziolinguistischen Sprachkontaktforschung. Eine Regelkreisanalyse. Diss. Essen.

Weinreich,U.,1953: Languages in Contact, New York.

Wiswede,G.,1977: Rollentheorie, Stuttgart.

Els Oksaar

"SPRACHERWERB - SPRACHKONTAKT - SPRACHKONFLIKT" IM LICHTE
INDIVIDUUMZENTRIERTER FORSCHUNG

1. Einführung

Spracherwerb in ein- oder mehrsprachiger Umgebung, *Sprachkontakt* und *Sprachkonflikt* sind vom Standpunkt des Individuums und seiner interaktionalen Kompetenz aus systematisch immer noch weniger untersucht worden als von den einzelnen sprachlichen Phänomenen aus. Die Notwendigkeit, die mit dem Individuum verbundenen pragmatischen Aspekte des Spracherwerbs und die damit verbundenen soziokulturellen Zusammenhänge zu erfassen, ist jedoch seit langem eingesehen worden (Oksaar 1975; 1977). Es dürfte auch bekannt sein, daß das Individuum und sein Verhalten im Kommunikationsprozeß der Schlüssel zum Verständnis der Sprachkontakt- und Sprachkonfliktphänomene sind. Das Individuum in der Perspektive des Teilganzen - als Einzelperson und gleichzeitig als Mitglied einer (oder mehrerer) Sprach- und Kulturgemeinschaften - ist das Medium des Einflusses zwischen Sprachen und Kulturen. Warum und in welcher Rolle ändert ein Mensch seine sprachlichen und kulturembedingten Verhaltensweisen? Auf den verbalen Bereich bezogen: Übernimmt er Einheiten aus anderen Sprachen aus Bezeichnungsnot, oder aus anderen Gründen, zu denen auch Kulturkontaktphänomene gehören können, in seine Sprache? In welcher Form? In welchen Situationen? Unter welchen Bedingungen sind kommunikative Akte frei von *linguistischen* und *situationalen Interferenzen*? Welche Arten von *Kodeumschaltungen* kann man unterscheiden (s. Oksaar 1968; 1976)?

Diese Fragen sind nur einige unter vielen, die wir uns im Bereich der Kontaktlinguistik gestellt und in verschiedenen Publikationen seit den sechziger Jahren beantwortet haben anhand Einzeluntersuchungen und der zwei Hamburger Langzeitprojekte. Ziel meines Vortrages ist es, u.a. auf dem Hintergrund dieser Projekte, einige Fragen im Bereich der thematischen Schwerpunkte unserer Tagung näher zu beleuchten. Im Zentrum dieser individuumzentrierten Betrachtungen stehen die *Mehrsprachigkeit* bei Kindern und Erwachsenen sowie Sprach- und Kulturkontaktphänomene, auch als Konfliktpotential. Der Terminus *Mehrsprachigkeit* wird auch für *Zweisprachigkeit* verwendet, wenn diese nicht besonders hervorgehoben werden soll. Die Projekte sind:

1) Das *pädolinguistische Mehrsprachigkeitsprojekt* über den Spracherwerb im Vor- und Grundschulalter mit zwei, drei- und viersprachig aufwachsenden Kindern, beschrieben u.a. in Oksaar (1980a). Die Sprachen sind Deutsch, Schwedisch, Englisch, Estnisch. Ziele des Projektes sind eine Theorie des Erwerbs der mehrsprachigen interaktionalen Kompetenz, Erklärung von Unterschieden und Ähnlichkeiten in Spracherwerbsprozessen, u.a. auch im Hinblick darauf, daß es sich hier um einen Kontakt indogermanischer Sprachen mit einer finno-ugrischen handelt.

Die zweisprachigen Daten des Hamburger Korpus stammen von 8 Kindern mit Schwedisch und Estnisch in Stockholm (Alter am Projektanfang 1;8 - 6;7), 6 Kindern mit Deutsch und Schwedisch in Hamburg (Alter 1;10 - 6;8). Die dreisprachigen Daten stammen von 3 Kindern mit Estnisch - Schwedisch - Deutsch in Stockholm (Alter 2;1 - 7;0) und 4 Kindern mit Schwedisch - Englisch - Deutsch in Hamburg (Alter 2;8 - 6;7). Die Zwei- und Dreisprachigkeitsstudien werden mit diesen Vps seit 1971 vorgenommen, mit anderen sind auch schon früher (seit 1967) verschiedene Untersuchungen durchgeführt worden. Die viersprachigen Daten stammen von einem Kind mit Estnisch - Schwedisch - Deutsch - Englisch, das bis 3;11 zweisprachig, ab 4;5 dreisprachig und im Schulalter viersprachig wurde. Seine zuletzt erworbene Sprache, Englisch, hat es aber schon während eines Aufenthaltes in Australien im Alter von 3;8 - 3;11 erstmalig im englischsprachigen soziokulturellen Rahmen bewußt erlebt; es hat schon vieles verstanden und auch selbst gesprochen.

Der sozioökonomische Status der Eltern war Arbeiter- und Mittelklasse. Die Datenerhebung wurde nach dem Prinzip des *integrierenden Ansatzes* durchgeführt, der nicht von isolierten Einheiten, sondern vom gesamten *kommunikativen Akt* ausgeht (Oksaar 1975:737f.; 1977:65f.). Damit ist der gesamte Aktionsrahmen gemeint, in dem die Sprech- und Verstehenshandlungen stattfinden, eingebettet in die jeweiligen Situationen. Da man weiß, daß zusammen mit verbalen Verhaltensweisen auch parasprachliche, nonverbale und extraverbale Verhaltensweisen erworben werden, die diese nicht nur begleiten, sondern auch ersetzen können (Oksaar 1975:726; 1977:62f.), müssen auch sie mit einbezogen werden. Die Verhaltensweisen der Erwachsenen oder anderer Kinder gehören ebenfalls dazu.

2) Das soziopsycholinguistische Projekt über *mehrsprachige Ver-*

haltensweisen, 12 Jahre, abgeschlossen 1979/80, mit gegenwärtig laufenden Nachuntersuchungen. Untersucht wird in diesem Projekt, das u.a. in Sociolinguistics Newsletter 8, 1977 und in de Vincenz (1977:260ff.) beschrieben worden ist, die variable interaktionale Kompetenz von Esten in Australien, USA, Kanada und Schweden sowie Deutschen in Australien und Schweden mit dem Ziel, Modelle von mehrsprachigen Verhaltensweisen und von Sprachkontaktphänomenen aufzustellen. Eines der zentralen Anliegen des Projektes ist es, einen Beitrag zur Sprachkontakt- und Interferenzforschung zu leisten, als Teil einer Theorie der Mehrsprachigkeit. Untersucht werden in jedem Land 20 Familien mit Kindern: Akademiker, Angestellte, Arbeiter, außerdem gibt es Kontrollgruppen. Alle Familien hatten am Anfang des Projektes mindestens ein Kind im Einschulungsalter. Einer der Fragenkomplexe umfaßt Schule - Kind - Familie mit dem Ziel zu erkunden, ob und gegebenenfalls wie die Schule im Bereich der Sprache und Kulturemrealisierungen durch die Kinder die Verhaltensweisen der Familie beeinflußt. Die Datengewinnung, die nach den Methoden der direkten und indirekten Beobachtung verlief, hatte vor allem drei Prinzipien zu berücksichtigen: 1) Das Prinzip der Ganzheit und des Teilganzen, 2) Das Prinzip der Heterogenität und 3) Das Prinzip der Dynamik und der Variation, s. dazu Oksaar (1983a:20f.). Thematisiert wurden dabei die Funktionalität der verbalen, parasprachlichen, nonverbalen und extraverbalen Mittel, die besonderen Beziehungen zwischen den Sprachen, dem soziokulturellen Rahmen und dem ökologischen Nahmilieu des Sprachträgers sowie sein Verhalten und seine Attitüden gegenüber den Sprachen und Sprachgemeinschaften.

2. Zum Spracherwerb

Sprache wird als Ausdrucks-, Kommunikations- und Kontaktmittel erworben. Schon durch diese keineswegs erschöpfende Funktionsangabe wird der grundlegende Unterschied zwischen dem Erstspracherwerb und dem Erwerb weiterer Sprachen deutlich. Vor der ersten Sprache kommuniziert das Kind zwar effektiv durch andere semiotische Mittel mit seiner Umgebung (Oksaar 1977:62f.), der Erstspracherwerb hebt sich jedoch schon dadurch von den Erwerbsprozessen weiterer Sprachen ab, daß das Kind durch ihn die erste Erfahrung der *Sprachverwendung* mit allen sozialen Konsequenzen gemacht hat, die bei den folgenden nicht wirkungslos zu bleiben braucht: Alle weiteren Prozesse können auf dieser sprachlichen Erfahrung aufbauen. Auch in Anbetracht der unterschiedlichen intra- und interindividuellen Steuerungsfaktoren beim Erstspracherwerb und Zweit- oder Fremdsprachenerwerb sind Behauptungen über qualitative Gleichheit der Fähigkeit des Fremdsprachenerwerbs der Erwachsenen und des Erstspracherwerbs des Kindes, wie sie u.a. von Newmark/Reibel (1968:248) dargelegt worden sind, entschieden zurückzuweisen, da sie schon als Hypothesen nicht zu rechtfertigen sind, s. hierzu auch Chiang/Costello (1983). Ergebnisse aus einem Forschungskomplex dürfen nicht ohne weiteres auf einen anderen übertragen werden, in dem ganz andere Voraussetzungen herrschen. In der Erst- und Zweitspracherwerbsforschung kommt dieser methodische Fehler immer noch vor, man läßt, um mit Blumer (1975:115f.) zu reden: "die Forschung von der Theorie, dem Modell, der Konzeption, der Technik und dem wissenschaftlichen Programm beherrschen", und zwingt so "die aus ihr hervorgehenden analytischen Beschreibungen der empirischen Welt in deren Form"; vgl. die ausführliche Erörterung der Methodik bei Oksaar (1977, Kapitel 2). Welche elementaren Fehler noch heute in der deutschen Forschung gemacht werden, darauf haben neuerdings Bausch/Königs (1983) hingewiesen.

Beim Zweitspracherwerb eröffnet sich die Kontaktmöglichkeit mit der schon erworbenen oder im Erwerbsprozeß befindlichen Sprache. Diese Kontakte können zu *linguistischen* und *situationalen Interferenzen* führen sowie die Kreativität des Lernenden fördern. Beide Arten von Interferenzen müssen stets berücksichtigt werden, da nicht nur isolierte sprachliche, sondern auch soziokulturell bedingte Verhaltensweisen erworben werden.

2.1 Zur frühkindlichen Mehrsprachigkeit. Seit der Jahrhundertwende haben Psychologen die frühe Mehrsprachigkeit problematisiert und häufig pauschal als für die kognitive Entwicklung des Kindes schädlich dargestellt, s. die Erörterung der prinzipiellen Fragen bei Oksaar (1972: 499ff.). Diese Einseitigkeit hat folgenschwere Unsicherheit bei den Eltern geschaffen, die eine mehrsprachige Erziehung der Kinder anstreben, und auch für den Fremdsprachenunterricht, dessen Anfang immer noch zu spät angesetzt wird, wenn man berücksichtigt, welche erstaunlichen Lernfähigkeiten das Kind im Vorschulalter entwickelt. Andersson (1981: 3-30) weist in seinen Erörterungen der internationalen Forschung darauf hin, daß das Vorschulkind nicht nur mühelos eine oder mehrere Sprachen sprechen lernen kann, sondern auch lesen und schreiben, wenn ihm die entsprechenden Stimuli und das Interesse der Erwachsenen oder älteren

Kinder zuteil wird. Heute ist das Phänomen der Einsprachigkeit als ein Problem zu betrachten - weit über die Hälfte der Weltbevölkerung ist mehrsprachig. Trotzdem verhält man sich in der sprachwissenschaftlichen Theorie- und Modellbildung immer noch so, als ob Einsprachigkeit der Normalzustand sei.

Viel unnötige Polemik hätte vermieden werden können, wenn man berücksichtigt hätte, was schon Stern/Stern (1928:298) hervorheben: Man sollte nicht nur auf die "assoziative Erscheinung der Interferenz" hinweisen, wie Epstein es getan hat, und die angeblich hemmend auf die Sprachgeläufigkeit einwirken würde. Vielmehr sollte man daran denken, daß die Abweichung verschiedener Sprachen voneinander "auch einen mächtigen Anstoß zu eigenen Denkakten und Tätigkeiten des Vergleichens und Unterscheidens, des sich Rechenschaftgebens über Umfang und Begrenzung der Begriffe, des Verstehens feiner Schattierungen der Wortbedeutung usw. gebe." Zahlreiche Sprachpädagogen seien laut Stern/Stern (1928:298) der Ansicht, daß "die Abweichungen der Sprachen von einander und damit auch das Erlernen der Fremdsprachen nicht zu einer seelischen Hemmung, sondern eher zu einer seelischen Förderung führe und daß das Verständnis der Muttersprache gerade erst durch die Fremdsprache und die Verschiedenheit beider Sprachen herbeigeführt werde." Von Interesse ist es festzustellen, daß schon Quintilian es für die intellektuelle Entwicklung des Kindes als wichtig ansieht, so früh wie möglich mit dem Erwerb einer zweiten Sprache anzufangen. Er stellt auch fest, daß dadurch die Möglichkeit gegeben sei, die muttersprachlichen Kenntnisse des Kindes bis zum Schulalter zu fördern (Instituto oratoria I1.10.12).

Die Mehrzahl der Arbeiten nach dem Zweiten Weltkrieg hebt auf empirischer Grundlage diese Gedanken wieder hervor: Die Zweisprachigkeit ist ein großer Vorteil, hat positive Wirkungen auf den Intellekt und ermöglicht eine nuanciertere Auffassung von der Wirklichkeit als die Einsprachigkeit. Sie fördert die analytischen Fähigkeiten des Kindes und erleichtert das Erlernen einer dritten Sprache, s. Arsenian (1945), Spoerl (1946), Peal/Lambert (1962), Tabouret-Keller (1963), Oksaar (1971;1978;1981), Titone (1979).

Die Arbeiten, die die negativen Seiten der Zweisprachigkeit betonen, stammen aus einer kleineren Gruppe, hauptsächlich aus den zwanziger und dreißiger Jahren und nehmen die Gedanken von Epstein wieder auf. Diese Wirkungen äußerten sich in Persönlichkeitsspaltung, das Kind könne weder die eine noch die andere Sprache richtig beherrschen. Wie

Titone (1979:35) feststellt, wurden diese Gedanken vorwiegend von einigen deutschen Rassentheoretikern verbreitet. Eine Erörterung der Arbeiten dieser Gruppe findet sich bei Arsenian (1945). Die keineswegs bewiesenen Behauptungen halten sich hartnäckig bis zum heutigen Tage und haben neue Nahrung in dem suggestiven Begriff der *Halbsprachigkeit* (Hansegård 1968) erhalten; es wird sogar von *doppelter Halbsprachigkeit* gesprochen. Diese Begriffe stammen aus Generalisationen ohne wissenschaftlich gesicherte Daten. Hansegård (1968) und andere, die sie zu einem Schlagwort in Schweden gemacht haben, bieten keine empirischen Beweise für die Existenz der Halbsprachigkeit. Vor der kritiklosen Übernahme in die deutsche Forschung, wie es neuerdings wieder festzustellen ist (z.B. bei Yletyinen 1982), muß entschieden gewarnt werden. Den Begriffen fehlt auch, wie gezeigt worden ist (Oksaar 1979:57; Ekstrand 1979:39f.), jegliche theoretische Unterlage, da sie Sprachen als statische, absolute Größen erfassen. Wie gerade unsere Projekte gezeigt haben, ist die Notwendigkeit zur Vorsicht groß, bei jeder Abweichung von der schriftsprachlichen Norm einer Sprache negative Beurteilungen in bezug auf die Fähigkeiten des Sprechers vorzunehmen. *Kodeumschaltung* und *Sprachmischung* können bestimmte kommunikative Funktionen haben, die durch die beiden Sprachen allein nicht erreicht werden, s. Oksaar (1974), Hatch (1976) und Poplack (1980).

Worauf sind jedoch die gegensätzlichen Resultate zurückzuführen, wenn es sich um empirische Arbeiten handelt? Sie gehen auf nicht einheitliche und häufig mangelhafte Untersuchungsmethoden zurück. Sie sind auf der Grundlage verbaler Tests gemacht worden, deren Gültigkeit heute als fragwürdig zu bezeichnen ist. Nicht berücksichtigt werden die Reihenfolge des Sprachenerwerbs, das ökologische Nahmilieu des Kindes, in der die Sprachen gelernt wurden und verwendet werden, der kulturelle Hintergrund der Kinder und andere wichtige Faktoren. Williams (1967) stellt fest, daß wenn in Untersuchungen derartige wichtige Hintergrundvariablen berücksichtigt wurden, sich Resultate ergaben, die die Unterschiede zwischen Zweisprachigen und Einsprachigen verringerten oder ganz verschwinden ließen. Auch die Tatsache, daß *Zweisprachigkeit* sehr unterschiedlich definiert worden ist, muß berücksichtigt werden. Es herrscht auch heute keine Einigkeit darüber, wie die gegenseitigen Beziehungen der Sprachen sein müssen, damit man von Zweisprachigkeit reden kann. Die über zwei Dutzend Definitionen sind sehr heterogen und reichen von einer beinahe gleich sicheren Beherrschung zweier Sprachen bis zu geringeren Kenntnissen in der einen Sprache. Eine einheitliche Definition ist aber nicht nur für die Theorie wichtig. Man verwendet den Terminus als feste Größe, vor allem in mehrsprachigen Gebieten - von Indien bis Wales, von Südafrika bis Luxemburg. Es wird, wie schon erwähnt, nicht angegeben, welche Art von Zweisprachigkeit vorliegt und wie einheitlich oder uneinheitlich das Material ist. Eine weitere Gefahrenquelle noch heute ist die Überbewertung der Aussagekraft von Fragebögen, Tests und anderen Verfahren, die mit quantitativen Techniken verbunden sind: Es wird von den dadurch gewonnenen Resultaten aus auf einer Ebene generalisiert, wo unbedingt auch Untersuchungen mit qualitativen Techniken notwendig sind (Oksaar 1983a:22).

Spracherwerb ist kulturelles Lernen. Das bedeutet, daß man, wenn man eine Sprache erwirbt - egal ob es sich um die Erst-, Zweit- oder Drittsprache handelt - viel mehr lernt als die Beherrschung der Aussprache, der Lexik und der grammatischen Regeln. Man lernt die Wirklichkeit zu erfassen und zu strukturieren, und man lernt die Fähigkeit, in einer Interaktionssituation verbale, nonverbale und extraverbale Handlungen zu vollziehen und zu interpretieren, gemäß den soziokulturellen und soziopsychologischen Regeln der Gruppe - man lernt die interaktionale Kompetenz.

Bei der Erörterung der Problematik der Mehrsprachigkeit darf man deshalb den Bikulturalismus und soziale Fragen nicht vergessen. Probleme und Schwierigkeiten, die bei Kindern auftauchen, die mit mehr als einer Sprache aufwachsen, werden allzu leicht dem Einfluß dieser Tatsache zugeschrieben. Man versäumt dann, die möglichen Auswirkungen anderer Faktoren zu berücksichtigen - von Konflikten zwischen zwei Religionen oder zwei Erziehungsmethoden bis zur frühkindlichen Deprivation, vgl. Sofietti (1955), Oksaar (1972).

Langzeituntersuchungen über den Spracherwerb in mehrsprachiger Umgebung, die von Linguisten durchgeführt worden sind, zeugen alle davon, daß Kinder von Anfang an ohne Schwierigkeit mehr als eine Sprache als effektives Kommunikationsmittel beherrschen lernen können, s. Ronjat (1913), Pavlovitch (1920), Leopold (1939-1949), Oksaar (1972; 1978). Dabei hat sich das berühmte Prinzip Grammonts (1902:61) - eine Person, eine Sprache - bestens bewährt. Auch Stern/Stern (1928:298) heben hervor, daß kleine Kinder beim gleichzeitigen Erwerb zweier Sprachen diese nicht nur erstaunlich deutlich auseinanderhalten, sondern auch deren bestimmte Wertakzente erkennen.

Unser Projekt hat diese Beobachtungen alle bestätigt. Es führt aber noch darüber hinaus, indem es differenzierter vorgeht und u.a. zeigt, in welcher Weise Kinder ihre Sprachen als rationelle Kommunikationsmittel einzusetzen versuchen. *Kodeumschaltung* erweist sich z.B. als ein wichtiges funktionales Mittel dazu (Oksaar 1976:197f.). Dadurch, daß wir von der interaktionalen Kompetenz als eines der Ziele des Spracherwerbs ausgehen, und verbale Einheiten im kommunikativen Akt von anderen Einheiten nicht zu früh isolieren, ergeben sich ganz neue Fragestellungen. Wie und wann erwerben Kinder verschiedene *Kulturemrealisierungen* in ein- und mehrsprachiger Umgebung? Darüber fehlen systematische Studien außerhalb unseres Projektes fast gänzlich, und die wenigen Untersuchungen, z.B. von Gleason/Weintraub (1976) und Greif/Gleason (1980), beschränken sich nur auf verbale Verhaltensweisen in einer Sprache. Die Behavioreme *Guten Tag, Frau Müller* und *Danke* sind die verbalen Teile der Höflichkeitskultureme *Grüßen* und *Danken*. Das Kind muß aber noch wissen, ob nonverbale Elemente, wie z.B. ein Händedruck dazugehören oder nicht. Schon um das dritte Lebensjahr herum verwenden die Kinder die in ihren jeweiligen Sprachen üblichen verbalen Behavioreme dieser Kultureme, sind aber in bezug auf die nonverbalen zurückhaltender (Oksaar 1977:106; 1983b:22f.).

Gleason/Weintraub (1976:134) stellen in bezug auf Ausdrücke wie *Bye,Bye* oder *Thank you* fest, daß das Kind sie nicht als Begriffe, sondern als Handlung lernt. Das Kind wird angehalten, *Danke* oder *Guten Tag* zu sagen. Wir stellen folgendes fest: Ein Kind erlebt die *verbalen* Mittel der Kommunikation zuerst in der Rolle des Hörers, lange bevor es selbst in der Rolle des Sprechers aktiv wird. Es erlebt die *nonverbalen* Mittel, auch in Behavioremen, primär durch Beobachtungen von anderen, lange bevor es selbst aktiv wird. Es wird zur Verwendung von Behavioremen aufgefordert, gewöhnlich durch Imperative: *Sag guten Tag! Gib doch die Hand!* oder durch Fragen: *Was sagst du? Was sagt Hansi?*

Aber auch hier muß man differenzieren. Deutsche und estnische Kinder werden angehalten, beim Grüßen die Hand zu geben, den Gesprächspartner anzusehen, während des Gesprächs ruhig zu stehen oder zu sitzen, nicht zu laut zu sprechen, usw. Lächeln jedoch wird eher durch Partnerimitation erworben. Schwedische Grußbehavioreme sehen den Händedruck in wenigeren Situationen vor als die deutschen. Die zwei- und dreisprachigen Kinder unterscheiden diese Regeln schon deutlich um das 4. Lebensjahr. Generell kann in unserem Korpus festgestellt werden, daß jüngere

Kinder (2;0 - 4;0) beim Gruß nicht gerne die Hand reichen wollten, obwohl sie dazu angehalten wurden. Bei der wichtigen Rolle der Bezugspersonen in dem Lehr- und Lernprozeß der Behavioreme lassen sich geschlechts- und kulturspezifische Unterschiede feststellen. Mütter "dirigierten" die Kinder mehr als Väter; in allen Sprachgemeinschaften, estnische Mütter und Väter am meisten, schwedische Väter am wenigsten. Signifikante schichtenspezifische Unterschiede konnten nicht festgestellt werden.

Unser Projekt hat auch gezeigt, daß zweisprachige Kinder eine dritte Sprache anders erwerben als die zweite. Es geschieht in kürzerer Zeit als der Erwerb einer zweiten Sprache im entsprechenden Alter und es gibt neben Gleichheiten auch erhebliche Unterschiede: Ausdrucksblöcke, mehr Drei- als Zweiwortsequenzen wurden in relativ kurzer Zeit produziert, vgl. Oksaar (1978:134).

Wichtig ist ferner die Tatsache, daß Kinder, die mit mehr als einer Sprache aufwachsen, schon früh ein Sprachbewußtsein zeigen, das analytische Eigenschaften voraussetzt. Durch ihre Fragen und Kommentare wird deutlich, daß sie nicht nur ein Gefühl für verschiedene Sprachen entwickeln, sie können sie auch vergleichen. Wenn Kinder zwischen 4;0 und 5;0 Fragen über grammatische Unterschiede stellen, etwa warum es *mir* und *mich* im Deutschen und nur *mig* im Schwedischen gibt, so kann man daraus schließen, daß sie zu abstrakten Operationen in einem Alter fähig sind, die nach Piagets (1972) Entwicklungsstadien erst viel später anzutreffen sind. Eine Revision dieser Stadien erweist sich als dringend erforderlich (Oksaar 1980:268). Dafür sprechen auch die Leistungen, die das Vorschulkind in bezug auf Schriftsprachlichkeit zu erbringen fähig ist. Wir wenden uns nun diesem Thema zu.

2.1.1 Frühes Lesen- und Schreibenlernen. Das ist, neben der frühen Mehrsprachigkeit, ein weiterer Bereich, in dem der Graben zwischen Theorie und Wirklichkeit noch immer nicht überbrückt worden ist. Das heißt, daß man aus irgendwelchen, an der Empirie nicht geprüften Gründen auch heute noch das sechste Lebensjahr (Schulanfang) als die richtige Anfangszeit für den Erwerb der Lese- und Schreibfähigkeit ansetzt. Viele Kinder lernen beides aber schon im Vorschulalter. Mehrsprachiges Lesen- und Schreibenlernen in dieser Zeit ist erstmals durch das Hamburger Projekt untersucht worden. Von den 20 zweisprachig aufwachsenden Kindern des Projekts konnten 13 (=65%) im Alter von 4-5 Jahren in beiden Sprachen mehr oder weniger fließend lesen und schreiben. Von der Kontrollgruppe von 6 einsprachigen deutschen und schwedischen Kindern zeigten 4 (=67%) dieselben Fähigkeiten.

Die Resultate der Untersuchungen, die ausführlicher in Oksaar (1983c) dargelegt worden sind, lassen eine Reihe von Parallelen zum Erwerb des Sprechens feststellen. Folgendes kann hervorgehoben werden:

1) Die Wirksamkeit des Motivationsprinzips. Unsere pädolinguistischen Untersuchungen haben gezeigt, daß Kinder Laute und schwierige Lautkombinationen leichter und schneller in den Wörtern aussprechen, die das symbolisieren, wofür das Kind sich besonders interessiert - es sind Namen, Automarken, Speisen (Oksaar 1977:170f.). Dasselbe gilt für Lesen und Schreiben; der eigene Name gehört zu den am häufigsten geschriebenen ersten Wörtern.

2) Beim Sprechenlernen müssen Kinder lernen, die parasprachlichen und nonverbalen Regeln des Sprechens zu beherrschen; beim Schreibenlernen die Raumaufteilung.

3) So wie es vor der Beherrschung des Sprechens eine Lallphase gibt, gibt es Vorphasen bei der Lese- und Schreibfähigkeit: Quasi-Lesen und Quasi-Schreiben, in denen das Kind sich eigene Lernstrategien bildet.

4) In der Lallphase des Kindes kommen Laute vor, die später funktionsgerecht eingesetzt werden. In der Vorphase des Schreibenlernens finden sich entsprechende Strukturierungsversuche (Quasi-Schreiben), die später richtig verwendet werden.

5) So wie beim Sprechenlernen beide Sprachen einander stützen können, ist es auch beim Lesen- und Schreibenlernen der Fall (Beispiele bei Oksaar 1983c). Vieles spricht daher dafür, daß, wenn das Vorschulkind schon zwei Sprachen spricht, es dann auch in beiden Sprachen lesen und schreiben lernen sollte und nicht erst nacheinander. Zwei Sprachen regen das Kind zum Vergleichen und zum Unterscheiden an und bieten, besonders bei den Graphemen, ein analytisch-kontrastives Übungsfeld.

2.2 Zusammenfassend können wir feststellen: Vorschulkinder können im wahrsten Sinne des Wortes in mehreren Sprachen nicht nur sprechen lernen, sondern auch lesen und schreiben. Wichtigste Voraussetzungen für ihre weitere Lese- und Schreibbereitschaft sind soziopsychologische Komponenten wie positive Erwachsenen-Kind Interaktion, Empathie der Erwachsenen und ihre affektive Zuwendung, allerlei Anregungen aus dem

Spracherwerb, Sprachkontakt, Sprachkonflikt

Nahmilieu der Kinder, die ihre Eigentätigkeit motivieren.

3. Zum Sprachkontakt

Aus den Untersuchungen im Rahmen des Projekts 2 über mehrsprachige Verhaltensweisen der Immigranten sind bisher eine Reihe von neuen Erkenntnissen über die variable interaktionale Kompetenz der Mehrsprachigen veröffentlicht worden. Sie haben ergeben:

1) Das *normative* und das *rationale* Verhaltensmodell. 2) Bei Zweisprachigen die Verfügbarkeit nicht nur über *Sprache 1* und *Sprache 2*, sondern auch eines sich an diesen orientierenden dritten Kodes *Sprache X*, in dem verschiedene Interferenztypen von den sozialen Beziehungen zwischen dem Sender und dem Empfänger abhängen. Entsprechend gibt es nicht nur *Kultur 1* und *Kultur 2*, sondern auch *Kultur x*. 3) Die Differenzierung von *Kodeumschaltung* (code switching) in *externe* und *interne* Umschaltung. 4) Die Unterscheidung zwischen *kommunikativer* und *interaktionaler Kompetenz*. 5) Die Differenzierung des Interferenzbegriffes in *linguistische* und *situationale Interferenz*. 6) Das *Kulturemmodell* als ein Mittel, *soziokulturelle Verhaltensweisen* zu beschreiben. 7) Die Begriffe *pragmatische* und *semantische* Kongruenz. 8) Methodisch: die *interkorrelationale* Methode für die Untersuchung alltagssprachlichen Sprachgebrauchs in natürlichen Situationen. Sie verbindet den *korrelationalen* Ansatz von Labov und Bernstein mit dem *interaktionalen* von Hymes und Gumperz und erweitert diese durch individuumbezogene psycholinguistische Komponenten.

Bei diesen Untersuchungen sind u.a. die kreativen Möglichkeiten der Sprach- und Kulturkontakte deutlich geworden sowie ihre beziehungs- und gruppenspezifischen Aspekte. Im folgenden möchte ich nun einige soziokulturelle Fragen der Kontaktsituation vom Standpunkt des Immigranten aus analysieren, die für seine sprachliche Situation erschwerend sein können und zum Sprachkonflikt hinleiten können.

Ein Immigrant bleibt, wenn er keine besonderen Beziehungen oder Freunde hat, eine lange Zeit sozial heimatlos. Hat er Möglichkeiten, seine Muttersprache zu verwenden, ist wenigstens die sprachliche Heimatlosigkeit nicht so schwerwiegend. Die fundamentale Veränderung der soziokulturellen Situation des Einwanderers ist komplexer als gewöhnlich wahrgenommen wird. Er wird nicht nur mit vielem Neuen konfrontiert, sondern kann auch keine alten Verhaltensweisen in verschiedenen sozialen Situationen aktivieren. Das daraus entstehende Gefühl von Unsicherheit und Hilflosigkeit bilden Komponenten des sog. Kulturschocks, vgl. Eitinger/Schwarz (1981). Allerdings darf man nicht, wie auch neuerdings Bhatnagar (1983:61) im Anschluß an Murphy betont hat, den Immigrantenstatus per se mit akkulturativem Streß verbinden. Dieser kann durch Verhaltensweisen und Reaktionen aus verschiedenen privaten und offiziellen Sphären in den Gastländern verursacht werden, ebenso wie durch die Veränderung der Verhaltensweisen in der eigenen Familie oder im Bekanntenkreis.

Die überwiegende Mehrzahl unserer Informanten konnten ihre Muttersprache nicht in denselben sozialen Situationen wie in der Heimat verwenden, z.B. am Arbeitsplatz, in der Schule, bei der Verwaltung oder beim Arzt. In einer relativ kurzen Zeit (0,5 - 1,5 Jahren) konnten sie allerdings in diesen Bereichen in Australien, in den USA und in Kanada Englisch gebrauchen (60% hatte Englisch in der Schule gelernt), in Schweden Schwedisch. Keiner der Informanten konnte Schwedisch vor der Immigration. In den ersten 2 bis 5 Jahren - die Länge der Zeit korreliert positiv mit dem Alter des Immigranten - hatten mehr als 75% in allen Ländern ein starkes Gefühl von Unsicherheit und erlebten sich selbst in einer neuen Rolle: in der Rolle des Fremden.

In einem anderen Zusammenhang (Oksaar 1982) habe ich gezeigt, in welcher Weise die beiden Begriffe *Unsicherheit* und *Fremdheit* operationalisiert werden können, auf dem Hintergrund der vier Verhaltensdomänen, die die Immigranten von den Einheimischen trennen: *Isolation*, *Integration*, *Assimilation* und *Dissimilation*. Dabei muß ganz deutlich zwischen *Integration* und *Assimilation* unterschieden werden.

Integration bedeutet in diesem Schema, daß die Immigranten Bereiche ihrer ursprünglichen Kultur behalten, gewöhnlich die individuelle Sphäre mit der Sprache und Religion, auch wenn sie die neue Sprache erwerben. In anderen Sektoren, vor allem im ökonomischen Bereich, Schulen und Ausbildung, werden sie in das System des Gastlandes eingefügt. Dieser assimilative Prozeß betrifft große Teile der sozialen Sphäre. Zwischen den beiden Sphären braucht es bei der Integration keine Spannungen zu geben, wenn die individuelle Sphäre relativ stabil ist; dadurch wird auch die emotionale Stabilität des Menschen gestärkt. Es entsteht eine Beziehung zwischen den Sphären, die ich als *kulturelle Kongruenz* bezeichne. Die Grenzen zwischen den Sphären sind nicht starr, durch Bekanntschaften und Freundschaften mit Mitgliedern aus der Majoritätsbevölkerung können neue soziale Beziehungen entstehen, die aber trotzdem die individuelle Sphäre als solche existieren lassen, wenn auch neue Subkulturen entstehen.

Assimilation bedeutet nach unseren Differenzierungen, daß man in den beiden Sphären - der individuellen und der sozialen - von dem Majoritätensystem absorbiert wird: Man gibt seine eigenen charakterisierenden Merkmale auf. Eine totale Assimilation in diesem Sinne bleibt ein theoretisches Konstrukt, da es immer sprachliche oder andere kulturelle Einheiten gibt, die nicht aufgegeben werden und die Gruppen und Individuen charakterisieren und voneinander trennen.

Der Weg zur Integration kann durch emotionale Dissonanzen, bedingt durch Sprachkontaktphänomene, erschwert werden, wie folgendes Beispiel zeigt.

Ein estnischer Immigrant mittleren Alters, der erst vier Wochen in Schweden gewesen war, wollte sich in einem Kürschnergeschäft über die Möglichkeit des Verkaufs eines Silberfuchsfells erkundigen. Er grüßte und sagte auf schwedisch *Jag är en silver räv* "ich bin ein Silberfuchs". Er kam nicht weiter, da das Gelächter des Verkaufspersonals ihn unterbrach. Er schwieg, fühlte sich ausgelacht und verließ unverrichteter Dinge das Geschäft.

Analyse: 1) Die Verwechslung von *haben* und *sein* gehört in die Sphäre der linguistischen Interferenzen, da im Estnischen einige Formen von *olema* "sein" und *omama* "haben" identisch sind, obwohl die entsprechenden Konstruktionen in beiden Sprachen nicht in gleicher Weise strukturiert sind: estn. *tal* (Adessiv) *on*, schw. *han/hon/det* (Nominativ) *har* "er/sie/es hat", vgl. estn. *ta* (Nominativ) *on*, schw. *han/hon/det* (Nominativ) *är* "er/sie/es ist".

2) Das Lachen als Reaktion auf das Gesagte wurde vom Esten als eine Beleidigung aufgefaßt. Auch nachdem er Schwedisch besser beherrschte, hatte er eine lange Zeit Hemmungen bei Interaktionen mit unbekannten Schweden. In der geschilderten Situation fehlten ihm Kriterien, das Lachen anders zu interpretieren als eine persönliche Beleidigung wegen seiner Fremdheit, da er sich der durch das Verbale hervorgerufenen Situationskomik nicht bewußt war. Das Lachen mag durchaus eine spontane Handlung gewesen sein, die an die Situation und nicht an die Person gerichtet war.

Es kann bei jedem Immigranten Perioden der Hypersensitivität geben, in denen vieles persönlicher genommen wird als in entsprechenden Situationen im eigenen Land; vgl. Haavio-Mannila/Stenius (1977) und

Teil II in Eitinger/Schwarz (1981). Nach unseren Daten ist dies gewöhnlich in den ersten Jahren der Immigration der Fall; derartiges Reagieren kann jedoch auch nach einer längeren Zeit beobachtet werden, sowohl in positiver als auch negativer Richtung. Es genügt nicht nur allgemein festzustellen, daß es sich hier um persönliche emotionelle Probleme handelt, sondern es muß auch nach den Gründen gefragt werden. Man kann sehr wohl sozialpsychologische Faktoren ausfindig machen, die auf Sprach- und Kulturkontakt zurückgehen und die *sprachliche* und *soziale Geborgenheit* berühren.

So kann ein von einheimischen Kollegen geäußerter Satz: *Du bist jetzt in Schweden und sollst schwedisch sprechen* als tiefer Einschnitt in die persönliche Sphäre empfunden werden, da die eigene Sprache von anderen gänzlich abgewertet zu sein scheint. Verschiedene derartige verbale und nonverbale Äußerungen wurden von 67,5% der estnischen Informanten in Schweden und 27,5% in den USA als ein Zeichen interpretiert, daß sie unerwünscht seien. Ein Satz wie: *Du bist schon so lange hier und sprichst immer noch mit einem Akzent* kann für sie ein Zeichen der Diskriminierung sein, auch nach 20 Jahren Aufenthalt im Lande.

Derartige Erlebnisse können dazu beitragen, daß ein Immigrant auch ganz neutrale, in phatischer Funktion geäußerte Fragen, z.B. aus welchem Land man käme, wie lange man schon im Lande sei u. dgl. mißverstehen kann. Er faßt sie als Kritik seiner Sprache (S2) und seines Akzents auf und ist sich dessen nicht bewußt, daß es ebenso andere semiotische Merkmale und Verhaltensweisen sein können, an denen man ihn als einen Fremden erkennen kann. Derartige Tatsachen weisen auf psychologische, emotionale Probleme hin, ihr Grund ist aber auch soziolinguistisch und kulturell zu sehen.

In der Variation von sprachlichen und kulturellen Verhaltensweisen, die durch dauerhafte Kontaktsituationen geprägt sind, scheinen sich diejenigen Immigranten besser zurechtzufinden, die eine Loyalität gegenüber ihrer Muttersprache entfalten. Die meisten unserer Informanten in den vier Ländern steuerten einer Balance in ihren soziokulturellen Sphären zu, vorwiegend durch zwei Faktoren: steigende Fertigkeiten in der Sprache 2 und verschiedene kontinuierliche Möglichkeiten der Verwendung von Sprache 1 außerhalb der eigenen Familie. Diejenigen, deren soziale Netzwerke sowohl Landsleute als auch Mitglieder der Majoritätsbevölkerung umfaßten (und auch die von anderen Nationen), schienen leichter einen Weg zur Balance zu finden, waren zufriedener mit ihrem

Dasein als diejenigen, deren Kontakte nur Landsleute umfaßten. Ähnliche Resultate findet man bei Katz (1974), der amerikanische Immigranten in Israel untersucht hat und bei Bhatnagar (1980), dessen Untersuchung sich mit italienischen Kindern in Montreal befaßt.

Es handelt sich hier um einen Prozeß, in dem die zunehmende Beherrschung von Sprache 2 und Kultur 2 zur Stärkung des Selbstbewußtseins dient, wenn dies nicht auf Kosten von Sprache 1 und Kultur 1 geht. So erlebt man eine Bereicherung und keinen Verlust; es ist ein Integrationsprozeß, der auf der historischen Identität des Individuums aufbaut.

Sprachkontakt kann jedoch zu soziopsychologisch und kulturell bedingten Schwierigkeiten führen, wenn die Muttersprache vernachlässigt wird. In den Familien des Projekts, in denen die Eltern statt Sprache 1 mit den Kindern Sprache 2 sprachen, Englisch resp. Schwedisch, die sie selbst noch nicht richtig beherrschten, gab es mehr sprachliche und emotionale Probleme als in denen, die Zweisprachigkeit anstrebten und Toleranz gegenüber beiden Kulturen zeigten. Die Kinder übernahmen teilweise die Interferenzen der Eltern, und die ganze Kommunikationsstruktur der Familie wurde gehemmt, da beide Seiten über ungenügende Kommunikationsmittel verfügten. Die emotionale Sphäre litt nicht nur unter dem mangelhaften Wortschatz: Eltern konnten in ihren Beziehungen alle gewünschten Aspekte nicht zum Ausdruck bringen, da ihnen selbst die sprachliche Geborgenheit fehlte. Dies alles sind Faktoren, die zum Akkulturationsstreß beitragen können. Untersuchungen, die ich mit estnischen Kindern (aus verschiedenen sozialen Schichten) in Stockholm durchgeführt habe, zeigen, daß diejenigen, die zu Hause estnisch sprachen, häufig die Besten im Fach Schwedisch waren, während dies bei anderen, die mit den estnischen Eltern schwedisch sprachen, nicht zutraf.

Wie wir gesehen haben, können Sprachkontakte den Menschen zu Konflikten in seiner persönlichen und sozialen Identität führen. Wir wenden uns nun dem Sprachkonflikt zu.

4. Zum Sprachkonflikt

Der Terminus *Sprachkonflikt* ist mehrdeutig. Er kann als "Konflikt zwischen den Sprachen" auf die Persönlichkeit des Sprachträgers zurückweisen, als "Konflikt durch die Sprache(n)" ebenso, aber gleichzeitig auch auf individuumexterne Prozesse hinweisen, genauso wie "Konflikt wegen der Sprache(n)". Für die folgenden Erörterungen fasse ich unter *Sprach-*

konflikt alle Probleme, Mißverständnisse und Schwierigkeiten zusammen, die auf der Sprachverwendungsebene entstehen. Dies impliziert, daß man sich bei der gesprochenen Sprache nicht auf das Verbale beschränken darf, sondern die parasprachlichen, nonverbalen und extraverbalen Komponenten des kommunikativen Aktes mit einbeziehen muß. Dies schließt die Notwendigkeit der Berücksichtigung der Kulturemrealisierungen mit ein: soziokulturelle Verhaltensweisen, die auch Wertorientierungen und Emotionalität umfassen.

Kultureme werden in zwischenmenschlichen Beziehungen nach ganz bestimmten Regeln durch *Behavioreme* realisiert, die verbal, parasprachlich, nonverbal und extraverbal sein können (Oksaar 1979:401f.; 1983a: 28f.). Sieht die Realisierung des Höflichkeitskulturems *Grüßen* vor, daß man dem anderen in die Augen blickt und ihm die Hand reicht, so kann ein Ausbleiben dieser nonverbalen Behavioreme als Verstoß gegen die Höflichkeitsnorm bewertet werden und gleichzeitig auch als Signal für eine veränderte Beziehung zwischen den beiden.

Es hat sich gezeigt, daß Interferenzen auf der grammatischen Ebene zwar zu Mißverständnissen führen können (vgl. auch S.255), diese jedoch kaum die persönlichen Qualitäten des Menschen berühren. Er wird als Ausländer, aber nicht als ein unhöflicher Mensch identifiziert. Je besser jemand die Sprache spricht, desto mehr wird automatisch von ihm erwartet, daß er auch die soziokulturellen Verhaltensweisen beherrscht: *daß*, *wann* und *wie* man sich grüßt, bedankt; wann man zu schweigen und zu reden hat, worüber man wann und wo mit wem nicht reden darf, wie man seine Emotionen ausdrückt usw. Es gibt hier Unterschiede schon in einem Lande, geschweige denn in internationalen Zusammenhängen. Ein gegen die Norm gerichtetes Verhalten wird aber gewöhnlich nicht auf Unkenntnis, sondern auf andere Gründe zurückgeführt.

Schon eine von den geläufigen Normen abweichende Verwendung prosodischer Elemente,wie z.B. Tonhöhe,kann beim Hörer den Eindruck erwecken, der Sprecher sei unhöflich, grob oder gerissen, mache ihm einen Vorwurf u. dgl. Der Tonfall des anderen wird von einem Hörer gewöhnlich nach seinen eigenen Normen interpretiert, auch wenn er durch andere Merkmale jemanden außerhalb seiner Gruppe erkennt. Bei abweichenden Verhaltensweisen können jedoch situationale Interferenzen vorliegen. Wenn ein Japaner einem Europäer von dem Verlust eines Familienmitgliedes mit einem Lächeln erzählt, ist dieser unangenehm berührt, wenn er nicht weiß, daß dieses Verhalten den japanischen Regeln entspricht.

Auf Kommunikationsschwierigkeiten in einer alltäglichen Situation, bedingt in erster Linie nicht durch die Sprache, sondern durch die Strukturierung der Wirklichkeit durch die Sprache, weist Tsuji (1980: 35f.) hin. Einem Japaner, wenn er auch gut Deutsch kann, bereitet schon die Frage, ob man zum Frühstück Kaffee oder Tee haben möchte, insofern inhaltliche Schwierigkeiten, als er von seinem Weltbild her nicht versteht, wie man überhaupt so fragen kann. Die Frage enthält "die unbewußt vergewaltigende Voraussetzung, daß man zum Frühstück entweder Kaffee oder Tee einnehmen sollte..."

4.1 Strukturierung der privaten und öffentlichen Sphäre. Eine geläufige Quelle der Mißverständnisse ist die unterschiedliche Strukturierung der privaten und der öffentlichen Kommunikationssphäre in verschiedenen Kulturen. Was in der einen Kultur zur privaten Sphäre gehört, z.B. gewisse Gesprächsthemen, kann in der anderen zur öffentlichen gehören, vgl. Oksaar (1983a:29f.), Richards/Sukwiwat (1983:123). Die Themenwahl auf der sozialen Dimension der linguistischen Variation kann zu Mißverständnissen führen, deren Auswirkungen jedoch erst später zum Tragen kommen. In vielen asiatischen Ländern kann ein Fremder ohne weiteres jemanden nach seinem Alter fragen, ob er verheiratet sei und wieviel er verdiene. In Europa und in den USA würde man dadurch gegen die Tabu-Normen verstoßen. In Schweden allerdings ist sowohl unseren estnischen als auch deutschen Informanten aufgefallen, daß man viel zu viel über Geld und Steuern spricht in Situationen, in denen dies kein Thema ist, z.B. in der phatischen Funktion. Als eine Verletzung der persönlichen Sphäre betrachtete über 80% von ihnen, wenn man sie in Schweden ohne weiteres duzte und mit dem Vornamen anredete. Besonders den estnischen Informanten bereitete es in der ersten Zeit in Schweden und in den USA Schwierigkeiten einzusehen, daß sich hinter der Anrede mit dem Vornamen und der Frage *how are you?* keine wirklichen Bemühungen um nähere Bekanntschaft und kein aufrichtiges Interesse für das Befinden des Angesprochenen wahrnehmen läßt. Wurden ihnen, besonders in den USA und in Kanada, Komplimente gemacht, gerieten sie oft in Schwierigkeiten, weil sie nicht genau wußten, wie sie zu reagieren hatten. Im estnischen Kulturkreis kommen Komplimente viel seltener als in den USA vor, und wenn sie gemacht werden, müssen sie relativiert oder zurückgewiesen werden, vgl. Oksaar (1983a:29). In den USA und in Kanada bedankt man sich dagegen für Komplimente.

Zu diesem Bereich gehört auch die unterschiedliche Art, Emotionen auszudrücken. In Estland zeigt man seine Gefühle gewöhnlich nicht öffentlich, weder Begeisterung noch Ärger. Diese Verhaltensweise stimmt im großen und ganzen mit der schwedischen überein und bereitete den estnischen Immigranten in Schweden kaum kommunikative Schwierigkeiten. Die Deutschen dagegen gerieten leichter in Situationen, in denen sie dieses schwedische Kulturem anders als die Schweden auslegten. Kein Zeigen von Enthusiasmus wurde als Zeichen von Distanz oder Gleichgültigkeit ihnen gegenüber interpretiert. Mikroanalysen der Situationen zeigen, daß die den Interpretationen zugrunde liegenden Verletzungen der Erwartungsnorm in erster Linie nicht durch verbale, sondern durch nonverbale und parasprachliche Komponenten des Behaviorems hervorgerufen wurden. Wenn ein Deutscher auf seine mündliche Einladung zum Mittagessen von einem Schweden zwar die Zusage erhält, aber etwas zögernd, mit ernstem Gesicht und neutraler, keine Gefühle zeigenden Stimme, so entsteht dadurch folgende Schwierigkeit: Seine Erwartungsnorm baut auf der *pragmatischen Kongruenz* (Oksaar 1979:395) verbaler, parasprachlicher und nonverbaler Kommunikationsmittel auf: verbale Zusage mit gleichzeitigen positiven Zeichen durch den nonverbalen und parasprachlichen Kanal, z.B. durch ein Lächeln und eine freundliche Stimme, jedenfalls keine Gefühlsneutralität. Das Mißverständnis entsteht dadurch, daß bei der Informationsvermittlung, die gleichzeitig über diese drei Kanäle läuft, die beiden letzten nach den deutschen Regeln dem verbalen Kanal gegenläufig sind und den verbalen Inhalt sehr stark relativieren. Nach den schwedischen Regeln sind alle drei Kanäle gleichläufig, es liegt keine Regelverletzung vor.

In den USA hatten wiederum die meisten estnischen Informanten (82%) Schwierigkeiten, die direkte Art der Amerikaner, ihre Begeisterung zu zeigen, ausgedrückt z.B. im Lob der Gastfreundschaft oder Großzügigkeit, zu verstehen. Amerikanische Paare lächeln auf Hochzeitsfotos, estnische nicht.

4.2 Reden und Schweigen. In den USA gilt *stand up and say*, in Asien, z.B. Vietnam, hört man *curle your tongue three times, before you speak*. Japanische Sprichwörter heben hervor, daß die verbale Sprache nicht vertrauenswürdig sei; das deutsche *Reden ist Silber, Schweigen ist Gold* gilt auch im Estnischen: *rääkimine hõbe, vaikimine kuld*. Für die estnischen Informanten zeigte sich in jedem der vier Länder, daß Mißverständnisse in der Interaktion mit Einheimischen durch die unterschiedlichen Verhaltensweisen bezüglich Reden und Schweigen aus folgenden Gründen vorkommen konnten: 1) Kommunikation durch verbales Schweigen, aber nonverbales Reden (Blick, ernstes Gesicht/Lächeln, Kopfschütteln/Nicken), wenn verbales Reden die Norm war, wie in Situationen der Kontroversen oder Sympathieerzeugungen, 2) kein *small talk*, wenn dies situationsbedingt notwendig war, 3) Art des Redens: langsam, mit Pausen, wenn das Gegenteil das Übliche war. Am meisten war das in englischsprachigen Ländern der Fall, in Schweden am wenigsten, da *small talk* und schnelles Reden hier nicht üblich sind.

Schweigen als Kommunikationsmittel ist kaum erforscht worden. Es bildet, wie aus unserem Material hervorgeht, interkulturell ganz verschiedene Interpretationsebenen und ist eine häufige Quelle der Mißverständnisse. So kann Schweigen nach einer Bitte sowohl Billigung als auch Zurückweisung bedeuten; kennt man die ausschlaggebenden nonverbalen Komponenten nicht, entstehen Schwierigkeiten. *Schweigen* kann aber auch auf der Skala von Arroganz bis Unterwürfigkeit interkulturell ganz verschieden eingestuft werden. Respektvolles Schweigen wird leicht als Trotz, freundschaftsvolles Schweigen als Gleichgültigkeit aufgefaßt. In Schweden kann es, wie aus unserem Material ferner hervorgeht, in vielen Situationen eine phatische Funktion haben; die nonverbalen Komponenten dieser Funktion sind für einen Nicht-Muttersprachler schwer zu erkennen. In dem deutschen Kulturkreis ist kommunikatives Schweigen ungewöhnlich. In einer Interaktionssituation sind Pausen zu vermeiden. Dieses Behaviorem geht auch anschaulich aus einer Szene im vierten Kapitel der "Buddenbrooks" von Thomas Mann (1960:223) hervor:

"Ja, ja, mein lieber Herr Permaneder, das ist wahr!" erwiderte die Konsulin freudig, und nachdem dies erledigt war, trat eine Pause ein. Um aber diese Pause auszufüllen, sagte Herr Permaneder mit einem ächzenden Seufzer: "Es ist halt a Kreiz!"

Man könnte vom interkulturellen Standpunkt aus mit Recht fragen, warum denn Pausen *verbal* ausgefüllt werden müssen, vom Standpunkt der deutschen Verhaltensweisen aus jedoch feststellen, daß dies die Regel ist.

4.3 Wir haben oben nur ein paar Kommunikationsprobleme von vielen berührt, die interkulturell zu Konflikten führen können, wobei generations- und geschlechtsspezifische Aspekte ausgeklammert worden sind. Diese tragen jedoch erheblich zur Heterogenität der Verhaltensmodelle auf intrakultureller Ebene bei und müßten systematisch untersucht werden (Oksaar 1980b;1982). Ein weiteres wichtiges Gebiet, das sich aus den Projekten ergeben hat, welches wir hier aber nur streifen können, umfaßt die Vermeidung und Relativierung von Dissonanzen und Anstrebung von kommunikativer Balance durch verschiedene Mittel. Hierher gehören metakommunikative Verhaltensweisen:

1) Fragen (a) um Erlaubnis, eine Frage zu stellen: *Darf ich fragen, was das gekostet hat?* (b) um Erlaubnis, etwas zu tun: *Darf ich das (Geschenk) gleich auspacken?* (c) um Information über Verhaltensregeln: *Ist es so, daß man während der Mahlzeit nicht reden sollte?*

2) Kommentare: *Das mach ich gleich auf!* (in bezug auf ein Geschenk). Diese Aussage impliziert, daß das Auspacken des Geschenks in der gegebenen Situation nicht selbstverständlich ist, oder daß der Sprecher das jedenfalls annimmt.

5. Ausblick

Ein individuumzentrierter Forschungsansatz, unter der Berücksichtigung der oben (S.245) erörterten Prinzipien, ermöglicht uns Fragen des Spracherwerbs, des Sprachkontakts und des Sprachkonflikts in einem größeren Rahmen zu analysieren als der sprachenzentrierte. Er ermöglicht uns, die Brücken zwischen dem Individuum, der Sprache, den Kommunikationsprozessen und der Kultur zu sehen. Spracherwerb als kulturelles Lernen mit ein- oder mehrsprachiger interaktionaler Kompetenz als Ziel darf nicht nur von isolierten Ansätzen aus untersucht werden, sondern von einem integrierten Modell aus, das alle kommunikativen Komponenten des Individuums umfaßt: verbale, parasprachliche, nonverbale und extraverbale.

Im Spiegel unserer Projekte wird deutlich, daß Untersuchungen, die sich nur mit verbalen Äußerungen befassen, wesentliche Komponenten der kommunikativen Akte nicht erfassen können. Ferner: Eine falsche Verwendung oder Einschätzung der parasprachlichen, nonverbalen und extraverbalen Komponenten kann zu schwierigen Mißverständnissen und Vorurteilen zwischen Angehörigen verschiedener Völker führen. Sprachbarrieren sind häufig auch Kulturbarrieren; es gilt, sie zu erkennen. Angesichts dieser Tatsache ist es notwendig, daß auch Prinzipien, die für die menschliche Kommunikation von Sprechakttheoretikern wie Grice (1975) aufgestellt worden sind, das Kooperationsprinzip und die Konversationsmaximen, revidiert und differenziert werden. Seine Maximen der

Quantität, der Qualität, der Relation und der Modalität thematisieren nur das Verbale und gelten nur für den Sprecher. Der Hörer ist aber nie passiv, auch wenn er verbal schweigt.

Angesichts der Leistungsfähigkeit der Kinder (s. oben 2.1) ist die Frage berechtigt, warum man in vielen Ländern so spät mit der ersten Fremdsprache in der Schule anfängt. Man müßte möglichst schon im Vorschulalter, aber wenigstens in der Grundschule den Kindern die Möglichkeit geben, neben der Muttersprache auch andere Sprachen zu lernen. Durch ein frühes Einführen einer Fremdsprache können die muttersprachlichen Leistungen der Kinder gefördert werden.

Für Immigranten ist es relevant, daß sie neue Sprachen nicht auf Kosten der Muttersprache erwerben. Die Beibehaltung der Muttersprache und die Beherrschung der Landessprache ist aus soziopsychologischen, kulturellen und politischen Gründen nicht nur vom Standpunkt des Individuums oder der Immigrantengruppe wichtig, sondern auch vom Standpunkt der Gesellschaft aus, in die sie integriert werden, ohne ihre Identität aufzugeben.

Literatur

Andersson,Th.,1981: A Guide to Family Reading in Two Languages: The Preschool Years, Los Angeles.

Arsenian,S.,1945: Bilingualism in the Post-War World. In: Psychol. Bulletin 42, 65-86.

Bausch,K.-R./Königs,F.G.,1983: ‚Lernt' oder ‚erwirbt' man Fremdsprachen im Unterricht? In: Die neueren Sprachen 12, 308-336.

Bhatnagar,J.,1980: Linguistic Behaviour and Adjustment of Immigrant Children in French and English Schools in Montreal. In: Intern. Review of Applied Psychology 29, 141-159.

Bhatnagar,J.,1983: Multicultural Education in a Psychological Perspective. In: Husén,T./Opper,S. (eds.), 59-78.

Blumer,H.,1973: Der methodologische Standort des symbolischen Interaktionismus. In: Arbeitsgruppe Bielefelder Soziologen (Hrsg.), Alltagswissen, Interaktion und gesellschaftliche Wirklichkeit 1, Reinbek, 80-146. Engl. Original 1968.

Chiang,J.C./Costello,J.R.,1983: The Acquisition of Syntax in First and Second Language Learning. In: IRAL 21, 19-33.

Eitinger,L./Schwarz,D. (eds.),1981: Strangers in the World, Bern.

Ekstrand,L.H.,1979: Early Bilingualism: Theories and Facts. Reprint. Malmö School of Education, No.305, Malmö.

Gleason,J. Berko/Weintraub,S.,1976: The Acquisition of Routines in Child Language. In: Language in Society 5, 129-136.

Grammont,M.,1902: Observations sur le langage des enfants. In: Mélanges linguistiques offerts à M. Antoine Meillet, Paris, 61-62.

Greif,E. Blank/Gleason,J. Berko,1980: Hi, Thanks and Goodbye: More Routine Information. In: Language in Society 9, 159-166.

Grice,H.P.,1975: Logic and Conversation. In: Cole,P./Morgan,J. (eds.), Syntax and Semantics, Vol.3, Speech Acts, New York, 41-58.

Hansegård,L.,1968: Tvåspråkighet eller halvspråkighet, Stockholm.

Hatch,E.,1976: Studies in Language Switching and Mixing. In: McCormack, W.C./Wurm,S.A. (eds.), 201-214.

Husén,T./Opper,S. (eds.), Multicultural and Multilingual Education in Immigrant Countries. Oxford.

Katz,P.,1974: Acculturation and Social Networks of American Immigrants in Israel. Unpubl. Ph. D. Theses, Suny, Buffalo.

Leopold,W.F.,1939-1949: Speech Development of a Bilingual Child, 1-4, Evanston, Ill.

McCormack,W.C./Wurm,S.A. (eds.), Language and Man. Anthropological Issues, The Hague.

Newmark,L./Reibel,D.A.,1968: Necessity and Sufficiency in Language Learning. In: IRAL 6, 145-164.

Oksaar,E.,1968: Sprachkontakte und Mehrsprachigkeit. In: Mare Balticum 3, 33-39.

Oksaar,E.,1971: Zum Spracherwerb des Kindes in zweisprachiger Umgebung. In: Folia Linguistica 4, 330-358.

Oksaar,E.,1972: Bilingualism. In: Sebeok,T.A. (ed.), Current Trends in Linguistics, Vol.9, The Hague, 476-511.

Oksaar,E.,1974: On Code Switching. An Analysis of Bilingual Norms. In: Qvistgaard,J./Schwarz,H./Spang-Hanssen,H. (eds.), Applied Linguistics, Problems and Solutions. Third Congress Copenhagen 1972, Proceedings, Vol.3, Heidelberg, 491-500.

Oksaar,E.,1975: Spracherwerb und Kindersprache. In: Zeitschr. f. Pädagogik 21, 719-743.

Oksaar,E.,1976: Implications of Language Contact for Bilingual Language Acquisition. In: McCormack,W.C./Wurm,S.A. (eds.), 189-199.

Oksaar,E.,1977: Spracherwerb im Vorschulalter. Einführung in die Pädolinguistik, Stuttgart.

Oksaar,E.,1978: Pre-school Trilingualism: A Case Study. In: Peng,F.C.C./ von Raffler-Engel,W. (eds.), Language Acquisition and Developmental Kinesics, Hiroshima, 129-138.

Oksaar,E.,1979: Zur Analyse der kommunikativen Akte. In: Lewandowski,T. (Hrsg.), Sprache als reales System (Wirkendes Wort 29), Düsseldorf, 391-404.

Oksaar,E.,1980a: The Multilingual Language Acquisition Project. In: Intern. Review of Applied Psychology 29, 268-269.

Oksaar,E.,1980b: Sprachbarrieren. In: Spiel,W. (Hrsg.), Die Psychologie des 20. Jahrhunderts, Band 11, Konsequenzen für die Pädagogik, Zürich, 482-500.

Oksaar,E.,1981: Linguistic and Pragmatic Awareness of Monolingual and Multilingual Children. In: Dale,P.S./Ingram,D. (eds.), Child Language - An International Perspective, Baltimore, 273-285.

Oksaar,E.,1982: Language - Integration - Identity. Sociocultural Problems of New Minorities. In: Korte,H. (ed.), Cultural Identity and Structural Marginalization of Migrant Workers, Strasbourg, 133-149.

Oksaar,E.,1983a: Multilingualism and Multiculturalism from the Linguist's Point of View. In: Husén,T./Opper,S. (eds.), 17-36.

Oksaar,E.,1983b: Zum Stand der Dialogforschung, insbesondere im Bereich der Kindersprachforschung. In: Boueke,D./Klein,W. (Hrsg.), Untersuchungen zur Dialogfähigkeit von Kindern, Tübingen, 9-27.

Oksaar,E.,1983c: Zum Lesen- und Schreibenlernen im Vorschulalter. In: Grosse,S. (Hrsg.), Schriftsprachlichkeit (Sprache der Gegenwart 59), Düsseldorf, 84-106.

Pavlovitch,M.,1920: Le langue enfantin: acquisition du serbe et du française par un enfant serbe, Paris.

Peal,E./Lambert,W.E.,1962: The Relation of Bilingualism to Intelligence. In: Psychol. Monogr. Gen. and Appl. 76, 1-23.

Piaget,J.,1972: Sprechen und Denken des Kindes, Düsseldorf. Frz. Original 1923.

Poplack,S.,1980: Sometimes I'll Start a Sentence in Spanish, y termino en español: Toward a Typology of Code-switching. In: Linguistics 18, 581-618.

Richards,J./Sukwiwat,M.,1983: Language Transfer and Conversational Competence. In: Applied Linguistics 4, 113-125.

Ronjat,J.,1913: Le développement du langage, observé chez un enfant bilingue, Paris.

Sofietti,J.P.,1955: Bilingualism and Biculturalism. In: Journ. of Educational Psychology 46, 222-227.

Stern,C./Stern,W.,1928: Die Kindersprache. Eine psychologische und sprachtheoretische Untersuchung, Leipzig, 4. Aufl.

Tabouret-Keller,A.,1963: L'Acquisition du langage parlé chez un petit enfant en milieu bilingue. In: Symposium de l'Association de Psychologie Scientifique de Langue Française, Paris, 205-219.

Titone,R.,1979: Bilingual Education Today: Issues and Perspectives. In: Titone,R. (ed.), Bilingual Education, Milano, 29-46.

Tsuji,H.,1980: Grenzen überwinden durch "Sprache". In: Danckivortt,D. (bearb.), Internationale Kulturbeziehungen. Brücke über Grenzen. Symposium 80, Baden-Baden, 33-40.

de Vincenz,A.,1977: Nachwort. In: Weinreich,U.,Sprachen in Kontakt, München, 239-281.

Williams,J.L.,1967: Bilingualism Today, Dublin.

Yletyinen,R.,1982: Sprachliche und kulturelle Minderheiten in den USA, Schweden und der Bundesrepublik Deutschland, Frankfurt/M.

PERSONENREGISTER

Ammon,U. 198,202f.
Anderson,C.C. 184
Andersson,Th. 246
Arsenian,S. 247f.
Åstedt,I. 191
Auer,J.C.P. 79

Balkan,L. 8
Bandura,A. 44
Bardenwerper,K. 82
Bart-Ćišinki,J. 135
Baum,W. 13
Bausch,K.-R. 246
Bebermeier,H. 55
Bellati,C. 13
Bergin,T.G. 82
Bernstein,B. 186,253
Bhatnagar,J. 254,257
Bley,E. 33
Blomqvist,K. 191
Blumer,H. 246
Bock,H.-M. 57f.,60
Bonnin,A. 62
Braselmann,P.M.E. 84
Braun,M. 115
Bretscher,G. 222,225,227
Brown,L. 183f.
Brown,R. 45
Bruniera,M. 13
Brunner,L. 142
Bühler,G.A. 160
Bugmann,A. 153
Burckhardt,W. 150,163
Butzkamm,W. 86

Calvet,L.-J. 187
Camartin,I. 151
Carey,S. 30
Chiang,J.S. 246
Chiao,W.J. 93f.,97
Chomsky,N. 31,67,110
Christ,H. 54-56
Claessens,D. 60
Clauss,J. 170
Clyne,M. 77f.,80f.
Cooper,R.L. 222
Coseriu,E. 198,231
Costello,J.R. 246
Cromer,R. 31f.
Cropley,A.J. 180,182

Crystal,D. 230
Cyż,B. 138

Dekobra,M. 84
Denison,N. 1,4,10,13,18,20f.,27,
    231,236
Deutsch,K. 129
Deutsch,W. 30
Diller,K. 111
Dörig,H.R. 161f.
Dow,J.R. 80
Draye,H. 171

Ebner,J. 69
Egger,E. 191
Eitinger,L. 254,256
Ekstrand,L.H. 248
Enninger,W. 220
Ervin,S.M. 45,107,109-111,113,115,
    118,122,124
Ervin-Tripp,S. 127
Escobar,A.M. 115

Fanshel,D. 205
Faßke,H. 140
Ferguson,Ch.A. 7,10,129,231
Fischer,W. 206
Fishman,J.A. 7,113,117,129,221f.
Flavell,J.H. 31
Flitner,A. 71
Flury,J. 157
Francescato,G. 3,6-11,15,20,22
Freud,S. 205,217
Friedenthal,R. 73
Fries,C.C. 116
Frisch,M. 85

Geil,K. 71
Geißler,H. 81
Geyer-Schönhuber,I. 13
Giles,H. 129
Gleason,J.B. 250
v.Gleich,U. 107
Goethe,J.W.v. 74
Gorgoniyev,Y.A. 93
Gouldner,A.W. 223
Gouldner,H. 223
Grammont,M. 249
Grassegger,H. 105
Green,J. 222

Greif,E.B. 250
Grice,H.P. 262
Grimm,H. 30,32,34f.,43,45,48
Gumperz,J.J. 3,14,78,197,221,223, 253

Haavio-Mannila,E. 255
Hammerich,K. 207
Hansegård,N.E. 248
Hartig,M. 205
Hartmann,D. 227
Hatch,E. 248
Haugen,E. 5,76,78,81,116f.,119, 167,176
Heller,K. 27
Helmers,H. 81
Hemingway,E. 84f.
Herasimchuk,E. 223
Hesse,H. 70
Hess-Lüttich,E.W.B. 93
Hill,R.T. 82
Hitler,A. 57
Hoffmann,W. 198
Holland,W.L. 84
Hornung,M. 13
Huber,M. 147
Huffines,M.-L. 232
Hufnagen,G. 33
v.Humboldt,W. 70f.94
Hymes,D. 253

Iliescu,M. 22

Jakobson,R. 80
Jakubica,M. 133
Jandl,E. 85f.
Jeffcoate,R. 180
Jens,W. 83f.
Juhász,J. 77

Kainz,F. 32
Kaltenbacher,E. 32f.
Kany,W. 33
Katz,P. 257
Keller,G. 58
Kelz,H.P. 92-94,97
Klein,K.-D. 33
Klein,M. 207
Kloss,H. 129,221
Königs,F.G. 246
Kohli,M. 205
Kolb,H. 77
Krasnovskaja,N.A. 9
Kraus,K. 69
Kretschmer,P. 69f.
Kummer,M. 93,100

Kunstmann,P. 129
Kurath,H. 232f.

Labov,W. 15,205f.,253
Lambert,W.E. 247
Lambert,W.W. 183
Langenscheidt,G. 88
Lansburgh,W. 87f.
Lashley,K.S. 31
Lauffer,H. 77
Lausberg,H. 81
Leontjew,A.N. 185
Leopold,W.F. 249
Lewandowski,T. 186
Lorenc,K. 135,138
Lorenzoni,G. 13,18
Lüthy,H. 147
Luria,A.R. 184
Luther,M. 73,83f.,133

Ma,R. 222
Macha,J. 198,201
Macht,K. 55
Mackey,W. 167
Mackey,W.F. 114
Magri,G. 18
Mann,T. 65-67,84,261
De Marchi,B. 16-20
Martinet,A. 235
Mattheier,K.J. 197,200
Meid,W. 27
Meliá,B. 120
Milroy,L. 197
Möhn,G. 134
Molière 82
Mollerus,A. 133
Mucke,C.E. 135
Müller,M. 76
Murphy,H. 254
Muysken,P. 120

Nelde,P.H. 167f.,170,173,175,178
Nemser,W. 119
Neumann,M. 136
Newmark,L. 246
Nielsen,G.R. 135
Nowasch,H. 138

Oksaar,E. 24,45,66,68f.,71f.,76-79, 81f.,84,94,107,115,186,191,240f., 243-245,248-252,259,262
Osgood,C.E. 107,109-111,113,115, 118,122,124
O'Sullivan,E. 88

Personenregister

Pabst,K. 170f.
Pasierbsky,F. 93
Paul,H. 76f.
Paulston,C.B. 181
Paunonen,H. 26
Pavlovitch,M. 249
Peal,E. 247
Pellegrini,G.B. 13
Peters,A.M. 45
Piaget,J. 251
Pike,K.L. 116
Pinker,St. 31
Platon 81
Poplack,S. 248

Quintilian 247
Quix,M.P. 174-176

Raasch,A. 54
Raddatz,V. 57f.
Raith,J. 220,232
Rayfield,J.R. 236
Regan,J.O. 185
Reibel,D.A. 246
Reichenau,Ch. 161f.
Richards,J.C. 259
Richert,H. 57
Roberts,M.H. 109
Rösler,D. 88
Ronjat,J. 249
Rosenberg,K. 93
Rosetti,A. 76

Salimbeni,F. 9-11,20
v.Salis,J.R. 146
de Saussure,F. 107f.
Schiedermair,R. 57
Schlieben-Lange,B. 54
Schmaler,J.E. 134
Schmid,H. 160
Schneider,F. 18
Schöler,H. 35
Schröder,K. 54f.,57
Schubert,J. 184
Schuchardt,H. 76
Schuster-Šewc,H. 129,131
Schwarz,D. 254,256
Seiler,F. 80
Selznick,P. 183f.
Singendonk-Heublein,I. 93
Snell,B. 82
Sofietti,J.P. 249
Sornicola,R. 3

Spoerl,D.T. 247
Sridhar,S. 124
Stein,K.M. 81f.
Stenius,K. 255
Stephens,M. 180
Stern,C. 247
Stern,W. 247
Stewart,W. 229f.,239
Stierlin,H. 207,209
Stone,G. 130
Sukwiwat,M. 259

Tabouret-Keller,A. 247
Taeschner-Francese,T. 79
Thomas,G. 114
Thürer,D. 162-164
Titone,R. 186,247f.
Toussaint,Ch. 88
Triandis,H.C. 183
Trim,J.L.M. 170
Tsuji,H. 259

Uffer,L. 160

Verdoodt,A. 170,174,177
Viletta,R. 142,156,162,164
de Vincenz,A. 245
Voegelin,C. 113

Wachinger,B. 82f.
Waletzky,J. 205f.
Walthew,J. 22
Wandruszka,M. 65,67f.,74,76,84
Wandt,K.-H. 220
v.Wartburg,W. 77
Weinreich,U. 5,66,77,107,111,
   116-119,125,236
Weinrich,H. 76,82
Weintraub,S. 250
Wildgen,W. 176
Wilhelm II. 54
Williams,J.L. 248
Wiswede,G. 222
Wodak,R. 217
Wölck,W. 107,119,123,125,127
v.Wolkenstein,O. 82f.

Yletyinen,R. 248

Zapp,F.J. 54f.,57,60f.
Zeiler,A. 134
Zorutti,P. 9
Zorzut,D. 11

SACHREGISTER

Adstrat 77
Affixe 95
Akt
  -kommunikativer 243f.,258
Alltagssprache 41,161,188
Amtssprache 9,11,149,153f.,159
Anredeform 85
Ansatz
  -integrierender 244
Approximation 119
Assimilation 23,145,150,191,194,
  254f.
  -ethnische 25
  -sprachliche 25f.,191
Attitüden 123
  siehe auch: Einstellungen
Ausbauzustände
  -strukturelle 220,225,228-231
Auslösewort 78
Aussprache 94,112

Barbarismus 81
Barrieren
  -kommunikative 198,201f.
Behaviorem 94,250f.,258
  -extraverbales 258
  -Gruß- 250
  -nonverbales 250,258
  -parasprachliches 258
  -verbales 250,258
  siehe auch: Kulturem
Beherrschungsniveau 187
Beidsprachigkeit 120f.,123f.
Bewußtsein
  -kollektives 54,58f.
Beziehungsebene 48,227
Bikulturalismus 249
Bilingualismus,bilingual 5,7,24,
  26,76,79-81,86,181
  siehe auch: Zweisprachigkeit,
  zweisprachig
Biographie,biographisch 205f.,
  208f.,211f.,214f.,217

Code 15,27
  -linguistischer 173
  -Alternation 223,226
  -Switching 10f.,78,223,234
  siehe auch: Kodierung
Codewechsel 10-12,76,78f.,87,
  123f.,173

-Kompetenz 79
  siehe auch: Code-Switching,Kode-
  umschaltung, Sprachwechsel

Diakritika 95
Dialekt,dialektal 5,9,11,14,17f.,
  21,67,69,71f.,93,117,119,125f.,
  131,133,171,175,180,198-203,229f.
  siehe auch: Mundart,mundartlich
Dialog 11,44,47-50
  -bilingualer 84f.
Diffusion 235,237f.,240
Diglossie,diglossisch 7,10f.,21f.,
  25f.,119,126,167f.,171f.,175,
  178,231
Dissimilation 254
Distribution
  -komplementäre 168,176,221
  siehe auch: Verteilung
Domäne 113f.
  - einer Varietät 175,221f.
Dominanz,dominierend,dominant 2,
  21,24,118,125
  -kulturelle 80,223,233
  -sprachliche 2
Dreisprachigkeit 244
Dysphasie,dysphasisch 30,33,35-37,
  39,41,46,48f.

Einsprachigkeit,einsprachig 6,14,
  21,23,25,68,86,110,116-118,124,
  167,174f.,178,197f.,202,247
  siehe auch: monolingual
Einstellungen 16,19,26,136,188,191
  siehe auch: Attitüden
Einwanderer 188,192
Elternsprache 210,214f.
Emphase 99
Energeia 70
Entlehnung 13f.,76,98f.,117,233-236
Erstsprache 1-3,109,113,127,237
Erwartungsinkonsistenz 225,227
Erziehung
  -zweisprachige 192
ethnisch 25,111,130f.,134,148,167
ethnographisch 220
ethnopolitisch 142
ethnozentrisch 54

Fachsprache 59,87,99
Fehleranalyse 94,105

Sachregister

Fördermaßnahmen 193f.
franglais 81
Fremdsprache,fremdsprachlich 41,
    54f.,57f.,60,62,85f.,112,150,
    168,188,263
Fremdsprachenunterricht 54-58,60f.
    86f.,92,110,117,192,237
    -Didaktik des 76,86f.
Fremdwort 76
Funktion,funktionell 7,14,23,139f.
    -Bereiche 21
    -evaluative 206
    -referentielle 206
Fusion 107,111,116,118-121,124-126

Gastarbeiter 79,182,188,191,193f.
Gespräch 71,197,205
Gesprächsthema 113,120f.
Glossenlieder 83
Glottophagie 187f.,192,194
Grammatik,grammatisch 3,30,33,38,
    43,121,131,135
    -theorie 3
    -system 33
Gruppendynamik 79

Halbsprachigkeit 191,193f.,248
    -doppelte 248
Hauptsprache 144
Hochsprache,hochsprachlich 69,117,
    125f.,160,171,175,199,201
Humor
    -bilingualer 81

Identität 186f.,191,193f.,263
    -persönliche 257
    -soziale 257
    -und Sprache 185
Idiom,idiomatisch 67,71,160,173
Illokutiv 100
Imitation 41-46
Inhaltsanalyse 216
Integration 254,257
    -schulische 182
Interaktion
    -Erwachsenen-Kind- 252
    -Mutter-Kind- 35,48
    -therapeutische 205
    -verbale 130
Interaktionsgemeinschaft 220-222
Interaktionsnetzwerke 224f.
Interferenz 11,13,25,66f.,76-79,
    87,111,116-119,121f.,125-127,
    186,247,258
    -Forschung 245
    -linguistische 243,246,253
    -morphologisch-syntaktische 85

    -situationale 243,246,253,258
Isoglossen 4
Isolation 254

Kindersprachforschung 31f.,51
    siehe auch: Pädolinguistik
Kode siehe Code
Kodeumschaltung 243,248,250,253
    -externe 253
    -interne 253
    siehe auch: Code-Switching, Code-
    wechsel, Sprachwechseln
Kodierung 183,186
    siehe auch: Code
Kommunikation 59,62,75,197f.
    -Ethnographie der 222f.
Kommunikationsfähigkeit
    -transnationale 58,60,62
Kommunikationskonflikte 94
Kommunikationssituation 78,97
Kompetenz 2,7,10f.,14f.,20,22f.,
    32,79,131,194
    -aktive 2,23,198
    -Erwerb 32,60
    -Handlungs- 223
    -in den Gebrauchsnormen 2
    -interaktionale 243-245,249
    -monolinguale 2
    -nach präskriptiven Normen 2
    -native-speaker- 2
    -non-native- 2
    -passive 2,198
    -potentielle 23
    -relative 131
    -soziale Handlungs- 60
Komplementierung 107,111f.,116,
    121,124
Kongruenz
    -kulturelle 254
    -pragmatische 253,260
    -semiotische 253
Konnotationen 4,9,61,185
Kontakteinfluß 232,237,239
Kontaktlinguistik 167f.,176,243
Kontext 7,9,70,100,103f.,173,223,
    226-228
    -pragmatischer 95,97,103
kontrastiv 92,94,105,117
kotextuell 97
Kreativität
    -sprachliche 44
Kreolensprachen 27,120,127
Kultur,kulturell 55,57-60,78,80,
    92,114,124,131,134,136-138,145,
    147,150f.,167f.,171,174f.,177,
    180-182,184-188,192,202,222-224,
    228,232f.,239,256,259,262

-1 253,257
-2 253,257
-x 253,257
-Barrieren 262
-Schock 254
kulturelles Lernen 249
Kulturem 94,250,258
 -Höflichkeits- 250,258
 -Realisierung 245,250,258
 siehe auch: Behaviorem
Kulturkontakt 243,256
Kultursprache 11,175f.,177
Kulturwort 80

Lehnschöpfung 76
Lehnübersetzung 76,78
Lehnwörter 21,78
Lernschwierigkeiten 94,105
Lesenlernen 251f.
 -mehrsprachiges 251
Lexem 97,101,235
Lexikon,lexikalisch 3,67f.,71,94,
 98,110,114,116f.,133,173,
 232-236
Loyalität 168,173,178

makkaronische Poesie 82
Mehrheit 140,150,152f.,221,239,
 -sprachliche 1,24f.,80,180,187,
 192f.
Mehrsprachigkeit,mehrsprachig 1,
 3,5-9,12-15.19f.,25,66-68,70,
 72,146-148,167f.,171,178
 202,227,234,239,243f.,249
 -frühkindliche 246
 -isolierte 7,15
 siehe auch: Plurilingualismus,
 plurilingual
Methode
 -interaktionale 253
 -interkorrelationale 253
 -korrelationale 253
Minderheit 19,24-26,110f.,115,
 129,132f.,150,161,165,178,221,
 239
 -sprachliche 80,130,136,140,
 180,187.192f.
 siehe auch: Sprachminderheit
Mischsprache 15,67,76
Mischungsverhältnis 76
Modelle
 -linguistische 92
monolingual 2,80,233f.,236,238,
 240
 siehe auch: Einsprachigkeit,
 einsprachig
Morphologie,morphologisch 33

38f.,94f.,97,103,105,173,231,
233f.
Mundart,mundartlich 4f.,67,69f.,
 72-74,126,160,171,175,177f.,
 199,201,236
 siehe auch: Dialekt,dialektal
Muttersprache,muttersprachlich 1,
 3,54,56,58-61,70,86,112,117f.,
 140,144-147,152f.,165,168-170,
 174-176,178,181,185,188f.,
 191-194,247,257,263

Nationalsprache 11,146-149,151,163
Netzwerk
 -soziales 197
Norm
 -sprachliche 2,50,77,81,117f.,
 120f.,123,125,133,139

Ökologie,ökologisch 19,47,176

Pädolinguistik,pädolinguistisch
 244,252
 siehe auch: Kindersprachforschung
parasprachlich 94
peer-group 15,23
Phonetik,phonetisch 34,67,71f.
Phoniatrie 32
Phonologie,phonologisch 34,67,119,
 231f.,234
Pidginsprachen 126
Pluriglossie,pluriglossisch 7-9,
 13-15,20-22,24,26
 siehe auch: Mehrsprachigkeit,
 mehrsprachig
plurilektal 4f.,15
Plurilinguismus,plurilingual 4f.,25
Polymorphie 73-75
Polysemie 73-75
Pragmalinguistik 75
pragmatisch 95,97,103
Prestige 4,8,22-26,145,170,173
prosodisch 226-228,234
Psychoanalyse 205
Psycholinguistik 27,32,75,107-110,
 176
Psycho-Sozio-Linguistik 5

Rechtssprache 144,158
Redundanz 104
Referenz 235
Register 4,14,67,71f.,94,135
Reinheit
 -der Sprache (puritas) 81,86
Repertoire 14f.,24,58f.
 -Rollen- 239
 -sprachliches 221f.,225,228-230,

Sachregister

235f.,239f.
Rhema *siehe* Thema-Rhema
rituell 175,226,228
Rolle 221-223,226-228,231,233f.
Rollenattribut 222,225f.,231,233, 237-239

Satire 85
Satzmuster 41f.,46
Satzposition 45
schizoglossisch 176
Schreibenlernen 251f.
 -mehrsprachiges 251
Schriftsprache 9-11,17,117,125f., 133,144,151,160
Schweigen
 -als Kommunikationsmittel 261
 -freundschaftsvolles 261
 -respektvolles 261
screening 225
Semantik,semantisch 3,68,94f.,97, 108,110,116,173
Sinnkoda 207,211
Situation,situativ 7,35,47,70, 104,112f.,140,168,173
 -Kategorien 7
 -Rede- 168
 -Sprach- 113
Sonderpädagogik 32
Sozialisation 14,21,54,59f.,183, 186f.
 -Sprache und 184
Sozialpsychologie 180,191f.
Sozialsymbole 197
Soziogramm 176
Soziolekt 4,10f.,71f.
Soziolinguistik,soziolinguistisch 3,8,14,27,31,66,75,125,129, 178,221,229
soziologisch 221
soziokulturell 62,74,105,183
Sprachbarriere 262
Sprachbewußtsein 81
Sprache
 -als Ausdrucksmittel 245
 -als Kommunikationsmittel 245, 249
 -als Kontaktmittel 245
 -historische 198
Sprachenfreiheit 148-150
Sprachenpolitik 151,164
Sprachenrecht 148f.,151f.,158f., 162
Sprachentod 139,167
Sprachentwicklung 31,35-37,47, 109
Sprachentwicklungsstörung 32f.,38

Sprachenzählung 167,174,178
Spracherhaltung 129f.,138,140, 157,159-163,170
Sprachersatz 22,26
Spracherwerb 1,3,6-8,10,14f.,20, 22,25,30-33,44f.,47,51,80, 109f.,112,117f.,125,220,238-240
 -bilingualer 79f.
 -Erst- 245f.
 -Fremd- 246
 -Zweit- 246
Sprachfunktion
 -ego-dynamische 186
 -als Erkennungsmerkmal 186
Sprachgebiet 148,150-153,159, 161-163
Sprachgebrauch 1,6,15,21,31,33, 80,83,112f.,150,168,173,175, 205
 -bilingualer 79
Sprachgemeinschaft 2,27,54,58,67, 118,121,123,130,140,147,150, 173
Sprachgewohnheit 112
Sprachhaushalt 167,220f.
Sprachinsel 13,93,152f.
Sprachkonflikt 4,46,180,182,186, 190f.,197-202,220,238-240, 243,253,257f.,262
Sprachkontakt 1,4f.,25,47,65f., 76,112,116,139,168,180,182, 220,239f.,243,253,256f.,262
Sprachminderheit 19
 siehe auch: Minderheit
Sprachmischung 65f.,71,76-78, 80-86,122f.,248
 -im Fremdsprachenunterricht 86f.
 -literarische 76,86
sprachökologisch 19,23,167,176, 178,223
Sprachpolitik 55
Sprachreiniger 27
Sprachrückgang 167
Sprachschwund 161
sprachsoziologisch 197f.,200,202
Sprachstruktur 34,54
Sprachsystem 31,66,68,71,75,108, 118-120,173,229
 -kombiniertes 107-109,113,118, 124
 -koordiniertes 107-111,115,124
Sprachunterricht 117,125,220,239
Sprachverlust 80,170,175
 -bilingualer 80
Sprachverwendung 245
Sprachwechsel 2,22-26,129f.,167, 175-177,188

Sprachwechseln 123
  siehe auch: Code-Switching,
    Codewechsel, Kodeumschaltung
Sprachwertung 4f.,201
Sprachwissenschaft
  -historische 76
  -strukturale 77
Sprechakt 223,226,230
Sprechereignis 223,226
Sprechertypen 228f.,236
Sprechsituation 95,223,226
Standardsprache 5,21,93,120,125,
    138f.,160,173,200,202f.,229,
    238
Stil
  -Effekte 82
  -Mittel 85
  -Repertoire 84
Streß
  -akkulturativer 254
Strukturalismus,strukturalistisch
    66,71,77
Studentensprache 74
Substrat 76f.
Superstrat 76f.
Syntax,syntaktisch 33,38,45,67,
    71,94f.,173,231f.

Thema-Rhema 78f.
Tonsprachen 95
Transfer
  -morphosemantischer 78
Transferenz 76-80,87
Triglossie,triglossisch 9-11,22
trilektal 10

Umgangssprache 69f.,74,84,198,202
Universalien
  -linguistische 30,71

Varietät 4f.,10,13-17,19,21f.,24,
    26,68,71f.,93f.,119,133,167,
    197,201f.,220f.,223,225-231,
    235-237,239
  -klassische 229
  -konkurrierende 4
Verhaltensmodell
  -normatives 253
  -rationales 253

Verhaltenssteuerung
  -verbale 184
Verhaltensweise 256,258,260f.
  -extraverbale 244,249
  -kulturelle 256
  -kulturembedingte 243
  -mehrsprachige 244f.
  -metakommunikative 262
  -nonverbale 244,249
  -parasprachliche 244
  -soziokulturelle 253,258
  -sprachliche 256
  -verbale 244,249f.
Verkehrssprache 55-57
Verschmelzung 120
Verteilung 228
  -funktionale 222
  -komplementäre 116
  siehe auch: Distribution
Verwaltungssprache 153
Vielsprachigkeit,vielsprachig 147,
    180
  -poetische 83
  siehe auch: Pluriglossie,pluri-
    glossisch
Viersprachigkeit 244
Volkssprache 174f.,177f.

Wortbildung 98
Wortgeographie 69
Wortklassen 97
Wortnot 86
Wortschatz 30,45
Wortstellung 38-40,46,79,95,97

Zielsprache 56,58,60-62,117
Zweitsprache 113,125,181,237
Zweitsprachenerwerb 109-111,127
Zweisprachigkeit,zweisprachig 5,
    7f.,24,26,81,86,107-118,120-126,
    137,168,173f.,180-182,188-195,
    244,247-249
  -Bildungs- 181,188
  -künstliche 111f.
  -natürliche 111f.
  -simultane 111f.,115
  -Umgangs- 181,188,192
  siehe auch: Bilingualismus, bi-
    lingual

ANSCHRIFTEN DER AUTOREN

Prof. Dr. Arthur J. Cropley
Universität Hamburg
Psychologisches Institut II
2000 Hamburg 13

Prof. Dr. Norman Denison
Universität Graz
Institut für Sprachwissenschaft
8010 Graz, Österreich

Prof. Dr. Werner Enninger
Universität Essen
Fachbereich 3
4300 Essen 1

Prof. Dr. Charles A. Ferguson
Stanford University
Department of Linguistics
Stanford, Ca. 94305, USA

PD Dr. Hannelore Grimm
Universität Heidelberg
Psychologisches Institut
6900 Heidelberg 1

Prof. Dr. Matthias Hartig
Universität Paderborn
Fachbereich 3
4790 Paderborn

Prof. Dr. Heinrich P. Kelz
Universität Bonn
Sprachlernzentrum
5300 Bonn 1

Prof. Dr. Klaus J. Mattheier
Universität Heidelberg
Germanistisches Seminar
6900 Heidelberg 1

Prof. Dr. Peter H. Nelde
Universität Brüssel
Forschungsstelle für Mehrsprachigkeit
1080 Brüssel, Belgien

Prof. Dr. Els Oksaar
Universität Hamburg
Institut für Allgemeine Sprachwissenschaft und Indogermanistik
2000 Hamburg 13

Dr. iur. Rudolf Viletta
Plans 8
7543 Lavin, Schweiz

Prof. Dr. Mario Wandruszka
Universität Salzburg
Romanisches Institut
5020 Salzburg, Österreich

Prof. Dr. Harald Weinrich
Universität München
Institut für Deutsch als Fremdsprache
8000 München 2

Prof. Dr. Wolfgang Wölck   State University of New York at Buffalo
                                Department of Linguistics
                                Buffalo, N.Y. 14261, USA

Dr. Franz Josef Zapp   Fachverband Moderne Fremdsprachen
                                Hedwigstr. 4
                                8000 München 19

GRUNDLAGEN DER KOMMUNIKATION
FOUNDATIONS OF COMMUNICATION
Herausgegeben von Roland Posner und Georg Meggle

History of Linguistic Thought and Contemporary Linguistics
Edited by Herman Parret
Large-octavo. X, 816 pages. 1976. Cloth DM 210,–
ISBN 3 11 005818 9 (Library Edition)

G. E. Hughes / M. J. Cresswell
Einführung in die Modallogik
Ein Lehrbuch
Aus dem Englischen übersetzt von Florian Coulmas, Roland Posner und Bernd Wiese
Groß-Oktav. XI, 340 Seiten. 1978. Ganzleinen DM 86,–
ISBN 3 11 004609 1 (Bibliotheksausgabe)

Evidence and Argumentation in Linguistics
Edited by Thomas A. Perry
Large-octavo. X, 374 pages. 1979. Cloth DM 120,–
ISBN 3 11 007272 6 (Library Edition)

Volker Beeh
Sprache und Spracherlernung unter mathematisch-biologischer Perspektive
Groß-Oktav. VIII, 192 Seiten. 1981. Ganzleinen DM 78,–
ISBN 3 11 008107 5 (Bibliotheksausgabe)

Shalom Lappin
Sorts, Ontology, and Metaphor
The Semantics of Sortal Structure
Large-octavo. X, 177 pages. 1981. Cloth DM 72,– ISBN 3 11 008309 4 (Library Edition)

Preisänderungen vorbehalten

Walter de Gruyter  Berlin · New York

GRUNDLAGEN DER KOMMUNIKATION
FOUNDATIONS OF COMMUNICATION
Herausgegeben von Roland Posner und Georg Meggle

Meaning and Understanding
Edited by Herman Parret and Jacques Bouveresse
Large-octavo. X, 442 pages. 1981. Cloth DM 138,–
ISBN 3 11 008116 4 (Library Edition)

Sublanguage
Studies of Language in Restricted Semantic Domains
Edited by Richard Kittredge and John Lehrberger
Large-octavo. VI, 240 pages. 1982. Cloth DM 96,–
ISBN 3 11 008244 6 (Library Edition)

E. M. Barth and E. C. W. Krabbe
From Axiom to Dialogue
A Philosophical Study of Logics and Argumentation
Large-octavo. XL, 337 pages. 1982. Cloth DM 138,–
ISBN 3 11 008489 9 (Library Edition)

Meaning, Use, and Interpretation of Language
Edited by Rainer Bäuerle, Christoph Schwarze, Arnim von Stechow
Large-octavo. X, 490 pages. 1983. Cloth DM 165,–
ISBN 3 11 008901 7 (Library Edition)

On Believing
Epistomology and Semiotics of Approaches
De la croyance
Approches épistémologiques et semiotique
Edited by Herman Parret
Large-octavo. VIII, 359 pages. 1983. Cloth DM 118,–
ISBN 3 11 008884 3 (Library Edition)

Prices are subject to change

Walter de Gruyter  Berlin · New York